Im Dornröschenschlaf

Ulli Pastner und Ulrike Papouschek
FORBA, Wien

Im Dornröschenschlaf: Betriebliche Frauenförderung in Österreich

Eine Studie der Forschungs- und Beratungsstelle Arbeitswelt (FORBA), Wien

Unter Mitarbeit von Martina Scheinecker, Gertrud Baumgartner und Renate Winterauer

AMS

Medieninhaber und Herausgeber: Arbeitsmarktservice Österreich, Forschung und Entwicklung · **Wissenschaftliche Redaktion:** L&R Sozialforschung, Wien · **Graphische Gesamtgestaltung:** Deisenberger und Lübke, Wien · **Umschlagfotografie:** Herta Hurnaus, Wien · **Lektorat:** Wolfgang Astelbauer, Wien · **Satz:** Zehetner Ges. m. b. H., Oberrohrbach
Repro, Druck und Bindung: Agens-Werk Geyer + Reisser, Wien

Verlegt im Wissenschaftsverlag, Wien
ISBN 3-85170-010-4

Inhalt

Vorwort

In unserem Titel haben wir das Ergebnis der Studie bereits vorweggenommen: Betriebliche Frauenförderung oder betriebliche Personalpolitik zur Förderung von Chancengleichheit – egal wie man die Programme zur Aufhebung geschlechtsspezifischer Ungleichheiten auf Betriebsebene bezeichnen möchte – sind in Österreichs Unternehmen kein Thema.
Während der Laufzeit unseres Forschungsprojekts bekamen wir wiederholt Anfragen nach Betrieben mit Frauenförderprogrammen. Der Bedarf an positiven Beispielen ist groß. Doch abgesehen davon, daß wir in unserer Forschungsarbeit den untersuchten Betrieben Anonymität zugesichert hatten – wir hätten auch nicht sonderlich viele Unternehmen zu nennen gewußt. So haben wir in ganz Österreich nur drei Unternehmen gefunden, die den Anspruch erheben, weibliche Beschäftigte explizit und systematisch zu unterstützen. Nur in diesen Unternehmen fanden sich schriftliche Unterlagen, die der gängigen Vorstellung von Frauenförderkonzepten oder -programmen entsprechen oder zumindest nahekommen.
In den Medien, der Literatur und der öffentlichen Diskussion wird der Eindruck vermittelt, daß betriebliche Frauenförderung ein weit verbreitetes Mittel betrieblicher Personalpolitik sei. Wettbewerbe und Preise um den frauen- und familienfreundlichsten Betrieb verstärken diese Vorstellung. Doch, was wir in der Praxis fanden, waren keine so skizzierten Konzepte betrieblicher Chancengleichheit – unsere Erfahrungen dahingehend waren ein einziger Ernüchterungsprozeß. So bleibt uns mit unseren Untersuchungsergebnissen die wenig angenehme Aufgabe, die hohen Erwartungen an dieses Instrument nachdrücklich zu dämpfen.
Wir möchten jedoch nicht behaupten, daß nicht in einzelnen Betrieben durchaus phantasievolle Maßnahmen in der Gestaltung der Arbeitsbedingungen weiblicher Beschäftigter zu finden sind – und diese Ansätze wollen wir auch in keiner Weise abwerten. Aber dabei handelt es sich zumeist um individuelle Vereinbarungen, die bestenfalls den Charakter einer informellen Verbindlichkeit haben. Es handelt sich um Einzelmaßnahmen, die jederzeit – abhängig von der wirtschaftlichen Lage oder dem Engagement einzelner Personen – wieder aus dem Repertoire betrieblicher Personalpolitik verschwinden können.
Wir begannen unsere Untersuchungen mit Arbeitsmarktanalysen sowie der Sichtung und Aufarbeitung der internationalen und hauptsächlich

deutschsprachigen Literatur. Danach machten wir erste ExpertInnen-interviews mit RepräsentantInnen der Wissenschaft und Politik sowie Angehörigen von Interessenvertretungen, wobei wir in diesem Schritt schon erkennen mußten, daß wir unsere Ansprüche zu hoch angesetzt hatten. Nach den ersten Betriebskontakten zeigte sich mehr und mehr, daß unsere – auf Basis der Literatur entwickelten – Fragen auf Unverständnis stießen und wir die Begrifflichkeit und Schwerpunktsetzung zum Thema je nach Betrieb neu zu entwickeln hatten, daß wir also insgesamt in einen höchst exotischen Bereich betrieblicher Unternehmenspolitik vorgedrungen waren. Insgesamt haben wir 20 Unternehmen untersucht, wobei wir das Schwergewicht auf kleine und mittelgroße Betriebe legten. Nicht zuletzt den Betriebsgrößen, aber auch der Besonderheit des Themas schreiben wir die überdurchschnittlich hohe Anzahl von Absagen zu, die wir in bisherigen Forschungsprojekten in diesem Ausmaß noch nicht erlebt haben.
Wir haben in den Fallstudien viele interessante Erfahrungen und Einblicke in die betriebliche Realität erhalten und sind den GesprächspartnerInnen, die uns ihre Energie und Zeit zur Verfügung gestellt haben, zu großem Dank verpflichtet. Vor allem in den kleinen und kleinsten Betrieben war es nicht immer möglich, die Interviews in der regulären Arbeitszeit zu führen, und so opferten viele der Beschäftigten uns ihre freie Zeit – ein Umstand, den wir durchaus zu schätzen wissen, denn ohne diese Bereitschaft wären viele Widersprüchlichkeiten ungelöst geblieben. Sehr oft stießen wir bei den Frauen selbst auf großes Interesse an der Möglichkeit frauenspezifischer Maßnahmen, insbesondere zur Vereinbarkeit von Beruf und Familie, obwohl es nur wenig konkrete Vorstellungen dazu gibt. So haben wir hoffentlich etwas dazu beigetragen, die innerbetriebliche Diskussion in dieser Richtung zu beleben.
Eine der Untersuchungsfragen war jene nach den Barrieren, die die Einführung betrieblicher Chancengleichheitspolitik verhindern, eine andere die, wie normale bzw. innovative Personalpolitik auf die Beschäftigungsbedingungen von Frauen Einfluß nimmt. Diese beiden Fragen sind – ohne unsere eigentliche ursprüngliche Absicht – in den Mittelpunkt der Untersuchung gerückt. Angesichts der Situation in österreichischen Betrieben sind gerade dies die relevanten Punkte, die die Diskussion um das Thema bestimmen sollten.
Bleibt noch ein Nachsatz zu unserem Titel. Eines ist uns nach Fertigstellung dieser Arbeit besonders klar geworden: Auf den Prinzen, der Dornröschen wachküßt, brauchen die Frauen nicht zu warten. Er wird nicht kommen.

1. Warum Frauen fördern?

1.1 Theoretische Position

Eine Arbeit zum Thema betriebliche Frauenförderung muß sich in einem ersten Schritt mit dem angestrebten Sinn und Zweck solcher Maßnahmen beschäftigen. Was soll damit erreicht werden, und warum? Was ist zu ändern, und weshalb? Genauer zu fragen ist nach der Ausgangslage und den Rahmenbedingungen der Benachteiligung von Frauen in den Unternehmen und am Arbeitsmarkt und danach, welche Ziele mit dem Instrument einer betrieblichen Frauenförderung überhaupt verbunden sind. Schließlich setzt die Beurteilung von Konzepten der Frauenförderung sowohl einen Interpretationsrahmen als auch eine Selbstverortung voraus.

In diesem Kapitel werden ausgehend von der gesellschaftlichen Strukturiertheit der Geschlechterbeziehung die Ebenen und Rahmenbedingungen der Diskriminierung von Frauen beschrieben. Die Muster und Konsequenzen der Benachteiligung werden in Form arbeitsmarktrelevanter Statistiken aufgezeigt.

Es macht einen großen Unterschied, ob Menschen als weiblich oder männlich geboren werden. Unter heutigen gesellschaftlichen Bedingungen werden über die Kategorie Geschlecht maßgeblich Lebensweise und Lebenschancen der einzelnen Menschen bestimmt. Grund dafür ist eine eindeutig festgelegte Arbeitsteilung, die den Geschlechtern unterschiedliche Aufgaben zuweist und die eine Geschlechterungleichheit zuungunsten der Frauen zur Folge hat. Denn die grundlegende und folgenschwerste Zuweisung in der Geschlechterordnung besteht darin, daß Frauen für den unbezahlten Reproduktionsbereich und Männer für die bezahlte Arbeit im Bereich der Produktion von Gütern und Dienstleistungen zuständig sind.

In der theoretischen Analyse des Geschlechterverhältnisses kann von zwei parallel bestehenden „Ökonomien im Funktionszusammenhang" ausgegangen werden (Beer 1990, Hornung 1993), in die dem „Privaten" zugeordnete Reproduktionssphäre oder „Versorgungsökonomie" und die als öffentlich geltende Produktionssphäre oder „Marktökonomie". Die Marktökonomie dominiert die Versorgungsökonomie insofern, als sie die finanziellen Mittel für die Versorgungsarbeit zur Verfügung stellt. Die Versorgungsarbeit im Hintergrund wiederum ist notwendig, damit der Bereich der Marktökonomie reibungslos funktio-

niert. Die beiden unterschiedlich strukturierten Bereiche bedingen einander, werden aber in ihrer Bedingtheit kaum wahrgenommen. Allein die den Männern zugeteilte Marktökonomie steht im Zentrum der Wahrnehmung, ihr werden alle Interessen untergeordnet.
Über die Institution der Familie wird diese geschlechtsspezifische Arbeitsteilung begründet und im Modell der Versorgerehe fortgesetzt, indem idealtypisch Männer – über das am Arbeitsmarkt erzielte Erwerbseinkommen vermittelt – die Rolle des Ernährers einnehmen. Gleichzeitig wird die Versorgungsleistung der Frauen für Ehemann, Kinder und ältere Angehörige zum „natürlichen Beruf und Liebesdienst" (v)erklärt. Diese wird nicht als wirkliche Arbeit angesehen, ist unsichtbar und gering bewertet.
Das System der Erwerbsarbeit hat das Leitbild eines Normalarbeitsverhältnisses, das in seiner Grundstruktur als 1½-Personen-Beruf (Beck-Gernsheim 1980) konzipiert ist. Arbeitsverhältnisse basieren in bezug auf Zeit, Einkommen und Aufstieg auf kontinuierlich voll verfügbaren und vor allem auch voll versorgten Arbeitskräften. Dies ist angesichts der eben beschriebenen außerberuflichen Arbeitsteilung nur auf männliche Biografien zutreffend. Denn nur Männer – frei von jeder reproduktiven Arbeit – können dem Leitbild einer Normalbiografie mit den Phasen Ausbildung – 40 Jahre durchgängige Erwerbsarbeit mit Aufstieg und steigendem Einkommen – Pension überhaupt entsprechen.
Frauen dagegen sind aufgrund der ihnen zugewiesenen Haus- und Familienarbeit biografisch gesehen nicht voll verfügbar und so in der Konkurrenz um bezahlte Arbeit im Nachteil. Zudem wird die Unterbewertung der Haus- und Familienarbeit in einer systematischen Abwertung weiblicher Arbeitsleistung in der Erwerbsarbeit fortgesetzt. In einem segregierten Ausbildungssystem, das sich in einem segregierten Arbeitsmarkt manifestiert, bleiben bestimmte attraktive Tätigkeitsfelder (z. B. der ganze technische Bereich) und bestimmte berufliche (Management-)Positionen Frauen verschlossen, und diese sind daher in schlecht bezahlten und arbeits- und sozialrechtlich schlecht abgesicherten Arbeitsbereichen überrepräsentiert. Entgegen dem Klischee der „inflexiblen" Frauen sind sie vor allem in Berufsfeldern zu finden, bei denen die zeitliche Flexibilität zur normalen und alltäglichen Anforderung (und damit zur oft unbezahlten Leistung) gehört, wie im Gesundheits-, Handels- und Gastronomiebereich. Ihre Zwangslage, Beruf und Familie zu verbinden, macht insbesondere verheiratete Frauen für flexiblen Arbeitseinsatz und instabile Beschäftigungsverhältnisse verfügbar.

Mit dieser Schlechterstellung auf dem Arbeitsmarkt gehen weitere Benachteiligungen insbesondere der sozialen Absicherung einher. Denn in einem System von stark erwerbszentrierten Sozialleistungen, welche mit der Dauer von Arbeitsverhältnissen und der Höhe der Arbeitseinkommen gekoppelt sind, werden instabile Beschäftigungsverhältnisse und niedrige Einkommen in geringeren Transfers fortgeschrieben. Es ist daher eine logische Konsequenz, daß Frauen – wenn überhaupt – zum Beispiel geringere Ersatzleistungen an Arbeitslosengeld und Pensionen als Männer erhalten. Die indirekten und direkten Zusammenhänge von arbeits-, steuer- und sozialrechtlichen Regelsystemen mit Quantität und Qualität der Beschäftigung von Frauen sind noch nicht sehr lange Gegenstand von Arbeitsmarktbetrachtungen und ermöglichen neue Einblicke, welche die scheinbar „geschlechtsneutralen" Erklärungsansätze bisher nicht leisteten (Rubery u. a. 1995, Hieden-Sommer 1996, Rowhani-Ennemoser 1996, Pastner 1995).

Zusammenfassend ist als Ausgangslage auf gesellschaftlich struktureller Ebene eine mehrfache Benachteiligung von Frauen zu finden, welche durch folgende sich gegenseitig begründende und ergänzende Faktoren gekennzeichnet ist:

1. die geschlechtsspezifische Arbeitsteilung, die Frauen die unbezahlte Familienarbeit und Männern die bezahlte Erwerbsarbeit zuweist – ein Verhältnis, das durch Normen und Werte gut abgesichert ist und sich insbesondere im Modell der Versorgerehe manifestiert;
2. eine Geschlechterhierarchie *innerhalb* der bezahlten Erwerbsarbeit, die sich in Form eines segregiert strukturierten Arbeitsmarkts darstellt und die Frauen im Vergleich zu Männern generell mit schlechteren Arbeitsmarktchancen und Arbeitsbedingungen konfrontiert;
3. ein System von gesellschaftlichen Institutionen, staatlichen Regelungen und sozialer Absicherung, das die traditionelle, geschlechtsspezifische Arbeitsteilung zum Ausgangspunkt nimmt und dadurch verstärkt.

Wenn wir von der gesellschaftlichen Ebene auf die betriebliche Ebene wechseln, erhalten die außerbetrieblichen Muster von Arbeitsteilung und Ungleichbehandlung für die betrieblichen AkteurInnen die Form von gegebenen Rahmenbedingungen und werden allzuoft zum „Sachzwang" erklärt. Auf organisatorischer Ebene werden davon abgeleitete und neu geschaffene geschlechtsdiskriminierende Muster in Werten, Verhalten und Regelungen wirksam, die bei Personalauswahl und -einsatz sowie Beförderungsstrategien für Frauen benachteiligen. Betriebliche EntscheidungsträgerInnen erhalten dabei eine zentrale Rolle. Die

Unterbewertung von Frauenarbeit zeigt sich in der Art der Arbeitsbewertungs- und Eingruppierungsverfahren und in Entgeltschemata, deren Struktur zu geringeren Einkommen von Frauen führt. Sie zeigt sich weiters in einem schlechteren Zugang zu Weiterbildung und zu qualifizierten Bereichen sowie Managementpositionen, wobei die schwache Vertretung von Frauen in Betriebsrat und Gewerkschaft eine weitere Barriere zur Verbesserung der Situation darstellt (Cyba/Balog/Papouschek 1993).

Für die einzelne beschäftigte Frau beginnen die Nachteile beim Eintritt ins Erwerbsleben und setzen sich bei der Entlohnung, den Aufstiegschancen, den Weiterbildungsmöglichkeiten und der Arbeitsplatzsicherheit fort. Sie muß sich mit den Vorurteilen der Vorgesetzten zu ihrer vermeintlichen Instabilität und mangelnden zeitlichen Verfügbarkeit sowie einem vermeintlich geringeren beruflichen Engagement im Vergleich zu ihren männlichen Kollegen auseinandersetzen. Manchmal scheint es bei der Arbeitsplatzsuche von Vorteil, noch keine Kinder, dann wieder, schon etwas größere Kinder zu haben, je nach Gutdünken der Personalverantwortlichen. Weibliche Arbeitssuchende werden jedenfalls selten von der Frage nach ihren Familienwünschen verschont.

Für den Wunsch, eine Familie zu gründen und Kinder zu bekommen, bezahlt die einzelne Frau in der Regel den hohen Preis, ihre berufliche Entwicklung abzubrechen und auf niedrigerem Niveau wiedereinzusteigen. Für beruflichen Aufstieg und Karriere wiederum muß sie häufig auf Familie verzichten, auch wenn das nicht ihren persönlichen Wünschen entspricht. Berufliche Laufbahnen bzw. betriebliche Strukturen sind auf die Biografien von Männern zugeschnitten. Ein temporärer Ausstieg aus Gründen der Familienbetreuung ist darin nicht vorgesehen und wird deshalb sanktioniert.

Doch bringt es das Phänomen der Segregation mit sich, daß Frauen unabhängig von ihren realisierten Familienwünschen im Berufsleben benachteiligt sind. So haben Frauen selbst dann schlechtere Arbeitsbedingungen als Männer, wenn sie auf gleicher Hierarchiestufe und im gleichen Tätigkeitsfeld beschäftigt sind, denn die Teilung verläuft prinzipiell nach dem Muster: einfache Routinetätigkeiten bei den Frauen – komplexe und anspruchsvolle Arbeiten bei den Männern.

Viele Frauen haben Arbeitsplätze, die ihre psychosoziale Gesundheit gefährden und keinerlei Entwicklungsmöglichkeiten bieten („Sackgassenberufe"). Dabei handelt es sich um äußerst stabile Strukturen. Untersuchungen zeigen, daß selbst bei Reorganisationsmaßnahmen, die unter dem Titel *lean management* oder *total quality management* durchgeführt werden, Frauen im Vergleich zu Männern weitaus weniger bis gar nicht profitieren, da die ihnen zugewiesenen Berciche oft gar nicht einbezogen werden. In der Umsetzung neuer Organisationskonzepte werden zudem geschlechtshierarchische Arbeitsteilungen beibehalten bzw. neue geschaffen. Diese Tendenzen finden sich im Industrie- und Gewerbebereich, aber auch im Dienstleistungsbereich (vgl. Lüders/Resch 1995).

Die bisher beschriebenen Grundstrukturen auf gesamtgesellschaftlicher und betrieblicher Ebene unterliegen einem historischen Wandel. Das vor allem in westlichen Industriestaaten „eingespielte institutionelle Gefüge von Erwerbsarbeit, Familie und Sozialstaat" (Gottschall 1995) ist in den letzten Jahren massiv ins Ungleichgewicht geraten. Geschlechtsspezifisch geprägte Normalbiografien und Lebensformen erodieren, und auch traditionelle politische Lösungen und Strukturen sind in Bedrängnis gekommen. Frauen sind zusehends besser qualifiziert und begnügen sich nicht mit der einseitigen Familienorientierung. Sie wollen vermehrt beides, Familie und Beruf.

Doch trifft das wachsende berufliche Selbstverständnis der Frauen gegenwärtig auf eine Krise der Erwerbsarbeit. Das Modell der Vollbeschäftigung, das historisch ohnehin bloß in den 60er und 70er Jahren funktioniert hat und bei genauerem Hinsehen eine Vollbeschäftigung der Männer war (bei ganz niedrigen Erwerbsquoten von Frauen), paßt nicht mehr mit den wirtschaftlichen Entwicklungen zusammen.

Bestimmte Einflußfaktoren außerhalb und innerhalb der Unternehmen haben massive Auswirkungen auf die Quantität und Qualität der Arbeitsplätze in den Betrieben. Die im folgenden angeführten besonders wesentlichen und europaweit gültigen Trends bestimmen nicht nur die aktuellen Umschichtungen am Arbeitsmarkt, sondern beeinflussen nicht zuletzt das Klima in den Unternehmen für Innovationen jedweder Art:

- verschärfter internationaler Wettbewerb, Globalisierung und Verlagerung arbeitsintensiver Produktionen in Billiglohnländer;
- wachsender Dienstleistungssektor und schrumpfender produzierender Sektor;
- zunehmende Entkoppelung von Kapital-, Güter- und Arbeitsmärkten;
- hohe und kontinuierlich wachsende Arbeitslosigkeit und Beschäftigungsunsicherheit;
- Zunahme prekärer Beschäftigungsverhältnisse und Polarisierung innerhalb der Beschäftigten bzw. Arbeitssuchenden;

- Einsatz neuer Technologien, insbesondere der Mikroelektronik, mit all ihren Auswirkungen auf Qualifikationsanforderungen und Arbeitsbedingungen;
- neue Kommunikationsmedien und Formen der Telekommunikation;
- Restrukturierung von Unternehmen, neue Organisationskonzepte, Konzentration auf den Kernbereich, Auslagerung von Funktionen, Minimierung von (Personal-)Kosten;
- Flexibilisierung von Arbeitszeit, Arbeitsort und Arbeitseinsatz in funktionaler Hinsicht;
- Dezentralisierung und Flexibilisierung von Einkommenssystemen;
- Deregulierung von arbeits- und sozialrechtlichen Bestimmungen, Individualisierung von Beschäftigungsverhältnissen;
- Kürzung sozialstaatlicher Transfers sowie Kürzungen von öffentlichen (Personal-)Ausgaben.

Welche Auswirkungen haben nun diese Trends für die Beschäftigungsverhältnisse und -bedingungen der ArbeitnehmerInnen? Von den massiven Veränderungen in der Arbeitswelt sind Frauen *und* Männer betroffen. Nicht zu übersehen ist dabei aber, daß *Frauen besonders* für Verschlechterungen anfällig sind, weil sie auf den unteren Ebenen der betrieblichen Hierarchien und an den marginalisierten Rändern des Arbeitsmarkts überrepräsentiert sind.

1.2 Die Arbeitsmarktlage der Frauen in Österreich

In der Auseinandersetzung mit dem Thema Förderung von Chancengleichheit von Frauen ist die Ausgangslage, also die *Ungleichheit* der Chancen in ihren verschiedenen Ausprägungen zu veranschaulichen. Zahlen, Daten und Fakten sind dabei als Argumentationshilfe unentbehrlich. Allerdings scheint es, daß die sachliche, mit Daten geführte Argumentation wenig am Phänomen der Chancenungleichheit ändert. Gesetzlich ist zwar geregelt, daß in Österreich niemand aufgrund seines Geschlechts im Zusammenhang mit einem Arbeitsverhältnis diskriminiert werden darf. Tatsächlich sind die Frauen nach wie vor trotz verbesserter Ausbildungssituation v. a. in bezug auf Einkommen, Aufstieg und Arbeitsplatzsicherheit benachteiligt.

Frauen in der Wohnbevölkerung

Zum letzten Volkszählungstermin 1991 wurden in Österreich insgesamt knapp 7,8 Mio. Menschen gezählt. Die Bevölkerung ist aufgrund des „Babybooms" der späten 50er und frühen 60er Jahre und danach

aufgrund der Zuwanderung von Arbeitskräften anderer Staaten seit den 50er Jahren gewachsen (1951: 6,9 Mio. Menschen). Laut Prognose wird die Bevölkerung noch weiter wachsen und im Jahr 2015 bei 8,2 Mio. Personen liegen.
Frauen werden in der öffentlichen Diskussion oft als marginale Randgruppe dargestellt. Tatsächlich machen sie die Mehrheit der Bevölkerung aus. Der Frauenanteil betrug 1991 52 %. Absolut leben demnach um rund 290.000 mehr Frauen als Männer in Österreich. Die höhere Lebenserwartung von Frauen führt dazu, daß Frauen v. a. in den höheren Altersgruppen überrepräsentiert sind. Die Zuwanderung von – vorwiegend männlichen – Arbeitskräften aus anderen Staaten bringt es mit sich, daß der Anteil der Männer in bestimmten, v. a. jüngeren und mittleren Altersgruppen steigt (Gross u. a. 1994).
Aktuell hat die Bevölkerung im erwerbsfähigen Alter (15–60 Jahre) mit insgesamt 63 % Anteil an der Gesamtbevölkerung einen Höchststand erreicht; bei Frauen beträgt der Anteil 60 %, bei Männern 66 %. Laut Bevölkerungsprognose wird dieser Anteil bei den Frauen in den nächsten Jahrzehnten einigermaßen konstant bleiben, bei den Männern aber zurückgehen. Im Jahr 2015 werden also 2,45 Mio. Frauen und 2,57 Mio. Männer zwischen 15 und 60 Jahren alt sein. Wieweit sie dem Arbeitsmarkt tatsächlich zur Verfügung stehen werden, wird die Erwerbsquote zeigen.
Im Vergleich zum „goldenen Zeitalter der Vollbeschäftigung“ (was männliche Arbeitskräfte betraf) ist die Erwerbsquote der Frauen schon um sehr vieles höher. Waren Frauen historisch immer die Reservearmee des Arbeitsmarktes gewesen, lassen sie sich heute trotz gespannter Lage am Arbeitsmarkt nicht mehr auf ihre alleinige Familienrolle zurückdrängen. Das hängt nicht zuletzt mit der Erosion der herkömmlichen Formen des Zusammenlebens von Frauen und Männern zusammen.
Die traditionellen Formen des Zusammenlebens ändern sich. War noch für die Frauengeneration der 50er und 60er Jahre mit der Heirat gleichzeitig eine Art ökonomischer Versorgungsvertrag eingegangen worden, wird das heute nicht mehr so gesehen. Einerseits ist die bis in die 60er Jahre umstrittene „wilde Ehe“ innerhalb relativ kurzer Zeit gesellschaftlich akzeptiert worden, andererseits steigen die Scheidungszahlen. Aktuell werden von 100 Ehen 38 wieder geschieden. Die Ehe ist demnach mehr eine Gemeinschaft auf Zeit als auf Lebenszeit geworden. Das Zusammenleben ist heute unverbindlicher und nicht mehr auf das gesamte Leben ausgerichtet. Die Beziehungen zwi-

schen Männern und Frauen sind mehr und mehr von einer (oft auch in der Familie uneingelösten) Gleichheitserwartung der Frauen und von ihrem Streben nach ökonomischer Unabhängigkeit geprägt (Beck/Beck-Gernsheim 1990).
Das mittlere Heiratsalter steigt seit Mitte der 70er Jahre ständig an und lag 1992 bei den Frauen bei knapp 26 Jahren (Männer: 28 Jahre). Wenn Frauen Kinder bekommen, dann in einem höheren Alter. Im Durchschnitt waren Frauen 1993 bei der Geburt ihres ersten Kindes zwischen 26 und 27 Jahren alt. Die Einelternfamilie ist stark im Zunehmen begriffen: Die Zahl der Alleinerzieherinnen ist von 1971 auf 1992 um 35 % angestiegen; in absoluten Zahlen sind das bereits 220.000 Frauen. Die durchschnittliche Haushaltsgröße sinkt kontinuierlich und lag 1991 bei 2,5 Personen. Gegenüber 1981 ist die Zahl der Einpersonenhaushalte überproportional um 14 % gestiegen. In Wien ist diese Form der Haushalte mit 40 % am häufigsten zu finden. Rund 70 % aller Einpersonenhaushalte wurden 1992 von Frauen geführt. Allerdings entspricht nur ein relativ geringer Anteil davon dem Klischee der Single-Haushalte, denn 70 % dieser Frauen waren über 70 Jahre alt.
Mit der Verlängerung der Ausbildungszeit, der späteren Familiengründung und der Etablierung eheähnlicher Lebensgemeinschaften gehen in großer Geschwindigkeit gesellschaftliche Veränderungen vonstatten, die von der Politik – zum Teil aus ideologischen Gründen – weitgehend negiert werden. Nach wie vor wird das Ideal einer Familienform gepriesen, die es in dieser Art immer weniger gibt.
Mit den neuen Mustern des (Nicht-)Zusammenlebens entstehen neue Beziehungssysteme, die weit über das System der Kleinfamilie hinausgehen. Alleinerzieherinnen, Scheidungsväter, Stiefeltern und -großeltern, Wochenendväter, Kinder aus erster Ehe und Kinder aus zweiter Ehe sind nur einige Beispiele für die wachsende Vielfalt der Lebenslagen, die bisher noch hinter der Einheitlichkeit der Begriffe wie Mutter, Vater, Ehe und Familie verborgen bleiben.
Gleichgeblieben ist eines: Aufgrund der fortdauernden geschlechtsspezifischen Arbeitsteilung bleiben die Kinder bei den Müttern, was nicht allzuselten bedeutet, daß die Frauen nach der Trennung dringend einen Arbeitsplatz brauchen und als neue Familienernährerinnen auf die Erwerbstätigkeit existentiell angewiesen sind.

Frauen und Bildung

Die Frage nach der Bildung der Frauen ist nicht nur eine rein statistische. Schließlich wurde und wird die Schlechterstellung der Frauen am Arbeitsmarkt u. a. massiv mit ihrer schlechteren Qualifikation begründet. Je mehr in Ausbildung investiert wird, um so besser seien die beruflichen Chancen – so das Versprechen der Leistungsgesellschaft. Nun, der allgemeine Trend der ständigen Erhöhung der formalen Bildungsabschlüsse hält unverändert an. Dabei sind Frauen die erfolgreichsten BildungsaufholerInnen aller Zeiten. Wie man später sehen wird, heißt das aber nicht unbedingt, daß sich dadurch ihre berufliche Situation im gleichen Ausmaß verbessert. Größtes Hindernis ist nach wie vor ein geteilter Arbeitsmarkt mit unterschiedlich bewerteten beruflichen Einsatzfeldern, wobei Frauen in den schlechter bewerteten Segmenten tätig sind. Dementsprechend sind auch Frauen in den schlechter vermarktbaren Ausbildungen zu finden. Bereits das Bildungsverhalten ist äußerst geschlechtsspezifisch: Mädchen finden sich stark in allgemeinbildenden höheren Schulen, geisteswissenschaftlichen Studienrichtungen, pflegerischen, gesundheitlichen, erzieherischen und kaufmännischen Bereichen und nur in Ausnahmefällen in technischen Ausbildungen.

Um die Veränderungen bzw. die Verbesserung der Bildungssituation für Frauen deutlich sichtbar zu machen, ist eine Betrachtung nach Altersgruppen sinnvoll. Die jüngeren Frauen haben von der allgemeinen Chancengleichheitspolitik im Bereich des Bildungswesens massiv profitiert und konnten ihre männlichen Kollegen in manchen Ausbildungsformen überholen.

Von den Personen im Alter unter 40 Jahren haben Frauen bereits öfter einen Hochschulabschluß bzw. hochschulverwandten Abschluß als Männer (25 bis 30 Jahre: 7,1 % zu 5,7 %; 30 bis 40 Jahre: 10,2 % zu 9,7 %). Dazu ist jedoch einschränkend zu bemerken, daß die Frauen vor allem bei den nicht-universitären Ausbildungen (pädagogischen Akademien) überproportional vertreten sind. Bei den 50- bis 60jährigen dagegen haben nur 2 % der Frauen und 7 % der Männer einen derartigen Bildungsabschluß. Ähnlich ist die Situation bei den allgemeinbildenden höheren Schulen, wo die 25- bis 50jährigen Frauen die Männer bereits überholt haben.

Deutliche Unterschiede zwischen Männern und Frauen zeigen sich v. a. bei den PflichtschulabgängerInnen und bei den LehrabsolventInnen. Frauen haben immer noch deutlich öfter als Männer einen Pflichtschulabschluß; dies hat sich auch bei den jüngeren Altersgruppen nicht geändert. In jeder Altersgruppe sind zudem die Anteile der Frauen mit einem Lehrabschluß wesentlich geringer als bei den Männern. So ist die Lehre nach wie vor ein Ausbildungsweg, den eher männliche

Jugendliche einschlagen, während Mädchen eher Fachschulen bzw. berufsbildende mittlere Schulen besuchen.

Höchste abgeschlossene Ausbildung der Wohnbevölkerung nach Geschlecht und Alter 1992 in Prozent

	Pflicht-schule	Lehre	berufs-bildende mittlere Schule	allge-mein-bildende höhere Schule	berufs-bildende höhere Schule	Hoch-schule/ verwand-te Lehr-anstalt
25- bis unter 30jährige	20,4	39,9	11,8	11,5	10,0	6,4
Frauen	26,4	29,7	15,5	12,5	8,8	7,1
Männer	14,6	49,8	8,4	10,5	11,0	5,7
30- bis unter 40jährige	24,7	40,7	12,4	6,1	6,1	10,0
Frauen	31,5	29,8	16,9	6,4	5,2	10,2
Männer	17,9	51,5	7,9	5,9	7,1	9,7
40- bis unter 50jährige	30,9	40,3	10,8	5,2	5,5	7,3
Frauen	40,5	31,0	13,7	5,3	4,3	5,2
Männer	21,3	49,6	8,0	5,2	6,6	9,3
50- bis unter 60jährige	44,3	34,0	9,1	3,5	4,5	4,6
Frauen	57,4	22,4	11,0	3,6	3,6	2,0
Männer	30,8	45,9	7,3	3,4	5,4	7,2

Quelle: Mikrozensus; Gross u. a. 1994

Nach internationalen Maßstäben sind jedoch Österreichs geschlechtsspezifische Ausbildungsunterschiede trotz des erfolgten Aufholprozesses nach wie vor sehr groß. Im Vergleich zeigt sich, daß das Bildungsniveau von Österreichs Frauen im Vergleich zu anderen Staaten überdurchschnittlich weit hinter jenem der Männer liegt. Nach einer Auswertung der OECD müßten 20 % der österreichischen Frauen ihr Ausbildungsniveau erhöhen, um mit den Männern gleichzuziehen, während in den meisten europäischen Ländern dieser Wert unter 15 % bzw. 10 % liegt (in den nordischen Ländern bei nur 5 %) (Biffl 1994).

Frauen und Erwerbsarbeit

Die Erwerbsbeteiligung ist stark altersabhängig, wobei in den letzten Jahren an den Rändern der Erwerbsbiografien allgemeine Trends festzustellen waren. Einem späteren Eintritt ins Berufsleben aufgrund längerer Ausbildungszeiten steht ein früherer Austritt gegenüber. Die rationalisierungs- und konjunkturbedingten Beschäftigungsprobleme der Betriebe wurden und werden oftmals über „sanften Personalabbau“ gelöst, indem ältere MitarbeiterInnen in Frühpension geschickt werden. Andererseits nehmen gesundheitsbedingte Pensionierungen zu – ein Trend, der den Arbeitsmarkt entlastet, aber das Pensionssystem belastet. Deshalb war diese Entwicklung einer der zentralen Diskussionspunkte im Zusammenhang mit den jüngsten Maßnahmen zur Budgetkonsolidierung.

Generell sinkt die Erwerbsbeteiligung bei den jüngeren Frauen und Männern aufgrund der längeren Ausbildungszeiten. Der Eintritt der Jugendlichen ins Erwerbsleben erfolgt nach und nach. Viele besuchen weiterführende Schulen und steigen so erst mit 16, 18 oder noch später ins Berufsleben ein. Bei den Frauen haben die 22jährigen mit einer Erwerbsquote von 78 % den höchsten Wert von allen Altersgruppen. Ab diesem Alter gibt ein Teil der Frauen, wegen Eheschließung bzw. wegen der Geburt von Kindern, die Berufstätigkeit wieder auf. 1981 war schon festzustellen, daß die Erwerbsquoten der Frauen auch im mittleren Alter deutlich über den Vergleichswerten von 1971 lagen. Diese Entwicklung hat sich von 1981 bis 1991 weiter fortgesetzt. Im Alter von 27 bis 48 Jahren liegen die Erwerbsquoten um etwa 8 Prozentpunkte über den Werten von 1981. Das hat nicht nur damit zu tun, daß jüngere Frauen mit einer höheren Erwerbsbeteiligung aufgerückt sind. Es müssen auch Frauen, die 1981 nicht berufstätig waren, in den 80er Jahren einen Beruf angenommen haben bzw. in den Beruf zurückgekehrt sein (Volkszählungsdaten; Ladstätter 10/1994).

Bezogen auf die weibliche Bevölkerung im erwerbsfähigen Alter zwischen 15 und 60 Jahren – und dies ist die einzig sinnvolle Bezugsgröße – liegt die Erwerbsquote der Frauen 1992 bei 62 % (vgl. im folgenden Gross u. a. 1994; Daten aus dem Mikrozensus). Am stärksten ist die Berufstätigkeit bei den 20- bis 24jährigen Frauen mit 75 %, gefolgt von den 25- bis 29jährigen mit 73 %. Im Vergleich dazu sind von den Männern dieser Altersgruppen nahezu alle, nämlich 97 % berufstätig.

Die Erwerbsquote der Frauen ist abhängig vom Stand der Ausbildung, vom Familienstand, von der Anzahl und vom Alter der Kinder und schließlich von der Gemeindegröße. Prinzipiell gilt: je höher die Ausbildung der Frauen, um so höher ihre allgemeine Erwerbs„neigung“. 77 % der Akademikerinnen oder Absolventinnen verwandter Lehranstalten gingen 1992 einer Berufstätigkeit nach, dagegen nur jede dritte Frau (32 %) mit einem Pflichtschulabschluß. Im Zeitvergleich zeigt sich, daß besonders die Erwerbsquoten von Frauen mit höherer Bildung angestiegen sind, bei den Frauen mit Pflichtschulabschluß ist die Erwerbsquote mit etwa 31 % gleichbleibend.

Altersspezifische Erwerbsquoten nach Geschlecht 1971 bis 1991

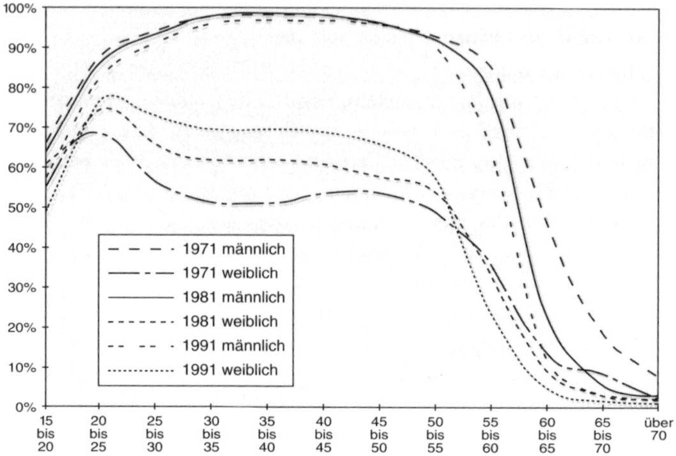

Quelle: ÖSTAT; Volkszählung

Die Berufsausübung von Frauen wird bei der noch weit verbreiteten Arbeitsteilung zwischen Müttern und Vätern erwartungsgemäß stark vom Familienstand beeinflußt. Ab dem Alter von 25 Jahren geht die Beteiligung am Erwerbsleben von verheirateten oder in Lebensgemeinschaft lebenden Frauen deutlich zurück und liegt um einiges unter dem Wert lediger oder geschiedener Frauen. So waren 89 % der ohne Partner lebenden Frauen, dagegen nur 62 % der verheirateten Frauen berufstätig. Bei Männern ist ein derartiger Einfluß nicht sichtbar. Viele Frauen haben die so oft propagierte Wahl zwischen Beruf und Familie aber nicht: Die Erwerbsbeteiligung lediger Frauen zwischen 20 und 54 Jahren entspricht etwa jener gleichaltriger Männer, und von den geschiedenen Frauen unter 50 sind etwa 90 % berufstätig.

Verglichen mit anderen Staaten zeigt sich – weniger als bei den Männern – eine relativ große Schwankungsbreite bei der Erwerbsbeteiligung von Frauen. Schließlich sind die kulturellen, institutionellen und gesetzlichen Rahmenbedingungen, die für die weibliche Erwerbstätigkeit größten Einfluß haben, in den einzelnen Ländern von unterschiedlicher Qualität. Österreich befindet sich im Mittelfeld. Die Erwerbsquoten der 15- bis 64jährigen Bevölkerung in Schweden (80,3 %) oder

Dänemark (79 %), Kanada und den USA (68 %) lagen 1991 über jener von Österreich (56,3 %), jene von Staaten wie Belgien (53 %), Italien (46 %) oder Irland (40 %) unter dem österreichischen Wert (Gross u. a. 1994).

Ansprüche an Frauen

„Einen Beruf zu haben ist ja ganz schön, aber das, was Frauen wirklich wollen, sind ein Heim und Kinder." Dieser Aussage stimmten in einer Untersuchung 1988 noch 59 % der Befragten zu. Dabei waren Frauen (Zustimmungsquote 58 %) und Männer (61 %) gar nicht so uneins (Goldberg 1993). Die Werthaltungen zur weiblichen Berufstätigkeit sind von Widersprüchlichkeit geprägt. Auf der einen Seite gibt es eine hohe Zustimmung für traditionelle Rollenmuster, die sich v. a. bei unterprivilegierten Schichten, in kleinstädtischen, ländlichen Regionen und bei Hausfrauen findet. Auf der anderen Seite läßt sich bei jüngeren Jahrgängen mit zunehmender Qualifikation und in städtischem Umfeld bereits eine stark positive Einschätzung der Berufstätigkeit von Frauen feststellen. Berufstätige Frauen selbst beurteilen ihre Erwerbsarbeit übrigens positiver, als Männer das tun. Dem Statement „Eine berufstätige Frau kann ein genauso herzliches und vertrauensvolles Verhältnis zu ihren Kindern finden wie eine Mutter, die nicht berufstätig ist" stimmten 70 % der Befragten zu – 75 % der Frauen und nur 62 % der Männer.

Obwohl die Berufstätigkeit der Frauen nicht mehr aus der Arbeitswelt wegzudenken ist, sind die Werthaltungen dazu – nicht zuletzt von den berufstätigen Frauen selbst – ambivalent. Angesichts der Gleichgültigkeit der betrieblichen Wirklichkeit gegenüber der Vereinbarkeit von Familien- und Berufsarbeit ist diese Zerrissenheit allerdings begründet. Schließlich müssen sich die meisten Frauen heute entscheiden: entweder Familie oder Karriere.

Trotz aller Hindernisse ändert sich das Erwerbsverhalten der Frauen in mancher Hinsicht: Weibliche Erwerbsverläufe werden beständiger, verheiratete Mütter nehmen schneller wieder eine Berufstätigkeit auf, und nicht unterbrochene Berufslaufbahnen von Frauen nehmen zu. Insgesamt zeigen die Befunde zur Berufstätigkeit der Frauen, „daß weibliche Lebensverläufe nicht einer *unilinearen Normalbiografie* zuzuordnen sind, sondern zusehends neue Varianten aufweisen, deren Ausformung vom Bildungs- und Familienstand, der Anzahl der Kinder und der sozialen Lage abhängt" (Goldberg 1993, S. 66)

Frauen da und Männer dort – Der segregierte Arbeitsmarkt
Die herrschende geschlechtsspezifische Arbeitsteilung besagt, daß Frauen in erster Linie für „Heim und Herd“ zuständig sind und die Männer für den außerhäuslichen Broterwerb sorgen. Dieses patriarchalische Modell, welches auf dem Klischee der bürgerlichen Kleinfamilie basiert, teilt die Welt für die Geschlechter in zwei Hälften. In einer stark geschlechtsspezifischen Sozialisation werden Mädchen und Buben gelehrt, was für sie jeweils richtig ist und was falsch. Die geschlechtsspezifische Zuschreibung hat nicht nur eine unterschiedliche Förderung von Interessen und eine unterschiedliche Verteilung von Aufgaben zur Folge, sondern geht bis zur „Vergeschlechtlichung“ von Eigenschaften. Die Zuordnung männlich gleich rational, hart, stark, intellektuell, logisch, schmutzig, dominant usw., weiblich dagegen gleich emotional, weich, schwach, nicht-intellektuell, nicht-logisch, sauber, unterordnend usw. bildet Geschlechterstereotype, mit denen die Zuweisung von Aufgaben oder die Ausgrenzung von Bereichen legitimiert wird (zum „Gendering“ von Arbeit und Arbeitsvermögen vgl. Knapp 1993).
Typisch für eine entwickelte Industrienation ist die Abnahme der Beschäftigung im landwirtschaftlichen und produzierenden Sektor, während der Dienstleistungssektor eine starke Zunahme zu verzeichnen hat. Von dieser Entwicklung haben die Frauen profitiert, denn „Produzieren ist Männersache und Dienstleisten Frauensache“. So findet sich fast eine Million Frauen im Dienstleistungssektor; das sind drei Viertel aller weiblichen Beschäftigten. Von 1989 bis 1994 ist ihre Zahl um 13 % und damit überdurchschnittlich angestiegen (Männer: + 10 %). Im sekundären oder produzierenden Sektor hat die Frauenbeschäftigung dagegen – ausgehend von einem absoluten Niveau von 280.000 – um 12 % abgenommen (Männer: – 1 %).
Ob die Teilung nun auf das Berufswahlverhalten der Frauen oder das Rekrutierungsverhalten der Unternehmen oder auf beide Faktoren zurückzuführen ist, ändert nichts an der Tatsache, daß die Berufswelt in „weibliche“ und „männliche“ Bereiche getrennt ist. Das Faktum, daß Frauen und Männer nach aller rechtlichen Gleichstellung immer noch in unterschiedlichen Tätigkeitsfeldern, Berufen und Branchen *(horizontale Segregation)* sowie auf verschiedenen Ebenen der Hierarchie *(vertikale Segregation)* zu finden sind, zeigt die Beharrlichkeit und Langlebigkeit geschlechtsfixierender Einflüsse.
Die zunehmende Erwerbsbeteiligung von Frauen ist nicht von einer Aufhebung dieser Geschlechtergrenzen begleitet, sondern vielmehr

von einer verstärkten Grenzziehung. Frauen haben vor allem Berufe und Bereiche erobert, die Männer verlassen haben, oder wurden in gemischten Bereichen segregiert eingesetzt. In diesem Sinn kann von einer „Integration über Segregation" gesprochen werden (Rudolph/Grüning 1994) – eine Entwicklung, die die Problemlage der Frauen nicht mildern wird und die für nahezu den gesamten EU-Raum gültig ist (Rubery u. a. 1995).

Der Großteil der berufstätigen Frauen und Männer arbeitet in Berufen, die von ihren GeschlechtskollegInnen dominiert sind. Dabei sind jedoch deutliche Unterschiede festzustellen: 42 % der Männer sind in Berufen aktiv, in denen der Männeranteil bei 90 % und darüber liegt und Frauen demnach mit weniger als 10 % völlig in der Minderheit sind. Umgekehrt gibt es keine entsprechend hoch besetzten Frauenberufe. 20 % der Frauen, dagegen aber 52 % der Männer, finden ihr eigenes Geschlecht im Beruf im Verhältnis 8 : 2 vor. Männer bleiben in ihren Berufen demnach mehr unter sich, als dies bei weiblichen Beschäftigten der Fall ist. Männliche Kollegen (und vor allem männliche Vorgesetzte) sind für Frauen dagegen eine deutlich häufigere Erfahrung im Beruf als umgekehrt. Die unterschiedliche Verteilung auf segregierte Berufe zeigt überdies auf, daß den Frauen bestimmte männliche Bereiche verschlossen bleiben, während das bei Männern so nicht der Fall ist (Kreimer 1995).

Frauen und Männer in segregierten Berufen 1991

		Frauen (in %)	Männer (in %)
Anteil der Berufstätigen,	90 % +	0,0	0,0
die in Berufsklassen mit	80 % +	20,1	3,0
... % oder mehr Frauen	60 % +	67,5	17,5
arbeiten	40 % +	82,3	27,3
Anteil der Berufstätigen,	90 % +	2,7	42,0
die in Berufsklassen mit	80 % +	5,3	52,2
... % oder mehr Männern	70 % +	10,7	63,2
arbeiten	60 % +	17,7	72,7
durchschnittlicher Frauenanteil	41,4 %		

Quelle: Volkszählung, Kreimer 1995

Diese einseitige Verteilung auf Berufe ist äußerst stabil. An den Trennlinien ändert sich nur wenig. Die quantitativ größten Berufsgruppen mit einem überdurchschnittlich hohen Frauenanteil sind v. a. im *Bürobereich* (sonstige Bürokräfte, Verwaltungshilfskräfte), bei den *Händ-*

lerInnen/VerkäuferInnen, bei den *Reinigungsberufen* und bei den *Lehrkräften/ErzieherInnen* zu finden. Allein drei Viertel (76 %) der weiblichen Berufstätigen sind in den zwölf größten Berufsgruppen eingestuft, die aufgrund der Tertiärisierung zumeist deutliche Zunahmen zu verzeichnen hatten. So stieg etwa die Anzahl der beschäftigten Frauen bei den Gesundheitsberufen und bei den Büroberufen von 1981 auf 1991 um 63 % bzw. um 32 % (Kreimer 1995).

Konzentration und Segregation im „Kernbereich" der Frauenbeschäftigung 1991

Die Berufsgruppen sind nach ihrem Frauenanteil jeweils in folgender Weise eingerückt: über 80 % Frauenanteil 50–80 % Frauenanteil 30–50 % Frauenanteil	Frauen im Beruf/ Frauen gesamt	Veränderungen 1981–1991
1. Sonstige Büro- u. Verwaltungshilfskräfte (201.000 weibliche Kräfte)	13 %	32 %
2. HändlerInnen und VerkäuferInnen (191.000 w)	13 %	13 %
3. Reinigungsberufe (122.000 w)	8 %	10 %
4. Lehrkräfte und ErzieherInnen (105.000 w)	7 %	29 %
5. Land- und forstwirtschaftliche Berufe (98.000 w)	6 %	–29 %
6. Büro- und Bankfachkräfte (78.000 w)	5 %	5 %
7. Kaufmännische Rechnungsberufe (78.000 w)	5 %	3 %
8. KellnerInnen und KöchInnen (71.000 w)	5 %	27 %
9. Medizinische Fachkräfte (61.000 w)	4 %	38 %
10. Gastgewerbe- und Haushaltshilfsberufe (55.000 w)	4 %	– 3 %
11. Gesundheits- und Sanitätshilfsberufe (52.000 w)	3 %	63 %
12. SchneiderInnen und TextilverarbeiterInnen (43.000 w)	3 %	–22 %
Summe der 12 größten Berufsgruppen	76 %	+ 10 %

Quelle: Volkszählung; Kreimer 1995

Die vertikale Segregation ist insbesondere in der Gruppe der Angestellten und BeamtInnen sehr groß, in der es ein sehr differenziertes Positionengefüge gibt. Eine Betrachtung der Verteilung auf Tätigkeitsarten im Zusammenhang mit dem Bildungsniveau ist aufschlußreich. So üben bei den Angestellten/BeamtInnen 73 % der Frauen mit maximaler Pflichtschulausbildung eine *Hilfstätigkeit* oder *gelernte Tätigkeit* aus, bei den Männern der Vergleichsgruppe betrug dieser Anteil 60 %. 70 % der Frauen – dagegen aber nur 51 % der Männer – mit Lehrabschluß sind ebenso in diesen unteren Tätigkeitskategorien zu finden. Beim Ausbildungsniveau „berufsbildende mittlere Schule" sind die geschlechtsspezifischen Unterschiede hinsichtlich der beruflichen Tätigkeit am größten: Während 36 % der Männer dieser Gruppe eine *höhere* oder *hochqualifizierte/führende Tätigkeit* ausüben, liegt hier der Anteil der Frauen bei nur 9 %. Von den AbsolventInnen der allgemeinbildenden höheren Schulen üben nur 42 % der Frauen, aber 79 % der Männer *eine höhere* oder *hochqualifizierte/führende Tätigkeit aus.* Bei den am besten qualifizierten Beschäftigten (Universitäts-, Hochschulausbildung) üben mehr als zwei Drittel der Frauen (69 %) eine *höhere Tätigkeit* aus (38 % der Männer), aber weniger als ein Viertel der Frauen (23 %) sind in einer *hochqualifizierten/führenden Position* tätig (dagegen 59 % der Männer).

Berufliche Tätigkeiten der Beschäftigten nach Ausbildungsstand 1993: Anteile von Frauen und Männern in Prozent

	Pflichtschule		Lehrabschluß		berufsbildende mittlere Schule		allgemeinbildende höhere Schule		berufsbildende höhere Schule		Hochschule/ Universität	
	w	m	w	m	w	m	w	m	w	m	w	m
ArbeiterInnen in 1000	**235**	**243**	**132**	**579**	**21**	**31**	**5**	**18**	**6**	**10**	**2**	**3**
HilfsarbeiterInnen/ angelernte ArbeiterInnen	98	91	49	26	71	27	*		*		*	
FacharbeiterInnen	2	8	50	68	29	55						
VorarbeiterInnen, MeisterInnen	0	1	2	6	0	18						
Angestellte und BeamtInnen in 1000	**116**	**74**	**251**	**338**	**191**	**102**	**90**	**114**	**85**	**88**	**103**	**124**
mit Hilfstätigkeit	41	32	12	11	5	3	3	2	4	2	1	0
mit gelernter Tätigkeit	32	28	58	40	22	15	9	4	15	5	2	1
mit mittlerer Tätigkeit	24	26	26	34	64	46	46	16	44	23	6	3
mit höherer Tätigkeit	3	13	4	11	8	28	37	48	31	47	69	38
mit hochqualifizierter/ führender Tätigkeit	1	2	1	5	1	8	5	31	5	22	23	59

* zu geringe Besetzungszahlen

Quelle: Mikrozensus; Kreimer 1995 bzw. Frauenbericht 1995

Diese Gegenüberstellung zeigt deutlich, wie sehr Frauen bei den Angestellten und BeamtInnen trotz zahlen- und anteilsmäßiger Zunahmen nach wie vor wesentlich öfter als ihre männlichen Kollegen unter ihrer Qualifikation eingesetzt bzw. eingestuft werden (Kreimer 1995; Frauenbericht 1995).

Daß Frauen seltener Karriere machen als Männer, hängt des öfteren

damit zusammen, daß sie in einer Zeit, in der ihre männlichen Kollegen ihren Aufstieg beginnen, wegen der Geburt von Kindern weniger Zeit im Beruf einsetzen können.
Wenn sie nach einer Unterbrechung wiedereinsteigen, tun sie das meist in reduzierter Arbeitszeit. Die Anzahl der Teilzeitbeschäftigten (12–35 Stunden) ist in den letzten 20 Jahren rapide angestiegen, obwohl diese Arbeitszeitform in Österreich bisher nicht gefördert wurde. Die qualitativen und quantitativen Diskrepanzen zwischen Angebot und Nachfrage sind offensichtlich: Teilzeit wird primär in wenig qualifizierten und unattraktiven Tätigkeitsbereichen auf bestimmte Branchen beschränkt angeboten. Eine Beschäftigung unter 25 Stunden ist nur selten existenzsichernd, ein Umstieg von Teilzeit auf Vollzeit von den Unternehmen meist nicht vorgesehen. Teilzeitbeschäftigung ist eindeutig Frauensache. Etwa 90 % der 1992 in Österreich gezählten 293.000 Teilzeitbeschäftigten sind Frauen. Demnach lag die rasant angestiegene Teilzeitquote der Frauen bei 20 %, die der Männer nur bei 1,6 % (Finder u. a. 1994, Fasching 9/93).

Frauen und Arbeitslosigkeit

Die wirtschaftliche Entwicklung ganz Europas ist von dem Phänomen massiv wachsender und zunehmend konjunkturell entkoppelter Arbeitslosigkeit gekennzeichnet. Ökonomisch spricht man davon, daß „Arbeitskräfteangebot und Arbeitskräftenachfrage" einander nicht mehr entsprechen. Auch in Österreich, das innerhalb der Europäischen Union nach Luxemburg die zweitniedrigste Arbeitslosenquote aufweist, ist die Auseinanderentwicklung der Zahl der Arbeitsplätze (realisierte Beschäftigung) auf der einen Seite und der Beschäftigten bzw. der Beschäftigung Suchenden (Arbeitskräftepotential) auf der anderen Seite enorm. Die Arbeitsplatzlücke, und damit die Anzahl der Arbeitslosen, wird zunehmend größer.
Allein in den letzten fünf Jahren zeigen sich auf aggregierter Ebene starke Veränderungen bei Arbeitskräfteangebot, Beschäftigung und Arbeitslosigkeit. Schließlich fiel die massive Rezession von 1992/1993, die sich am Arbeitsmarkt deutlich niederschlug, in diesen Zeitraum.
Seit 1989 ist die Arbeitslosenquote von 5 % auf 6,8 % im Jahr 1993 gestiegen. 1994 ist sie mit der Belebung der Wirtschaft – weniger als erwartet, aber doch – auf 6,5 % zurückgegangen. Vom letzten Wirtschaftseinbruch waren männliche Arbeitskräfte diesbezüglich überproportional betroffen. Der langfristige Trend verläuft allerdings zuungunsten von Frauen.

Die Entwicklung des Arbeitsmarkts von 1980 bis 1994

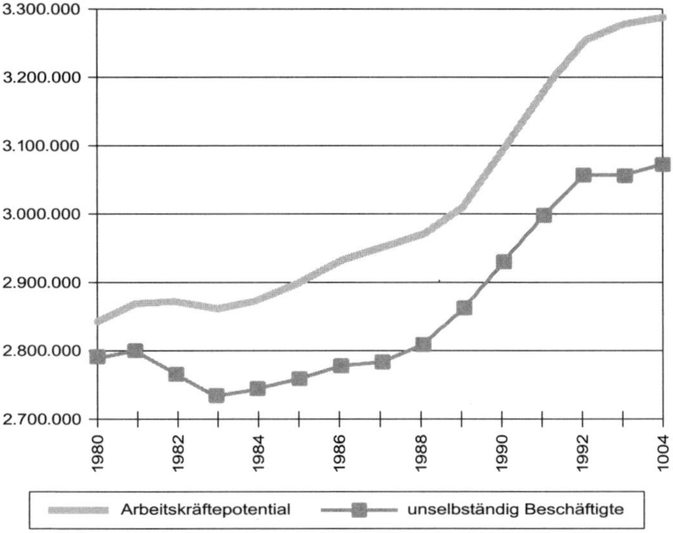

Quelle: ÖSTAT 1995; Statistisches Jahrbuch

Seit Mitte der 80er Jahre übersteigt die Arbeitslosenquote der Frauen regelmäßig die der Männer. Frauen sind also überdurchschnittlich von Arbeitslosigkeit betroffen, obwohl davon ausgegangen werden kann, daß die versteckte Arbeitslosigkeit bei Frauen bei weitem höher liegt als bei Männern.

Viele der arbeitslosen Frauen kommen aus der Textil- und Bekleidungsindustrie bzw. aus Büro-, Fremdenverkehrs- und Handelsberufen. Dabei handelt es sich um längerfristige Problemzonen des Arbeitsmarkts mit eher strukturellen als konjunkturellen Problemen. Nach persönlichen Merkmalen haben insbesondere Frauen mit geringer Qualifikation und Frauen mit Betreuungspflichten große Probleme, einen Arbeitsplatz zu finden. Ab einem Alter von 35 Jahren gelten Frauen bei der Arbeitssuche als „zu alt“. Die Krise im Tourismus sowie andauernde Rationalisierungen und Umstrukturierungen in der Produktion aber auch im Bürobereich lassen in der Zukunft keine positiven Veränderungen erwarten. Im Zuge der Sparpolitik der Bundesregierung werden zudem im öffentlichen Dienst – einem wichtigen Arbeitgeber für gut- und höchstqualifizierte Frauen (Gesundheit, Erziehung, Verwaltung) – Arbeitsplätze eingespart.

Arbeitsmarktdaten von 1989 bis 1994 nach Geschlecht (in 1000)

	1989	1990	1991	1992	1993	1994	Veränderung 1989–1994
Arbeitskräftepotential*							
total	3011,5	3094,5	3182,4	3248,9	3277,2	3285,7	9 %
Frauen	1248,4	1286,7	1331,3	1374,8	1394,3	1403,5	12 %
Männer	1763,0	1807,8	1851,1	1874,1	1882,9	1882,2	7 %
unselbständig Beschäftigte*							
total	2862,3	2928,7	2997,4	3055,8	3054,9	3070,7	7 %
Frauen	1180,3	1209,9	1245,2	1288,9	1298,7	1309,1	11 %
Männer	1682,0	1718,8	1752,2	1766,9	1756,2	1761,6	5 %
Arbeitslose							
total	149,2	165,8	185,0	193,1	222,3	214,9	44 %
Frauen	68,2	76,8	86,0	85,9	95,6	94,4	38 %
Männer	81,0	89,0	99,0	107,2	126,7	120,6	49 %
Arbeitslosenrate**							
total	5,0	5,4	5,8	5,9	6,8	6,5	1,5
Frauen	5,5	6,0	6,5	6,2	6,9	6,7	1,2
Männer	4,6	4,9	5,3	5,7	6,7	6,4	1,8

* Die Zahlen bei den beschäftigten Frauen sind aufgrund des 1991 eingeführten zweiten Karenzjahrs verzerrt.

** nationale Berechnungsweise: registrierte Arbeitslose in Prozent des unselbständigen Arbeitskräftepotentials

Quelle: ÖSTAT; Statistisches Jahrbuch 1995

Frauen und Einkommen

Das Einkommen ist der Angelpunkt der Diskriminierung. Schließlich geht es dabei um die Verteilung materieller Ressourcen und somit um reale Lebensstandards. Hier wird die Benachteiligung am offensichtlichsten. Ursachen für den geschlechtsspezifischen Einkommensunterschied finden sich einerseits in unterschiedlichen Wahrnehmungs- und Bewertungsmustern von Leistungsgrößen und -bestandteilen weiblicher und männlicher Arbeit. So wird beispielsweise der körperlichen Kraft (der Männer) mehr Wert zugemessen als der (den Frauen zugeschriebenen) Feinmotorik. Wie bereits weiter oben bemerkt, bleibt die außerberufliche traditionelle Rollenzuschreibung auch innerhalb der Berufe nicht ohne Auswirkung. Ausgehend von der bürgerlichen Norm der Versorgerehe wurde noch in den 60er Jahren die Berufstätigkeit der Frauen lediglich als Dazuverdienen eingestuft, als eine Tätigkeit, mit der sich „die Damen ein wenig Nagel-

lackgeld" verdienen. Mitunter sind derlei Denkansätze heute noch wirksam.
Die unselbständige Erwerbstätigkeit ist zur gesellschaftlichen Norm der Berufstätigkeit geworden. Dementsprechend wichtig ist das damit verbundene Einkommen, ist es doch für die meisten Menschen die einzige Möglichkeit der Existenzsicherung; an seiner Höhe entscheidet sich, was man sich leisten kann und was nicht. Frauen können sich eindeutig weniger leisten als Männer.

Geschlechtsspezifische Einkommensunterschiede bei den unselbständig Beschäftigten 1994

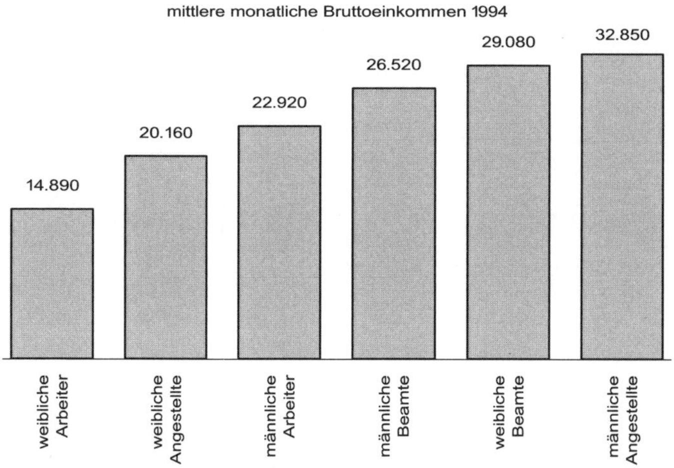

Quelle: Daten des österreichischen Hauptverbands der Sozialversicherungsträger; Grillitsch u. a. 1996

Die Einkommen schwanken andererseits stark nach Branchen und Qualifikationsstufen. Frauen sind vorwiegend in jenen Branchen und Tätigkeitsbereichen vertreten, in denen die Einkommen die niedrigsten sind.[1] Am wenigsten verdienen Arbeiterinnen, am meisten männliche Angestellte. Der Einkommensvorsprung der zahlenmäßig kleinen Gruppe der Beamtinnen im Vergleich zu deren männlichen Kollegen resultiert aus dem überdurchschnittlich hohen Anteil an Akademikerinnen unter den Frauen (Grillitsch u. a. 1996).

1 Vgl. dazu auch die branchenspezifische Übersichtstabelle zur Frauenbeschäftigung in Kapitel 3.3 unter Typ 2.

Das Argument der Qualifikation ist eines der stärksten, wenn es darum geht, die geringeren Einkommen von Frauen zu legitimieren. Lange Jahre konnte auch so argumentiert werden, denn die Frauen in den Unternehmen waren tatsächlich weit schlechter ausgebildet als ihre männlichen Kollegen. Nun haben Frauen enorm an Bildung aufgeholt. Die Konsequenz des höheren Einkommens läßt allerdings auf sich warten.

Standardisiertes Nettoeinkommen von unselbständig Beschäftigten nach Geschlecht und Schulbildung im Juni 1993

50 % der Personen verdienen weniger als ...		
höchste abgeschlossene Schulbildung	**Männer**	**Frauen**
Pflichtschule	12.800	10.100
Lehrabschluß	14.400	11.300
berufsbildende mittlere Schule	16.900	13.200
allgemeinbildende höhere Schule	18.900	14.100
berufsbildende höhere Schule	18.700	14.600
Hochschule/Universität	22.500	17.200
gesamt	**14.900**	**11.900**

Quelle: Mikrozensus 1993; Wolf u. a. 12/1994

Die Zahlen sprechen für sich. Frauen werden selbst bei gleicher Ausbildung finanziell stark benachteiligt. Bei gleicher Qualifikation verdienen Männer im Mittel ein Viertel mehr. Absolventinnen berufsbildender höherer Schulen müssen sich mit rund drei Vierteln des Einkommens ihrer männlichen Kollegen begnügen. Die weniger hoch qualifizierten männlichen Abgänger von berufsbildenden mittleren Schulen verdienen nur um 300 öS weniger als Akademikerinnen. Zwischen männlichen und weiblichen AkademikerInnen beträgt die Gehaltsdifferenz 5300 öS. AHS-Maturantinnen verdienen mit 14.100 öS weniger als männliche Facharbeiter mit 14.400 öS (Wolf u. a. 1994).

Die von den Gewerkschaften mit den Arbeitgebervertretern abgeschlossenen Kollektivverträge sind die Basis für Einkommenshöhe und -entwicklung des Großteils der unselbständig Beschäftigten in Österreich. Schließlich werden – meist branchenweise unterschieden nach Angestellten und ArbeiterInnen – neben rahmenrechtlichen Bestimmungen (Arbeitszeit, Kündigungsbestimmungen etc.) die Entgeltgruppen und Einstufungsschemata, das jeweilige Mindestentgelt, zum Teil die Erhöhung der Ist-Entgelte, die Sonderzahlungen (Weihnachts- und Urlaubsgeld) und eventuelle Gehaltsentwicklungen verbindlich vereinbart. Die Qualität eines Kollektivvertrags korreliert dabei eng mit der Wertschöpfungssituation der Branche und der (historischen) Stärke der Interessenvertretung der ArbeitnehmerInnen.[2] Die Interessenvertretungen sind von männlichen Funktionsträgern dominiert. Ihre Politik ist stark am Leitbild der männlichen Normalbiografie orientiert.

Der statistisch ausgewiesene Einkommensunterschied zwischen ArbeiterInnen und Angestellten einerseits und innerhalb der Gruppe der Angestellten andererseits läßt sich zu einem Großteil auf die unterschiedliche Einkommensdynamik zurückführen. Während in den Kollektivverträgen der Angestellten üblicherweise eine Senioritätskomponente (z. B. in Form von Zweijahressprüngen = Biennien) zu finden ist, gibt es diese bei den ArbeiterInnen nicht. Die Senioritätskomponente unter den Angestellten ist allerdings unterschiedlich stark ausgeprägt und etwa in den Frauenbranchen Handel oder Gastgewerbe wesentlich ungünstiger geregelt als im Kollektivvertrag der Industrieangestellten.

Die an der männlichen Normalbiografie einer ununterbrochenen Berufstätigkeit ausgerichtete „Dienstalterszulage" benachteiligt Frauen sehr. Das konkrete Ausmaß der Benachteiligung wurde vor kurzem erstmals in einer Studie quantifiziert: Im Falle einer nur zweijährigen Karenzzeit haben Frauen nicht nur die direkten Einkommensverluste des entgangenen Gehalts für die Unterbrechungszeit zu tragen, sondern fallen zwischenzeitlich aus der Entgeltdynamik hinaus. Dies kann je nach Einkommenshöhe indirekte Folgekosten bis zur Höhe eines Jahresgehalts (auf 25 Jahre Erwerbslaufbahn gerechnet) verursachen. „Einzelereignisse behalten damit für lange Berufskarrieren ihre Bedeutung, relative Einkommensverluste bleiben nicht nur erhalten, sondern wachsen sogar weiter an. Es gibt keine ‚Verjährung', einmalige Ereignisse wirken ‚ewig' nach. Man verdient z. B. spürbar weniger, weil man vor 15 Jahren in Karenz war ..." (Gärtner 1994, S. 369).

Das Senioritätsprinzip ist in jüngster Zeit in Diskussion gekommen. Dies aber nicht aus Gründen der mittelbaren Diskriminierung von Frauen, sondern wegen der „teuren" älteren (männlichen) Arbeitskräfte, die am Arbeitsmarkt keine Chancen mehr haben. Deshalb wird

2 Als ein negatives Beispiel kann hier der Kollektivvertrag für ArbeiterInnen des Kleidermachergewerbes genannt werden, in dem die Beschäftigten im ersten Dienstjahr als Sonderzahlung nur 2,5 Wochenlöhne erhalten. Die Sonderzahlungen (Urlaubs- und Weihnachtsgeld) betragen fast in allen Branchen mittlerweile je ein Monatsgehalt (vgl. dazu Pastner u. a. 1995).

u. a. bei den Industrieangestellten aktuell an einer Änderung des Entgeltsystems gearbeitet.

1.3 Ziele betrieblicher Frauenförderung

Zu Beginn dieses Kapitels stand die Frage: Warum Frauen fördern? Nachdem nun das Ausmaß der Geschlechterungleichheit verdeutlicht wurde, kann das Ziel von Frauenförderung nur darin bestehen, die vorhandene Benachteiligung aufgrund des Geschlechts zu beenden: Frauen sollen (im Vergleich zu Männern) gleiche Lebenschancen vorfinden, was die gleiche Teilhabe an den materiellen gesellschaftlichen Ressourcen erfordert. Ziel einer Gleichbehandlung und Gleichstellung von Frauen muß demnach eine gleiche Verteilung von Erwerbsarbeit, Arbeitszeit und Einkommen zwischen den Geschlechtern sein – und analog dazu eine Gleichverteilung von Versorgungs- und Familienarbeit.

Die Nachteile von Frauen, die sich in den Arbeitsmarktdaten aggregiert ausdrücken, zeigen uns die *„Diskriminierung als Ergebnis“.* Die Ursachen und Einflußfaktoren sind vielfältig und lassen sich in den Sozialisationsprozessen, den Segregationen im Bildungssystem oder generell in einer systematischen Abwertung des Weiblichen lokalisieren.

Zu einem Teil aber läßt sich das festgestellte Diskriminierungsergebnis auf betriebliche Personalpolitik zurückführen, wo wir die *„Diskriminierung als Prozeß“* vorfinden. In Personalauswahl und -einsatz, in Entgeltfindung, Zugang zu Weiterbildung, in Personalentwicklung und Karriereplanung und in der Besetzung von Managementpositionen werden Männer bevorzugt und Frauen benachteiligt.

Betriebe sind in die Strukturen des Geschlechterverhältnisses zweifach einbezogen: einerseits insofern, als sie sie verursachen und mitproduzieren, und andererseits dadurch, daß sie die Ungleichheit als gegebene Struktur vorfinden:

- Erstens haben Unternehmen Anteil am Entstehen der statistischen Diskriminierung wie an der Einkommensungleichverteilung der Geschlechter und der Instabilität weiblicher Berufsverläufe. Dabei handelt es sich um Formen *aktiver Diskriminierung,* denn es sind die betrieblichen Akteure, welche weibliche Arbeitskräfte seltener aufnehmen, unterqualifiziert einsetzen oder sie geringer einstufen bzw. die Strukturen für solche Vorgangsweisen festlegen.
- Zweitens finden Unternehmen die Ungleichheit der Geschlechter als Struktur vor und reagieren darauf. So beschäftigen sie etwa weibli-

che Arbeitskräfte, die aufgrund der gesellschaftlichen Arbeitsteilung und fehlender öffentlicher Rahmenbedingungen wegen der Familienpflichten berufliche Nachteile und besondere Interessen haben, und gestalten – etwa bei Vereinbarkeitsmaßnahmen – die Arbeitsbedingungen zugunsten oder zuungunsten der Frauen.

Damit sind mehrere Ebenen der Anknüpfung gegeben, die sich auf die Konstruktion von Maßnahmen zur Förderung von Chancengleichheit auswirken werden.

Auf betrieblicher Ebene kann es darum gehen, die herkömmlichen, diskriminierenden Muster der Benachteiligung von Frauen in Personalauswahl, -einsatz und -entwicklung durch besondere Gestaltungsinitiativen aufzubrechen und abzubauen und damit der Prozeß der aktiven Diskriminierung zu stoppen. Frauenförderung auf betrieblicher Ebene kann darüber hinaus auch auf andere Faktoren einwirken, indem sie die unterschiedlichen Voraussetzungen von Frauen und Männern für die Erwerbsarbeit konstruktiv berücksichtigt. So können betriebliche Maßnahmen, die auf eine bessere Vereinbarkeit von Beruf und Versorgungsarbeit abzielen, geeignet sein, die gesellschaftliche Benachteiligung der Frauen durch die ungleiche Verteilung der Reproduktionsarbeit teilweise zu kompensieren.

In der gegenständlichen Arbeit wird untersucht, welche Schritte Unternehmen setzen, um die besondere Situation von Frauen zu berücksichtigen und ihnen im gleichen Ausmaß wie ihren männlichen Kollegen den Zugang zu qualifizierten, attraktiven und gut entlohnten Arbeitsplätzen zu ermöglichen.

2. Wie Frauen fördern?

2.1 Sind Frauen anders oder gleich? Und wie gehen verschiedene Staaten damit um?

Es ist sinnvoll, einen Blick über Österreichs Grenzen zu machen, denn die Maßnahmen zur Förderung von Chancengleichheit in Unternehmen gehen nicht im luftleeren Raum vonstatten, sondern sind wesentlich von politischen, sozialen und wirtschaftlichen Rahmenbedingungen abhängig. Sie unterliegen kulturellen Normen und gesetzlichen Bestimmungen. Die Politik der Gewerkschaften, der Arbeitgeberverbände und der öffentlichen und privaten Institutionen kann den Boden für Gleichbehandlungsmaßnahmen in den Unternehmen maßgeblich bestimmen. Ansichten über traditionelle geschlechtsspezifische Arbeitsteilung und Stereotype über Geschlechterrollen sind nicht überall gleich und beeinflussen Vorhandensein und Ausrichtung der Maßnahmen wesentlich. Ideologische Konzepte sind dem Thema immanent: Wir sprechen von Chancengleichheit, was bei näherem Hinsehen schon eine implizite Vorentscheidung enthält, denn genausogut könnten wir von der *Gleichheit der Ergebnisse,* also von Gleichstellung sprechen. Reicht es aus, Frauen die gleichen Chancen wie Männern zu geben, um die Probleme zu lösen? Wären Frauen wirklich dann *gleich,* wenn sie die *gleichen Rahmenbedingungen* wie Männer vorfänden? Macht die *Vorannahme einer Gleichheit von Frauen und Männern* einen Unterschied in der Gestaltungsart von Politiken? Karin Gottschall hat sich mit verschiedenen Vorstellungen von Gleichheit und Differenz von Frauen im Vergleich zu Männern in jeweils unterschiedlichem nationalspezifischem Kontext auseinandergesetzt.

Ausgangspunkt ihrer Betrachtungen ist die Geschlechterspezifik der Arbeitsmärkte. Gottschall geht davon aus, daß in bezug auf die Erklärung geschlechtsspezifischer Arbeitsmarktstrukturen bisher weder angebotsorientierte Theorien, die vorrangig auf Besonderheiten in Erwerbsverhalten, Arbeitsvermögen und Qualifikationsstruktur der Frauen abstellen, noch nachfrageorientierte Ansätze, die sich in erster Linie auf betriebliche Strategien berufen, voll befriedigende Antworten geben konnten. Dies führt sie auf den beschränkten Erklärungshorizont dieser Theorien zurück, der die Fixierung auf den Arbeitsmarkt letztlich nicht überschreitet (vgl. im folgenden Gottschall 1995).

Frauen tauchen auf dem von Kräfteungleichgewichten gekennzeichneten Markt tatsächlich nicht als „Gleiche“ in der Konkurrenz um Arbeitsplätze auf. Der für sie in spezifischer Weise gültige Familienbezug stellt nicht etwa ein individuelles Merkmal dar, sondern verweist auf die besonderen Bauprinzipien der bürgerlichen Gesellschaft. Diese sehen die systematische Trennung von Familie und Erwerbsarbeit in Form der vorrangig Frauen zugewiesenen unentgeltlichen Reproduktionsarbeit und der vorrangig Männern zugewiesenen entgeltlichen Erwerbsarbeit vor. Diese Trennung spiegelt den Widerspruch wider, daß die bürgerliche Gesellschaft wie alle Gesellschaften auf die physische, generative und soziale Reproduktion ihrer Mitglieder angewiesen ist, diese jedoch nicht mittels Marktlogik gewährleisten kann. Für die gesellschaftliche „Vermittlung“ dieser Trennung kommt dem Staat eine zentrale Rolle zu. Mit der Form der Arbeitsteilung geht nicht nur eine besondere Normierung von Zuständigkeiten, sondern auch von Wertigkeiten einher: Während der männliche Erwerbsarbeiter den Status eines Familienernährers hat, wird die den Frauen zugewiesene Haus- und Familienarbeit zur „natürlichen“ Berufung und zur Arbeit aus Liebe.

Das Geschlechterverhältnis wird durch die geschlechtsspezifische Arbeitsteilung zugleich als *Differenz* und *Hierarchie* strukturiert. Allerdings ist diese Struktur angesichts des für bürgerliche Gesellschaften konstitutiven Gleichheitsversprechens weder widerspruchsfrei noch statisch. Die traditionellen Formen von Familie und Erwerbssystem erfahren gegenwärtig radikale strukturelle Änderungen. Zu berücksichtigen ist weiterhin, daß das Geschlechterverhältnis in der kapitalistischen Wirtschaftsweise immer in Form von klassenspezifischen Ausprägungen existiert und daher noch andere Ungleichheiten produziert werden.

Wie die Politik einer Chancengleichheit der Geschlechter aussehen soll, hängt maßgeblich von den Grundannahmen über Gleichheit ab. Der Vergleich zwischen der Gleichstellungspolitik nach dem Muster der USA und der Art der Frauenförderung, wie sie etwa für Deutschland typisch ist, macht solche Unterschiede deutlich: „‚Gleichstellungspolitik‘ und ‚Frauenförderung‘ bezeichnen dabei idealtypisch betrachtet konkurrierende politische Strategien, hinter denen die bereits aus den großen Reformbewegungen des letzten Jahrhunderts bekannte Kontroverse um *‚Gleichheit‘* oder *‚Differenz‘* steht. Die Frage ist nach wie vor, ob es, wie die Aufklärung versprach, universale Kriterien für Gerechtigkeit gibt und Frauenpolitik von daher radikal Egalität einfordern soll oder aber ob nicht vielmehr die Anerkennung einer wie auch

immer gearteten Andersartigkeit von Frauen das Ziel sein sollte" (Gottschall 1995, S. 3).
Gottschall argumentiert in ihrem Aufsatz, daß beide unterschiedlichen nationalspezifischen Antworten zu kurz greifen. Die nur auf Antidiskriminierung ausgerichtete Politik nach dem Vorbild der USA laufe Gefahr, den Lebensverhältnissen von Frauen nur bedingt Rechnung zu tragen und die Vereinbarkeit von Beruf und Familie sowie die soziale Absicherung von Mutterschaft auf Dauer zu individualisieren und innerhalb der Unternehmen gar nicht zum Thema werden zu lassen. Die vereinbarkeitsorientierten Politikkonzepte, wie sie in der BRD Tradition haben, beinhalteten andererseits die Gefahr, Frauen in ihrem Status als „besondere, andere und letztlich minderwertige" Arbeitskräfte festzuschreiben. Die Fixierung auf die Vereinbarkeitsfrage, die nur bei den Frauen ansetzt, zementiert die traditionelle Rollenverteilung.
Die plausible These von Gottschall: Die Defizite beider Konzepte hängen – wie schon die gängigen theoretischen Arbeitsmarktanalysen – nicht zuletzt damit zusammen, daß beide Strategien die die Geschlechterhierarchie hervorbringenden Verhältnisse in ihrem Wirkungszusammenhang relativ unangetastet lassen. Konzepte, welche die Vereinbarkeitsproblematik, Qualifizierungsprobleme oder aber vermeintliche spezifisch weibliche Fähigkeiten zum Ausgangspunkt nehmen, müssen unzulänglich bleiben, weil sie das traditionelle, inzwischen jedoch brüchig gewordene Familien- und Erwerbsmuster und deren immanente Machtstrukturen nicht in Frage stellen. Eine erfolgversprechende Gleichstellungspolitik, für die Gottschall durchaus Ansatzpunkte sieht, muß diesen Zusammenhang wie auch die widersprüchliche, sozial differenzierende Entwicklungsdynamik gesamtgesellschaftlicher Strukturveränderungen mitberücksichtigen.
Um Gottschalls Kritik nachzuvollziehen, ist der deutsche Ansatz zu skizzieren: Maßnahmen zur betrieblichen Frauenförderung sind in Deutschland seit Mitte der 80er Jahre zu finden, wo vergleichsweise zur Situation zuvor ein regelrechter (öffentlichkeitswirksamer) Boom zu verzeichnen war. Zu Beginn der 90er Jahre waren nach einer Untersuchung von Brumlop/Hornung in rund 100 Großbetrieben formalisierte Programme eingerichtet worden, die zu 90 % Maßnahmen zur Vereinbarkeit von Familie und Beruf betrafen (Brumlop/Hornung 1993). Seit dem Zusammenschluß der deutschen Staaten, der von massiver Umstrukturierung und Personalabbau in den Betrieben begleitet war, ist es in den Unternehmen und Gewerkschaften um das Thema

betriebliche Frauenförderung allerdings relativ still geworden (Brumlop 1995). Trotzdem ist in Deutschland die Diskussion um betriebliche Frauenförderung um einiges weiter entwickelt als in Österreich.
Im Gegensatz zu Deutschland liegen die Anfänge der „affirmative action" in den Vereinigten Staaten schon sehr viel weiter zurück. 1964 wurde in den USA mit dem Civil Rights Act eine Regelung erlassen, derzufolge Beschäftigte vor der Diskriminierung aufgrund von Rasse, Hautfarbe, Religion, nationaler Zugehörigkeit oder Geschlecht zu schützen sind. Die Antidiskriminierungspolitik, die man bereits seit den 40er Jahren in bezug auf die Gleichstellung der Schwarzen entwickelt hatte, wurde durch den Druck einer starken Frauenbewegung auf die Gleichheit der Geschlechter ausgeweitet. Das Gesetz, das später auch Ältere, Behinderte und Homosexuelle einbezog, sieht auch Schadenersatzansprüche vor.
Mit dem Gesetz wurde eine Equal Employment Opportunity Commission eingesetzt, die einerseits Anlaufstelle für Beschwerden über Diskriminierung ist und andererseits auch von sich aus tätig werden und potentiell diskriminierende Unternehmen untersuchen und verklagen kann. Überdies werden – als Ausgangspunkt für konkrete Förderpläne – laufend Erhebungen über die Personalstrukturdaten aller amerikanischen Unternehmen durchgeführt, die mehr als 50 Personen beschäftigen.
Das Office of Federal Contract Compliance, eine Abteilung des Arbeitsministeriums, wacht darüber, daß öffentliche Aufträge der Bundesregierung (über 50.000 Dollar) nur an Unternehmen vergeben werden, die nicht gegen die Gleichbehandlung verstoßen. Die Unternehmen verpflichten sich vertraglich, nicht zu diskriminieren und einen schriftlichen Förderplan – „affirmative action plan" – zu erstellen. Darin wird die inhaltliche und zeitliche Vorgangsweise zur Erhöhung des Anteils der Frauen und anderer benachteiligter Gruppen in allen Ebenen des Unternehmens beschrieben. Die angestrebte prozentuale Verteilung der Beschäftigten je Ebene wird als numerische Zielvorgabe formuliert. Die Einhaltung des Aktionsplanes wird kontrolliert und gegebenenfalls sanktioniert.
Daß eine Anzahl großer Unternehmen wie IBM oder die American Telephone and Telegraph Company (AT & T) als warnende Beispiele Ausgleichszahlungen in Millionenhöhe leisten mußten und zur Einführung von Aktionsplänen gezwungen wurden, ist für andere Betriebe Grund gewesen, freiwillig bzw. präventiv tätig zu werden. Bei den gesetzten Maßnahmen handelt es sich nur in Ausnahmefällen um Ver-

einbarkeitsmaßnahmen von Beruf und Familie, was um so mehr Stellenwert erhält, da auch außerbetrieblich keine sozialrechtlichen Rahmenbedingungen wie Elternkarenz oder ähnliches existieren (Gneisz 1993, Schafferhans 1993). Somit ist die amerikanische Situation völlig anders als die deutsche und die anderer europäischer Staaten.

Information über Maßnahmen zur betrieblichen Frauenförderung auf europäischer Ebene gibt es nur wenig und nicht in systematischer Form.[3] Die Strategie der „positive action" (worunter nicht unbedingt, aber tendenziell Maßnahmen auf betrieblicher Ebene verstanden werden) wird jedenfalls in den letzten Jahren von der EU-Politik stark diskutiert und gefördert. VertreterInnen der Europäischen Kommission bewerten die Maßnahmen auf Organisationsebene als den zweitwichtigsten Ansatzpunkt in der Chancengleichheitspolitik überhaupt: "As a matter of fact, we are convinced that positive action represents the second most powerful instrument to change women's position, the most powerful instrument, of course, being the equality law itself." (Agnes Hubert, Leiterin der Gleichbehandlungsstelle der Europäischen Kommission auf der weiter unten beschriebenen Konferenz zum Thema „positive action"; zitiert in: Shapiro u. a. 1994). Dementsprechend wurde im März 1994 von der Europäischen Kommission eine Positive Action Co-ordinating Group eingerichtet, welche schon im Juni 1994 in Italien unter sozialpartnerschaftlicher Beteiligung eine Konferenz zum Thema „positive action" koordinierte. Die Positive Action Co-ordinating Group ist ein Netzwerk von ExpertInnen (aus jedem EU-Land mindestens eine/r), das mit dem Ziel gegründet wurde, eine gemeinschaftsweite Strategie zur Realisierung positiver Aktionen für beschäftigte Frauen zu entwickeln. Die Gruppe wurde allerdings mit Ende des Dritten Aktionsprogramms (zur Förderung der Chancengleichheit von Frauen und Männern in der Europäischen Union) in dieser Form aufgelöst.

Die Positive Action Co-ordinating Group verfolgt laut Eigendefinition einen stark pragmatischen Ansatz, und ihre Aktionen sind stark auf positive Beispiele konzentriert. Die Aktionen richten sich an alle Gruppen der Sozialpartner und an betriebliche EntscheidungsträgerInnen und gehen von der Übereinstimmung bestimmter Interessen von Frauen und Unternehmen aus – ein im gegebenen Rahmen durchaus erfolgversprechendes Vorhaben auf hohem Diskussionsniveau. Doch

3 Aktuell wird im Auftrag der europäischen Dublin Foundation eine wissenschaftliche europaweite Untersuchung über Frauenfördermaßnahmen auf gesetzlicher, kollektivvertraglicher und betrieblicher Ebene durchgeführt.

was manche Publikationen betrifft, ist mitunter unklar, ob bestimmte Feststellungen nun dem politischen Interesse dienen oder tatsächlich die Realität widerspiegeln.
So heißt es in den Publikationen der Gruppe, daß zu Beginn der 80er Jahre „positive action" noch als ein moralisches Erfordernis angesehen worden sei, um die Diskriminierung von Frauen aufzuheben. Die Maßnahmen seien von den Unternehmen nur als Kosten und nicht als ökonomischer Vorteil verbucht worden. Nun hätten sich die Einstellungen jedoch geändert, und zunehmend werde „positive action" als Instrument gesehen, die Ressourcen des Personals zu erhöhen; Maßnahmen zur betrieblichen Frauenförderung würden heute als wesentliche Faktoren der strategischen Unternehmenspolitik geschätzt werden (vgl. dazu und im folgenden Shapiro u. a. 1994).
Auf der italienischen Konferenz, die hier als eine der wenigen spezifischen Veranstaltungen zum Thema näher zu beschreiben ist, wurde ein interessanter Ansatz gewählt, und zwar eine Verbindung zwischen dem Arbeitsorganisationskonzept des Total Quality Management (TQM) und einer Personalpolitik zur Förderung der Chancengleichheit von Frauen und Männern. TQM ist ein Modell für ein Qualitätsmanagement nach japanischem Vorbild, das u. a. Grundlage für die mittlerweile stark verbreitete Zertifizierung nach der Qualitätsnorm ISO 9000f darstellt. Nach diesem Muster wird seit Anfang 1996 in Deutschland das Prädikat „Total E-Quality" verliehen, um Betriebe „mit an Chancengleichheit orientierter Personalpolitik" auszuzeichnen (vgl. den Ausschnitt des Newsletters der Positive Action Co-ordinating Group auf den folgenden Seiten). Berichte über Erfahrungen damit liegen noch nicht vor.
Die Konferenz in Italien verfolgte den anwendungsbezogenen Ansatz, über „good practice" und positive Zielformulierungen Anreize zu positiven Aktionen für die Praxis zu geben. Die drei Kernthemen der Konferenz waren:

- Vereinbarkeit von Beruf und Familie,
- Auflösung von horizontaler und vertikaler Segregation,
- Erhöhung der Teilnahme von Frauen an Entscheidungsträgerpositionen.

Als eine wesentliche Voraussetzung wurde genannt, daß es notwendig sei, die Vorurteile, Werte und Strukturen aufzubrechen, welche die traditionelle Rollenverteilung verfolgen. Anhand von rund 20 Einzelbeispielen aus verschiedenen EU-Staaten wurden verschiedene Ansätze von Unternehmen der Privatwirtschaft aufgezeigt. Auffällig war, daß

Das TOTAL E-QUALITY Prädikat

EINE AUSZEICHNUNG VON BETRIEBEN MIT AN CHANCENGLEICHHEIT ORIENTIERTER PERSONALPOLITIK

Anfang 1996 werden erstmals TOTAL E-QUALITY Prädikate an Unternehmen in der Bundesrepublik Deutschland verliehen. Die Vergabe erfolgt durch die „TOTAL E-QUALITY DEUTSCHLAND". Die Prädikatsvergabe wird gefördert vom Bundesministerium für Bildung, Wissenschaft, Forschung und Technologie und der Kommission der Europäischen Union. Projektträger für die Vergabe ist der Wuppertaler Kreis e.V. (Gustav-Heinemann-Ufer 84–88, 50968 Köln, Tel.: 0221-372018). Gründungsmitglieder des Arbeitskreises TOTAL E-QUALITY DEUTSCHLAND waren Vertreter/innen der Wirtschaft (Bayer AG, DT Bad Kissingen technische Vertriebs GmbH, Deutsche Telekom AG, Hoechst AG, Albert Mühlenberg OHG, Philips GmbH, VW AG), der Sozialpartner (Deutscher Gewerkschaftsbund, Bundesvereinigung der Deutschen Arbeitgeberverbände), der zuständigen Bundesministerien, dem Bildungswerk der Hessischen Wirtschaft e. V. und dem Institut für Arbeitsmarkt- und Berufsforschung der Bundesanstalt für Arbeit.

WOZU EIN TOTAL E-QUALITY PRÄDIKAT?

An betriebswirtschaftlicher Effizienz orientierte Unternehmensziele sind nur durch eine an der fachlichen und außerfachlichen Qualifikation der Mitarbeiterinnen und Mitarbeiter sowie deren individuellen Möglichkeiten ausgerichteten Personalpolitik zu erreichen. Zukunftsweisendes Personalmanagement wird daher den Sachverstand von Frauen verstärkt einbeziehen. Eine Förderung von Frauen, insbesondere in Führungspositionen, ist somit für innovative, marktorientierte und konkurrenzfähige Unternehmen wichtiger Bestandteil der Personalentwicklung. Dieser Paradigmenwechsel in der Personalführung ist eine große Chance, die Zusammenarbeit im Unternehmen kreativer zu gestalten und damit die Wettbewerbsfähigkeit zu erhöhen.

WELCHE VORTEILE SIND MIT DEM TOTAL E-QUALITY PRÄDIKAT VERBUNDEN?

- **Wirkungen nach innen:**

Das TOTAL E-QUALITY Prädikat macht personalpolitische Grundsätze der Chancengleichheit in Unternehmen sichtbar, spiegelt die Reaktion des Betriebs auf veränderte Wertvorstellungen sowie ein neues Selbstverständnis von Frauen und Männern wider und trägt zur Verbesserung des Firmenimages nach innen bei. Dies ist Voraussetzung für engagierte Mitarbeit, Identifikation mit den Unternehmenszielen und stärkere Integration der einzelnen Mitarbeiterinnen und Mitarbeiter.

- **Wirkungen nach außen:**

Mit dem TOTAL E-QUALITY Prädikat werden innovative Unternehmen ausgezeichnet, die ihre Qualitätsmanagement-Konzepte auch auf Mitarbeiterinnen und Kundinnen ausrichten. Der Betrieb gewinnt dadurch in der Öffentlichkeit an Attraktivität und gesellschaftlicher Wertschätzung. Das hat erstens positive Effekte für die Gewinnung und Sicherung von qualifiziertem Personal, zweitens trägt es zur Verbesserung des Firmenimages bei. Dadurch erhöhen sich die Absatzchancen bei potentiellen Kundinnen und neue Märkte öffnen sich.

WER BEKOMMT DAS TOTAL E-QUALITY PRÄDIKAT?

Unternehmen, die ein TOTAL E-QUALITY Prädikat erwerben wollen, informieren mit dem Antrag über ihre an Chancengleichheit orientierte Firmenpolitik. Sie verpflichten sich zur Beibehaltung und Fortführung positiver Maßnahmen zur Förderung der Chancengleichheit. Sie definieren ihre internen Ziele für die nächsten zwei Jahre und entwickeln eine verbindliche Vorgehensweise für die Umsetzung der vorgesehenen konkreten Maßnahmen. Die Auszeichnung soll die Eigeninitiative der Betriebe fördern. Die Bewerbung für das TOTAL E-QUALITY Prädikat und die Selbstverpflichtung erfolgen auf freiwilliger Basis.

WIE SEHEN DIE KRITERIEN FÜR DIE VERGABE DES PRÄDIKATS AUS?

Die Sichtung und Bewertung betrieblicher Aktivitäten zur Umsetzung von Chancengleichheit erfolgen anhand einer Checkliste, in die Unternehmen ihre betriebsspezifischen Maßnahmen und die Zielvorgaben eintragen. Die Kriterien zur Erlangung des Prädikats werden vom Arbeitskreis TOTAL E-QUALITY in Zusammenarbeit mit Vertretern aus der Betriebspraxis gestaltet. Bei der Bewertung der betrieblichen Angaben müssen Mindestanforderungen erfüllt sein, gleichzeitig wird den spezifischen Gegebenheiten der Betriebe Rechnung getragen.

WER VERGIBT DAS TOTAL E-QUALITY PRÄDIKAT?

Ein unabhängiges Gremium prüft und bewertet die betrieblichen Angaben in der Checkliste. Der Arbeitskreis TOTAL E-QUALITY Deutschland vergibt das Prädikat. Es ist zwei Jahre gültig und kann verlängert werden. Das Prädikat umfaßt ein Zertifikat und ein Logo, das für Marketing und Öffentlichkeitsarbeit verwendet werden kann. ■

Gerhard Engelbrech, Positive Action Co-ordinating Group,
Jochensteinstr. 32, 90480 Nürnberg
Institut für Arbeitsmarkt- und Berufsforschung der Bundesanstalt für Arbeit, Regenburger Str. 104, 90327 Nürnberg

Quelle: Newsletter Positive Aktionen, 3/1996

insbesondere in deutschen Betrieben Vereinbarkeitsmaßnahmen Inhalt der Maßnahmen waren, währenddessen in anderen Staaten auch Maßnahmen zur Aufhebung von Geschlechtsrollenstereotypen und Maßnahmen zur Aufhebung von horizontaler und vertikaler Segregation gesetzt wurden. So wurde etwa im irischen Unternehmen eine „Equality Week" mit Quizveranstaltungen, Videos, Diskussionen und Veranstaltungen zum Thema Chancengleichheit durchgeführt. In dem italienischen Betrieb wurden gemeinsam mit den Arbeiterinnen in eigenen „Quality Circles" Vorurteile über Frauenarbeit und unterbewertete Eigenschaften von Frauen kritisch reflektiert.

Allerdings ist zu den Unternehmensbeispielen relativierend zu bemerken, daß es sich nicht um repräsentative, sondern um auf Selbstdarstellungen basierende Beschreibungen handelt, die keinerlei allgemeine Aussagen ableiten lassen. Aber selbst zu diesen „besten Beispielen" mußte auf der Konferenz kritisch festgehalten werden, daß in keinem der Unternehmen männlichen Beschäftigten Familienarbeit nähergebracht wurde.

Ein anderer kritischer Gedanke betraf die Interessenüberschneidungen von Frauen und Unternehmen im aktuellen Trend der Flexibilisierung. Der Bedarf an Flexibilität in den Unternehmen passe gut mit den Bedürfnissen der Frauen nach außerberuflicher Zeit zur Familienarbeit zusammen und solle dementsprechend genützt werden. Allerdings dürften derartige Maßnahmen zur Flexibilisierung nicht einseitig Arbeitgeberinteressen dienen, sondern seien jeweils auszuhandeln. Die Flexibilisierung dürfe keine ArbeitnehmerInnen zweiter Klasse produzieren, sondern sei vielmehr mittels flankierender Schutzbestimmungen zu kontrollieren. Auf keinen Fall dürfe die Flexibilisierung die Segregation erhöhen.

Wie sieht nun die Situation in den einzelnen Staaten aus? Dazu ist eingangs zu bemerken, daß ein umfassender seriöser Ländervergleich hier nicht geleistet werden kann, denn dieser müßte auch eine exakte Begriffsabgrenzung umfassen und die jeweils länderspezifischen Rahmenbedingungen in Betracht ziehen. Die gesetzlichen, kollektivvertraglichen und betrieblichen Regelungen und deren praktische Bedeutung wären nicht nur im Hinblick auf Gleichbehandlung, sondern auch in bezug auf Lohnpolitik, Arbeitszeitpolitik, Familienpolitik und ähnlich relevante Bereiche in die Betrachtung miteinzubeziehen. Weiters wäre nach der tatsächlichen Umsetzung der bestehenden Bestimmungen zur Gleichbehandlung zu fragen, denn in vielen Ländern existieren zwar Gesetze, die etwa eine Berichtspflicht vorsehen, doch wird diese

in der Praxis mangels Sanktionen meist nicht wirksam. Die verfügbaren Quellen waren von unterschiedlicher Zielsetzung und Qualität. Dementsprechend sind die folgenden Ausführungen als Blitzlichter auf eine komplexe Materie zu verstehen.
Auf Grundlage einer Panelerhebung zu allgemeinen Trends im Personalmanagement europäischer Unternehmen, dem Price-Waterhouse-Cranfield-Projekt, konnten für die westeuropäischen Staaten einige interessante Entwicklungen beschrieben werden. Frauen wurden nach Angaben der Betriebe als Arbeitsmarktpotential entdeckt und werden vorrangig in der Schweiz, den Niederlanden und Großbritannien mit Personalmarketingmaßnahmen umworben. Nur in Deutschland ist der Anteil der Arbeitgeber, die gezielt Frauen zu rekrutieren versuchen, 1991 auf 35 % (von 41 % des Vorjahres) gesunken. Diese Tatsache wird als Reaktion auf die veränderte Arbeitsmarktlage durch die neuen Bundesländer interpretiert. Flexible Arbeitszeit wird fast automatisch mit Frauenarbeit in Verbindung gebracht, Teilzeitarbeit häufig als Mittel der Personalbeschaffung genannt. Jedoch kommen weiterreichende Strategien wie Weiterbildungs- oder Vereinbarkeitsmaßnahmen sehr viel seltener zur Anwendung als Rekrutierungsmaßnahmen von Frauen. Falls vorhanden, zeigen Maßnahmen solcher Art starke länderspezifische Unterschiede: In Frankreich mit kurzem Mutterschaftsurlaub und guter ganztägiger Kinderversorgung werden keine Wiedereingliederungskurse angeboten. In Schweden und Dänemark ist Mutterschaftsurlaub von einem Jahr und mehr üblich, Wiedereingliederungs- und Kontaktprogramme sind dennoch fast unbekannt. Ein direkter Zusammenhang zwischen dieser Art von „Frauenförderung“ und den allgemeinen Rahmenbedingungen für Frauen und Familien in einem Land wird im Rahmen dieser Untersuchung aber nicht hergestellt (vgl. Hegewisch 1993).
Wissenswert ist, daß in keinem Land der Europäischen Union Arbeitgeber der Privatwirtschaft gesetzlich verpflichtet sind, positive Aktionen zu setzen. Dagegen gibt es für den öffentlichen Sektor teilweise Auflagen zur Förderung der Chancengleichheit von Frauen. Während im öffentlichen Dienst zum Teil gesetzliche Maßnahmen bis zur Quotenregelung zu finden sind, setzt man in der Privatwirtschaft weiterhin auf das freiwillige Engagement der betrieblichen EntscheidungsträgerInnen. In manchen Ländern der EU werden Maßnahmen zur betrieblichen Frauenförderung staatlich aktiv gefördert, in anderen nicht. Grundsätzlich gilt, daß der Erfolg der Maßnahmen auf organisatorischer Ebene weniger von bestehenden (unverbindlichen) Gesetzen,

sondern eher von der grundlegenden Offenheit gegenüber dem Thema abhängt, die aus dem kulturellen, politischen und sozialen Klima resultiert.
So ist die Spannweite im Engagement der Unternehmen relativ groß: In Schweden sind die meisten Organisationen gegenüber Forderungen nach „equality audits“ positiv eingestellt, während eine interessante gesetzliche Regelung in Italien zur Unterstützung privatwirtschaftlicher Gleichbehandlungsmaßnahmen nur sehr wenig Wirkung zeigt (vgl. dazu und im folgenden: Länderberichte der ExpertInnen des europäischen Netzwerks „Situation der Frauen am Arbeitsmarkt“, in: Rubery u. a. 1996; Übersicht der formalen Regelungen, in: Europäische Kommission 1996: Tableau de Board; Konferenzbericht der schon beschriebenen italienischen Konferenz der Positive Action Co-ordinating Group, in: Shapiro u. a. 1994).
In *Italien* gibt es seit 1991 ein Gesetz über die Gleichstellung von Männern und Frauen am Arbeitsplatz. Dieses Gesetz sieht vor, daß Initiativen zur betrieblichen Frauenförderung entweder einseitig von öffentlichen Institutionen, Gewerkschaften oder Arbeitgebern oder aber in Gemeinschaft mit den Sozialpartnern getragen werden. Eine Gleichbehandlungskommission prüft die Anträge zu den Projekten, die nach positivem Ergebnis durch das Arbeitsministerium finanziell gefördert werden. Gemeinsame Aktionen der Sozialpartner werden bevorzugt behandelt.
Von 1991 bis 1994 wurden rund 190 italienische Vorhaben unterstützt (Europäische Kommission 1996). KritikerInnen stellen allerdings dazu fest, daß das Gesetz von den Betrieben größtenteils ignoriert wurde. Schon bei der Verabschiedung des Gesetzes hatten die Arbeitgeber gegen die im Gesetz vorgesehene Berichtspflicht über die Lage der Frauen im Unternehmen ihren Boykott angekündigt. Arbeitgeber, die keine Informationen abgeben, werden auch nicht sanktioniert (Rubery u. a. 1996).
Auch in anderen Ländern unterstützen – weniger verbindlich geregelt als in Italien – öffentliche und private Institutionen mit (finanziellen) Preisen und publicitywirksamen Wettbewerben Aktionen in den Unternehmen. So wird etwa in Frankreich vom Sozialministerium ein Preis für soziale Innovation verliehen, und auch in Luxemburg, Irland und Großbritannien gibt es ähnliche Auszeichnungen (Shapiro u. a. 1994).
Zu erwähnen ist hier, daß die Unternehmen aller EU-Länder auch finanzielle Unterstützungen aus der Strukturförderung der Europäischen Union erhalten können. EU-Programme wie NOW oder FORCE

fördern Chancengleichheitsinitiativen im Bereich der Beschäftigung und Weiterbildung von Frauen, wobei sich NOW speziell auf die Gleichbehandlung von Frauen bezieht, während FORCE ein allgemeines Aktionsprogramm zur Entwicklung der beruflichen Weiterbildung ist.
Eine interessante nationalstaatliche Förderung kommt vom Ministerium für Arbeit in *Dänemark.* 1995 wurde ein Betrag von 140.000 Ecu für die Finanzierung von Projekten zur Verfügung gestellt, mit denen der Elternurlaub für beide Teile attraktiver gestaltet werden soll. Ein „Equal Status Council" wurde eingerichtet, das die Anträge zu überprüfen hatte. Unter den insgesamt 27 bewilligten Initiativen waren Medienarbeiten, Konferenzen und Theateraufführungen zum Thema zu finden. Andere Projekte boten spezielle Weiterbildungskurse für Männer zur Haushaltsführung und zur Vorbereitung auf Kleinkindbetreuung an. Allerdings war nur ein einziger Betrieb unter den bewilligten Projekten zu finden; bei allen anderen AntragstellerInnen handelte es sich um öffentliche Gebietskörperschaften oder Gewerkschaften (Newsletter 1996). Die dänische Gesetzgebung zur Chancengleichheit beinhaltet die Möglichkeit von positiver Diskriminierung bei Stellenausschreibungen und Ausbildungsmaßnahmen, die sich explizit an Frauen richten (Europäische Kommission 1996).
In den *Niederlanden* sind in rund der Hälfte der Kollektivverträge wesentliche Elemente einer Gleichbehandlungspolitik installiert worden; allerdings haben nur 5 % davon einen verbindlicheren Anspruch. 4 % (die holländischen Autorinnen sprechen von „only 4 %") aller Unternehmen haben betriebsspezifische Programme umgesetzt. Diese Programme haben nach wissenschaftlichen Untersuchungen den Frauenanteil generell und den Frauenanteil in Managementpositionen vergrößert, können in ihren Auswirkungen also durchwegs als positiv bewertet werden (Rubery u. a. 1996).
Gemäß einem Gleichheitsgesetz sollte in *Finnland* jeder Arbeitgeber, der mehr als 30 ArbeitnehmerInnen beschäftigt, einen Gleichstellungsplan erstellen. Dieser sollte Maßnahmen enthalten, die die Chancengleichheit am Arbeitsplatz verbessern, also etwa auf die Förderung einer gerechten Einstellung von Frauen oder die Erleichterung der Vereinbarkeit von Beruf und Familie abzielen. Mit den Maßnahmen sollten Einkommensunterschiede zwischen Frauen und Männern verringert und Schritte gegen sexuelle Belästigung gesetzt werden (Europäische Kommission 1996). In Finnland ist seit den 90er Jahren ein zunehmendes Interesse an Arbeitsbewertungsverfahren als Instrument

für die Verkleinerung des geschlechtsspezifischen Einkommensunterschieds festzustellen. Die zentralen Arbeitsmarktorganisationen haben eine gemeinsame Arbeitsgruppe eingerichtet, in welcher Methoden zur Arbeitsbewertung besonders in frauendominierten Bereichen erforscht werden (Rubery u. a. 1996).

In *Schweden* hat entsprechend einem „National Equality Plan“ von 1988–1993 eine wachsende Anzahl von privaten Unternehmen Gleichstellungsprogramme installiert. Damit sollte unter anderem die Zahl der Frauen in Managementpositionen erhöht werden. Zudem hat jedes Unternehmen einen jährlichen Bericht über Einkommensunterschiede zwischen Frauen und Männern zu legen und darüber hinaus einen Plan zu erstellen, mit Hilfe dessen diese Unterschiede zu beseitigen wären. Diese Pläne sind mit den Gewerkschaften abzustimmen. Alle Behörden haben solche Pläne erstellt, und auch die meisten privatwirtschaftlichen Unternehmen befolgen diese Forderung und legen einen Bericht und einen Plan vor (Rubery u. a. 1996).

In *Belgien* werden seit 1990 verbindliche Frauenförderprogramme im öffentlichen Dienst eingerichtet. Dazu wurden Gleichbehandlungsbeauftragte eingesetzt; u. a. sind Pläne und Berichte über den Erfolg der Maßnahmen zu erstellen. Seit 1992 müssen bei der Restrukturierung privater Unternehmen unter bestimmten Bedingungen Gleichstellungsprogramme nach gleichem Muster einbezogen werden. In 19 Wirtschaftsbereichen sind Programme zur Frauenförderung in den Kollektivverträgen inkludiert. Zudem beteiligten sich 1991/92 40 Unternehmen an einem von der Regierung geförderten Projekt zu positiven Aktionen.

Frankreich hat bereits seit 1983 eine Berichtspflicht für Unternehmen. Die jährlichen Berichte zur Lage der Frauen sind mit den Betriebsräten zu diskutieren. In der Praxis hatte das Gesetz aber wenig Wirkung. Nur rund 30 Unternehmen haben überhaupt ein Gleichstellungsprogramm, und die jährliche Berichtspflicht scheint langsam in Vergessenheit geraten zu sein (Rubery u. a. 1996).

In *Spanien* stellt das „Instituto de la Mujer“ (Fraueninstitut) Gleichstellungspläne auf, mit Hilfe deren positive Aktionen gefördert werden sollen. Der zweite Gleichstellungsplan bezieht sich auf den Zeitraum 1993–1995 und wurde von der Regierung bestätigt. Die zentrale Verwaltung hätte nun die Aufgabe, die erforderlichen Maßnahmen (Aktionsfelder sind Informationsarbeit, technische Beratung für positive Aktionen, Abbau von Geschlechterstereotypen in den Unternehmenskulturen sowie Schulung leitender Angestellter zur Übernahme von

Führungspositionen) zu setzen. Allerdings besteht weder für den öffentlichen Dienst noch für die Privatwirtschaft eine gesetzliche Verpflichtung (Europäische Kommission 1996).
In *Deutschland* gibt es seit 1994 eine gesetzliche Bestimmung zur Frauenförderung für Bundesbedienstete. Diese Bestimmungen sind weniger weitreichend als die Programme in den einzelnen Ländern, die die Förderung des Aufstiegs von Frauen selbst bis in höchste Führungspositionen unterstützen. Nachdem der Europäische Gerichtshof im berühmten „Fall Kalanke" die Bestimmung des Frauenförderplans des Landes Bremen zur „automatischen Bevorzugung" von gleichqualifizierten Frauen bei der Besetzung von Positionen als männerdiskriminierend eingestuft hat, ist nun als Reaktion in die Länderschemata die „Berücksichtigung individueller Umstände" bei der Besetzung aufgenommen worden (Rubery u. a. 1996). In manchen Kollektivverträgen der deutschen Privatwirtschaft sind bereits Bestimmungen zur Chancengleichheit von Frauen und Männern zu finden. Diese werden weiter unten näher behandelt.
In *Großbritannien* wird wie in anderen Staaten in der Privatwirtschaft auf „incentives" gebaut. Eine Institution namens „Opportunity 2000" wurde installiert, um die Qualität und Quantität der Beschäftigung von Frauen zu erhöhen. Großbritannien hat somit das von allen Ländern größte auf Freiwilligkeit basierende Programm, mit dem u. a. der Aufstieg von Frauen in höhere Positionen gefördert werden soll. 1991 waren erst 61 Organisationen der Initiative beigetreten, 1994 waren es schon 275. Allerdings sind die Schemata völlig freiwillig, und die meisten Organisationen haben sich entschieden, keine Ziele zu definieren. Somit können die Ergebnisse nicht oder nur schwer beurteilt werden. Dennoch ist positiv anzuführen, daß das Thema Gleichbehandlung zumindest auf der Tagesordnung der Geschäftsführung steht, wenn auch an letzter Stelle (Rubery u. a. 1996).
Die Erfahrungen mit *gender work* in Großbritannien wurden bereits untersucht. In diesem Zusammenhang wird für die Organisationsebene von einem Trendwechsel vom Konzept der „equal opportunity" zu einem Konzept der „diversity" berichtet. Dies wird u. a. als Folge eines Backlash gesehen, der es mühsam macht, das Frauenthema auf bisherige Weise zu bearbeiten. Inbesondere die Frauenbeauftragten hätten die Schwierigkeit einer permanenten Gratwanderung zwischen dem Aufzeigen der Diskriminierung von Frauen und dem Problem, einer „Kultur des Jammerns" bezichtigt zu werden, die nicht ernst genommen wird. Interpretierbar als Resignationshandlung oder als neue

Strategie der Durchsetzung von Fraueninteressen, finde das Konzept der „diversity" auch bei den Frauen großen Anklang (Shaw u. a. 1995). „Diversity" ist auch ein im Amerikanischen üblicher Begriff und am besten mit Vielfalt zu übersetzen. Mit diesem Begriff wird die Vorstellung einer „diverse workforce" verbunden, die der gewachsenen Vielfältigkeit der KundInnenstruktur entsprechen soll. Demnach sollen nicht nur Frauen, sondern auch Angehörige anderer diskriminierter Gruppen (Homosexuelle, Andersdenkende usw.) voll ins Unternehmen integriert werden.

2.2 Eine verwirrende Begriffsvielfalt

Frauenförderung, Chancengleichheit, Gleichbehandlung und Gleichstellung

Frauenförderung und Chancengleichheit sind die in der deutschsprachigen Diskussion am häufigsten verwendeten Begriffe, wenn es um die Beschreibung von Zielvorstellungen und Strategien zum Abbau geschlechtsspezifischer Ungleichheit geht. Als Zielbegriff wird manchmal auch Gleichstellung verwendet, jedoch in ungleich seltenerem Ausmaß als Chancengleichheit. Gleichbehandlung ist wiederum eher in der Diskussion um politische und gesetzliche Rahmenbedingungen zu finden. Eine einheitliche Definition dieser Begriffe existiert weder in der deutschsprachigen Literatur[4] zu diesem Themenbereich noch in der aktuellen Diskussion in Österreich. Vielmehr zeigen sich ausgehend von unterschiedlichen Blickwinkeln und Interessen, aber auch abhängig von pragmatischen Gesichtspunkten und Erfahrungen – letzteres vor allem bei politischen AkteurInnen – oftmals unterschiedliche, ja zum Teil widersprüchliche Verwendungen dieser Begriffe.

Der Beginn: Frauenförderung

Zu Beginn der Diskussion um Strategien gegen die Diskriminierung von Frauen in der Arbeitswelt wurde von allen Proponentinnen – sowohl den Praktikerinnen als auch den Wissenschaftlerinnen – fast ausschließlich mit dem Begriff Frauenförderung operiert. Der Begriff Chancengleichheit galt als zu neutral, nimmt er doch u. a. auf alle diskriminierten Gruppen Bezug. Frauen, so die Argumentationslinie,

4 Die englischsprachige Diskussion ist etwas anders gelagert (siehe Kapitel 2.1), auch wenn sich einige Parallelen zur deutschsprachigen Diskussion, wie die Entwicklung von „equal opportunity" zu „diversity", ergeben.

kämen darin gar nicht vor, und tatsächlich wird Chancengleichheit in manchen Unternehmensgrundsätzen auch ohne Bezug auf die Geschlechterproblematik verwendet. Gemeint ist dann damit, daß alle Beschäftigten im Betrieb ungeachtet ihrer Herkunft (sozialen Klasse, Hautfarbe, Geschlecht) die gleichen Entwicklungschancen vorfinden sollen, wobei auf die unterschiedlichen außerbetrieblichen Voraussetzungen wenig Rücksicht genommen wird. Mit dem Hinweis auf die Gleichheit aller argumentiert man dann auch, daß Frauen ohnehin inkludiert seien und deswegen nicht explizit berücksichtigt werden müßten.

Unter Frauenförderung wurden zunächst Zielsetzungen und Maßnahmenvorschläge auf gesellschaftlicher, politischer und gesetzlicher, aber auch auf betrieblicher Ebene verstanden, die zu einer Gleichstellung von Männern und Frauen führen sollten. Um gesamtgesellschaftliche und betriebliche Ebene zu trennen, wurde für letztere der Begriff betriebliche Frauenförderung eingeführt.

Krebsbach-Gnath und Schmid-Jörg (1985) bestimmen in ihrer Definition, die die Ausgangsdefinition aller nachfolgenden Autorinnen darstellt, betriebliche Frauenfördermaßnahmen als „eine bewußte und gezielte unternehmensspezifische Personalplanung, die das Ziel hat, breitere Personalressourcen effizienter zu nutzen. Es sind Maßnahmen oder Aktionsprogramme,

- die helfen, die vorherrschenden personalpolitischen Entscheidungsmuster ‚bei gleicher Qualifikation im Zweifel für den männlichen Bewerber' aufzubrechen und möglicherweise für eine befristete Zeit umzukehren,
- die der Tatsache Rechnung tragen, daß es viele qualifizierte und motivierte Frauen gibt, deren berufliche Chancen an sozialen Vorurteilen – die vielfach die betriebliche Personalpolitik leiten – scheitern,
- die den Zugang zu einem größeren Spektrum an qualifiziertem Personal eröffnen,
- die den Entscheidungsträgern in Unternehmen helfen, bewußte oder unbewußte, willkürliche und unwillkürliche Benachteiligungen von Frauen im Arbeitsleben abzubauen" (Krebsbach-Gnath/Schmid-Jörg 1985).

Als Aufgabenfelder der Frauenförderung sehen Krebsbach-Gnath/Schmid-Jörg Personalwerbung, -auswahl und -einstellung, Ausbildung, Weiterbildung und Beförderung sowie die Gestaltung grundsätzlicher organisatorischer Bedingungen.

Als gesellschaftliche Zielsetzungen werden in der Literatur genannt:
- die Aufdeckung bestehender Gleichstellungsdefizite von Frauen,
- Förderungsmaßnahmen als Beitrag zur Bewußtseinsbildung,
- die Förderung des Umdenkprozesses in der Gesellschaft, der für eine Beseitigung geschlechtsspezifischer Rollenfixierungen notwendig ist,
- der Abbau geschlechtsspezifischer Arbeitsteilung in Beruf, Familie und Gesellschaft, ohne den wirkliche Gleichstellung, eine gleiche Beteiligung beider Geschlechter in allen gesellschaftlichen Bereichen, nicht denkbar ist,
- Maßnahmen, welche die Integration der Frauen in allen Bereichen und auf allen Ebenen des Erwerbslebens fördern und die Integration der Männer in die Familienarbeit bestimmen (vgl. Arioli 1991).

Um diese allgemeinen Zielsetzungen zu erreichen, müsse betriebliche Frauenförderung, so Knapp/Weg (1985), ergänzt werden
- „durch frauenfördernde Maßnahmen in Wirtschafts-, Technologie-, Arbeitsmarkt- und Bildungspolitik, die mehr qualifizierte Ausbildungs- und Erwerbsarbeitsplätze schaffen, und
- durch infrastrukturelle, soziale, familien- und arbeitszeitpolitische Maßnahmen, die die Vereinbarkeit von Familie und Beruf ermöglichen“ (Knapp/Weg 1985, S. 145).

Bis zu Beginn der 90er Jahre war der Begriff „Frauenförderung“ in der Literatur mehr oder weniger institutionalisiert. Ab Beginn der 90er Jahre zeichnete sich jedoch eine immer stärkere Verwendung des – ursprünglich abgelehnten – Chancengleichheitsbegriffs ab. Der Begriff „Frauenförderung“ wurde mehr und mehr durch den Begriff „Chancengleichheit“ ersetzt, und zwar in Deutschland vor allem von den „Praktikerinnen“ und in der personalwirtschaftlich ausgerichteten Literatur. In der Frauenforschung wird nach wie vor der Begriff „Frauenförderung“ verwendet. Wo liegen hierfür die Ursachen?

Ein Problem mit dem Begriff „Frauenförderung“ wurde in der Literatur schon frühzeitig erkannt, nämlich die mögliche Implikation eines Defizitkonzepts: Der Begriff „legt den Gedanken nahe, Frauen hätten es nötig, wären irgendwie defizitär und müßten deshalb besonders gefördert werden. Aber so ist das gar nicht gemeint, sondern in dem Sinne, damit ihre Potentiale überhaupt erst angemessen zur Entfaltung und Berücksichtigung gelangen können“ (Metz-Göckel 1990, S. 88). Weg/Gotzes/Knapp (1985, S. 100) verweisen darauf, daß Frauenförderpläne „keine karitativen Sonderprogramme für das schwache Geschlecht [sind]. Es geht auch nicht um ungerechtfertigte Bevorzugung weiblicher Mitarbeiter und Bewerber. Vielmehr geht es um den Abbau struktureller Ungleichheiten und Benachteiligung von Frauen." Däubler-Gmelin (1985) wählt plakative Ausdrücke: „Zunächst: Diese Fördermaßnahmen sind weder neue Verpackungen für alte Beschwichtigungsversuche noch Krücken für Behinderte oder Stützungsmaßnahmen für Unterbelichtete oder Zukurzgekommene. Das haben Frauen nicht nötig" (Däubler-Gmelin 1985, S. 9). Das Begriffsdilemma lag auf der Hand. In der theoretischen Diskussion ergab sich daraus allerdings kein Problem, denn alle Beteiligten wußten um die Problematik des Begriffes. Dann zeigte sich jedoch, daß sich der Begriff im Zuge der praktischen Umsetzung aus denselben Gründen als hinderlich erwies. Der Begriff „Frauenförderung" wurde in Unternehmen nicht mit der defizitären Wahrnehmung von Frauen assoziiert, sondern mit der Förderung von Schwachen oder der (ungerechtfertigten Bevorzugung) von Frauen gegenüber Männern. Folglich griffen vor allem jene Proponentinnen, die umsetzungsorientiert und praxisnah arbeiteten, wieder auf den Begriff Chancengleichheit zurück. Von diesen Erfahrungen erzählen auch die im Rahmen des vorliegenden Forschungsprojektes interviewten ExpertInnen. Mit „Gleichgesinnten" wird der Begriff Frauenförderung verwendet. Aber in der Öffentlichkeit ...

> *„Frauenförderung? – Das ist eine Personalpolitik, in der Frauenförderung vorkommt. Aber ich bin schon vorsichtig mit dem Wort Frauenförderung, weil ich immer mehr merke – das hat aber auch mit meiner parlamentarischen Arbeit zu tun –, daß Frauenförderung leider sehr oft negativ besetzt ist und als Ghettoprogramm angesehen wird."* (int-tsw)[5]

Als Alternative wird gerne auf den Begriff „Förderung von Chancengleichheit" zurückgegriffen:

> *„Wir nennen es Förderung von Chancengleichheit* [...]. *Bei dem Begriff ist einfach eine andere Bereitschaft da, ist der Kopf der Männer einfach freier gewesen – abgesehen davon, ist es in den Betrieben vorgekommen, daß die Leute geglaubt haben, daß Frauenförderung irgendein Sozialprogramm nach dem Muster Behinderteneinstellungsgesetz ist. Das ist mir oft passiert, und da habe ich mir gedacht, das hat was auf sich, wir werden das anders nennen. Damit fahren wir auch besser."* (int-gew)

In der Gewerkschaft der Privatangestellten (GPA) wurde erst in diesem Jahr der erste Kollektivvertrag (vgl. Kapitel 3.1) ausgehandelt, in dem

5 Die Kürzel am Ende der Interviewauszüge beziehen sich auf die einzelnen Files des Datenbestandes der Forschungs- und Beratungsstelle Arbeitswelt, Wien.

Punkte zur Frauenförderung festgeschrieben sind. Im Zuge der internen GPA-Vorbereitungen zu diesem besonderen Kollektivvertrag für die Angestellten der Sozialversicherung hatte die Begrifflichkeit durchaus eine Rolle gespielt:

> *„In das erste Verhandlungspaket hat der Kollege aus der Sektion ‚Frauenförderung' hineingeschrieben, und da waren alle total entsetzt, und dann haben wir's ‚Chancengleichheit' genannt. Ich hab' ein paar Punkte angeführt, wie ich mir das vorstellen könnte, und das ist sang- und klanglos beschlossen worden. Frauenförderung ist ein Reizwort."* (int-gew)

Die Auseinandersetzung mit den „richtigen" oder „falschen" Bezeichnungen, so die dahinterliegende Position, koste nur Energie, und aus pragmatischen Gründen könne im Sinne der Frauen mit einer weniger „abschreckenden Wortwahl" weit mehr an konkreten Maßnahmen durchgesetzt werden:

> *„Es ist die Frage, ob es notwendig ist, auf das Rücksicht zu nehmen. Mir kommt vor, daß wir nicht so viel Zeit haben, da so lange herumzuspielen. Es ist schon so lange geredet worden – und auch etwas passiert, aber man muß jetzt schauen, daß hier ein bißchen mehr weitergeht."* (int-tsw)

Andere begriffliche Versuche, das Thema zu benennen, waren in den Gesprächen „Gleichstellung" in der Bedeutung von „Gleichziehen", „Gleichbehandlung" oder „Förderung der Entwicklungschancen von Frauen in Unternehmen".
Auch unsere Verwendung des Begriffs Chancengleichheit im Erstkontakt mit den Unternehmen resultiert aus diesen Überlegungen. In Österreich wurde seit Beginn der Diskussion der Begriff Chancengleichheit verwendet, und das sowohl von der im Jahre 1991 gegründeten Wiener „Initiative Frauen 2000" als auch der steirischen Initiative „Taten statt Worte".

Vereinbarkeitsmaßnahmen als Frauenförderung?

Eine zweite Diskussion um den Begriff Frauenförderung setzt bei dem Umstand an, daß Vereinbarkeitsmaßnahmen von Familie und Beruf ebenfalls unter Frauenförderung subsumiert werden. Dies wird insbesondere dann zu einem Problem, wenn in der Betriebspraxis Frauenförderung „nur mehr" im Angebot von Vereinbarkeitsmaßnahmen besteht. „Frauenförderung wird in der Praxis einseitig als Förderung der Vereinbarkeit von Familie und Beruf begriffen – zumindest zeigt dies die Analyse der vorliegenden Betriebsvereinbarungen." (Zauner

1991, S. 1) Nun sind Vereinbarkeitsmaßnahmen zwar zweifellos eine wichtige und notwendige Vorbedingung, damit betriebliche Frauenfördermaßnahmen greifen können. Doch ist mit Vereinbarkeitsmaßnahmen sicherlich nicht betriebliche Frauendiskriminierung aufzuheben. Im Gegenteil: Ausschließlich für Frauen konzipierte Vereinbarkeitsmaßnahmen konstruieren die Zuständigkeit der Frauen für die Familie neu und zementieren so die geschlechtsspezifische Arbeitsteilung. Von einigen Autorinnen wird daher vorgeschlagen, für Vereinbarkeitsmaßnahmen statt Frauenförderung den Begriff Familienförderung zu verwenden. „Diese Regelungen sollen im folgenden als Abgrenzung zu umfassenden Frauenfördermaßnahmen als Familienförderpläne bezeichnet werden." (Zauner 1991, S. 1) In eine ähnliche Richtung argumentiert eine interviewte Expertin:

> *„Nachdem ich nicht sehr häufig darüber diskutiere, habe ich mir noch nicht sehr häufig was dazu überlegt. Es stört mich der Begriff ‚Frauenförderung' zunehmend, weil er nicht das ausdrückt, was es ist. Ich gehe von Gleichbehandlung aus. Auch da hast du das Problem, daß die Frauen erst dann gleichbehandelt werden können, wenn schon die ganzen Barrieren beiseite geräumt sind.* [...] *Es gibt für mich eine Chancengleichheit auf Gleichbehandlung. Das sind die familienunterstützenden Maßnahmen. Wenn das geregelt ist, kann die eigentliche Frauenförderung erst beginnen. Und dafür müßte man sich wirklich ein neues Wort überlegen.* [...] *Bildlich läßt sich das viel besser darstellen – das Bild: ein Läufer und eine Läuferin, sie mit Hürden und er ohne. Sprachlich kommt es eigentlich nicht vor, worum es geht, weil ‚Frauenförderung' drückt das Falsche aus, darum geht es nicht. ‚Chancengleichheit' gefällt mir eigentlich auch nicht, aber ich kann nicht sagen, warum – den Ausdruck mochte ich nie; ‚affirmative action' ist ein ganz guter Ausdruck, ‚positive Diskriminierung' bringt's auch nicht ... ‚Nachteilsausgleich' ... ein neuer Begriff steht noch an. Vielleicht ‚nichtdiskriminierende Personalpolitik'."* (int-bmf)

Im Rahmen der gegenständlichen Studie finden mehrere Begriffe Verwendung. Bei der Darstellung des Diskussionsstandes zum Thema kommen die Begriffe vor, die innerhalb der Diskussion von den jeweiligen AutorInnen verwendet werden. Im Titel der Untersuchung findet sich der Terminus „Frauenförderung", der sich nicht zuletzt nach der Beschäftigung mit der Literatur zum Thema projektintern als „kurzer" Gebrauchsbegriff durchgesetzt hat.

Für die empirische Analyse wird hingegen als Überbegriff „Chancengleichheit" verwendet, um das Ziel zu bezeichnen, das durch Fördermaßnahmen erreicht werden soll. „Chancengleichheit" wird allerdings in einem ergebnisorientierten Sinn verstanden. Um betriebliche Chancengleichheit zu erreichen, sind zwei Maßnahmenformen notwendig: Vereinbarkeitsmaßnahmen zwischen Familie und Beruf und Maßnahmen zur betrieblichen Frauenförderung (vgl. auch Arioli 1991, Bendl 1996).

Chancengleichheit im Betrieb	
Vereinbarkeit von Familie und Beruf	betriebliche Frauenförderung

Vereinbarkeitsmaßnahmen liegt die Berücksichtigung der unterschiedlichen Voraussetzungen von Frauen und Männern für die Erwerbsarbeit zugrunde. Mithilfe dieser Maßnahmen wird auf die vorgefundene gesellschaftliche Ungleichheit der Geschlechter reagiert und diese im positiven Fall kompensiert. Vereinbarkeitsmaßnahmen sollten beiden Geschlechtern zugute kommen. Sie umfassen im wesentlichen die Gestaltung der Arbeitszeit und die Kinderbetreuung. Der Begriff „familienfördernde Maßnahmen" findet hier nicht Verwendung, weil durch die Ermöglichung der Vereinbarkeit ja nicht die Familie Adressat der Förderung ist, sondern die Eltern in ihrer Berufstätigkeit unterstützt werden.
Betriebliche Frauenförderung bezieht sich hingegen auf jene Maßnahmen, die die herkömmlichen Muster betrieblicher Benachteiligung von Frauen in Personalauswahl, -einsatz und -entwicklung abbauen.
Würden sich die Ausführungen nach der Semantik der Begriffe und nicht nach „Eingebürgertem" oder „pragmatisch Sinnvollem" richten, wäre eigentlich der Begriff „Gleichstellung" zu verwenden.

2.3 Besonderheiten von Klein- und Mittelbetrieben

Welche Spezifika weisen aber nun Klein- und Mittelbetriebe in bezug auf Förderung von Chancengleichheit auf? Gebräuchlichstes Unterscheidungskriterium zwischen Großunternehmen und Klein- und Mittelbetrieben ist die Betriebsgröße (gemessen an der Zahl der Beschäftigten). Das europäische statistische Amt (Eurostat)[6] bestimmt dabei folgende Richtlinie:

- Kleinstbetriebe: 0–9 Beschäftigte
- Kleinbetriebe: 10–99 Beschäftigte
- Mittelbetriebe: 100–499 Beschäftigte
- Großbetriebe: ab 500 Beschäftigte

6 In der EU wird allerdings bei Förderungen von Klein- u. Mittelbetrieben als Betriebsgrößenkriterium eine Maximalanzahl von 250 Beschäftigten angenommen.

Neben der Betriebsgröße sind in der betriebswirtschaftlichen Literatur noch zwei weitere statistische Unterscheidungskriterien zwischen Großunternehmen und Klein- und Mittelbetrieben in Verwendung: die Eigentumsstruktur der Unternehmen und deren Jahresumsätze. In den letzten Jahren werden jedoch zunehmend neben den statistischen auch Unterscheidungskriterien qualitativer Art diskutiert. Es handelt sich dabei um Merkmale, die „idealtypisch" Großbetrieben auf der einen Seite und Klein- und Mittelbetrieben auf der anderen Seite zugeschrieben werden.
Idealtypisch sind die Unterscheidungsmerkmale, weil sie auf der Konstruktion eines „reinen" Typus beruhen, der empirisch in der Form kaum auffindbar ist. Tatsächlich ist in der Kategorie „Klein- und Mittelbetriebe" eine große Vielfalt von Betrieben zusammengefaßt, die im Zuge der Aufspaltung von Großunternehmen sowie der Auslagerungen und Privatisierungen noch weiter zunimmt. Im Hinblick auf die betriebliche Sozialordnung haben Kotthoff/Reindl (1990) allein unter den kleinen Industriebetrieben einiger weniger Branchen eine große Zahl unterschiedlicher Typen gefunden.
Doch zurück zu den „idealtypischen" qualitativen Unterscheidungsmerkmalen zwischen Großbetrieben und Klein- und Mittelbetrieben in der betriebswirtschaftlichen Literatur. Anhand der Bereiche Unternehmensführung, Personal und Organisation[7] finden sich diese Merkmalzuschreibungen in der Übersicht auf der folgenden Seite dargestellt (nach Pfohl/Kellerwessel 1990, S. 18–20).
In den „traditionellen" Klein- und Mittelbetrieben liegt im Unterschied zu Großbetrieben die *Unternehmensführung* in der Regel beim Eigentümer-Unternehmer/bei der Eigentümerin-Unternehmerin. Die Person des Chefs/der Chefin ist daher von zentraler Bedeutung. Ohne Einbeziehung der Persönlichkeit und des Sozialcharakters des Unternehmers/der Unternehmerin, so Kotthoff/Reindl 1990, lasse sich nicht verstehen, was sozial im Betrieb und unter den Beschäftigten geschieht. „Der Sozialcharakter des Unternehmers ist in der Tat eine zentrale Quelle der Sozialordnung. Von seinem lebensgeschichtlichen Bezug zum Unternehmen, dem Stellenwert, den es für seine Lebensperspektive besitzt, von seiner inneren, gelebten und von unten wahrgenommenen Beziehung zum ‚Reich der Arbeit', von seiner Wertschätzung der Arbeitspersonen und weniger von seinen Konzepten hängt es ab, was sich sozial im Betrieb entwickelt hat." (Kotthoff/Reindl, 1990, S. 15)

7 Diese Bereiche sind für die Fragestellung des vorliegenden Projekts vorrangig.

Merkmalkatalog: Unterschiede zwischen großen Unternehmen und Klein- und Mittelbetrieben

Klein- und Mittelbetriebe	Großbetriebe
Unternehmensführung	
• Eigentümer-Unternehmer	• Manager
• mangelnde Unternehmensführungskenntnisse	• fundierte Unternehmensführungskenntnisse
• technisch orientierte Ausbildung	• gutes technisches Wissen in Fachabteilungen und Stäben verfügbar
• unzureichendes Informationswesen zur Nutzung vorhandener Flexibilitätsvorteile	• ausgebautes formalisiertes Informationswesen
• patriarchalische Führung	• Führung nach Management-by-Prinzipien
• kaum Gruppenentscheidungen	• häufig Gruppenentscheidungen
• große Bedeutung von Improvisation und Intuition	• geringe Bedeutung von Improvisation und Intuition
• kaum Planung	• umfangreiche Planung
• durch Funktionshäufung überlastet, soweit Arbeitsteilung personenbezogen	• hochgradig sachbezogene Arbeitsteilung
• unmittelbare Teilnahme am Betriebsgeschehen	• Ferne zum Betriebsgeschehen
• geringe Ausgleichsmöglichkeiten bei Fehlentscheidungen	• gute Ausgleichsmöglichkeiten bei Fehlentscheidungen
• Führungspotential nicht austauschbar	• Führungspotential austauschbar
Personal	
• geringe Zahl von Beschäftigten	• hohe Anzahl von Beschäftigten
• häufig unbedeutender Anteil von ungelernten und angelernten Arbeitskräften	• häufig großer Anteil von ungelernten und angelernten Arbeitskräften
• kaum Akademiker beschäftigt	• Akademiker in größerem Umfang beschäftigt
• überwiegend breites Fachwissen vorhanden	• starke Tendenz zum ausgeprägten Spezialistentum
• vergleichsweise hohe Arbeitszufriedenheit	• geringe Arbeitszufriedenheit
Organisation	
• auf den Unternehmer ausgerichtetes Einliniensystem, von ihm selbst oder mit Hilfe weniger Führungspersonen bis in die Einzelheiten überschaubar	• personenunabhängig an den sachlichen Gegebenheiten orientierte komplexe Organisationsstruktur
• Funktionshäufung	• Arbeitsteilung
• kaum Abteilungsbildung	• umfangreiche Abteilungsbildung
• kurze, direkte Informationswege	• vorgeschriebene Informationswege
• starke persönliche Bindungen	• geringe persönliche Bindungen
• Weisungen und Kontrolle im direkten personenbezogenen Kontakt	• formalisierte unpersönliche Weisungs- und Kontrollbeziehungen
• Delegation in beschränktem Umfang	• Delegation in vielen Bereichen
• kaum Koordinationsprobleme	• große Koordinationsprobleme
• geringer Formalisierungsgrad	• hoher Formalisierungsgrad
• hohe Flexibilität	• geringe Flexibilität

Quelle: nach Pfohl und Kellerwessel 1990, S. 18–20; vgl. Mugler 1993, S. 18 f.

Gleichzeitig zeichnen sich die UnternehmensleiterInnen durch die unmittelbare Teilnahme am Betriebsgeschehen aus, und insgesamt können Klein- und Mittelbetriebe auf persönliche Bindungen zwischen UnternehmensleiterInnen und der Belegschaft sowie innerhalb der Belegschaft verweisen. Daraus resultiert den Ergebnissen der Studie von Carola Busch (1993)[8] zufolge ein spezifischer „familiärer" Zusammenhalt und eine „Verantwortlichkeit" der UnternehmerInnen gegenüber den MitarbeiterInnen. „Viele Unternehmerinnen [...] unterstützen [ihre Mitarbeiterinnen] auch in ihrer persönlichen Entfaltung, sogar wenn es um Rechte am heimischen Herd geht" (Busch 1993, S. 44). Aus dieser Verantwortlichkeit und dem familiären Zusammenhalt leitet sich nach Busch wiederum die Möglichkeit individueller und unorthodoxer Lösungen für Frauen und Förderungen von Frauen ab. Zudem werden durch die geringe MitarbeiterInnenzahl und den persönlichen Kontakt Probleme schneller bekannt, so Busch, und die Lösungs- und Entscheidungsfindung durch die geringe Zahl der betroffenen Instanzen vereinfacht. So ergab Buschs Untersuchung auch, daß bei den Unterstützungsleistungen betreffs Vereinbarkeit, die Klein- und Mittelbetriebe ihren Beschäftigten anbieten, individuelle Lösungen im Bedarfsfall am häufigsten anzutreffen sind. Rücksichtnahmen und Sonderabsprachen spielen also ein wesentliche Rolle; institutionalisierte Regelungen finden sich kaum. Die Devise in den Klein- und Mittelbetrieben laute, so Busch, „flexibel den Bedürfnissen und Möglichkeiten der Mitarbeiterinnen" entgegenzukommen.
Hinsichtlich ihrer *Arbeitsorganisation* liegen die Stärken vieler Klein- und Mittelbetriebe in den direkten Informations- und Kommunikationsstrukturen. Die Betriebsinhaber sind häufig „Meister des kürzesten Weges" sowie der Improvisation in alltäglichen Betriebsbelangen (Kotthoff/Reindl 1990). Florierende Klein- und Mittelbetriebe können nur durch ihre hohe Flexibilität und ständige Anpassungsbereitschaft an die Sonderwünsche von Kunden bestehen, weil ihr Absatz auf die kleindimensionierte und individualisierte Nachfrage eines regional

8 Die Studie von Carola Busch (1993) beschäftigt sich als eine der ganz wenigen mit Frauenförderung in Klein- und Mittelbetrieben. Sie stützt sich auf die Ergebnisse einer standardisierten Befragung von 120 deutschen Klein- und Mittelbetrieben und auf 20 ExpertInneninterviews mit BetriebsinhaberInnen, Personalverantwortlichen und BetriebsrätInnen. Die Rücklaufquote der Befragung lag bei rund einem Drittel. Geantwortet haben vor allem jene Unternehmen, so Busch, die frauenfördernden Maßnahmen offen gegenüberstehen. Insofern, so ihre zu teilende Conclusio, können ihre Ergebnisse nicht als für deutsche Klein- und Mittelbetriebe repräsentativ gelten.

oder sachlich schmalen Marktsegmentes abgestimmt ist. Die betriebliche Notwendigkeit, diesen Anforderungen zu entsprechen, setzt aber auch geeignetes Personal voraus. Die Wettbewerbsfähigkeit der Klein- und Mittelbetriebe ist in hohem Ausmaß von der bedarfsgerechten Deckung durch entsprechendes Personal abhängig (vgl. im folgenden Mugler 1993).

Da Klein- und Mittelbetriebe im Gegensatz zu großen Unternehmen kaum fachliche Spezialisierungen aufweisen, müssen die MitarbeiterInnen mehrere Funktionsabläufe im Betriebsgeschehen übernehmen und sollten über hohe Flexibilität verfügen.Vor allem in Kleinst- und Kleinbetrieben muß eine relativ kleine MitarbeiterInnenzahl den Gesamtablauf gewährleisten. Daher ist das Wissen der Beschäftigten um den gesamten Betriebsablauf fundamental, und häufig werden benachbarte Arbeitsbereiche mitabgedeckt. In der Regel erwerben die MitarbeiterInnen durch die Bearbeitung Fachwissen, das weit über ihr Berufswissen hinausgeht, und ihr Einsatzbereich erweitert sich. Der Zeitraum, den neuangestellte MitarbeiterInnen brauchen, um in den Betrieb und das dazugehörige Fachwissen hineinzuwachsen, wird von den von Carola Busch befragten UnternehmerInnen mit ein bis zwei Jahren angegeben (vgl. Kotthoff/Reindl 1990, Busch 1993, Mugler 1993).

Der Einsatz der „richtigen Frau“, des „richtigen Mannes“ am Arbeitsplatz hat zudem für Klein- und Mittelbetriebe besondere Bedeutung, weil einzelnen Fehlleistungen aufgrund der geringen absoluten Anzahl der Beschäftigten erhöhtes Gewicht zukommt und außerdem das „Wegbefördern“ weniger geeigneter MitarbeiterInnen auf einen anderen Arbeitsplatz im Gegensatz zu großen Unternehmen selten möglich ist. Für Klein- und Mittelbetriebe gilt daher nach Busch (1993) auch der Erhalt von Qualifikationen und die Bindung qualifizierten Fachpersonals an das Unternehmen als vorrangiges Ziel von Frauenfördermaßnahmen. Weiterbildung bildet daher in den von Busch untersuchten Betrieben – neben Rückkehrvereinbarungen nach der Karenz – den zweiten Schwerpunkt betrieblicher Maßnahmen zur Förderung von Chancengleichheit. Unterschiedlich sind natürlich die Formen der Weiterbildung sowie der Absprachen. In vielen Betrieben wird die Initiative ausschließlich in den Zuständigkeitsbereich der Mitarbeiterinnen gelegt. Interessierte wenden sich dann an die Vorgesetzten oder BetriebsinhaberInnen und besprechen Freistellung und Kostenübernahme; in wenigen Betrieben geht die Initiative vom Vorgesetzten bzw. Betriebsinhaber aus.

Bei der Suche nach geeignetem Personal haben Klein- und Mittelbetriebe noch mit einem zweiten Handicap gegenüber Großbetrieben zu kämpfen. Sie können im Vergleich zu Großbetrieben weniger Aufstiegsmöglichkeiten, geringere Finanzspielräume und ein engeres Spektrum an Arbeitsbereichen bieten. Das hat nach Bischoff (1990)[9] zur Folge, daß wesentlich mehr Männer als Frauen die Unternehmensgröße als Entscheidungskriterium bei ihrer Unternehmensentscheidung miteinbeziehen. Für Führungspositionen geeignete Männer, so Bischoff, tendieren zu Großunternehmen, wodurch Lücken in den Klein- und Mittelbetrieben entstehen, die durch Frauen geschlossen werden könnten. Dies sei einer der Gründe, daß Frauen eher in Klein- und Mittelbetrieben in Führungspositionen anzutreffen sind als in Großbetrieben. Ein zweiter Grund, so Bischoff weiter, liege im Fehlen der Hierarchie-Ebenen in Klein- und Mittelbetrieben. Hierarchien in Großunternehmen seien frauenfeindlich (Bischoff 1990). Zudem lasse sich in den in der Regel transparenteren Klein- und Mittelbetrieben die Arbeitsleistung der Frauen nicht so leicht abwerten. Daher, so ihre These, haben Frauen in kleineren Einheiten mehr Chancen, weil dort die Leistung wichtiger ist als das Geschlecht und obendrein Arbeitsbedingungen flexibler gestaltet werden können. In eine ähnliche Richtung argumentiert Busch (1993). Ihre Untersuchung der „frauenfreundlichen“ Klein- und Mittelbetriebe ergab eine hohe Anzahl von Frauen in Führungspositionen: 84 von 105 befragten Unternehmen wiesen Frauen in führenden Positionen auf, 21 % auf der obersten Ebene, 33 % auf der mittleren Ebene. Frauen auf der obersten Ebene sind meist Geschäftsführerinnen oder teilhabende Ehefrauen.
Während die *Personalentwicklung* in Großunternehmen in spezialisierten Personalabteilungen erfolgt – was aber nicht heißt, daß in allen Großbetrieben Personalentwicklungsinstrumente umfassend und regelmäßig genutzt werden –, verfügen kleine Unternehmen selten über eigene Personalabteilungen. Die Personalagenden werden in diesen Betrieben nebenbei vom Sekretariat, der Verkaufsleitung oder dem/r Betriebsinhaber/in betreut. Häufig sind auch die im Büro tätigen (weiblichen) Angestellten – gerade in Kleinstbetrieben ist dies auch oft die Ehefrau des Betriebsinhabers – neben der Buchhaltung und allgemeinen Sekretariatsaufgaben für die Verwaltung der Personalagenden zuständig. InhaberInnen von Klein- und Mittelbetrieben sind häufig

9 Sonja Bischoff (1990) hat sich bereits im Rahmen der bekannten Capital-Studie (1986) am Rande mit der Position von Frauen in Klein- und Mittelbetrieben beschäftigt.

deklariert nicht an Managementkonzepten interessiert (Kotthoff/ Reindl 1990). In den österreichischen Mittelbetrieben ist hingegen nach Kailer (1994) in den letzten Jahren eine Erweiterung der Personalentwicklungsaktivitäten feststellbar. Allerdings werden diese Aufgaben nach wie vor meist nebenamtlich von den Vorgesetzten bzw. von PersonalsachbearbeiterInnen übernommen. Der Schwellenwert für die Einführung von eigenen Dienstposten für PersonalsachbearbeiterInnen liegt nach Kailer (1994) international bei etwa 200 MitarbeiterInnen; erst ab etwa 300 Beschäftigten können Personalentwicklungsspezialisten zur Unterstützung der Unternehmensleitung herangezogen werden. Zwei von drei Unternehmen bis 500 MitarbeiterInnen haben kein hauptamtliches Personalentwicklungspersonal.
Praktische Ansätze frauenfördernder Maßnahmen in Klein- und Mittelbetrieben sind in der Öffentlichkeit bislang kaum bekannt und auch wenig dokumentiert. Falldarstellungen über Frauenförderprogramme beziehen sich fast ausschließlich auf Großbetriebe. Auch empirische Untersuchungen über Frauenförderungs- und Vereinbarkeitsmaßnahmen in Klein- und Mittelbetrieben liegen bislang außer der schon mehrmals zitierten Untersuchung[10] von Carola Busch noch kaum vor. Über österreichische Klein- und Mittelbetriebe existieren drei Falldarstellungen (Schafferhans 1993); über die Initiative „Taten statt Worte" sind einige Kurzinformationen über Preisträgerinnen im Klein- und Mittelbetriebsbereich vorhanden. „Frauenfördernde Maßnahmen" in Klein- und Mittelbetrieben sind in der Regel nicht formalisiert; es handelt sich vielmehr um mehr oder weniger informelle Vereinbarungen, die individuell abgesprochen werden.

2.4 Ansatzpunkte von betrieblicher Frauenförderung

Die ersten deutschsprachigen Publikationen zum Thema Frauenförderung finden sich zu Beginn der 80er Jahre. Waren die Veröffentlichungen zunächst von Diskussionen um politische und gesetzliche Rahmenbedingungen von Frauenförderung, d. h. um die Verankerung von Frauenförderung auf politischer und gesetzlicher Ebene im Rahmen von Antidiskriminierungsgesetzen und positiver Diskriminierung nach US-amerikanischem Vorbild, um Quotierung und um Maßnahmen im öffentlichen Dienst, dominiert, begann die Zahl der Publikationen, in denen normative Handlungsanleitungen zur Implementierung

10 Die Darstellung weiterer Ergebnisse erfolgt in Kapitel 2.5.

von betrieblicher Frauenförderung vermittelt wurden, ab Mitte der 80er Jahre zu steigen. Als praktische Hilfestellungen wurden von den AutorInnen u. a. Checklisten für Unternehmen entwickelt (Krebsbach-Gnath/Schmid-Jörg 1988). Auch die Zahl der veröffentlichten Dokumentationen über bereits installierte Frauenförderprogramme in Betrieben nahm ab Mitte der 80er Jahre stetig zu.
Ab 1990 mehren sich vor allem die empirischen Publikationen zum Thema Frauenförderung. Der inhaltliche Schwerpunkt der Arbeiten liegt zum einen weiter auf der Darstellung von Handlungsfeldern von Frauenförderungsmaßnahmen und der Dokumentation von Frauenförderprogrammen, aber es geht auch verstärkt um Auswirkungen bereits installierter Frauenförderpläne. Anhand der empirischen Ergebnisse beginnt ab 1993 unter Titeln wie „Betriebliche Frauenförderung – Aufbrechen von Arbeitsmarktbarrieren oder Verfestigung traditioneller Rollenmuster?“ (Brumlop/Hornung 1993) oder „Frauenförderung: Kampf- oder Konsensstrategie?“ (Rudolph/Grüning 1994) auch eine Diskussion um die Grenzen betrieblicher Frauenförderung.

Normative Handlungsanleitungen

Publikationen, die normative Handlungsanleitungen zur Implementierung von Frauenförderung in Betrieben bieten, finden sich in großer Zahl (Däubler-Gmelin 1985, Weg/Knapp 1985, Krebsbach-Gnath/Schmidt-Jörg 1988, Domsch/Regnet 1990, Bock-Rosenthal 1990, Neujahr-Schwachulla/Bauer 1993). Sie sind betriebswirtschaftlich ausgerichtet und beschäftigen sich mit notwendigen Vorausetzungen für eine erfolgreiche Implementierung auf der Ebene eines Gesamtprogramms bzw. auf der Ebene von einzelnen Maßnahmenfeldern.
Einigkeit besteht unter den AutorInnen zunächst darüber, daß für eine erfolgreiche Umsetzung das Engagement der gesamten Unternehmensführung unerläßlich ist, daß zweitens Instrumente entwickelt werden müssen, um den Erfolg oder Mißerfolg der Maßnahmen kontrollieren zu können und daß drittens Maßnahmen vorrangig in den Handlungsfeldern Personalauswahl, Aus- und Weiterbildung, Karriereplanung und Unternehmenskultur sowie Vereinbarkeitsmaßnahmen von Beruf und Familie zu setzen sind. Gleichzeitig stimmen die AutorInnen allerdings überein, daß es kein allgemeingültiges Modell zur Implementierung von Frauenförderung geben kann, sondern daß die Planung und Realisierung der Maßnahmen unternehmensspezifisch gesetzt und auf die spezifischen Bedingungen des Betriebes ausgerichtet sein muß.

Unternehmenspolitische Maßnahmen

Voraussetzung für eine erfolgreiche Personalpolitik zur Förderung der Chancengleichheit ist das explizite Bekenntnis der Unternehmensleitung, daß es sich dabei um ein wichtiges Unternehmensziel handelt. Die Einrichtung einer „Beauftragten für Chancengleichheit" wird dann als sinnvoll angesehen, wenn ihr die nötige Unterstützung seitens der Unternehmensleitung zukommt. Projektgruppen und Arbeitskreise, die auf der horizontalen und vertikalen Ebene der Organisation angesiedelt sein können, verankern diese Unternehmensziele im Bewußtsein der MitarbeiterInnen (Domsch/Regnet 1990, Bock-Rosenthal 1990, Neujahr-Schwachulla/Bauer 1993).

Im Rahmen der internen Kommunikation – auch darin sind sich die AutorInnen einig – ist auf der Ebene der Organisationskultur die Sensibilisierung der zuständigen Personal- und Führungsverantwortlichen entscheidend, die in der Form von Empfehlungen, klaren Richtlinien und entsprechenden Trainings erfolgen kann. Die Unternehmensleitung sollte den Abbau von Vorurteilen und die Verankerung von Chancengleichheit in den Führungsgrundsätzen betonen. Die aktive Information über den aktuellen Stand der Entwicklungschancen sowie über den Sinn und erste Erfolge von Verbesserungsmaßnahmen soll in persönlichen Gesprächen, Abteilungs- und Betriebsversammlungen, Rundbriefen und in der Betriebszeitung erfolgen. Diese Grundsätze sollen auch die Werbung nach außen, z. B. in Firmenbroschüren, bestimmen.

Personalpolitische Maßnahmen

Unternehmen wird eine allgemeine Überprüfung ihrer Rekrutierungspraxis im Hinblick auf Elemente, die Frauen ausschließen bzw. benachteiligen, empfohlen. Bereits bei der Formulierung der (geschlechtsneutralen) Stellenanzeigen ist, so Krebsbach-Gnath/Schmidt-Jörg (1988), der explizite Hinweis wichtig, daß Bewerbungen von Frauen erwünscht sind, da diese sich sonst häufig nicht angesprochen fühlen. Die persönlichen Einstellungen der personalpolitischen Verantwortlichen bei der Personalauswahl entscheiden darüber, ob Frauen und Männer gleiche Chancen vorfinden. Die Sensibilisierung der Personalverantwortlichen für die Benachteiligung von Frauen ist daher ein vorrangiges Ziel (Krebsbach-Gnath/Schmidt-Jörg 1988, Domsch/Regnet 1990).

Eine besondere Bedeutung kommt dem Setting der Auswahlsituation zu. Für Frauen weniger nachteilig zeigen sich moderne Rekrutierungsverfahren, die eine Beurteilung durch mehrere Personen vorsehen, z. B.

Assessment-Centers und qualifizierte Einstellungsinterviews. Am Beispiel der Auswahlwahlverfahren für Führungskräfte wird etwa von Gunhild Küpper (1994) nachgewiesen, daß alle bisherigen – als geschlechtsneutral betrachteten – Auswahlverfahren für Führungskräfte an männlichem Verhalten und an männlichen Wertmaßstäben orientiert und entsprechend gestaltet sind.
Bei der innerbetrieblichen Festlegung von quantitativen Zielen für die Einstellung von Frauen erweist sich eine Orientierung des Anteils der einzustellenden Frauen am Anteil der Frauen unter den Absolventinnen der entsprechenden regionalen Fach- oder Hochschulen als besonders praktikabel (Garbsch/Scheinecker 1995).
Im Rahmen der innerbetrieblichen Personalbeurteilung sind ähnlich wie bei der Personalauswahl die Haltungen der Beurteilenden, meist der Vorgesetzten, ausschlaggebend. Für Frauen und Männer mit Kindern ist die persönliche Haltung der beurteilenden Personalverantwortlichen in bezug auf die Familienphase besonders wichtig. Eine geringere Gewichtung der „traditionellen" Beurteilungskriterien wie etwa der Bereitschaft zur Leistung von Überstunden eröffnet mehr innerbetriebliche Entwicklungsmöglichkeiten für diese MitarbeiterInnen (Domsch/Regnet 1990).
Die explizite Aufnahme von Kriterien zur Förderung von weiblichem Führungsnachwuchs in den innerbetrieblichen Katalog der Beurteilungskriterien für Führungskräfte erleichtert den zuständigen Personalverantwortlichen das Beurteilungsverfahren. Für das Unternehmen insgesamt hilfreich ist die Etablierung eines transparenten Systems der Potentialentwicklung und Karriereplanung einschließlich statistischer Dokumentation und quantitativer Vorgaben (Krebsbach-Gnath/Schmid-Jörg 1985, Zauner 1991).

Arbeitsbewertung und Entlohnung

Ausgangspunkt für Vorschläge in diesem Maßnahmenfeld ist die gleiche Entlohnung für gleichwertige Arbeit von Frauen und Männern. Voraussetzung dafür ist die Überprüfung der von Frauen ausgeübten Tätigkeiten und deren Bewertung mit dem Ziel der Ausschöpfung aller betrieblichen Möglichkeiten, diese Tätigkeiten aufzuwerten und in höhere Lohngruppen einzustufen.

Ausbildung

Ziel dieses Handlungsfelds ist die Gewinnung von Mädchen und Frauen für die Ausbildung in nicht-traditionellen Berufszweigen. Zur

Zielerreichung sollen einerseits Informationsveranstaltungen in Schulen abgehalten werden, um das Interesse der Mädchen für gewerblich-technische Berufe bzw. nicht-traditionelle Studienzweige zu wekken, andererseits von Unternehmen Lehrstellen für Mädchen angeboten werden. Dabei sind begleitende Maßnahmen zur Sensibilisierung der Ausbildner zu installieren, um vorhandende Vorurteile abzubauen. Um gezielt weiblichen Nachwuchs bei Fach- und Führungskräften zu fördern, bietet sich die Unterstützung z. B. in Form von Stipendien von Frauen in nicht traditionellen Berufsausbildungen und Studienzweigen an (Domsch/Regnet 1990).

Weiterbildung

Im Mittelpunkt der betrieblichen Personalpolitik steht hier ähnlich wie bei der Personalauswahl und -beurteilung die Sensibilisierung der innerbetrieblichen Entscheidungsträger für die spezielle Situation von Frauen und MitarbeiterInnen mit Kindern. Ihre Situation muß bei der Organisation der Weiterbildungsangebote berücksichtigt werden (Krebsbach-Gnath/Schmid-Jörg 1985, Weg/Knapp 1985).
Der Zugang der MitarbeiterInnen zu den unternehmensinternen Fortbildungen ist meist abhängig vom Vorschlag des unmittelbaren Vorgesetzten. Daher kommt der Möglichkeit große Bedeutung zu, selbst eine Bewerbung z. B. zum Besuch eines Fortbildungsseminars einzureichen bzw. an dritter Stelle deponieren zu können (Zauner 1991).
Um das Unternehmen insgesamt für den Abbau von Vorurteilen gegenüber Frauen zu gewinnen, sollen Trainings(bestandteile) zum Thema „Kooperation zwischen Frauen und Männern im Betrieb“ in die reguläre betriebliche Führungskräfteschulung integriert werden (Zauner 1991).

Laufbahnplanung

Nach einer Untersuchung von Liebrecht (1988) arbeiten Männer gezielt an ihrer Karriereplanung, bei Frauen ergibt sich diese meist eher zufällig. Nur jede 20. Frau gibt eine entsprechende Initiative des Arbeitgebers bei der Karriereplanung an, aber jede fünfte Frau, daß sie selbst (zufällige) Chancen rechtzeitig erkannte (Domsch/Regnet 1990). Eine besondere persönliche Förderung, wie sie männliche Nachwuchskräfte häufig erfahren, kommt Frauen selten zugute. Daher ist die individuelle Laufbahnplanung der Mitarbeiterinnen in Absprache mit dem Unternehmen anzustreben.
Da Frauen in Positionen ohne direkte Weisungsbefugnis, wie sie für

Stäbe und zeitlich befristete Projektorganisationen typisch sind, überrepräsentiert sind, empfiehlt Demmer (1988) jungen Frauen, gleich zu Beginn ihrer Karriere andere, aussichtsreichere Positionen im Management – Linienpositionen – anzustreben. Domsch/Regnet (1990) plädieren hingegen für Job-rotation bzw. einen Wechsel zwischen einzelnen Funktionsbereichen (z. B. Marketing, Produktion, Personalabteilung) für weibliche Führungsnachwuchskräfte, um gezielt Bereiche des nicht-traditionellen beruflichen Einsatzes (z. B. in der Produktion) kennenzulernen.

Wiedereinstieg in das Berufsleben nach dem Karenz„urlaub“

Domsch/Regnet (1990) schlagen im Rahmen eines Modells von Lebensarbeitszeit eine Zeitstufenlaufbahn vor, die Zeiten von Vollzeit, Teilzeit und „Aus-Zeit“ beinhaltet. Die Aus-Zeiten als Unterbrechungen der beruflichen Karriere könnten aus Gründen der Kindererziehung, aber auch für Weiterbildungsmaßnahmen in Anspruch genommen werden.

Während der Aus-Zeiten, die bis jetzt vor allem Frauen im Zusammenhang mit dem Karenz„urlaub“ betreffen, ist die ständige Einbeziehung in das interne Informationsnetz des Unternehmens wichtig. Maßnahmen zur Pflege des Kontakts zwischen Betrieb und MitarbeiterInnen während des Karenz„urlaubs“ umfassen z. B. die Zusendung von aktuellen Mitteilungen und Einladungen zu innerbetrieblichen Informations- und Weiterbildungsveranstaltungen (Domsch/Regnet 1990, Ihlefeld/Krickau/Messering 1994).

Flexible Arbeitszeitregelungen und Teilzeitarbeit

Vorgeschlagen wird die Erarbeitung von familienfreundlichen Modellen der Teilzeitarbeit sowie flexibler Arbeitszeiten, die sich an den Bedürfnissen von Personen mit Betreuungspflichten orientieren. Dies sollte für alle betriebliche Ebenen gelten, insbesondere auch in qualifizierten Tätigkeitsbereichen, und zwar für Männer und Frauen (Weg/Knapp 1985, Ihlefeld/Krickau/Messering 1994).

Kinderbetreuungseinrichtungen

Einrichtungen für die Kinderbetreuung sind häufig Voraussetzung für die Teilnahme am Erwerbsleben von Frauen und Männern mit Betreuungspflichten. Wichtig sind ausreichende Öffnungszeiten, da sonst derartige Einrichtungen von den Eltern nur unzureichend genutzt werden können. Betriebliche Maßnahmen können in der Einrichtung von

Firmenkindergärten oder im Zusammenschluß mehrerer (kleinerer) Firmen bei Betreuungseinrichtungsinitiativen bzw. der Beteiligung an einem bereits bestehenden Kindergarten bestehen (Busch 1993).

Zusammenfassend sollen nach Garbsch/Scheinecker (1995) betriebliche Maßnahmen zur Förderung der Chancengleichheit auf Gestaltungsbemühungen auf drei Ebenen zielen:

1. auf die Organisationskultur, d. h. das System von Normen, Werten und damit Einstellungen der Organisationsmitglieder, die beeinflussen, wie Frauen und Männer in ihrer Rolle als Arbeitskraft wahrgenommen werden und wie Konflikte aus der Vereinbarkeit von Familie und Beruf thematisiert werden können – Ziel diesbezüglicher Maßnahmen ist vor allem die Aufweichung von Rollenstereotypen und der Abbau von Vorurteilen;
2. auf die Organisationabläufe, Routinen und Verfahren, die den Personaleinsatz und die Entwicklungsmöglichkeiten der Beschäftigten regeln – die diesbezüglichen Gestaltungsbemühungen zielen vor allem auf die Ermöglichung maximaler Objektivität;
3. auf die zeitlichen Rahmenbedingungen des Arbeitseinsatzes, die über die praktische Vereinbarkeit von Erwerbsarbeit und familiären Betreuungspflichten für Männer und Frauen entscheiden.

Empirische Untersuchungen über Frauenförderung

Empirische Untersuchungen über Frauenförderpläne und deren Auswirkungen finden sich – wie bereits erwähnt – in größerer Zahl seit Anfang der 90er Jahre. Es handelt sich dabei fast ausschließlich um bundesdeutsche Arbeiten. Dabei sind folgenden Arten von Studien zu finden:

- Untersuchungen, die sich sich auf einzelne Maßnahmenfelder beziehen, z. B. die Untersuchung von Schlaffke/Hermann (1991) über „betriebliche Maßnahmen zur Vereinbarkeit“ oder die Untersuchung von Autenrieth/Chemnitzer/Domsch (1993) über Personalentwicklungsmaßnahmen in bezug auf weibliche Führungskräfte;
- Untersuchungen über Frauenfördermaßnahmen in einzelnen Branchen wie etwa im Handel (Kraft/Mussmann/Udris 1990) oder im Bankenbereich (Hubbacher 1991);
- Untersuchungen, deren Ziele vorrangig in der Bestandsaufnahme von betrieblichen Frauenfördermaßnahmen – ohne Brancheneinschränkung – liegen, z. B. die Untersuchungen Brumlop/Hornung (1993) oder Busch (1993[11]), wobei letztere zwar branchen- und

11 Die Studie wurde bereits in Kapitel 2.3 mehrfach zitiert.

maßnahmenübergreifend vorgeht, sich jedoch ausschließlich mit Klein- und Mittelbetrieben befaßt.

Für das vorliegende Projekt interessant sind vor allem die beiden letztgenannten Studien: die Untersuchung von Busch (1993), da sie sich mit der gleichen Thematik wie das vorliegende Projekt befaßt, und die Studie von Brumlop/Hornung (1993), da sie eine der wenigen Arbeiten ist, die einen Gesamtüberblick vermittelt. Interessant sind diese beiden Studien auch aus einem anderen Grund: Sie haben unterschiedliche Ausgangspunkte und Fragestellungen und verwenden unterschiedliche Untersuchungsdesigns, die letztlich zu unterschiedlichen Schlußfolgerungen führen.

Zunächst zur Untersuchung von Carola Busch (1993): Ihre Zielsetzung ist, das Spektrum der in der Praxis vorhandenen Ansätze zur Frauenförderung zu erfassen und hinsichtlich folgender Fragestellungen zu analysieren:

- Findet eine Unterstützung der Mitarbeiterinnen statt?
- Sind die Maßnahmen nur für Frauen installiert, oder werden auch Männer einbezogen?
- Welcher Stellenwert kommt der Frauenförderung in den Unternehmen zu?
- Wie wird Frauenförderung wahrgenommen, und welchen Einstellungen begegnet man?
- Wie ist es um die Erfahrungen mit Frauenförderung bestellt?

Die Verfasserin befragte (in standardisierter schriftlicher Form) Personalverantwortliche oder Mitglieder der Geschäftsführung in 120 „frauenfreundlichen“ Betrieben.

Ausgangspunkt der mehrjährigen Untersuchung von Brumlop/Hornung (1993) ist hingegen die Frage, „wie eine auf Fraueninteressen bezogene, nicht-diskriminierende Verteilung von Erwerbsarbeit, Arbeitszeit und Arbeitseinkommen zwischen den Geschlechtern herbeigeführt werden kann und welche Bedeutung hierbei betrieblichen Frauenfördermaßnahmen zukommen könnte“ (Brumlop/Hornung 1993, S. 1).

Der Bezugspunkt ist hier also die geschlechtsspezifische Ungleichheit am Arbeitsmarkt, nicht der Einzelbetrieb – wie bei Busch. Gemäß ihrer Fragestellung bezogen Brumlop/Hornung – und das ist der wesentliche Unterschied zu Busch – in ihre Inhalts- und Strukturanalyse nur formalisierte Regelungen ein, d. h. Regelungen in Form von Betriebsvereinbarungen, Rahmenvereinbarungen oder Tarifverträgen sowie Absichts- und Vorstandserklärungen (meist in Form von Vorstandsbeschlüssen).[12] Nicht einbezogen wurde hingegen die Vielzahl von personalpolitischen Maßnahmen, die „zwar von Unternehmen häufig als Frauenförderpolitik deklariert werden, jedoch in der Regel nicht zu verbindlichen Vereinbarungen oder Grundsatzerklärungen geführt haben" (Brumlop/Hornung 1993, S. 2). Konkret werteten Brumlop/ Hornung die Programme von 94 Unternehmen aus dem Bereich der Chemie-, Metall-, Nahrungs- und Genußmittelindustrie sowie aus den Bereichen des Einzelhandels, des Banken- und Versicherungswesens und der Bergbau- und Energiewirtschaft aus.

Während nach Busch (1993) in mehr als der Hälfte der untersuchten Betriebe Frauenförderung als anerkannt und etabliert gilt[13] – und zwar quer durch die Branchen –,[14] kamen Brumlop/Hornung (1993) zu dem Ergebnis, daß Frauenförderkonzepte bisher eher auf ökonomisch und gewerkschaftlich starke Branchen und Betriebe (d. h. Chemie, Metall, Bergbau und Handel, Banken und Versicherungen) und auf Großbetriebe konzentriert sind. Brumlop/Hornung (1993) zufolge stellen Klein- und Mittelbetriebe mit nennenswerten Frauenaktivitäten dagegen noch immer eine Seltenheit dar. Es fehlen traditionelle Männerbranchen wie Bau und Holz sowie Branchen mit einem hohen Anteil an- und ungelernter Frauenarbeit wie die Textil- und Bekleidungsindustrie, das Gaststätten- und Hotelgewerbe oder die Bereiche Friseur und Körperpflege. Busch hat jedoch mehr als nur formale Regelungen untersucht. Bezieht man ihre Ergebnisse über die Regelungsformen der Maßnahmen mit ein, löst sich die auf den ersten Blick gegebene Widersprüchlichkeit auf, denn Betriebsvereinbarungen, in denen einzelne Maßnahmen geregelt sind, finden sich in den untersuchten Klein- und Mittelbetrieben selten (nur in 8 % der Betriebe). Überwiegend zeigen sich in den befragten Unternehmen persönliche und auf einzelne MitarbeiterInnen bezogene Absprachen mit der Unternehmensleitung, wobei in 13 % der Unternehmen individuelle Arbeitsverträge schriftlich fixiert wurden.

Bei den Maßnahmenbereichen treten nach Busch eindeutig zwei

12 In einem zweiten Schritt wird die Umsetzung der Regelungen untersucht. Die Ergebnisse lagen uns aber noch nicht vor.

13 Mehr als 70 % der insgesamt 120 Betriebe (absolute Zahl: 70) verwiesen auf eine grundsätzliche gezielte Frauenförderung, in weiteren 36 findet eine individuelle Förderung im Einzelfall statt. In vielen Unternehmen ist, so das Ergebnis, Frauenförderung bereits „selbstverständlicher Bestandteil von Personalentwicklungsplanung".

14 In die Untersuchung einbezogen waren die Sektoren Dienstleistung, Metall, Einzelhandel, Handwerk, Elektro, Chemie, Druck und Computer.

Ansätze in den Vordergrund, und zwar Regelungen zur besseren Vereinbarkeit von Familie und Beruf sowie die Entwicklung der vorhandenen personellen Ressourcen der Mitarbeiterinnen, d. h. der berufsorientierten Weiterbildung. Vereinbarkeitsmaßnahmen finden sich in knapp der Hälfte der untersuchten Betriebe; dabei stehen Vertretungstätigkeiten während der Familienphase sowie Bildungsangebote zum Wiedereinstieg im Mittelpunkt. Die Vereinbarkeitsmaßnahmen sind am ehesten formal geregelt.
Im Rahmen gezielter beruflicher Förderung und Weiterbildung werden verschiedenste Maßnahmen gesetzt: Einbeziehung in die betriebliche Weiterbildung, der Einsatz von Frauen in gewerblich-technischen Berufen und die bewußte Förderung von Frauen in Führungspositionen.

Frauenfördernde Maßnahmen in deutschen Klein- und Mittelbetrieben

Frauenförderungsmaßnahme	**Nennungen**
Rückkehrvereinbarung	52
Weiterbildung	50
Einsatz in gewerblich-technischen Berufen	44
Frauen in Führungspositionen	44
Personalentwicklung	38
Vertretung in Familienphase	31
Kinderbetreuung	22
Karriereplanung	18
flankierende Maßnahmen	17
Bildung beim Wiedereinstieg	15
sonstiges	16

n = 105, Mehrfachnennungen
Quelle: Busch 1993, S. 45

Nach Brumlop/Hornung (1993) zeigt sich in bezug auf Handlungsfelder in den meisten Förderkonzepten eine klare Konzentration auf Vereinbarkeitsregelungen: entweder in Form von verlängertem Erziehungsurlaub oder von Angeboten zur Teilzeitarbeit. Maßnahmen zur Aus- und Weiterbildung, aber auch Regelungen zur Karriereförderung sind in der Minderheit und in den seltensten Fällen rechtsverbindlich geregelt. „Das bedeutet, daß wesentliche Strukturmerkmale von Frauenarbeit in der Industrie und im Dienstleistungssektor, nämlich der Status der Ungelernten- und Angelerntenarbeit bzw. die Existenz von Sackgassenberufen, hohe körperliche Belastungen wie auch sozial verträgliche Arbeitszeiten nicht als notwendiger Gegenstand von Frauenförderung angesehen werden und daß selbst für Frauen in qualifizierten Tätigkeitsbereichen kaum gezielte Förderung vorgesehen ist“ (Gottschall 1995 in der Aufarbeitung von Brumlop/Hornung 1993). Bereiche wie Arbeitsbewertung oder sexuelle Belästigung sind als Handlungsfelder nicht zu finden.

Bei genauerer Betrachtung der Vereinbarkeitsregelungen zeigt sich zudem aus der Sicht der Beschäftigten, so Brumlop/Hornung weiter, ein Mangel an verbindlichen Zielvorgaben und Rechtsansprüchen. Freistellungsregelungen für Familienbetreuungsleistungen (Kindererziehung oder Pflege von Familienangehörigen) werden in der Regel über die Konstruktion einer Kündigung mit bevorzugter Wiedereinstellungsmöglichkeit realisiert, d. h. daß die Wiedereinstellung ebenso von betrieblichen Bedingungen abhängig ist wie die Rückkehr auf denselben oder einen qualifikationsadäquaten Arbeitsplatz. Den Regelungen gemeinsam ist, daß der berufliche Ausstieg, der sich z. T. über zehn Jahre erstrecken kann, an einem Stück erfolgen muß, in der Regel nur einmal und nicht in Form individuell verfügbarer Zeitkonten in Anspruch genommen werden kann. Für diese betrieblichen Erziehungszeiten werden weder Lohnersatzleistungen gewährt, noch besteht Anspruch auf sonstige betriebliche Leistungen. Auch wenn diese Regelungen formal in der Regel Männer und Frauen offenstehen, ist angesichts der genannten Bedingungen eine Orientierung am traditionellen Modell der Versorgerehe unverkennbar. Ähnliches gilt für Teilzeitregelungen.

Schlußfolgernd werden von Busch (1993) und Brumlop/Hornung (1993) sowohl differente Gegenwarts- als auch Zukunftsszenarien gezeichnet. Während sich Busch (1993) sehr positiv über die Verbreitung und die Zukunft von Frauenförderung äußert – mehr als die Hälfte der untersuchten Betriebe, so ihr Argument, betrachtet Frauenförderung als auf „die Dauer notwendig“ –, schätzen Brumlop/Hornung die Entwicklung skeptisch ein, weil die vorliegenden Konzepte, so die Autorinnen, eher die traditionellen Geschlechterarrangements bestätigen, als daß sie zum Abbau der Frauenbenachteiligung beitragen würden. Aufgrund der Schwerpunktsetzungen dienen diese den Betrieben eher dazu, sich in Zeiten hoher Flexibilitätserfordernisse ein beliebig rekrutierbares weibliches Arbeitskräftepotential verfügbar zu halten. Frauenförderung diene daher den Betrieben eher als Imagepflege denn als Instrument der Personalpolitik. Innerhalb der Diskussion über – und der Analyse von – Frauenförderung sei, so weiter, ein Paradigmenwechsel nötig: Bisherige Erkenntnisse zur betrieblichen Frauenförderung beziehen sich ausschließlich auf eine normative Ebene. Aussagen über Umsetzung und Wirklichkeit seien jedoch erst möglich, wenn neben dem normativen Rahmen auch die betrieblichen Handlungsbedingungen und Rationalisierungsstrategien systematisch einbezogen werden. „Dabei zeigt sich, daß relevante frauenförderliche Umstrukturierungen am ehesten im Kontext umfassenderer betrieblicher Innovationsstrategien anzutreffen, mit spezifischen *efficiency*-Erwartungen verknüpft und in gemischtgeschlechtlichen und männerdominierten Beschäftigungsbereichen insbesondere auch an die Voraussetzung der Verteilungsgerechtigkeit und Besitzstandswahrung gebunden sind“ (Gottschall 1996; vgl. auch Rudolph/Grüning 1994).

3. Der Stand der betrieblichen Frauenförderung in Österreich

3.1 Die Anfänge

Wurden in den umliegenden Staaten Deutschland und der Schweiz bereits Mitte der 80er Jahre die ersten Beispiele betrieblicher Frauenförderung verzeichnet, so war das Thema in Österreich zu diesem Zeitpunkt erst im Diskussionsstadium. Frauenministerin Johanna Dohnal, damals noch in der Funktion einer Staatssekretärin, richtete Ende der 80er Jahre einen Arbeitskreis zum Thema „betriebliche Frauenförderung" ein. TeilnehmerInnen waren BeamtInnen diverser Ministerien, VertreterInnen der Sozialpartner sowie einige Personalbeauftragte großer österreichischer Unternehmen. Ziel war es, betriebliche Konzepte zur Frauenförderung zu entwickeln und diese mit Mitteln der Arbeitsmarktverwaltung finanziell zu unterstützen. Dieses Ziel wurde nie erreicht, doch das Thema war von nun an präsent.
Erste praktische betriebliche Initiativen zum Thema Chancengleichheit gab es in einigen österreichischen Großbetrieben 1991/92. Nur wenige gingen jedoch über ihr Anfangsstadium hinaus und wurden stabil etabliert.
Zu Beginn der 90er Jahre wurde auch das Gleichbehandlungsgesetz novelliert und u. a. als direkte Ansprechpartnerin für Frauen im Fall einer Diskriminierung eine Anwältin für Gleichbehandlungsfragen eingerichtet. Kurz zur Entstehung dieses Gesetzes:
1979 wurde das für die Betriebe der Privatwirtschaft gültige Gesetz über die „Gleichbehandlung von Mann und Frau bei der Festsetzung des Entgelts" beschlossen. Eine bis dahin mögliche Trennung in den Kollektivverträgen in Männer- und Frauenlöhne wurde damit beendet, und in einigen Branchen wurden die untersten Lohngruppen in den Kollektivverträgen gestrichen. In den Novellen des Gleichbehandlungsgesetzes von 1985, 1990 und 1993 wurden die Regelungen ausgeweitet, und das Gesetz umfaßt heute neben anderen wichtigen Bestimmungen (z. B. mittelbare Diskriminierung) den Grundsatz „gleicher Lohn für gleichwertige Arbeit", nach dem sich Einstufungsregelungen und Entlohnungskriterien zu orientieren hätten. Entsprechend dem Gesetz existiert neben der Gleichbehandlungsanwältin eine sozialpartnerschaftlich besetzte Gleichbehandlungskommission. Letztere agiert im Vorfeld der Rechtssprechung, erstellt Gutachten und behandelt

Anträge auf Überprüfung von Diskriminierung. Im Rahmen der Novellierung des Gesetzes nicht erreicht werden konnten die Umkehr der Beweislast und höhere Schadenersatzansprüche bei Verstößen gegen das Gesetz bzw. damit zusammenhängend auf anderer Ebene eine zeitlich begrenzte verfassungsrechtliche Absicherung positiver Diskriminierung.

Der Vollständigkeit halber soll hier auch das Bundesgleichbehandlungsgesetz erwähnt werden, das 1993 für die Beschäftigten des Bundesdienstes beschlossen wurde. Dieses Gesetz war übrigens das erste österreichische Gesetz, das die sprachliche Gleichbehandlung festschrieb. Anders als das Gleichbehandlungsgesetz für die Privatwirtschaft hat es gewissen Verbindlichkeitscharakter und enthält sogar ein Frauenförderungs*gebot* (bevorzugte Behandlung) mit einer verankerten Zielquote von 40 %. In dem Gesetz wurde die Einrichtung von Frauenbeauftragen und einer Gleichbehandlungskommission bestimmt. Über die Fortschritte der zu setzenden Maßnahmen ist ausgehend von einer Analyse der Personalstruktur Bericht zu legen (Anwältin für Gleichbehandlungsfragen 1994).

In den Zeitraum der ersten Ansätze frauenfördernder Maßnahmen in österreichischen Großunternehmen fällt auch die Gründung zweier Initiativen, nämlich „Taten statt Worte" und „Frauen 2000".

1990 wurde von der Nationalratsabgeordneten der ÖVP und der Frauen- und Familienbeauftragten der Steiermark Ridi Steibl nach dem Schweizer Vorbild die Initiative „Taten statt Worte" gegründet: „Taten statt Worte ist eine steirisch-österreichische Initiative mit dem Ziel, die Situation der Frau in der Arbeitswelt zu verändern und zu verbessern. Die Initiative will private und öffentliche Unternehmen dazu motivieren, mit gezielten Maßnahmen Frauen im Beruf zu fördern, um eine rasche Chancengleichheit beider Geschlechter in der Arbeitswelt zu erreichen." (Taten statt Worte, Broschüre 1995; vgl. den Auszug auf der folgenden Seite)

1991 wurde der erste Wettbewerb zum „Frauen- und familienfreundlichsten Betrieb der Steiermark" organisiert. In der Folge wurde auch in Wien ein Regionalkomitee eingerichtet, welches seit 1992 den Wiener Betrieben den „Gläsernen Schuh" als Symbol für Frauen- und Familienfreundlichkeit verleiht, wobei nach Betriebsgröße differenziert wird. Zur Ermittlung der Gewinner werden Fragebögen ausgeschickt, und nach einer Vorauswahl der eingesendeten Fragebögen Gespräche mit VertreterInnen der Unternehmen geführt. Zu guter Letzt entscheidet ein prominent besetztes JurorInnenteam aus Politik,

Medien, Wirtschaft und Wissenschaft nach Prüfung folgender Punkte (Taten statt Worte, Broschüre 1995, S. 14):

TATEN STATT WORTE

„Taten statt Worte" unterstützt Frauen konkret

- bei der Stellenbewerbung
- bei der Aus- und Weiterbildung
- bei der Karriereplanung und deren Durch- und Umsetzung
- in der Familienpause
- beim Wiedereinstieg
- bei Gleichbehandlungsfragen
- in Fragen der EU

„Taten statt Worte" hilft dem Unternehmen konkret durch

- Organisation von Erfahrungsaustausch, Anregungen, Vernetzung durch Meetings, Symposien usw.
- Evaluation und Aufbereitung von Erfahrungen
- Dokumentation und Information
- Beratung und Feedback für interne Projekte
- Schaffung von Selbstdarstellungsmöglichkeiten
- Weiterbildung durch spezielle Seminare
- Entwicklung gemeinsamer Projekte zwischen verschiedenen Firmen
- Informationsweitergabe via Medien
- Forcierung eines Frauennetzwerkes
- Sachbroschüren: „Frauenförderungsprogramm in den Betrieben"
„Frauen – Arbeit – Arbeitsrecht"
„Frauen – Arbeit – Fördern – Fordern"
- Wettbewerb „Frauen- und familienfreundlichster Betrieb"

„Taten statt Worte" will daher private und öffentliche Unternehmen motivieren, endlich die notwendige Chancengleichheit zwischen weiblichen und männlichen Arbeitnehmern mit einem speziellen Frauenförderungsprogramm herzustellen.

Betriebliche Frauenförderung bedeutet unter anderem:

1. Arbeitsplätze, die traditionell mit Männern besetzt werden, für Frauen zu öffnen und deren Arbeitsbedingungen zu verbessern.
2. Das Ausbildungsspektrum gerade für junge Frauen zu erweitern; denn trotz nachweislich durchschnittlich besserer Schulabschlüsse haben Mädchen größere Probleme, eine Lehrstelle oder einen Praktikumsplatz zu finden.
3. Frauen gezielt zur Weiterbildung zu motivieren.
4. Frauen zur Bewerbung und Übernahme von Führungs- oder höherwertigen Positionen zu motivieren; denn Frauen sind nicht das sogenannte „schwache Geschlecht", sie wollen und sollen gefordert und gefördert werden!
5. Müttern und Vätern die Vereinbarkeit von Beruf und Familie zu erleichtern; denn auch das Unternehmen trägt dafür eine gewisse Verantwortung.
6. Eine lebensphasenorientierte Arbeitszeit einzuführen; Teilzeit und Gleitzeit steigern erwiesenermaßen die Produktivität, senken die Fehlzeiten und erhöhen die Arbeitszufriedenheit.

Quelle: Broschüre der Initative „Taten statt Worte", Steiermark 1995

- Frauenanteil in den Führungspositionen;
- betriebliche (flexible) Arbeitszeitmodelle im Hinblick auf Vereinbarkeit mit individuellen Bedürfnissen und Familienbetreuung;
- Personalentwicklung im Hinblick auf interne, alters- und geschlechtsunabhängige Förderungen;

- Weiterbildungsmöglichkeiten für Frauen;
- Situation der karenzierten MitarbeiterInnen im Hinblick auf das Halten von Kontakt, die Rückkehr ins Unternehmen, auf Väter in Karenz oder Wiedereinstiegserleichterungen;
- Maßnahmen im Hinblick auf (die Erleichterung der) Kinderbetreuung;
- Zuschüsse für Familien und familienfreundliche Einrichtungen;
- spezielle Behandlung von Frauenproblemen, Vorhandensein einer Frauenbeauftragten oder Kontaktperson.

Die Initiative setzt stark auf Öffentlichkeitsarbeit und Vorbildfunktion für andere Betriebe. Ihre Materialien sind gut aufbereitet und waren für die Betriebsauswahl der gegenständlichen Studie unersetzlich. Nicht an der Durchführung des Wettbewerbs, sondern am mangelnden Interesse der Betriebe liegt die (erschreckend) geringe Beteiligung. Die Höhe der Rücklaufquote zeigt, daß Frauen- und Familienförderung für österreichische Betriebe kein wichtiges Thema ist. Bei der Anzahl der Teilnehmerbetriebe handelt es sich zudem nicht einmal unbedingt um unterschiedliche Betriebe, da manche schon von Beginn an dabei sind und jedes Jahr wieder neu ihr Glück versuchen.

Teilnahme an den Wettbewerben der Initiative
„Taten statt Worte"

	Steiermark			**Wien**		
Jahr	ausgesendete Fragebögen	Teilnehmer-betriebe	Rücklauf in %	ausgesendete Fragebögen	Teilnehmer-betriebe	Rücklauf in %
1991	n. v.	45				
1992	1.194	59	4,9	770	13	1,7
1993	1.409	54	3,8	n. v.	32	
1994	1.784	64	3,6	1.300	16	1,2
1995	2.068	41	2,0	1.300	17	1,3

Quelle: diverse Broschüren der Initiative „Taten statt Worte", Steiermark und Wien

An den Zahlen ist zu erkennen, daß im Zeitverlauf keine Erhöhung des Rücklaufs festzustellen ist. Hier spielen demnach andere Faktoren eine Rolle als der Bekanntheitsgrad der Initiative.

Erst seit 1995 führt die Arbeiterkammer Tirol einen Wettbewerb zum frauen- und familienfreundlichsten Betrieb durch. Rund 65 der 1300 angeschriebenen (privaten und öffentlichen) Betriebe beteiligten sich, was einem Rücklauf von 5 % entspricht. Eine Augenzeugin schilderte uns – auf etwas polemische Art – ihre Sicht der Preisverleihung:

„Es hat mindestens drei Stunden gedauert, davon wurde zwei Stunden lang präsidial geredet. Dann kam doch endlich irgendwie das Thema und die Preisträgerin zu Wort, und – weil der Betrieb ja auch so freundlich ist – eine Mitarbeiterin. Dann wurde dieser ominöse Preis verliehen. Aber überwiegend waren die Worte der Präsidenten. Die kramten dann in bezug auf Frauen alle so interessante Erinnerungen hervor – aus ihrer Kindheit. Sie sprachen über ihre eigenen Familien, über ihre Töchter, ihre Kindheit zusammen mit Schwestern. Ich kann gar nicht schildern, wie gönnerhaft die Frauenschilderungen ausgefallen sind. Es waren solche Klischees. Da wird ja jede einzelne Frau, die im Publikum anwesend war, gewatscht, mit sogenannten Frauenfreundlichkeiten. Ganz eigenartig. Meine Kolleginnen und ich sahen uns an und hatten sehr oft das Gefühl, daß wir die einzigen Frauen sind, die da so irritiert sind [...].*“*

Die Gesprächspartnerin wollte trotz dieser Kritik die Veranstaltung jedoch „nicht durch den Kakao“ gezogen wissen, findet sie doch Initiativen dieser Art durchaus sinnvoll.

Wie in den ExpertInnengesprächen deutlich wurde, sind die Siegerunternehmen des Wettbewerbs zwar über die im Anschluß an die Preisverleihung erfolgenden Pressemeldungen nicht unzufrieden – an eine eigene offensive Vermarktung des Preises denken sie jedoch nicht. Begründet wird das u. a. damit, daß Österreichs Unternehmen keine Kultur der Selbstdarstellung pflegen.

Zutreffender scheint allerdings die Vermutung, daß das Thema Frau und Familie zu wenig wichtig erscheint. Schließlich schmückt sich manches österreichische Unternehmen durchaus werbewirksam mit Gütezeichen oder Zertifikaten (Beispiel ISO 9000f).

Untersuchungen und Publikationen über österreichische Betriebe, die betriebliche Frauenförderungsmaßnahmen durchführen und in diesem Kontext für Darstellungen herangezogen werden können, sind selten. Im Unterschied zu Deutschland stellt sich weniger die Frage der Auswahl, sondern vielmehr das Problem vorhandenen Materials. Eine weitere Hauptquelle für die vorliegende Untersuchung waren die Vorarbeiten und Publikationen der Initiative „Frauen 2000“.

Die Initiative „Frauen 2000 – Chancen für Unternehmen“ wurde im Zusammenhang mit dem eingangs erwähnten Arbeitskreis von Frauenministerin Johanna Dohnal gegründet. Eine Expertin meinte dazu, es habe sich dabei um das konstruktive Gegenmodell zur Gleichbehandlungsanwältin gehandelt. Ziel von „Frauen 2000“ war, Unternehmen durch versierte und professionelle Beratung im Personalmanagement bei der Entwicklung und Durchführung von Maßnahmen zur Förderung der Entwicklungschancen von Frauen zu unterstützen.

FRAUEN 2000 – CHANCEN FÜR UNTERNEHMEN

Ihr Thema: Das neue Rollenbild im Unternehmen.

Initiative zur Förderung der Entwicklungschancen von Frauen in Unternehmen.

Ihr Erfolg: Wer wir sind – welche Ziele Sie mit uns erreichen.

Sie suchen neue Perspektiven für Ihr Unternehmen? Sie haben starke PartnerInnen: „Frauen 2000" – eine gesamtösterreichische Initiative, die von der Bundesministerin für Frauenangelegenheiten unter Mitwirkung der Industriellenvereinigung gegründet wurde.

„Frauen 2000" unterstützt Sie bei

- der Förderung der Entwicklungschancen von Frauen in Unternehmen sowie der besseren Vereinbarkeit von Beruf und Familie,
- der künftig notwendigen innerbetrieblichen Anpassung an das neue Rollenverständnis am Arbeitsplatz.

„Frauen 2000" arbeitet mit einem Beirat aus

Führungskräften und Entscheidungsträgern aus Unternehmen, Interessenvertretungen aus Wirtschaft und Gesellschaft sowie ausgewählten WissenschafterInnen und ExpertInnen.

Ihr Vorteil: Was wir für Sie tun – wie Sie Ihr Unternehmen fördern.

Sie wollen Personalmanagement, Mitarbeitermotivation und Ihr Image als attraktiver Arbeitgeber systematisch verbessern? Ab sofort steht Ihnen ein vielfältiges und praxisorientiertes Angebot qualifizierter Dienstleistungen zur Verfügung.

„Frauen 2000" wendet sich gezielt an

österreichische Unternehmen, deren Geschäftsführungen und Personalabteilungen, überbetriebliche Anbieter von Seminaren und Aus- und Weiterbildungsprogrammen.

„Frauen 2000" bietet Ihnen

Informationen über in- und ausländische Forschungs- und Förderungsprogramme, Zugang zu neuen Trends und interessanten Kontakten;
Beratung bei der Erarbeitung und Realisierung spezifischer Personalentwicklungsmaßnahmen wie

- Personalsuche und -auslese,
- Karriereplanung,
- Aus- und Weiterbildung,
- Arbeitzeitflexibilisierung,
- Erleichterung des Wiedereinstiegs nach dem Karenzurlaub;

Förderung des Meinungs- und Erfahrungsaustausches sowie der Kooperation zwischen Unternehmen;
Veranstaltung von Symposien und Seminaren.

Quelle: Folder von „Frauen 2000"

Obwohl in den Broschüren der Initiative neben der Frauenministerin auch ein prominenter Vertreter der Industriellenvereinigung einleitende Worte abgab, wurde die Initiative nur von der Frauenministerin finanziert. Der Versuch, die Finanzierung auf eine breitere und sozialpartnerschaftliche Basis zu stellen, scheiterte, was als Grund für die spätere Auflösung der Initiative „Frauen 2000" genannt wird. Die beiden Koordinatorinnen und eine Gruppe von spezialisierten BeraterInnen waren insgesamt von 1990 bis 1994 aktiv und konnten trotz der schwierigen Materie eine Reihe von Beratungsprojekten realisieren. Dabei wurde eng mit PraktikerInnen zusammengearbeitet, war doch eines der Ziele, positive Beispiele aus der Praxis als „Referenzunternehmen" zu gewinnen. Die Unternehmen mußten einen Teil der Beratung selbst

bezahlen, der andere Teil wurde über das Büro der Frauenministerin gefördert.
Eine wichtige Aufgabe der Initiative „Frauen 2000“ war die Öffentlichkeitsarbeit. Höhepunkt dieser Bemühungen war die gemeinsam mit der Österreichischen Akademie für Führungskräfte durchgeführte Veranstaltung eines Symposions im März 1993 zum Thema „Frauen in Unternehmen: Neue Rollen, neue Potentiale – Herausforderungen für das moderne Management“. Damals wurden erstmals in Österreich Praxisbeispiele und Erfahrungen mit personalpolitischen Programmen zur Förderung der Chancengleichheit der Öffentlichkeit präsentiert und diskutiert. Da sich kaum betriebliche Beispiele aus Österreich anboten, wurden vorwiegend Konzepte von Unternehmen aus Deutschland und der Schweiz vorgestellt. Leider wurde der damals erstellte Tagungsband bis heute nicht veröffentlicht.
Vor einigen Jahren trat die Frauenabteilung der Gewerkschaft der Privatangestellten an die Initiative „Frauen 2000“ mit dem Ziel heran, das Thema betriebliche Frauenförderung von der Seite der ArbeitnehmerInnenvertretung in Angriff zu nehmen. Aus diesem Kontakt entstand ein praxisorientierter Leitfaden zum Thema „Förderung der Chancengleichheit im Betrieb“, der „eine Art Kochrezept“ für BetriebsrätInnen sein sollte.

> *„Als der Leitfaden fertig war, war ein Vakuum da: Du mußt es schließlich an die Frau bringen und umsetzen. Ich habe Seminare gemacht, habe den Leitfaden weitergegeben, aber es hat nichts Fuß gefaßt. Eigenartigerweise gibt es seit heuer auf einmal Betriebe, wo wir konkret anfangen, das umzusetzen. Es hat zwei Jahre einsickern müssen, bis es ein konkretes Interesse gegeben hat. Ich fühle mich mittlerweile wie eine Wanderpredigerin. Ich werde in allen Bundesländern und von allen Sektionen zu Referaten eingeladen, und da bringe ich es immer wieder unter.“* (exp4)

In einigen Betrieben haben sich Betriebsrätinnen an das Thema Chancengleichheit gemacht, wobei der Aspekt der Aufstiegsförderung vor dem Aspekt der Vereinbarkeit von Beruf und Familie stehen sollte. Einige Betriebsrätinnen haben einen Frauenausschuß gegründet, zu dem sie auch Frauen aus der Personalabteilung und andere Interessierte einladen, was für die Durchsetzung ihrer Interessen sehr von Vorteil ist. Doch handelt es sich dabei um Anfänge einer Arbeit, die angesichts anderer Themen öfter zurückgestellt wird (schließlich sind die wenigsten Betriebsrätinnen freigestellt). Bis heute existiert in ganz Österreich keine einzige Betriebsvereinbarung, die als umfassendes Programm zur Frauenförderung verstanden werden kann. Wenn etwas verbindlich in Betriebsvereinbarungen geregelt ist, dann handelt es sich um Einzelmaßnahmen. Wie später zu sehen sein wird, ist aber selbst das nur in seltenen Ausnahmen anzutreffen.

Eine weitere Möglichkeit, betriebliche Regelungen zum Thema Förderung von Chancengleichheit zu initiieren, stellen Bestimmungen in den Kollektivverträgen dar. Wenn auch in anderen Staaten ein durchaus oft eingesetztes Instrument, gibt es in Österreich erst ein erstes Paradebeispiel dazu. 1995 wurde der erste Kollektivvertrag der Privatangestellten mit Bestimmungen zur Frauenförderung abgeschlossen – und zwar im Bereich der Sozialversicherung. Unter dem etwas mißverständlichen Titel „Sprachliche Gleichbehandlung" findet sich das „Programm zur Förderung von Chancengleichheit", nach welchem sich die Sozialversicherungsträger künftig mit der Lage ihrer weiblichen Beschäftigten (darunter viele in Krankenhäusern, Kuranstalten etc.) intensiver als bisher auseinandersetzen müssen. Vorgesehen ist eine Ist-Analyse über die Geschlechterverteilung in den unterschiedlichen Gehaltsgruppen, jährliche Beratungen über die Verwirklichung des Ziels der Erhöhung der Frauenanteile auf den höheren hierarchischen Ebenen, gezielte Fortbildungsprogramme sowie das gezielte Ansprechen von Frauen, sich bei Stellen zu bewerben (vgl. Kasten S. 80). Ein Punkt, der in die Verhandlungen seitens der GPA eingebracht wurde, findet sich allerdings nicht im Kollektivvertrag. Es handelt sich um die bevorzugte Berücksichtigung bei der Stellenbesetzung:

> *„Bei allen Stellenbesetzungen gilt unter Beachtung des Gesetzes und der Auswahlrichtlinien, daß – sofern in einem leitenden Funktionsbereich weniger Frauen als Männer beschäftigt sind – Frauen bei gleicher Eignung, Befähigung und fachlicher Leistung bevorzugt zu berücksichtigen sind, sofern nicht in der Person eines Mitbewerbers liegende Gründe überwiegen."* (Positionspapier der GPA)

Aktuell ist in der öffentlichen österreichischen Diskussion wenig von betrieblicher Frauenförderung die Rede. Die Medien beschränken sich darauf, Einzelbeispiele von „Frauen, die es geschafft haben", darzustellen, und im übrigen ist man offensichtlich dabei, das vereinbarte Sparpaket zu verkraften. Die Zeit für soziale Forderungen scheint angesichts der europaweiten Deregulierung und Krisenstimmung ungünstig.

Dabei gäbe es im Zusammenhang mit der Förderung von betrieblicher Chancengleichheit einige interessante Diskussionen zu führen. So könnte etwa das Bonus-Malus-System, das die Arbeitgeber zur Beschäftigung älterer Arbeitskräfte animieren sollte, in modifizierter

Form für die Beschäftigung von Frauen eingesetzt werden. Die Vergabe öffentlicher Förderungen und Subventionen bzw. öffentlicher Aufträge könnte wirksam an die Einhaltung des Gleichbehandlungsgesetzes geknüpft werden. Betriebliche Projekte könnten von staatlicher Seite unter dem Titel „positive Aktionen" finanziell gefördert werden.[15]

Doch zuallererst müßte der Boden für derartige Diskussionen bereitet werden, denn das dafür notwendige Maß an Sensibilisierung ist erst zu erreichen.

PROGRAMM ZUR FÖRDERUNG VON CHANCENGLEICHHEIT

1. Gemeinsames Ziel ist es, die Gleichstellung von Männern und Frauen zu verwirklichen.
2. Die Verwirklichung der Chancengleichheit ist Aufgabe des Versicherungsträgers und des Betriebsrates. Dazu wird – unter Wahrung der Grundsätze der Qualifikation – schrittweise ein gleicher Anteil von Männern und Frauen in leitenden Funktionen angestrebt, und zwar
   a) für den Verwaltungsbereich in den Gehaltsstufen D bis G,
   b) für den Gesundheitsbereich in den Gehaltsstufen III A bis IV b.
3. Der Versicherungsträger schreibt eine Ist-Analyse ständig fort, in der die Anteile von Männern und Frauen an den Beschäftigten des Versicherungsträgers nach den leitenden Funktionsbereichen und nach Gehaltsgruppen aufgeschlüsselt sind.
4. Mindestens jährlich beraten der Betriebsrat und der Versicherungsträger über Maßnahmen zur Verbesserung der Chancengleichheit.
5. Bei der Abfassung von Stellenausschreibungen für Stellen in leitenden Funktionsbereichen, in denen Frauen unterrepräsentiert sind, sollen Frauen gezielt durch den Zusatz angesprochen werden „Der Versicherungsträger strebt an, den Frauenanteil in diesem Funktionsbereich zu erhöhen."
6. Bestandteile des Chancengleichheitsplanes sind die Personalplanung und -entwicklung, die Auflistung der mittelfristig freiwerdenden Stellen, fortlaufende und gezielte Fort- und Weiterbildung und die Förderung des innerbetrieblichen Aufstieges von MitarbeiterInnen.
7. Zur Förderung der innerbetrieblichen Gleichstellung und zur Verbesserung von Aufstiegs- und Qualifizierungsmöglichkeiten für die Mitarbeiterinnen wird ein kontinuierliches Fortbildungsprogramm entwickelt:
   a) Alle Mitarbeiterinnen sind gezielt auf Fortbildungsmöglichkeiten hinzuweisen. Der Besuch von Veranstaltungen, die der beruflichen Fortbildung dienen, soll – unter Berücksichtigung der Notwendigkeit des Dienstbetriebes – ermöglicht werden.
   b) Die Teilnahme an beruflichen Bildungsmaßnahmen ist in der Personalakte zu vermerken.

Quelle: GPA, Kollektivvertrag der Privatangestellten der Sozialversicherung

15 Im Gleichbehandlungsgesetz gibt es bereits einige interessante Regelungen, die jedoch aus unterschiedlichen Gründen bisher ohne Konsequenzen geblieben sind. § 2 Abs. 3: „Der Bund kann für besondere Aufwendungen, die Arbeitgebern bei der Durchführung vorübergehender Sondermaßnahmen entstehen, Förderungen gewähren." § 2b: „Die Richtlinien über die Vergabe von Förderungen des Bundes für Unternehmen haben Förderungen nur für Unternehmen vorzusehen, die das Gleichbehandlungsgesetz beachten."

3.2 Die empirische Untersuchung

Anlage, Rahmenbedingungen und Methode

Zur Vorbereitung und Unterstützung der Betriebsfallstudien wurden umfassende Literaturrecherchen vorgenommen, Frauenbeschäftigung und Betriebsstruktur in Österreich analysiert und ExpertInnengespräche mit VertreterInnen aus Wissenschaft, Politik und Interessenvertretungen geführt.

Auswahl und Zusammensetzung des Samples

Grundlage des vorliegenden empirischen Projekts sind insgesamt 20 Betriebsfallstudien verschiedener Größenstufen und verschiedener Branchen. Der Schwerpunkt entspricht der für Österreich charakteristischen Dominanz von Klein- und Mittelbetrieben; es wurden sogar Betriebe mit unter 10 Beschäftigten untersucht. In Betracht gezogen wurden ausschließlich Betriebe, die in den vergangenen Jahren in der Öffentlichkeit bzw. in den Medien in irgendeiner Form als „frauenfreundlich" präsentiert worden waren.
Zwei der 20 Betriebe zählten also zu den Kleinstbetrieben mit bis zu 10 Beschäftigten, weitere sieben Betriebe hatten weniger als 50 Beschäftigte. Sechs Betriebe hatten zwischen 50 und 500 Beschäftigte. Fünf Betriebe schließlich beschäftigten mehr als 500 ArbeitnehmerInnen, einige davon sogar einige tausend.

Verteilung der Fallstudienbetriebe nach der Anzahl der Beschäftigten

bis 10 Beschäftigte	2
11 bis 50 Beschäftigte	7
51 bis 100 Beschäftigte	2
100 bis 300 Beschäftigte	2
300 bis 500 Beschäftigte	2
mehr als 500 Beschäftigte	5
gesamt	**20**

Wenn auch eine entsprechende Streuung nach Branchen entscheidend erschien, mußten sich die Recherchen doch bis zu einem gewissen Grad an dem vorhandenen Adressenmaterial orientieren.
Wie sich noch zeigen wird, finden sich kaum Betriebe des sekundären Sektors bereit, betriebliche Maßnahmen zur Frauenförderung zu installieren. So wurden aus dem Adressenmaterial insbesondere diese

Betriebe ausgewählt, und es gelang auch, Zugang zu einem Betrieb des Nahrungs- und Genußmittelgewerbes, einem Textilindustriebetrieb (klassische Frauenbeschäftigungsfelder) und einer Druckerei (klassisches Männerbeschäftigungsgeld) zu bekommen. Im Fall des Betriebes der industriellen Dienstleistung handelt es sich um ein aus einem Produktionsunternehmen ausgegliedertes Forschungsinstitut. Die fünf Handelsbetriebe wurden zum einen deshalb gewählt, weil es sich dabei um eine Frauenbranche handelt, zum anderen aufgrund der Häufigkeit im vorhandenen Datenmaterial ausgesucht. Relativierend ist hinzuzufügen, daß zwei der fünf Handelsbetriebe aufgrund der Produktpalette von männlichen Arbeitskräften dominiert waren. Weitere – nach Größe und/oder Region gestreute – Dienstleistungsbetriebe waren drei aus dem Beherbergungs- und Gaststättenwesen, ein Verkehrsbetrieb, zwei Banken, ein großes Versicherungsunternehmen sowie zwei Kanzleien der Wirtschaftsberatung. Zwei Betriebe gehören sehr konträr besetzten Frauenbranchen an, dem von prekären Dienstverhältnissen dominierten Reinigungsgewerbe und dem Gesundheitswesen mit seinen tendenziell hochqualifizierten Arbeitskräften.

Verteilung der Fallstudienbetriebe nach Branche

Erzeugung von Nahrungs- und Genußmitteln	1
Textilindustrie	1
Druckerei	1
industrielle Dienstleistung	1
Handel	5
Beherbergungs- und Gaststättenwesen	3
Verkehr	1
Geld- und Kreditwesen	2
Versicherung	1
Wirtschaftsberatung	2
Reinigung	1
Gesundheitswesen	1
gesamt	20

Es handelt sich um drei Betriebe in Tirol, vier in der Steiermark und 13 Betriebe in Wien.

Sowohl in Tirol wie auch in der Steiermark wurden fast nur Betriebe in eher ländlichen Regionen kontaktiert, um den Einfluß der dadurch gegebenen Kriterien abschätzen zu können.

Verteilung der Fallstudienbetriebe nach Region

Wien	13
Steiermark	4
Tirol	3
gesamt	**20**

Verteilung der Fallstudienbetriebe nach Eigentumsform

Privatbetrieb	10
Tochter eines Multis	4
sonstiges	6
gesamt	**20**

Die Erhebung konzentrierte sich ausschließlich auf Betriebe der Privatwirtschaft. Der Bereich der öffentlichen oder halböffentlichen Unternehmen wurde ausgeschlossen. Zehn der Betriebe waren im Privateigentum, die meisten im Eigentum österreichischer Einzelunternehmer bzw. Familien, vier Unternehmen waren Töchter multinationaler Konzerne – wobei besonders der Einfluß der Konzernpolitik auf die betriebliche Personalpolitik interessant erschien. Sechs Betriebe waren der Kategorie „sonstiges“ zuzurechnen; dazu zählten indirekt verstaatlichte Betriebe oder Genossenschaften.
Bedauerlicherweise erhielt das Institut eine überaus hohe Anzahl von Absagen. In den meisten Fällen wurde die Absage mit Zeitnot begründet. Einige EntscheidungsträgerInnen versicherten, sie hätten nichts, was in die Nähe von für die Studie interessanten Maßnahmen käme; ein Personalchef meinte, es hätte eben erst Kündigungen gegeben, und er wolle keine weitere Unruhe unter den Beschäftigten; eine Firmenchefin sagte ab, weil eben erst eine Untersuchung in ihrem Betrieb zu diesem Thema stattgefunden hätte. Insgesamt kontaktierte das Institut 13 Betriebe, zu denen es keinen Zugang erhielt. Es waren Betriebe verschiedenster Größen und Branchen; regional waren fünf Tirol, drei der Steiermark und fünf Wien zuzuordnen.
Im Laufe der Erhebung wurden 110 Interviews einerseits mit betrieblichen FunktionsträgerInnen, wie Mitgliedern der Geschäftsführung, PersonalleiterInnen und Angehörigen des Betriebsrates, und andererseits mit weiblichen Beschäftigten durchgeführt. Bei der Auswahl der weiblichen Beschäftigten wurde darauf geachtet, daß sie in unterschiedlichen Tätigkeitsfeldern arbeiteten, sich auf verschiedenen hierarchischen Positionen befanden, daß sie eine unterschiedliche Betriebszugehörigkeitsdauer aufwiesen und daß sowohl Frauen mit Kindern als auch Frauen ohne Kinder befragt wurden.

Qualitative Erhebung

Die Durchführung der Erhebung orientierte sich an der Methode des qualitativen „problemzentrierten Interviews“ (Witzel 1982). Problem-

zentrierte Interviews sind im Unterschied zu narrativen Interviews durch strukturierte Leitfäden gekennzeichnet. Diese Methode bietet mehrerlei Vorteile: Sie erlaubt einen möglichst offenen Zugang zu unterschiedlichen sozialen Realitäten der Befragten, die ja gerade in ihrer Vielfalt interessant sind. Den Selbstthematisierungen der Befragten wird durch die Offenheit der Fragen breiter Raum gelassen, und gleichzeitig dient der Leitfaden als Gedächtnisstütze für die Interviewerin und hilft Themen oder Aspekte, die von den Befragten ausgespart werden, anzusprechen.
Die Leitfäden wurden bereichsspezifisch aufgebaut. Gemäß der Fragestellung waren zwei Leitfäden zu entwickeln: ein Leitfaden für FunktionsträgerInnen und ein Leitfaden für weibliche Beschäftigte. Stand im ersten Fall die offizielle Betriebssicht der Befragten im Vordergrund, interessierten im zweiten eher die persönliche Wahrnehmung und Einschätzung der Auswirkungen von frauenfördernden Maßnahmen im Betrieb.
Die Interviews fanden bis auf wenige Ausnahmen in den Betrieben statt und dauerten im Durchschnitt rund eineinhalb Stunden. Sie wurden auf Tonband aufgenommen und anschließend vollständig transkribiert. Unmittelbar im Anschluß an die Interviews wurden von den Interviewerinnen Situationseinschätzungen und besondere Rahmenbedingungen des Interviews protokolliert.

Qualitative Auswertung

Jede qualitative Auswertung steht vor dem Problem, wie sich die detaillierten Materialien verdichten lassen, ohne daß dabei das Besondere des Einzelfalls verlorengeht. Daher wurden die Einzelinterviews in einem ersten Schritt zu einem Kurzinterview verdichtet. Auf wenigen Seiten wurden die Äußerungen der FunktionsträgerInnen und weiblichen Beschäftigten themenspezifisch zusammengefaßt. Solche Themenschwerpunkte waren beispielsweise die Problemwahrnehmung geschlechtsspezifischer Ungleichheit durch die FunktionsträgerInnen, Motive für die Einführung von Frauenfördermaßnahmen, Ausgestaltung und Einschätzung der Maßnahmen.
In einem zweiten Schritt wurden die solcherart verdichteten Einzelinterviews innerhalb eines Betriebes systematisch in einem Betriebsschema zusammengefaßt, das ebenfalls themenbereichsspezifisch strukturiert worden war. Diese vergleichende Systematisierung sollte es ermöglichen, alle für die zu untersuchende Problematik relevanten Bedingungen und Aspekte vollständig zu erfassen.

Der dritte Schritt bestand schließlich in der Zusammenfassung der Einzelbetriebe zu Gruppen. Die Kriterien zur Gruppenbildung resultierten aus unterschiedlichen Dimensionen, die im Vorfeld der Beschreibung der einzelnen Typen erklärt werden.

Die Struktur österreichischer Betriebe unter dem (seltenen) Blickwinkel der geschlechtsspezifischen Verteilung der Beschäftigten

Als Hintergrund für die Diskussion von betrieblicher Frauenförderung und als Ausgangspunkt für die Betriebsauswahl wurden Österreichs Betriebsstatistiken nach der geschlechtsspezifischen Zusammensetzung ihrer Belegschaften sondiert.

In der *Betriebsstatistik des Hauptverbands der österreichischen Sozialversicherungsträger* werden alle Betriebe bzw. Unternehmen erfaßt, welche Personal versichert haben. 1993 wurden auf diese Art knapp 244.000 Betriebe gezählt, davon 94.000 Betriebe mit nur einer beschäftigten Person. Von diesen Einpersonenbetrieben entfielen allein ca. 20.000 auf Hauswartung, 10.000 auf Gasthäuser und 19.000 auf Handelsbetriebe.

Auf die 2,7 Mio. Beschäftigten umgerechnet ergibt sich eine durchschnittliche Betriebsgröße von 11 Beschäftigten pro Betrieb. Nimmt man die Einpersonenbetriebe aus, errechnet sich eine bereinigte durchschnittliche Betriebsgröße von 17,5 Personen.

Nach Branchen gibt es die meisten Betriebe im Bereich des Handels und der Lagerung (53.000; 19 davon zählen über 500 Beschäftigte), im Gaststättenwesen (30.000; 47 davon zählen über 500 Beschäftigte) sowie – wie bereits erwähnt – im Bereich der Hauswartung (20.000; überwiegend Einpersonenbetriebe). Die Betriebe im Bereich „Realitätenwesen, Rechts- und Wirtschaftsdienste“ haben stark zugenommen und zählten 1993 bereits rund 19.000.

13 % der Beschäftigten arbeiteten 1993 in Kleinstbetrieben, 30 % in Kleinbetrieben, weitere 33 % in Mittelbetrieben. Kumuliert ergibt das bereits einen Anteil von 75 % der Gesamtbeschäftigung. Nur ein Viertel der ArbeitnehmerInnen war in Großbetrieben mit mehr als 500 Beschäftigten zu finden.

Der Betriebsbegriff ist allerdings problematisch, da Unternehmen bei der Anmeldung nach Belieben mehrere Betriebskonten eröffnen können und diese für die Statistik herangezogen werden. Diese Vorgangsweise ist außerdem nach Bundesländern uneinheitlich. Zudem sind keine geschlechtsspezifischen Daten publiziert.

Verteilung der Beschäftigten nach Betriebsgrößen (Ende Juli 1993)

Betriebsgröße	Beschäftigte absolut	Beschäftigte in %	kumulierter Anteil in %
Kleinstbetriebe (1–5 Beschäftigte)	351.700	12	12
Kleinbetriebe (6–49 Beschäftigte)	809.650	30	42
Mittelbetriebe (50–499 Beschäftigte)	893.280	33	75
Großbetriebe (mehr als 500 Beschäftigte)	675.130	25	100
gesamt	**2.729.760**	**100**	

Quelle: Hauptverband der SV-Träger; BAK 1994

1991 wurde parallel zur Volkszählung als genauester Betriebserhebung eine *Arbeitsstättenzählung* durchgeführt. Als Arbeitsstätte gilt jene Einheit, die – auf Dauer eingerichtet – mindestens einer erwerbstätigen Person als Arbeitsplatz dient, wobei land- und forstwirtschaftliche Einheiten sowie die Bereiche Haushaltung/Hauswartung nicht in die Erhebung eingeschlossen wurden. Erhoben wurden alle gewinn- und nicht gewinnorientierten privaten und öffentlichen Institutionen wie z. B. Arztordinationen, Schulen, Bahnhöfe, Handels-, Gewerbe- und Industriebetriebe etc. Zusätzlich wurde den Arbeitsstätten zugeordnet die Zahl der selbständig und unselbständig Beschäftigten festgestellt.
Insgesamt wurden in Österreich 1991 knapp 314.500 derart umfassend definierter Arbeitsstätten gezählt (Schaumann 1/1994). Nach Wirtschaftszweigen zeigt sich deutlich, daß mit steigender Größenklasse (Beschäftigte pro Einheit) der Anteil der Arbeitsstätten im Produktionssektor zu-, im Dienstleistungssektor dagegen abnimmt.
Auffallend an den Detailergebnissen ist die sehr große Anzahl kleinster Arbeitsstätten: In fast einem Viertel aller Arbeitsstätten ist nur eine Person als Selbständige/r tätig, in mehr als vier Fünfteln (80 %) aller Arbeitsstätten arbeiten maximal neun unselbständig Beschäftigte.
Bezogen auf die nur unselbständig Beschäftigten sind in einer durchschnittlichen Arbeitsstätte 11,3 Personen tätig, wobei sich die Betriebsgrößen deutlich nach Branchen unterscheiden.[16] Aufgrund der Branchenverteilung der Frauenbeschäftigung kann bereits indirekt darauf geschlossen werden, daß Frauen öfter als Männer in kleinen Betrieben arbeiten, denn Handel, Lagerung (Beschäftigte pro Betrieb: 5) oder Hotel, Gastgewerbe (3) sind stark kleinbetrieblich strukturiert.

16 Eine genaue Datenaufstellung findet sich in der Übersichtstabelle am Ende des folgenden Abschnitts, S. 100 f.

In den folgenden Grafiken zu einzelnen Wirtschaftsklassen zeigt sich jedoch darüber hinaus, daß sich die Beschäftigung von Frauen auch *innerhalb* der Branchen besonders auf die kleinsten Betriebe konzentriert.

Arbeitsstätten nach Betriebsgrößenklassen 1991

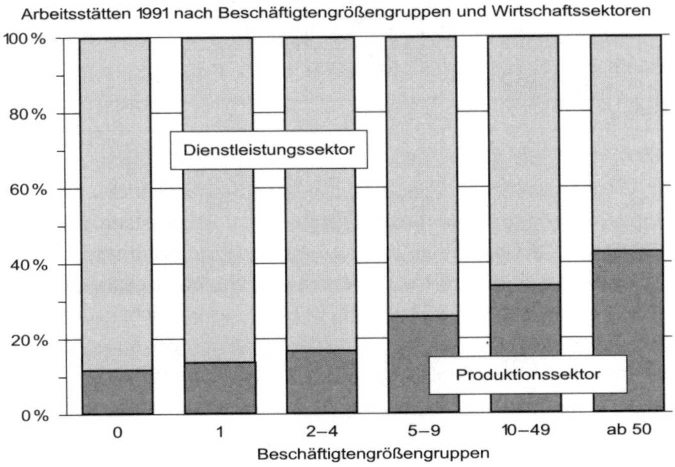

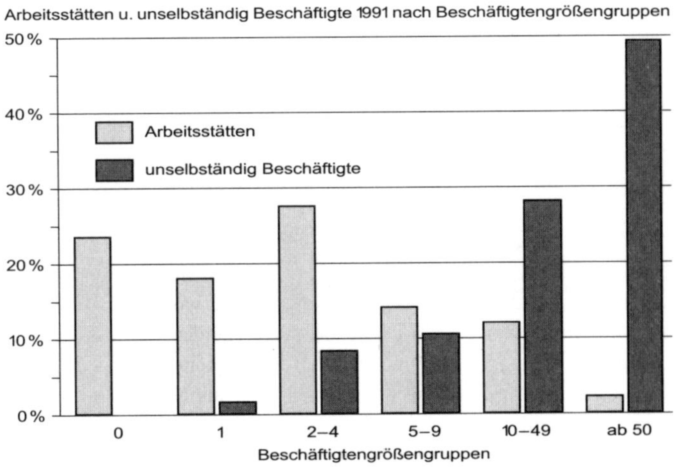

Arbeitsstätten 1991 nach Beschäftigtengrößengruppen und Wirtschaftsabteilungen

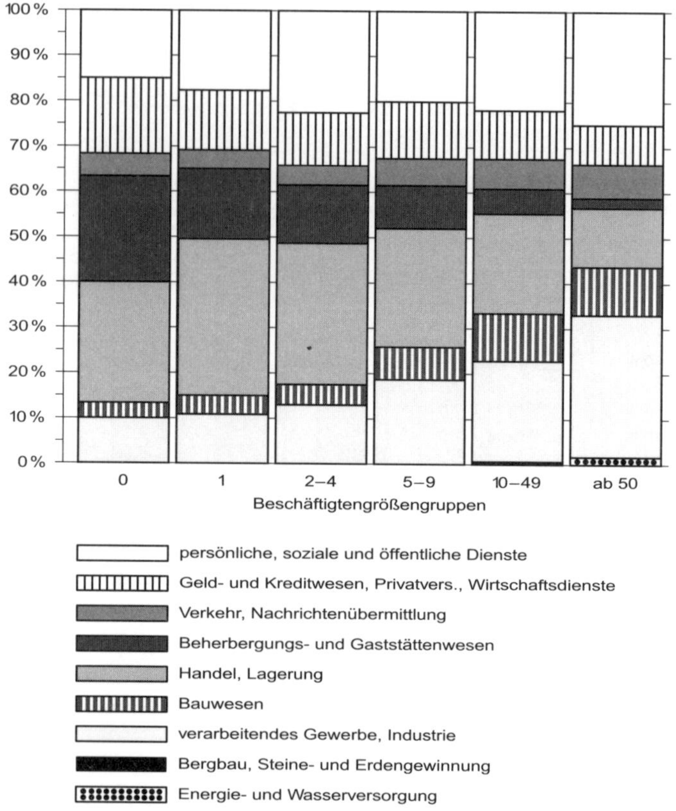

Quelle: Schaumann 1/1994

Als erstes Grafikbeispiel wurde die *Sachgüterproduktion* (verarbeitendes Gewerbe und Industrie) als männerdominierter Bereich angeführt, um die Unterschiede in den Betriebsgrößen zur Dienstleistung aufzuzeigen.

Hier sind kaum Arbeitsstätten zu finden, die den Größengruppen „1 unselbständig Beschäftigte/r", „2 bis 4 Personen" oder „4 bis 9 Personen" zuzuordnen wären. Die meisten Beschäftigten sind in Betrieben mit „10 bis 49 Personen" (170.000) bzw. „50 bis 499 Personen" (322.000) tätig. Wie in der Grafik zu erkennen ist, arbeiten in allen Größenstufen mehr Männer als Frauen.

Betriebe nach Größe und geschlechtsspezifischer Zusammensetzung der Beschäftigten in verschiedenen Branchen

Arbeitsstätten 1991 im verarbeitenden Gewerbe und in der Industrie

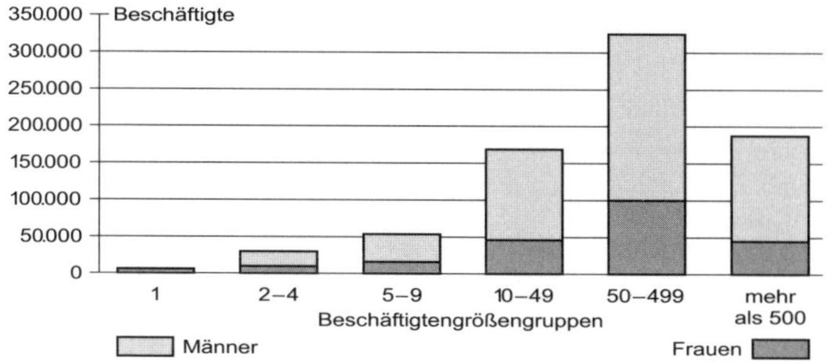

Arbeitsstätten 1991 im Bereich Handel und Lagerung

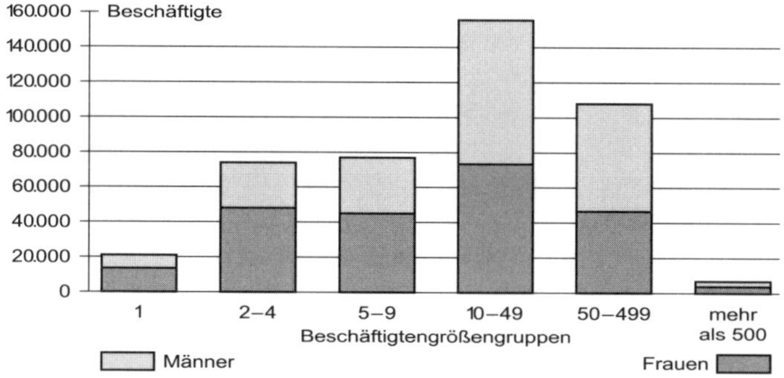

Arbeitsstätten 1991 im Hotel- und Gastgewerbe

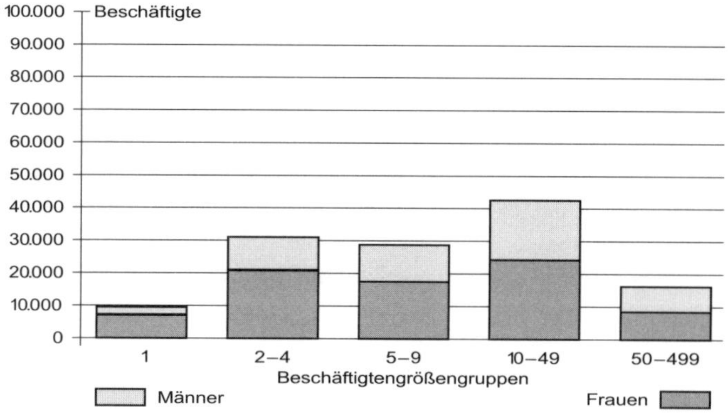

Arbeitsstätten 1991: Geld-, Kredit-, Versicherungswesen und Wirtschaftsdienste

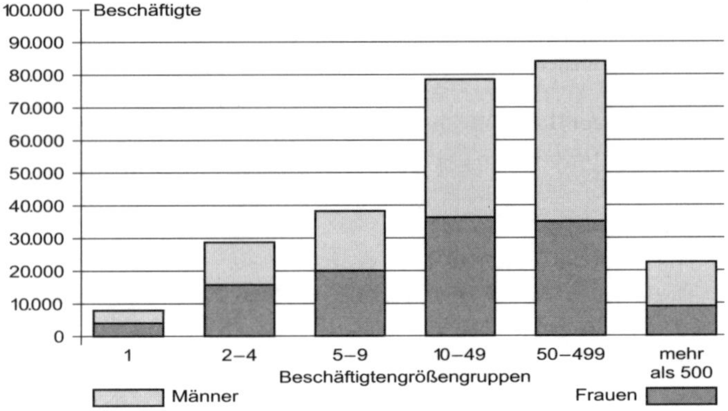

Arbeitsstätten 1991: persönliche, soziale und öffentliche Dienste

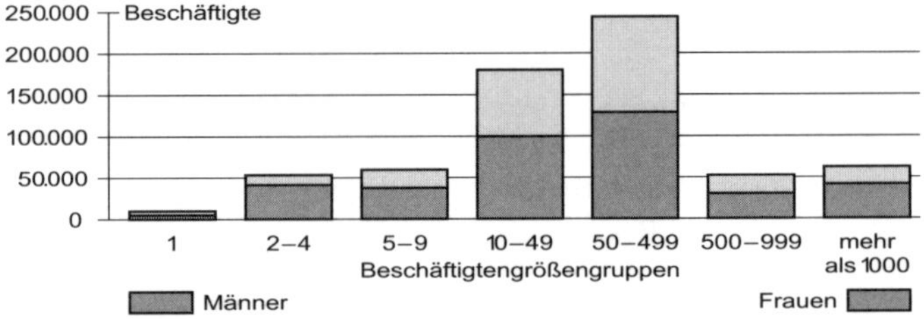

Quelle: ÖSTAT; Arbeitsstättenzählung, ISIS-Datenbank[17]

Doch auch was die angeführten Frauenbranchen betrifft, gilt bis auf die Ausnahme „persönliche, soziale und öffentliche Dienste" das Prinzip: *je kleiner die Betriebe, um so mehr Frauen – je größer die Betriebe, um so mehr Männer.*

Wie sich die beschäftigten Frauen und Männer der Branche auf die einzelnen Größenstufen verteilen, zeigen die folgenden Tabellen.

Im *Groß- und Einzelhandel* verhält es sich ganz anders als im Produktionsbereich. Erstens gibt es hier wesentlich mehr Beschäftigte in kleinsten und kleinen Betrieben. Fast 40 % arbeiten in Betrieben bis 9 Personen. Zweitens ist deutlich zu sehen, daß Frauen dabei überproportional vertreten sind: So arbeitet fast jede zweite Frau (47 %) und nur jeder dritte Mann (30 %) in diesen allerkleinsten Betrieben. In

17 Beim Vergleich der Grafiken ist darauf zu achten, daß die Skalierungen der Stärke und Größenstruktur der Branchen angepaßt sind und von Fall zu Fall variieren.

Betrieben von 10 bis 49 Beschäftigten sind 39 % der Männer, aber nur 32 % der Frauen zu finden. Ebenso verhält es sich bei Betrieben von 50 bis 499 Beschäftigten, wo 29 % der Männer, aber nur 20 % der Frauen ihre Arbeit leisten.

Verteilung der Beschäftigten im Bereich Handel und Lagerung in %

Beschäftigte pro Betrieb	weibliche Beschäftigte	männliche Beschäftigte	Beschäftigte gesamt
1	6 %	3 %	5 %
2 bis 4	21 %	12 %	17 %
5 bis 9	20 %	15 %	17 %
10 bis 49	32 %	39 %	35 %
50 bis 499	20 %	29 %	24 %
mehr als 500	1 %	1 %	1 %
	100 %	100 %	100 %
absolut	**226.956**	**211.080**	**438.036**

Quelle: ÖSTAT; Arbeitsstättenzählung, ISIS-Datenbank; eigene Berechnung

Im *Hotel- und Gastgewerbe* arbeiten 60 % der Frauen in Betrieben bis zu 9 Beschäftigten, allein 9 % in Ein-Frau-Betrieben. Von den Männern sind 49 % in kleinsten Betrieben tätig. Jedoch sind in den größten Betrieben (50–499 Beschäftigte) 16 % aller Männer und nur 10 % der Frauen zu finden.

Verteilung der Beschäftigten im Hotel- und Gastgewerbe in %

Beschäftigte pro Betrieb	weibliche Beschäftigte	männliche Beschäftigte	Beschäftigte gesamt
1	9 %	5 %	7 %
2 bis 4	27 %	20 %	24 %
5 bis 9	23 %	22 %	23 %
10 bis 49	31 %	36 %	33 %
50 bis 499	10 %	16 %	12 %
	100 %	100 %	100 %
absolut	**74.950**	**50.890**	**125.840**

Quelle: ÖSTAT; Arbeitsstättenzählung, ISIS-Datenbank; eigene Berechnung

In den Branchen *Geld-, Kredit-, Versicherungswesen und Wirtschaftsdienste* sind bekanntermaßen überaus große Unternehmen angesiedelt, doch sind diese teilweise in kleinere Einheiten aufgesplittet. Hier arbeitet ein Drittel der Frauen in Betrieben bis zu 9 Personen, aber nur ein

Viertel der Männer. Männer sind dagegen in den Unternehmen mit über 50 Beschäftigten überrepräsentiert.

Geld-, Kredit-, Versicherungswesen und Wirtschaftsdienste: Verteilung der Beschäftigten in %

Beschäftigte pro Betrieb	weibliche Beschäftigte	männliche Beschäftigte	Beschäftigte gesamt
1	3 %	2 %	3 %
2 bis 4	13 %	10 %	11 %
5 bis 9	17 %	13 %	15 %
10 bis 49	30 %	30 %	30 %
50 bis 499	29 %	35 %	32 %
mehr als 500	7 %	9 %	8 %
	100 %	100 %	100 %
absolut	**116.860**	**140.934**	**257.794**

Quelle: ÖSTAT; Arbeitsstättenzählung, ISIS-Datenbank; eigene Berechnung

Im Bereich der *persönlichen, sozialen und öffentlichen Dienste* ist die Geschlechterverteilung etwas anders als in den bereits genannten Sektoren. Wie schon an der Grafik deutlich zu sehen ist, sind hier die Betriebe der mittleren Kategorien stark vertreten und arbeiten die meisten ArbeitnehmerInnen in Betrieben mit 10–49 und 50–499 Beschäftigten. In diesen Unternehmen arbeiten in absoluten Zahlen jeweils mehr Frauen als Männer. Auch Betriebe mit mehr als 1000 Personen fallen hier stark ins Gewicht. Gemessen an allen Frauen bzw. allen Männern dieser Branche ist hier aber auch ein relativ größerer Anteil der weiblichen als der männlichen Beschäftigten in den kleinsten Betrieben zu finden. Allein in den (öffentlichen) Unternehmen mit mehr als 1000 Beschäftigten arbeiten 11 % der Frauen und dagegen nur 7 % der Männer.

Als Zusammenführung der Arbeitsstätten wurden die rechtlich selbständigen Einheiten, hier als Unternehmen bezeichnet, erhoben. 88 % der Unternehmen bestehen nur aus einer einzigen Arbeitsstätte. In dieser Unternehmensform arbeiten 44 % der Beschäftigten. Auch hier zeigt sich die kleinbetriebliche Struktur: In 87 % der Unternehmen wurden nur bis zu 9 unselbständig Beschäftigte gezählt.

Allerdings gibt diese Erhebung keinen Aufschluß über Unternehmensverflechtungen oder Eigentumsverhältnisse. So gehörte es zu den besonders aktuellen betrieblichen Trends des letzten Jahrzehnts, bestimmte Unternehmensteile auszugliedern und rechtlich zu verselbständigen. Allein der Verstaatlichtenkonzern ÖIAG bestand 1990 aus 350 GmbHs. Zudem ist bei der Erhebung der Arbeitsstätten 1991 größerer Wert auf eine vollzählige Erfassung gelegt worden als 1981, was dazu führt, „daß sich der ausgewiesene Arbeitsstättenzuwachs im Zeitraum 1981–1991 aus einem realen und einem erhebungsbedingten Anteil zusammensetzt“ (Schaumann 1994, S. 60).

Persönliche, soziale und öffentliche Dienste:
Verteilung der Beschäftigten in %

Beschäftigte pro Betrieb	weibliche Beschäftigte	männliche Beschäftigte	Beschäftigte gesamt
1	2 %	1 %	2 %
2 bis 4	11 %	5 %	8 %
5 bis 9	10 %	8 %	9 %
10 bis 49	26 %	29 %	27 %
50 bis 499	33 %	42 %	37 %
500 bis 999	8 %	8 %	8 %
mehr als 1000	11 %	7 %	9 %
	100 %	100 %	100 %
absolut	**380.650**	**272.010**	**652.660**

Quelle: ÖSTAT; Arbeitsstättenzählung, ISIS-Datenbank; eigene Berechnung

Vergleicht man – unter diesen Vorbehalten – die Entwicklung der Arbeitsplätze nach Betriebsgrößen, haben von 1981 bis 1991 v. a. die Kleinst- und Kleinbetriebe an Boden gewonnen; Großbetriebe mit mehr als 1000 ArbeitnehmerInnen haben abgenommen. So liegen die Zuwachsraten bei den Arbeitsstätten mit 2 bis 49 Beschäftigten zwischen 12 und 14 %, was einen Zuwachs von fast 150.000 Arbeitsplätzen ergibt. Es wuchsen jedoch auch Betriebe von 50 bis 999 ArbeitnehmerInnen, wenn auch nicht immer mit derart markanten Zuwachsraten, um insgesamt 85.000 Arbeitsplätze. Nur in den größten Betrieben (mehr als 1000 ArbeitnehmerInnen) wurde eine Abnahme von knapp 8000 Beschäftigten festgestellt (Schaumann 1994). Die Zerschlagung bzw. Aufsplittung der Verstaatlichten mag hier eine Rolle gespielt haben.

Verflechtungen der Eigentumsverhältnisse werden nur in aufwendigen Erhebungen sichtbar. Nach einer Studie der Arbeiterkammer (Beer u. a. 1991) gab es Ende der 80er Jahre in Österreich 220 Konzerne, die 1800 rechtlich selbständige Gesellschaften auf sich vereinigten. In diesen Unternehmen waren immerhin 12,3 % aller österreichischen Beschäftigten zu finden.

In der umfassendsten österreichweiten Erhebung der Eigentumsverhältnisse auf Branchenebene wurden Betriebe mit mehr als 20 Beschäftigten erfaßt. Als Basisdatenmaterial wurden u. a. die Eintragungen der protokollierten Firmen in das Handelsregister (Firmenbuch) herangezogen. In dieser Erhebung dominieren demnach größere Betriebe. Wird nach inländischem, bundesstaatlichem und ausländischem Eigentum unterschieden, ergeben sich zwischen den einzelnen Wirtschaftsbereichen markante Unterschiede.

Beschäftigtenanteile nach Mehrheitseigentümern 1989 in %

	inländischer Privatbesitz	Bund	Ausland
Gewerbe	81,6	6,7	11,0
Handel	76,8	1,1	21,0
Geld- und Kreditwesen	70,2	24,1	1,9
Versicherungen	40,3	–	50,7
sonstige Dienstleistungen	85,1	2,5	8,7
Industrie	44,7	20,4	33,3
insgesamt	**65,8**	**10,3**	**19,8**

Quelle: Beer u. a. 1991

Soll hier indirekt auf die Kernbereiche der Frauenbeschäftigung geschlossen werden, sind erstens der Handel und sonstige Dienstleistungen von besonderem Interesse. Beide Branchen befinden sich, v. a. im kleinbetrieblichen Bereich, in inländischem Privatbesitz. Im Handel sind einige der großen Ketten in ausländischem Besitz, etwa die liechtensteinsche Wlaschek-Gruppe mit den Geschäftsnamen Billa, Merkur, Bipa, Libro und Mondo (22,5 Mrd. Umsatz, 8800 Beschäftigte), die schweizerische Metro-Gruppe (9,4 Mrd. Umsatz, 3200 Beschäftigte) oder die deutsche Hofer-KG (13 Mrd. Umsatz, 1400 Beschäftigte). Der größte österreichische Handelskonzern Konsum mit 1990 fast 19.000 Beschäftigten und einem Umsatz von 33 Mrd. Schilling ist nach einer spektakulären Insolvenz mittlerweile aufgelöst.
In dem für Frauen zweitwichtigsten Bereich, dem Kredit- und Versicherungssektor, sind die Eigentumsverhältnisse transparenter als im Handel. Hier ist v. a. bei den Banken ein starker Anteil im Besitz des Bundes, doch sind weitere Privatisierungen bzw. Fusionen geplant. Die Branche ist mit dem EU-Beitritt unter starken Druck gekommen. Als Quelle für Betriebsdaten wurden auch die *Gewerbe- und Industriestatistiken* des Statistischen Zentralamts herangezogen. Beide Erhe-

bungen decken jedoch die unselbständig Beschäftigten nur zu einem Teil ab und sind stark auf den produzierenden Bereich konzentriert, was die unterdurchschnittlichen Frauenanteile erklärt.
Die statistischen Daten der *Gewerbebetriebe* (Gewerbe i. e. S.) werden abgegrenzt von den Bereichen Industrie, Handel, Bau, Verkehr und Fremdenverkehr und den freien Berufen erhoben. Man unterscheidet nach Betriebsgröße zwischen Groß- und Kleingewerbebetrieben (mehr bzw. weniger als 20 ArbeitnehmerInnen) bzw. nach Unternehmenszweck zwischen produzierenden Gewerben und Dienstleistungsgewerben. Die Trennung in (produzierendes) Gewerbe und Industrie ist nicht immer sachlich gerechtfertigt. So finden sich größere Gewerbebetriebe mit automatisierter Fertigung und mehr als 100 Beschäftigten; andererseits gibt es Industriebetriebe mit weniger als 30 Beschäftigten. Die Trennung ist oftmals historisch oder institutionell begründet. So sind beispielsweise die Kollektivverträge im Gewerbe für die Beschäftigten um einiges ungünstiger als in der Industrie, was für manche Unternehmer ein Motiv sein kann, den Gewerbestatus beizubehalten. Was die Branchenaufteilung betrifft, sind die meisten Unternehmen im holz- und papierverarbeitenden Sektor sowie im Nahrungs- und Genußmittelbereich Gewerbebetriebe. Unter den Gewerbebetrieben sind die Betriebe des metallbe- und metallverarbeitenden Gewerbes in der Mehrzahl.

Unselbständige Beschäftigte in Gewerbe und Industrie 1992

	Beschäftigte insg.	Frauen	Frauenanteil
Gewerbe	467.200	159.500	34 %
davon Klein- und Dienstleistungsgewerbe	305.900	118.300	39 %
Industrie	520.100	139.970	27 %
gesamt	**987.300**	**299.470**	**30 %**

Quelle: ÖSTAT, Mazanek 11/94 bzw. Mazanek 12/94

Das Gewerbe ist mit einem Beitrag von etwa 23 % zur Sachgüterproduktion bzw. von 6,4 % zum Bruttoinlandsprodukt ein nicht zu unterschätzender Wirtschaftsfaktor. In den rund 62.500 Gewerbebetrieben war Ende 1992 eine halbe Million Menschen beschäftigt, 89 % davon unselbständig. Demnach ist das arbeitsintensive Gewerbe ein überaus bedeutender Arbeitgeber. Von den 467.000 unselbständig Beschäftigten sind etwas mehr als ein Drittel Frauen (34 % oder 159.000), wobei der Anteil im Klein- und Dienstleistungsgewerbe mit 39 % über und

im Großgewerbe mit 26 % unter diesem Durchschnittswert liegt. Die weiblichen unselbständig Beschäftigten sind v. a. im metallbe- und metallverarbeitenden Gewerbe (15 % aller weiblichen Gewerbebeschäftigten; Anteil innerhalb der Branche: 17 %), im Nahrungs- und Genußmittelsektor (15 %; 48 %), erwartungsgemäß im Bereich „Friseure und Kosmetiker" (13 %; 92 %) und im Bereich „Wirtschaftsdienste" (10 %; 39 %) vertreten (Mazanek 12/1994).
Die Industrie leistet rund drei Viertel der Sachgüterproduktion und trägt somit zu 21 % zur Entstehung des Bruttoinlandsprodukts bei. Insgesamt waren Ende 1992 in 7250 *Industriebetrieben* mit abnehmender Tendenz 516.250 ArbeitnehmerInnen beschäftigt; der Frauenanteil betrug 27 %. Von den rund 139.300 beschäftigten Frauen waren 7,8 % teilzeitbeschäftigt, was weit mehr als der Hälfte des Durchschnitts aller Wirtschaftsbereiche entspricht. 11 % der in der Industrie beschäftigten Frauen waren Angehörige anderer Nationalitäten. Von der absoluten Zahl her betrachtet, fanden sich die meisten Frauen in der chemische Industrie (10 % aller weiblichen Industriebeschäftigten; Anteil innerhalb der Branche: 28 %), Nahrungs- und Genußmittelindustrie (10 %; 32 %), Eisen- und Metallwarenindustrie (10 %; 28 %), Elektroindustrie (18 %; 33 %), Textilindustrie (11 %; 51 %) sowie in der Bekleidungsindustrie (11 %; 85 %).
Bis auf die Textil- und Bekleidungsindustrie sind Frauen demnach immer in der Minderheit. In diesen beiden „Frauenbranchen", deren Arbeitsplätze massiv in Billiglohnländer ausgelagert wurden, sind die durchschnittlichen Bruttojahreslöhne pro ArbeiterIn mit 215.000,– öS in der Textilindustrie und 166.000,– öS in der Bekleidungsindustrie angesichts des gesamten Industrieschnitts von 281.000,– öS besonders gering (Mazanek 11/94).
Abschließend soll auf eine sehr umfassende Betriebsstatistik eingegangen werden. Die letzte im Rahmen der Erhebungen für die Studie vorliegende *„nichtlandwirtschaftliche Bereichszählung"* fand im Jahr 1988 statt. Sie liefert sehr detaillierte Daten u. a. zu Betrieben, Beschäftigten, Personalaufwand, Investitionen und Produktionswerten. Obwohl die Daten etwas veraltet sind, vermag die folgende Übersicht wesentliche Unterschiede zwischen den einzelnen Wirtschaftsbereichen deutlich zu machen.
Die Betriebe in den Bereichen Gewerbe, Handel und Fremdenverkehr (Gastronomie) haben mit 9, 7 bzw. 5 Beschäftigten pro Betrieb unterdurchschnittliche Größen. Da keine geschlechtsspezifischen Daten verfügbar sind, kann nur indirekt – nach der Verteilung der weiblichen

Beschäftigten auf die Wirtschaftsklassen – erschlossen werden, daß gerade in diesen Branchen besonders viele Frauen zu finden sind. So sind Frauen im Handel sowie im Hotel- und Gastgewerbe überproportional vertreten. Der Personalaufwand pro Beschäftigten liegt in diesen Branchen mit 208.000,– öS im Fremdenverkehr und 272.000,– öS im Handel unter dem Gesamtdurchschnitt von 296.000,– öS, wobei die Werte im Handel einigermaßen streuen (weiblich dominierter Schuhhandel: 203.000,– öS; männlich dominierter Maschinenhandel 420.000,– öS).

Indikatoren der gewerblichen Wirtschaft 1988

	Beschäftigte pro Betrieb	Personalaufwand/ Beschäftigten in 1000 öS	Wertschöpfung/ Beschäftigten in 1000 öS
Gewerbe	9	236	312
Industrie	66	350	521
Handel	7	272	397
Geld-, Kredit- und Versicherungswesen	58	454	972
Verkehr	13	332	365
Fremdenverkehr	5	208	236
Gesamtdurchschnitt	**11**	**296**	**418**

Quelle: ÖSTAT; BWK 1991

Der Frauenanteil ist aber auch im Geld-, Kredit- und Versicherungswesen mit 47 % sehr hoch. Hier sind die Betriebe größer, und der Personalaufwand liegt mit 454.000,– öS an erster Stelle der angeführten Bereiche. Hier wird auch die höchste Wertschöpfung erzielt. Sie ist mit 972.000,– öS pro Beschäftigten mehr als doppelt so hoch wie im Gesamtdurchschnitt von 418.000,– öS pro Beschäftigten (BWK 1991).

Aus den diversen Betriebsstatistiken wurde entweder direkt deutlich oder indirekt erschlossen, daß Frauen v. a. in Kleinst-, Klein- und Mittelbetrieben arbeiten. Auch wenn Frauen in größeren Unternehmenseinheiten, wie in Teilen des Handels (Handelsketten) sowie im Geld- und Kreditsektor tätig sind – die tägliche Arbeit der meisten Beschäftigten passiert realiter in kleinen und kleinsten Arbeitsstätten (Filialen, Geschäftsstellen). Das ist keine besonders gute Voraussetzung für Frauenförderungskonzepte, folgt man der These vom unterentwickelten Personalmanagement in kleinen Betrieben. Andererseits könnte daraus auch der Schluß gezogen werden, daß insbesondere in großen und größten Betrieben mit unterdurchschnittlichen Frauenanteilen eine aktive Förderung von Chancengleichheit dringend angebracht wäre, um gerade dieses Defizit auszugleichen.

Branchenspezifischer Überblick zur Frauenbeschäftigung als Rahmenbedingung für die Untersuchung der Fallstudienbetriebe

In der folgenden Übersichtstabelle werden wesentliche Indikatoren zur Frauenbeschäftigung nach Wirtschaftsklassen dargestellt – für Zahlenbegeisterte eine numerische Landkarte der österreichischen Frauenbeschäftigung. Trotz der Problematik aggregierter Daten werden hier Entwicklungstrends zur Quantität und Qualität der Frauenbeschäftigung in verschiedenen Branchen herausgearbeitet. Dieses Wissen war als Rahmenbedingung für die Untersuchung der Fallstudienbetriebe von großem Nutzen. Auch wenn innerhalb der Branchen mitunter bestimmte gegenläufige Entwicklungen zu verzeichnen sind, sind die Basisdaten für eine grobe Orientierung unerläßlich.
Als Indikatoren für die Frauenbeschäftigung in den Branchen wurden gewählt: die absolute Anzahl der weiblichen unselbständig Beschäftigten, der Frauenanteil innerhalb der Branche, der Anteil an der Gesamtheit der weiblichen Beschäftigten, die Veränderung im Zeitvergleich sowie die Arbeitslosenquote der Frauen in der jeweiligen Branche.
Mit dem weiters angeführten Anteil der Arbeiterinnen an den weiblichen Beschäftigten der Branche soll indirekt auf das Qualifikationsniveau geschlossen werden. Dabei kann davon ausgegangen werden, daß Beschäftigte mit Matura in der Regel im Angestelltenverhältnis zu finden sind. Umgekehrt gilt allerdings nicht für alle Branchen, daß Pflichtschul- und Lehrabsolventinnen nur im Arbeiterinnenverhältnis eingestuft sind, da z. B. Teile der Büroberufe und v. a. Handelsberufe im Angestelltenverhältnis geführt werden.
Das Medianeinkommen als wichtigster Indikator wird nach Arbeiterinnen und Angestellten getrennt in einer Rangordnung sowie weiters in absoluten Zahlen dargestellt. Die Teilzeitquote gibt in der Branche den Anteil der Frauen mit reduzierter Arbeitszeit an. Schließlich wird die absolute Zahl der Arbeitsstätten und branchenweise die Größenklasse der Betriebe angeführt.
In der Tabelle sind diejenigen Branchen mit einem Raster hervorgehoben, in denen die absolute Zahl der Frauenbeschäftigung mehr als 50.000 beträgt. Fetter gedruckt sind Branchen mit Frauenanteilen, die über dem Gesamtschnitt von 41 % liegen.

Als erstes Ergebnis läßt sich festhalten, daß ein wesentliches Feld der Frauenbeschäftigung in der Branche *„Gebietskörperschaften, Sozialversicherungsträger, Interessenvertretungen"* und demnach in öffentlichen Einrichtungen liegt. Fast 250.000 Frauen bzw. jede fünfte Frau hat hier ihren Arbeitsplatz. Die Expansion des Bereichs war seit 1983 enorm, die Arbeitsplatzsicherheit ist relativ zu anderen Bereichen meist gut, die Einkommen (aber auch das Qualifikationsniveau) sind überdurchschnittlich hoch. Ähnlich verhält es sich bei zwei weiteren gewichtigten Wirtschaftsbereichen, *„Unterricht und Forschung"* und *„Gesundheitswesen"*, in denen insgesamt weitere 170.000 Frauen arbeiten. – Da die gegenständliche Studie auf den privatwirtschaftlichen Bereich beschränkt ist, sind diese Sektoren in diesem Zusammenhang aber nur zum Teil unmittelbar von Interesse.
Der *Handel* ist mit 224.000 Frauen bei einem Frauenanteil von 52 % der zweitwichtigste Beschäftigungsbereich. Die Daten zeigen eine starke Expansion des Sektors, eine hohe Teilzeitquote und weit unterdurchschnittliche Einkommen. Mitzudenken sind bei den „Lächelberufen" des Handels die ungünstigen Arbeitszeiten und die zum Teil sehr schlechten Arbeitsbedingungen (schwere körperliche Arbeit, langes Stehen, Streß). Andererseits gibt es aufgrund des hohen Frauenanteils gerade in dieser Branche Tendenzen, im Zuge organisatorischer Veränderungen außerbetriebliche Bedürfnisse zu berücksichtigen und Frauen den Aufstieg in betriebliche Führungspositionen zu erleichtern (Fischer 1993). Eine mögliche derartige Entwicklung und die zu beobachtende Polarisierung in Diskont- und Fachmärkte sind für die Qualität des Personalmanagements von wesentlicher Bedeutung.
Im Großteil des überwiegend kleinbetrieblich strukturierten *Hotel- und Gastgewerbes* sind die Arbeitsbedingungen ähnlich unattraktiv wie im Handel. In dieser saisonal geprägten Branche ist bei einer extrem hohen Arbeitslosenquote eine deutliche Beschäftigungsexpansion festzustellen. Der Anteil der Arbeiterinnen ist hier mit 87 % sehr hoch. Neben gelernten Arbeitskräften sind hier viele gering qualifizierte Arbeitskräfte mit instabilen Beschäftigungskarrieren tätig. Insbesondere Wiedereinsteigerinnen aus anderen Berufsfeldern wechseln temporär oder dauerhaft in diesen Bereich. Das mittlere Einkommen der Arbeiterinnen liegt ein wenig unter dem Gesamtschnitt von 14.500 öS, wobei hier die gut bezahlten, arbeitszeitintensiven Saisonjobs den Durchschnitt nach oben drücken. Größere Betriebseinheiten mit einer entwickelten Personalführung und stabiler Stammbelegschaft sind hier die Ausnahme.

Übersicht zur Frauenbeschäftigung in den einzelnen Branchen

	Wirtschaftsklasse	weibl. (unselbständig) Beschäftigte Juli 1993	Frauenanteil 1993 in der Branche in %	Anteil an allen weiblichen Beschäftigten in %	Veränderung der Frauenbeschäftigung seit 1983 in %	Arbeitslosenquote
	Land- und Forstwirtschaft	9.980	31	0,8	–10,1	14,4
1	Energie- und Wasserversorgung	5.260	16	0,4	3,3	1,6
2	Bergbau, Steine, Erden	1.750	11	0,1	–25,8	7,7
3 4 5	*Verarbeitendes Gewerbe, Industrie*					
31 32	**Nahrungs- u. Genußmittel**	**39.550**	**43**	**3,2**	**–7,0**	**6,6**
33	**Textilien**	**17.880**	**56**	**1,4**	**–37,7**	**11,3**
34 35 36	**Bekleidung, Leder**	**27.000**	**78**	**2,2**	**–44,5**	**13,7**
37 38 39	Holz, Spielwaren, Musikinstrumente	17.940	21	1,4	4,3	7,6
41	Papier	4.730	22	0,4	–21,4	11,0
42 43	Druckerei und Vervielfältigung; Verlagswesen	13.650	39	1,1	9,7	7,6
44 45 46	Chemie, Kunststoff	19.820	30	1,6	–11,6	8,8
47 48	Stein- und Glaswaren	7.470	21	0,6	–3,9	7,9
51 bis 59	Metall, Maschinen	74.620	21	6,0	–8,9	9,8
6	Bauwesen	29.220	11	2,4	15,1	6,4
7A	**Handel, Lagerung**	**223.840**	**52**	**18,0**	**14,6**	**9,0**
7B	**Hotel, Gastgewerbe**	**98.100**	**61**	**7,9**	**17,0**	**19,7**
8	Verkehr, Transport, Nachrichtenwesen	44.820	19	3,6	29,4	4,0
9A	**Geld-, Kredit- u. Versicherungswesen**	**51.930**	**47**	**4,2**	**17,3**	**2,6**
93	**Realitäten, Rechts- und Wirtschaftsdienste**	**57.170**	**51**	**4,6**	**50,9**	**4,2**
94	**Körperpflege, Reinigung**	**44.450**	**76**	**3,6**	**20,2**	**10,2**
95	Kunst, Unterhaltung, Sport	11.460	39	0,9	42,5	9,6
96	**Gesundheits- und Fürsorgewesen**	**95.120**	**79**	**7,7**	**42,8**	**4,5**
97	**Unterricht und Forschung**	**72.260**	**57**	**5,8**	**23,9**	**1,8**
98	**Gebietskörperschaften, Sozialversicherungsträger, Interessenvertretungen**	**246.270**	**48**	**19,8**	**33,0**	**1,7**
99	**Haushaltung, Hauswartung**	**28.620**	**82**	**2,3**	**–18,6**	**3,7**
	Wirtschaftsklassen insgesamt	1.242.920	41	100,0	13,2	7,0
Datenquelle		BMAS 1994b	BMAS 1994b	BMAS 1994b	BMAS 1994b	BMAS 1994a
Seite		23	23	23	23	203
Anmerkung				ohne KUG-Bezieherinnen		

Anteil der Arbeiterinnen/weiblichen Beschäftigten in %	Medianeinkommen der weiblichen Angestellten – Relation	Medianeinkommen der weiblichen Angestellten in öS	Medianeinkommen der Arbeiterinnen – Relation	Medianeinkommen der Arbeiterinnen in öS	Teilzeitquote 1992	Zahl der Arbeitsstätten 1991	unselbständig Beschäftigte insgesamt pro Arbeitsstätte
77	82,4	16.108	86,10	12.465	(10,3)		
19	135,3	26.448	112,10	16.229		920	24
25	124,5	24.337	105,50	15.273		687	15
						44.012	*18*
62	**92,5**	**18.082**	**103,80**	**15.027**	**(11,4)**	**7.349**	
70	**102,7**	**20.076**	**99,90**	**14.463**	**(14,3)**	**1.352**	
71	**87,9**	**17.183**	**87,95**	**12.733**	**(13,0)**	**4.034**	
51	83,9	16.401	107,00	15.490	(25,2)	9.997	
59	123,2	24.083	111,00	16.069		341	
39	114,4	22.363	114,10	16.518		2.256	
44	125,7	24.572	114,40	16.562	(13,4)	1.679	
48	107,1	20.936	119,90	17.358		1.853	
47	111,2	21.737	124,20	17.980	(14,4)	15.151	
20	95,2	18.610	101,50	14.694	(29,2)	16.536	14
15	**83,0**	**16.225**	**92,00**	**13.319**	**24,2**	**88.827**	**5**
87	**90,8**	**17.750**	**96,60**	**13.985**	**(10,5)**	**44.962**	**3**
20	92,8	18.141	103,70	15.013	(18,7)	16.278	13
9	**122,8**	**24.005**	**52,50**	**7.600**	**(18,4)**	**9.042**	**12**
13	**96,4**	**18.844**	**79,60**	**11.524**	**30,4**	**32.181**	**5**
92	**89,0**	**17.398**	**81,20**	**11.755**	**(19,4)**	**12.191**	**5**
25	107,4	20.995	87,30	12.638	(12,2)	8.367	3
25	**99,8**	**19.509**	**104,60**	**15.143**	**23,7**	**21.030**	**10**
6	**89,4**	**17.476**	**85,10**	**12.320**	**(39,0)**	**8.275**	**19**
22	**110,9**	**21.679**	**113,30**	**16.402**	**17,7**	**11.178**	**18**
98	**62,7**	**12.257**	**53,80**	**7.789**	**(52,9)**		
34	19.548,0	19.548	14.477,00	14.477	20,3	314.486	11
BAK 1994	BMAS 1994b	BMAS 1994b	BMAS 1994b	BMAS 1994b	Fasching 9/93	Schaumann 1/94	
96/102	162	162	144	144		58	
	alle Wirtschaftsklassen = 100	Bruttoeinkommen inkl. Teilzeit	alle Wirtschaftsklassen = 100	Bruttoeinkommen inkl. Teilzeit	Klammerausdruck: möglicher Fehler = +/– 20 %		

Besonders interessante Bereiche sind das *Geld-, Kredit- und Versicherungswesen* sowie das *Realitätenwesen* und *Rechts- und Wirtschaftsdienste.* Im Geld- und Kreditsektor sind die Einkommen der weiblichen Angestellten von allen Branchen die besten (nicht zuletzt aufgrund hoher Qualifikationen). Die Unternehmenseinheiten sind sehr groß, und in einem der großen Bankinstitute Österreichs gibt es bereits explizite Frauenförderungsmaßnahmen. Aber auch in kleineren Unternehmen sind Strategien einer innovativen Personalentwicklung zu finden.

Zu den Rechts- und Wirtschaftsdiensten zählen einerseits aus Industriebetrieben ausgelagerte Service-Einheiten, was den extremen Zuwachs von 51 % relativiert, andererseits neue Dienstleistungsbereiche (Unternehmensberatung, technische Dienste, Werbe- und Messewesen, Schreib- und Auskunftsbüros usw.). Die Arbeitslosenquote ist relativ gering. Das Einkommen liegt etwas unter dem Gesamtdurchschnitt; eine sehr kleinbetriebliche Struktur ist vorherrschend. Insgesamt handelt es sich um einen interessanten Bereich der Frauenbeschäftigung mit guten Zukunftsaussichten.

Im *produzierenden Sektor* nimmt die Frauenbeschäftigung bis auf wenige Ausnahmen rapide ab. Die wenigen frauendominierten Branchen Textilien, Bekleidung und Leder gehören zu den absoluten „Verliererbranchen" des Strukturwandels in Industrie und Gewerbe. Hervorzuheben sind die Branchen Holz sowie Druckerei, Vervielfältigung und Verlagswesen, wo die Frauenbeschäftigung zugenommen hat. In letzterer Branche liegt der Frauenanteil mit 39 % relativ hoch, der Arbeiteranteil relativ niedrig, und die Einkommen sind überdurchschnittlich. Die Metallbranche ist aufgrund der hohen absoluten Zahl von fast 75.000 Frauen bzw. wegen der vorhandenen Großbetriebe mit starkem Verwaltungsanteil und der hohen Einkommen interessant. Der Arbeiterinnenanteil liegt bei 47 %; viele Frauen sind demnach im Angestelltenverhältnis beschäftigt.

Insgesamt muß gesehen werden, daß die mittleren Einkommen im produzierenden Sektor v. a. in der Industrie und v. a. in den Männerbranchen auch für Frauen überdurchschnittlich sind. Auf aggregierter Ebene verschwimmen verschiedene Entwicklungstendenzen. Auch wenn die Grundstoffindustrie vom Strukturwandel massiv betroffen ist, wird es in diesen Branchen immer wieder innovative, florierende Klein- und Mittelbetriebe mit attraktiven Arbeitsbedingungen geben. Wenn die Frauen schon aufgrund ihrer „unangebrachten" Ausbildungen in den Produktionen dieser Betriebe – unter gegebenen Bedingungen – kaum qualifizierte Positionen besetzen werden können, böten sich doch – bei entsprechender Förderung – vielleicht in den Verwaltungsbereichen gute Chancen.

3.3 Fallstudien

Die untersuchten 20 Betriebe wurden insgesamt fünf Typen zugeordnet. Doch nur die drei Unternehmen unter Typ 1 haben ein explizites Konzept zur Förderung der Chancengleichheit von Frauen: haben Frauenförderung zum Thema gemacht, Einrichtungen dafür geschaffen, schriftliche Unterlagen erstellt und Maßnahmen entwickelt. Die vorliegende Studie hatte ursprünglich das Ziel, derartige Konzepte auf ihre Wirksamkeit hin zu untersuchen. Es konnten jedoch in ganz Österreich nicht mehr als diese drei Betriebe mit einem derartigen Ansatz gefunden werden, und damit war eigentlich der Untersuchungsgegenstand in der realen Arbeitswelt abhanden gekommen.
Die 17 Betriebe, die zu den nachfolgenden vier Typen gebündelt wurden, haben kein Konzept, das sich speziell mit der Chancengleichheit von Frauen befaßt. Mitunter sind allerdings Einzelmaßnahmen, meist zur Vereinbarkeit von Beruf und Familie zu finden. In diesen Betrieben wurde daher untersucht, wie die jeweilige betriebliche Sozialordnung und die personalpolitische Ausrichtung auf die Beschäftigungsbedingungen und Entwicklungschancen von Frauen wirken. Denn es ist ja durchaus denkbar, daß auch ohne viele Worte, Konzepte und Beschlüsse zur Förderung von Frauen Arbeitsbedingungen geschaffen werden, welche weiblichen Beschäftigten zugute kommen. Als betriebliche Frauenförderung oder Personalpolitik zur Förderung der Chancengleichheit sind die personalpolitischen Ansätze der im folgenden beschriebenen Unternehmen dennoch nicht zu verstehen. Zum Teil lehnten die GesprächspartnerInnen diese Sicht auch dezidiert ab, und das selbst dann, wenn sich der Betrieb an einem der Wettbewerbe der Initiative „Taten statt Worte“ beteiligt hatte.
Die Unternehmen in Typ 1 zeichnen sich also dadurch aus, daß sie über ein Konzept zur Chancengleichheit von Frauen verfügen. Die Typen 2 bis 5 wurden über die unterschiedliche Sozialordnung vor allem nach den Problemsichten und Motivlagen der Geschäftsführungen differenziert. Angelpunkt war die (implizite) Frage, was mit den vorgefundenen Einzelmaßnahmen bzw. der betrieblichen Personalpolitik für (weibliche) Beschäftigte erreicht werden soll und warum diese Ziele verfolgt werden.

Derartige Typologien lassen sich natürlich nur mit einer Vereinfachung und einer gewissen künstlichen Überzeichnung der einigenden Merkmale bilden, was notwendig erschien, um bestimmte Gemeinsamkeiten besonders herauszuarbeiten. Das Stilmittel der Typenbildung erlaubt zudem eine anschauliche Darstellung des Vorgefundenen, ohne sich in der Komplexität der Fallstudien zu verlieren.

Typ 1: „Chancengleichheit ist unser Programm" – Betriebe mit einem expliziten Konzept zur Förderung von Frauen

In Typ 1 sind die drei einzigen Unternehmen zusammengefaßt, die Konzepte zur betrieblichen Förderung von Chancengleichheit aufweisen.[18] Es sind Betriebe, in denen die geschlechtsspezifische Benachteiligung im Unternehmen – aus welchen Gründen auch immer – als Problem gesehen wird, Betriebe, welche die Chancengleichheit zum Thema gemacht haben und „explizite Zieldefinitionen" aufweisen. Die konkreten Motive und Anlässe für die Etablierung eines „Chancengleichheitsprogrammes" differieren allerdings ebenso wie die inhaltlichen Schwerpunktsetzungen und Regelungsformen der Maßnahmen. Hinsichtlich ihrer Personalpolitik weisen alle drei Betriebe ein hohes Entwicklungsniveau auf. Alle Unternehmen gehören „relativ" prosperierenden Branchen an,[19] sind in Wien angesiedelt bzw. haben ihre Österreichzentralen in Wien. Es sind zwei Mittelbetriebe mit rund 400 Beschäftigten und ein Großbetrieb mit rund 9000 Beschäftigten. Der Großbetrieb, im folgenden Betrieb 1 genannt, ist in seiner Branche, dem Geld- und Versicherungswesen, eines der führenden österreichischen Unternehmen. Die beiden Mittelbetriebe, Betrieb 2 und Betrieb 3, sind österreichische Tochterunternehmen multinationaler Konzerne im High-Tech-Bereich. Die Frauenanteile differieren zwischen 20 % (Betrieb 2) und 50 % (Betrieb 1).
Der Zugang zu allen drei Betrieben erwies sich als einfach. Die Betriebe hatten ja auch in bezug auf die Fragestellung „etwas herzuzeigen".

Die Konzerne

Betrieb 1 nimmt mit Tausenden Beschäftigten österreichweit einen wichtigen Platz in seiner Branche ein. Das Unternehmen engagiert sich

18 Diese Konzepte, soviel vorweg, sagen jedoch noch nichts über reale Frauenfördermaßnahmen aus.

19 In einem Betrieb wurde allerdings vor zehn Jahren infolge einer Konzernkrise und daran anschließender Umstrukturierungsmaßnahmen das Personal um ein Drittel abgebaut.

auch international und verfügt über Geschäftsstellen an den wichtigsten internationalen Handelsplätzen und im benachbarten Ausland. Die Unternehmensstruktur präsentiert sich als hierarchisch und zentralistisch. An der Spitze des Unternehmens steht nach der Hauptversammlung und dem Aufsichtsrat als Geschäftsführung der sechsköpfige Vorstand, dessen Vorsitz der Generaldirektor einnimmt. Vorstandsdirektoren in diesem Unternehmen sind ausschließlich Männer. Der Betriebsrat ist eine traditionsreiche und bedeutende Institution im Unternehmen. Die Kontakte zwischen Vorstand und Betriebsrat sind eng.[20]

Die zwei wesentlichen Unternehmensbereiche sind der Vertrieb, d. h. der Zweigstellen- und Filialbereich und die „zentralen Abteilungen". Frauen und Männer sind in diesen beiden Bereichen, was ihren Anteil betrifft, unterschiedlich vertreten. Insgesamt sind von den MitarbeiterInnen derzeit etwa gleich viele männlich und weiblich (51 % Frauen, 49 % Männer).

Betrieb 2 und Betrieb 3 sind Konzerntöchter mit einer Österreich-Zentrale in Wien. Beide Konzerne wurden als Kleinunternehmen gegründet und begannen dann „einen Siegeszug um die Welt". So hat beispielsweise Betrieb 3 weltweit über 100.000 MitarbeiterInnen. Während Betrieb 3 jedoch in Österreich nach wie vor expandiert, hatte Betrieb 2 in den letzten Jahren einen Beschäftigungsrückgang zu verzeichnen (in den letzten zehn Jahren um rund ein Drittel). Die Betriebe waren ehemals „klassische Männerbetriebe" in einem männlichen Arbeitsmarktsegment. Auch gegenwärtig ist in beiden Unternehmen der Verkaufsbereich nach wie vor dominanter Unternehmensbereich. Bei Betrieb 3 ist allerdings der Unternehmensbereich „Service und Dienstleistungen" stärker ausgebaut, was u. a. zur Folge hat, daß Betrieb 3 einen Frauenanteil von 40 %, Betrieb 2 hingegen nur von 20 % ausweist.

Die Unternehmenskultur der Multis:
„MbO" und „höchste Leistungsorientierung"

Wesentliches Merkmal der Unternehmenskultur der beiden Multitöchter ist das Führungssystem „Management by Objectives", das durch die Erreichung von Zielvorgaben charakterisiert ist.

Ziele werden für das gesamte Unternehmen aufgestellt und nach unten hin adaptiert und verbindlich formuliert. In Quartalsgesprächen mit

20 Die Bedeutung des Betriebsrats wird auch daran ersichtlich, daß immer wieder ehemalige Betriebsratsvorsitzende Vorstandsmitglieder werden.

den Vorgesetzten wird erörtert, inwieweit Ziele erreicht wurden und was noch zu tun ist. In Mitarbeitergesprächen wird der Ausbildungsbedarf ermittelt. Einmal jährlich beurteilen die MitarbeiterInnen das Unternehmen: In diesem Rahmen werden auch Fragen nach der Benachteiligung aufgrund von Rasse, Religion und Geschlecht gestellt. Die MitarbeiterInnen beurteilen auch ihre Vorgesetzten. Der Mutterkonzern hat Kennziffern zum Standortvergleich, und jeder Standort hat ein „Büchlein", in dem die diversen Kennziffern aufgelistet sind und Maßnahmen zu deren Erreichung angeführt werden. Ein Beispiel für Kennziffern ist die „female related performance", die Frauenanteile in den verschiedenen Beschäftigtengruppen auflistet.
Ein wesentlicher Unterschied zwischen den Konzerntöchtern besteht darin, daß bei Betrieb 3 das „MbO" in eine ausgeprägte betriebliche Diskussionskultur eingebettet ist. Überzeugungsarbeit ist ein in diesem Zusammenhang häufig verwendeter Begriff.

> *„Bei uns im Konzern läuft viel über die Managementphilosophie, die in sehr vielen Bereichen die Diskussion und die Diskussionsergebnisse sucht. Es ist nicht so, daß sich die zusammensetzen und sagen, jetzt machen wir einen Kongreß, wie es zum Beispiel Gewerkschaftstradition wäre, und beschließen da irgendwelche Forderungen, sondern es läuft ganz einfach eine Kommunikation, deren Inhalt sich über die verschiedenen Stationen unterschiedlich gestaltet und die unterschiedliche Qualitäten hat. Es gibt also direkt durchlässige Levels, und es ist durchaus möglich, daß man auch als Indianer einen Generaldirektor anspricht oder zwei, drei Ebenen überspringt."* (k3b-r3)

Insgesamt wird in Betrieb 3 stark auf Kommunikation, Offenheit, Hierarchieabbau und „Mitbestimmung" gesetzt. Zum Teil zumindest scheint dies auch gelebte Betriebskultur zu sein. Vorgesetzte, aber auch Geschäftsführungsmitglieder werden von den Beschäftigten ohne vorherige Terminvereinbarungen aufgesucht.

> *„Ich kann wirklich hingehen zu unserem Generaldirektor, wenn ich etwas am Herzen habe. Er wird vielleicht nicht gleich Zeit haben, aber er setzt sich dann hin, und das ist wichtig. Und das ist auf allen Ebenen so."* (k3m3-5)

„Höchste Leistungsorientierung" ist ein zweites prägendes Moment der Unternehmenskultur beider Konzerntöchter. In Betrieb 2 ist die Rede von „beinhartem Geschäft", von „hartem Pflaster". „Arbeit als Lebensziel", das ist die Devise.

> *„Naja, die Geschäftsführung sagt, Büro ist* living office, *das heißt, die Grundphilosophie ist, daß ich sage, ich arbeite, weil es ‚irrsinnig Spaß'*

> *macht. Was brauche ich einen Sonntag – wenn der Sonntag verregnet ist, dann komme ich doch lieber da rein, da ist es warm, da ist es schön, ich kann arbeiten, und wenn ich am Samstag nichts vorhabe, kann ich auch am Samstag reinkommen. Also dieses Empfinden: zu sagen, wenn mir wirklich so viel an der Arbeit und an der Karriere liegt, dann muß ich das dauernd durchziehen! Da ist es ganz wichtig, wenn man Frauen dabeihat. Sonst schnappt man über.“* (k6br-9)

Auch in Betrieb 3 wird Leistungsorientierung „hochgehalten“, doch gleichzeitig läuft seit einiger Zeit eine Kampagne unter dem Titel „work/life balance“, die die Priorität der Arbeit als Lebensziel zur Diskussion und in Frage stellt.

> *„Das ist eine Kampagne, bei der das Management, die Firma und alles darauf ausgerichtet wird, sich zu überlegen, was sie eigentlich so tun in ihrem Leben, und zu verhindern, daß das individuelle Leben in seiner Gestaltung in Richtung Arbeit kippt und für das qualitative Leben kein Platz mehr bleibt.“* (k3br-1)

Hauptthema der Kampagne ist die Arbeitszeit. In Erprobung und Diskussion sind zur Zeit verschiedene Arbeitszeitmodelle: von Telearbeit bis zu Job-sharing.
Noch zwei „kleine“, aber auffällige Merkmale der multinationalen Betriebe am Rande: Erste hörbare Zeichen des Einflusses der Mutterkonzerne ergaben sich im Rahmen der Gespräche nach wenigen Minuten, denn die meisten Aussagen wurden mit vielen englischen Ausdrücken gespickt. Es ging nicht um Wahrnehmung, sondern um „awareness“, nicht um Gleichbehandlung, sondern um „diversity“, etc. Und die zweite Besonderheit: Akademische Grade, aber auch die Leitungspositionen samt dazugehörigen Funktionstiteln blieben ohne genaues Nachfragen unbekannt. Diese waren weder auf Bürotüren noch auf den angesteckten Namensschildern dokumentiert. Teil der Organisationskultur von Betrieb 3 ist zudem, daß sich alle Beschäftigten mit Vornamen und mit du ansprechen.

Motivlagen und Konzepte – „Diversity“ und Frauenförderung

Wie sehen sie aber nun aus, die drei einzigen Konzepte? Aus welchen Motiven wurden sie entwickelt? Warum wurden sie gerade in diesen Unternehmen entwickelt? Wenn man von Konzepten spricht, stellt man sich in der Regel großartige ausdifferenzierte Gedankengebäude vor – das ist keines von den dreien. Am Anfang stand in einem Fall nicht mehr als die Idee von Mitarbeiterinnen und dem Betriebsrat, „was für Frauen zu tun“, in den beiden anderen Fällen gab es konzernintern die alte demokratische – und zugleich zutiefst amerikanische – Idee der Gleichbehandlung aller Menschen ungeachtet ihres Geschlechts, ihrer Rasse, ihrer Religion, ihrer sexuellen Orientierung – dieser Passus ist weniger alt – und ihrer Weltanschauung. Da auch alte Ideen gegenwärtig neu benannt werden müssen, firmiert der Gleichheitsgrundsatz in den Betrieben unter dem Slogan „Diversity".

Die Konzernunternehmensleitlinie „Diversity"

„Diversity" als Unternehmensleitlinie gibt es in beiden Konzernen weltweit seit etlichen Jahren. Von den europäischen Konzerntöchtern wurde der Begriff hingegen erst vor kurzer Zeit aufgenommen. Wie die Idee konzernintern in Europa etabliert wurde, erzählt eine Mitarbeiterin von Betrieb 3.

> *„In Europa ist das noch nicht so lange ein Gesprächsthema. Es gab da einmal eine Beauftragte auf europäischem Level, das war 91 oder 92, und da war ich bei einer dieser ersten internationalen Zusammenkünfte dabei, als Vertreterin für Wien, und seither hat sich das eher sukzessive aufgebaut, weil die einzelnen Länder immer ihre Ideen einbringen und die anderen davon lernen." (k3gf1-5)*

Letztendlich wurde die Erreichung von „Diversity" entsprechend den Prinzipien von „Management by Objectives" in beiden Konzernen als Zielvorgabe für die europäischen Töchter installiert.

Zur genaueren Illustration des „Diversity"-Konzepts als Instrument findet sich im folgenden ein Auszug aus dem Folder eines internationalen Konzerns.

WHAT MAKES YOU DIFFERENT?

Environment	Gender
Abilities & Disabilities	Social Relationship
Temperament	Life Experiences
Colour	Career Path
Education	Up-Bringing
Physical Characteristics	

Your experience may be of a different country or culture from those with whom you work. For some of us, being a male working with a majority of females, or being an introvert working with extroverts can feel much the same – distanced from our colleagues.

Discovering Value – Valuing Discovery

Physical characteristics, being small or large, or having disabilities can make us feel different.

Most of us have differences which we leave behind us when we come to work. We may be creative in our spare time – a writer or gardener, a breeder of dogs or a singer. Or we may choose to take great risks – mountain climbing or hang-gliding, or to play competitive sports.

We may be a carer, looking after others by choice or otherwise.

In all of these different roles we have skills and attributes which we don't always perceive we need in our daily work.

Diversity is good for change

As our world changes it is becoming less likely that we will work with people of a similar background to ourselves. Educational opportunities, new work practices, the trend towards multicultural societies and the mobility of workforces are all factors which suggest that the pool of prospective employees is changing.

Our customers share the same prospect of change. It makes sense for us to be proactive in stimulating diversity whilst treating each other with respect and equality.

We need people who can rise above cultural boundaries, overcome barriers and use our diversity to create competitive advantage worldwide.

How you can influence Equality and Diversity?

Know yourself

Understand your biases and assumptions, consider your own behaviour, and that of those around you. Find out more the rights and wrongs of what you believe, discover what others think.

Be supportive of others

Value the contribution of others – solicit opinions and ideas; help build their self-confidence; accept that disagreement can be healthy and be willing to ensure that your work environment is barrier-free – not just for those with physical limitations – for everyone.

Speak up for positive change

Lead by example to support fair practices, challenge narrow views and promote discussion of difficult issues which may restrict the performance of others; be willing to influence policy positively.

How different would work be if we were able to find more ways of using people's talents, differences and diversity?

How rich and imaginative might our work groups be if we discovered the value of diversity?

How much more productive might we all be?

Valuing Equality – Promoting Diversity

Equality helps turn a difference into a positive attribute enabling us to feel confident that our ideas and contribution matter and will not be ignored or ridiculed by those around us.

Diversity is about encouraging variety in the workplace and welcoming differences of culture, views, approach and thinking. Diversity can flow from any factor which gives each of us our uniqueness.

Our corporate goals for equality & diversity

Leadership through diversity

We want to ensure that our company, in championing diversity in its workforce, will reflect the diversity of the communities in which we operate.

Productivity through diversity

We want to promote a culture where individual differences are valued and recognized in everything we do.

Creativity through diversity

We wish to be able to contribute to our full potential based only upon our ability – irrespective of race, colour, gender, ethnic or national origin, age, religion, disability and sexual orientation.

Profitability through diversity

Equality & Diversity

Let us have your Ideas, Views and Criticisms – in order to further develop our policy on Equality & Diversity, we welcome your ideas, views and criticism.

Quelle: Folder eines internationalen Konzerns

Worin liegt nun aber die Motivation für „Diversity"-Programme in den Konzernen? In beiden Betrieben wird als wesentliches Motiv ein „einfaches" ökonomisches Kalkül, nämlich die „Erweiterung des Arbeitskräfteangebots", genannt.

> *„Ich glaube, daß das Unternehmen ganz einfach erkannt hat, daß der Standardarbeitsmarkt, und das ist einmal der Arbeitsmarkt der Nichtdiskriminierten, der Mehrheit und vor allem der männlichen Mehrheit, ausgeschöpft ist. Da wurde es teilweise immer schwerer, Spitzenkräfte zu finden, und aus der Personalwirtschaft heraus war die Konsequenz naheliegend, zu sagen, wenn ich auf diesem Einkaufsmarkt nichts mehr finde oder das immer teurer wird, gibt es andere Märkte. Und gleichzeitig haben sie irgendwie erkannt, daß solche Leute teilweise extrem spannende Persönlichkeitprofile haben, das heißt, wie die Kettenhunde anziehen, wenn sie die Chance kriegen. Und das ist genau das, was der Konzern braucht: gut motivierte, loyale Mitarbeiter, die ihr Letztes geben."* (k3br-1)

Zum anderen stellte sich „Diversity" für einige InterviewpartnerInnen als „logische" Schlußfolgerung aus Erfahrungen mit Projekten dar, die an kulturellen Mißverständnissen gescheitert waren.

> *„Wir sind ein internationaler Konzern – wie können wir das am besten verknüpfen. Man hat da ein paar Erfahrungen gemacht, zum Beispiel in Asien oder so, daß amerikanische Firmen sich nicht adäquat verhalten haben und daß dann nichts funktionierte. Da hat man daraus gelernt."* (k3gf1-2)

Nun ist aber „Diversity" in seiner Konzeption kein auf Frauen abgestelltes Programm, sondern ein Programm, das sich auf alle benachteiligten Gruppen bezieht. Wie erklärt sich nun in beiden Konzerntöchtern die Wahl von Frauen als Schwerpunktgruppe? War es in Betrieb 2 mehr oder weniger eine Konzernauflage, gab in Betrieb 3 das persönliche Interesse der für dieses Programm zuständigen Mitarbeiterin den Ausschlag. Diese beiden unterschiedlichen Ausgangsmotive haben wesentlichen Einfluß auf die weiteren Umsetzungsschritte und spielen im Hinblick auf die „Erfolgschancen" der Konzepte eine wesentliche Rolle.

Frauen und „Diversity" – eine Konzernauflage

In Betrieb 2 war also die Wahl von Frauen als zu fördernde Gruppe weniger Resultat einer Wahl denn Folge eines Arbeitsauftrags durch den Konzern. Der Betrieb erhielt als Zielvorgabe, den Frauenanteil an den Gesamtbeschäftigten, der unter 20% betrug, zu erhöhen.

Besonderes Augenmerk sollte dabei einerseits auf den Unternehmensbereich Verkauf, andererseits auf den Managementbereich gelegt werden, denn diese beiden Bereiche wiesen mit einem Anteil von jeweils unter 10 % die stärkste männliche Dominanz auf.

> *„Das Problem in Amerika sind nicht die Frauen, sondern eher Farbige, Religionen, das ist dort das Problem. Und das war eigentlich bei uns dafür ausschlaggebend, daß man gesagt hat: Ihr hier in Österreich, wie viele Frauen habt ihr eigentlich in Führungspositionen, im Vertrieb, in der Technik, in den anderen Bereichen? Und da waren unsere Zahlen sicher nicht so, daß man von amerikanischen Verhältnissen hätte sprechen können. Da haben sie gesagt: Okay, überlegt euch was, um das zu verbessern. Das war sicher ein Auslöser. Ich will nicht sagen, daß wir die waren, die dieses Rad neu erfunden haben und gesagt haben, wir sollten Frauen fördern."* (k6p-1)

Da die Erreichung von Zielvorgaben „das" Standortbeurteilungskriterium innerhalb des Konzerns ist, muß dafür auch etwas getan werden. Eine Auflage muß eben eingehalten werden, so die lapidare Feststellung der Personalleitung.

> *„Wir sind halt gewohnt, Ziele zu verfolgen, und wenn es ein Konzernziel gibt, ‚Diversity' zu leben, dann tut man es. Unser Generaldirektor kann sich natürlich 100mal überlegen, ob er das tut oder nicht, aber schlußendlich tut er es, weil es sein Job ist. Und darum steht die Geschäftsleitung oder der Generaldirektor positiv dazu."* (k6p-14)

Für andere Gruppen betrieblicher AkteurInnen, beispielsweise den Betriebsrat, waren mit diesem Programm allerdings weiterreichende – und klischeehafte – Hoffnungen verknüpft, nämlich eine „positive Veränderung der Unternehmenskultur". Frauen würden ein besseres Arbeitsklima bringen, kurz: das Unternehmen „menschlicher machen".

> *„Wenn das funktionieren sollte, dann stelle ich mir ein sehr menschliches Unternehmen vor, also ein Unternehmen, in dem man noch lieber arbeitet, in dem es einem noch mehr Spaß macht als jetzt. Wo nicht so manches Mal die verkrampften Gesichtszüge vorherrschen, wenn irgend etwas schiefgelaufen ist, sondern wo man vielleicht gewisse Sachen locker bespricht, offen bespricht, wo man, wie gesagt, ein Team hat, das unabhängig von dem jeweiligen Geschlecht als wirklich qualifiziert zu bezeichnen ist, und wo man wirklich gemeinsam die Dinge so sieht und bearbeiten kann, daß es da keine Ressentiments gibt."* (k6br-12)

Über die Bevorzugung von Frauen bei Neuanstellungen hinaus finden sich in Betrieb 2 keine weiteren Ansatzpunkte zur Förderung betrieblicher Chancengleichheit. Im Gegenteil: Chancengleichheit sei im Betrieb sowieso verwirklicht, das Problem seien nur die „fehlenden"

Frauen, so die Personalleitung. Die Installierung weiterer Maßnahmen würde nur bedeuten, Frauen nicht als vollwertig zu behandeln. Vereinbarkeitsmaßnahmen werden – ganz in der Tradition amerikanischer Gleichbehandlung – nicht als betriebliche Aufgabenfelder gesehen und abgelehnt.

„Also ich persönlich wehre mich ein bißchen dagegen, zu sagen, wir müssen jetzt etwas tun, damit mehr Frauen . . ., da komme ich nämlich auf die Behindertenförderung hin, das ist es nicht, sondern wir sollten Chancengleichheit bieten, und das versuchen wir zu tun. Aber nicht, sich zu überlegen, vielleicht kann ich noch irgendwo eine Spielecke für Kindernachmittage einrichten. Das ist es nicht, das ist nicht das Thema. Also grundsätzlich ist es so, daß wir im Rahmen unserer Möglichkeiten, die sind leider sehr beschränkt, weil wir halt zuwenig Frauen haben, keinen Unterschied machen. Ob jetzt eine Verkäuferin nach England auf ein Training fährt oder ein Verkäufer, wenn ich das so als benefits *sehe, was es ja nicht ist, unterm Strich – es wird bei uns jeder gleich ausgebildet für den Job, den er macht. Also da gibt es keinen Unterschied bei* succession plans, *ob das Mann oder Frau ist, sondern der oder die beste wird halt für diesen Job vorgeschlagen. Es kann sich sowieso jeder melden. Es gibt grundsätzlich keinen Unterschied bei Beförderungen, das meine ich damit. Wir haben auch nicht vor, da irgendwo ein spezielles Programm zu machen, daß wir sagen, und jetzt dürfen wir nur noch Frauen dort hinsetzen. Das ist es nicht, weil wir haben sie bis jetzt nicht diskriminiert. Noch einmal: Wenn ich eine Technikerin habe, dann tu ich mich schwer, sie zur Bezirksleiterin zu machen. Ich habe halt nur eine. Und im Verkauf ist es genauso."* (k6p-10)

Frauen und „Diversity" – Persönliches Interesse

In Betrieb 3 wurde auf Frauen gesetzt, weil es der für dieses Programm zuständigen Mitarbeiterin ein Anliegen war. Selbst in einer mittleren Führungsposition, wollte sie die Chancen der Frauen für Top-Positionen verbessern.

„Weil wir gesehen haben, da könnte man schon einiges verändern, da ist schon eine Diskrepanz zwischen der Zahl der Frauen in der Firma und dem Prozentsatz in den oberen Etagen. Ich habe dann sozusagen den Auftrag bekommen, nachdem ich da schon involviert war auf europäischer Ebene. Durch Zufall kannte mich da jemand, der auf dem Gebiet tätig war. Der hat mich angesprochen, dann bin ich eher freiwillig da hingefahren. Und nachdem ich da schon drinnen war, hat mich der Generaldirektor gebeten, da für Wien einmal loszustarten." (k3gf1-2)

Ausgangspunkt in Betrieb 3 war also ähnlich wie in Betrieb 2 eine sehr eingeschränkte und operationalisierbare Zieldefinition: Die Erhöhung des Frauenanteils in den Führungspositionen. Im Unterschied zu Betrieb 2 wurde allerdings im Zuge der ersten Umsetzungsschritte – nach einer MitarbeiterInnenbefragung über „Wahrnehmung und Ursachen von Frauenbenachteiligung“ – die ursprüngliche Zielsetzung um weitere Ziele ergänzt, so daß sich drei Themenschwerpunkte für Fördermaßnahmen ergaben:

1. Neueinstellung von Mitarbeiterinnen und Personalentwicklung;
2. Gleichgewicht zwischen Privat- und Berufsleben = „work/life balance“ (entspricht in Teilen der Vereinbarkeit);
3. Wiedereinstieg nach der Karenz.

Wir wollen dieses Konzept „erweitertes Diversity-Konzept“ nennen, weil es, indem es auf die außerbetriebliche Benachteiligung von Frauen Bezug nimmt, über das Ursprungskonzept weit hinausgeht.

Betrieb 1: Eine Initiative von Betriebsrat und Beschäftigten

In dem österreichischen Großbetrieb kam die Initiative zur Beschäftigung mit dem Thema einerseits vom Betriebsrat und andererseits von den Mitarbeiterinnen. Bei den Mitarbeiterinnen, so der Personalleiter, hätte sich in den letzten zehn Jahren „eine gewisse Erwartungshaltung“ aufgebaut, die sich in Unzufriedenheit äußerte. So deponierten etliche Mitarbeiterinnen, „daß man sich nicht damit bescheiden werde, irgendwo ein ordentliches Teammitglied zu sein, sondern auch aus den Teams herauskommen und eine Führungsposition übernehmen wolle“ (g1p11). Schließlich fand ein Führungskräfte-Symposium für insgesamt 80 TeilnehmerInnen, darunter sechs Frauen, statt. Im Rahmen dieses Symposiums brachte eine der Frauen die Anregung zu betrieblicher Frauenförderung ein.
Etwa gleichzeitig wurde das Thema „Frauenprojekt“ vom Betriebsrat als Schwerpunkt in die Gespräche im Rahmen von Betriebsvereinbarungsverhandlungen aufgenommen. Als wesentliche Motive wurden vom Betriebsrat die Interessen der Frauen, aber auch die Veränderung der Kundenstruktur des Unternehmens genannt.

> *„Das Geschäft war vorher klassisch männlich. Es war früher undenkbar, daß Frauen auf breiter Basis ein eigenes Konto hatten. Da hat sich einfach etwas geändert. Geschäft ist keine rein männliche Domäne mehr. Auch auf Managerebene nimmt der Frauenanteil langsam zu. Das schlägt auch auf der Kundenseite durch. Wenn man sich dann fragt, wie man mit den zunehmend mehr weiblichen Kunden umgeht, muß man auch fragen, wie mit den Frauen im Betrieb umgegangen wird. Das war sicher auch ein Motivationsfaktor.“* (g1br3)

In langen Verhandlungen einigten sich dann Vorstand und Betriebsrat, diesbezügliche Initiativen zu setzen. Anfang 1990 stellten der Vorstand und der Betriebsrat gemeinsam fest, daß die „Frauenförderung" ein anzustrebendes Ziel sei. Als Zielgruppe war grundsätzlich an alle MitarbeiterInnen im Angestelltenbereich gedacht, konkrete Regelungsformen waren noch nicht vorgegeben.
Im Konzept waren folgende Grundsätze wegweisend:

- Frauenförderung darf sich nicht nur darauf beschränken, den Anteil von Frauen in den Top-Positionen zu erhöhen.
- Alle MitarbeiterInnen sollen dieselben Chancen haben, sich persönlich und fachlich weiterzuentwickeln, unabhängig auf welcher Hierarchie-Ebene sie sich befinden.
- Von „Quotenregelungen" soll Abstand genommen werden, da dies nicht der sinnvollste Weg ist.
- Es sollen Rahmenbedingungen geschaffen werden, die eine bessere Vereinbarkeit von Familie und Beruf gewährleisten.

Bildung von Arbeitsgruppen – Die ersten Schritte zur Umsetzung

In allen drei Betrieben wurden zur Umsetzung der Konzepte Arbeitskreise gebildet: In Betrieb 1 und in Betrieb 2 als erste Schritte, in Betrieb 3 erst als zweiter Schritt nach der MitarbeiterInnenbefragung. Da sich sowohl Einrichtung als auch Entwicklung der Arbeitskreise in den Betrieben wesentlich unterscheiden, werden die Umsetzungsversuche nach Einzelbetrieben getrennt dargestellt.

Betrieb 1: Vom Arbeitskreis zur „Gleichbehandlungsbeauftragten"

Im Großbetrieb wurde die Arbeitsgruppe vom Betriebsrat über die MitarbeiterInnenzeitung initiiert. Im Mittelpunkt des Arbeitskreises standen drei Schwerpunktthemen: Bewußtseinsbildung zum Thema Chancengleichheit (Abbau von Vorurteilen etc.); Vereinbarkeit von Familie und Beruf; gezielte Ausbildung und Karrieremöglichkeiten.
Diese drei Themenbereiche, die sowohl die Unternehmens- als auch die Personalpolitik betreffen, sind Grundlage der später installierten Maßnahmen. Von den TeilnehmerInnen des Arbeitskreises wurde eine Vielzahl von Vorschlägen eingebracht, die mittlerweile teilweise umgesetzt wurden bzw. werden. Schließlich wurde eine langjährige Mitarbeiterin, die im Personalentwicklungsbereich arbeitete, zur Projektbeauftragten bestellt. Seither organisiert diese Mitarbeiterin die Aktivitäten zum Thema Chancengleichheit im Unternehmen und entwickelt sie laufend weiter. Weil diese „Projektbeauftragte" de facto

die Aufgabe einer „Frauenbeauftragten" erfüllt, wird sie hier als solche bezeichnet, obwohl dies nicht der unternehmensinternen Diktion entspricht.
Die „Frauenbeauftragte" sah von Beginn an ihre Aufgabe darin, einen Beitrag zum Diskussionsprozeß über die Rolle von Frauen im Betrieb zu leisten. Sie erstellt schriftliche Unterlagen über den Stand der Frauenförderung, wobei ein wesentlicher Bestandteil die ausführliche statistische Darstellung des Bereichs „Frauen und Männer im Unternehmen" ist. Die Inhalte stellt sie im Rahmen von Diskussionsrunden mit den MitarbeiterInnen, die teilweise gemeinsam mit der Betriebsratsvorsitzenden veranstaltet werden, zur Debatte. Über diese schriftlichen Unterlagen werden von ihr frauenspezifische Inhalte bis in die Vorstandsetage vermittelt. Weiters dient auch die interne Betriebszeitschrift der Darstellung der aktuellen Situation der Frauen im Unternehmen.

Betrieb 2: Die Pflichterfüllung setzt sich fort

In Betrieb 2 wurden die TeilnehmerInnen des Arbeitskreises von der Personalleitung bestimmt.

> *„Und dann ist der Personalchef hergegangen und hat gesagt, er will, daß eine Gruppe entsteht, und hat Leute vorgeschlagen. Er will, daß eine Gruppe entsteht, die in Österreich für Gleichbehandlung und Gleichberechtigung die Vorschläge macht, die für die Geschäftsleitung ein reines Beratungsteam ist."* (k6m1-4)

Im zweiten Schritt wurde von dem neu installierten Arbeitskreis eine Mitarbeiterinnenumfrage zur Benachteiligung von Frauen im Betrieb durchgeführt.
Die Umfrageergebnisse lassen sich wie folgt zusammenfassen:

- 94 % betrachten die Unternehmenskultur als rein männlich orientiert;
- 50 % meinen, daß Frauen hinsichtlich des Aufstiegs in der internen Hierarchie gleich behandelt werden;
- 16 % haben persönliche Erfahrungen mit sexueller Belästigung;
- 82 % meinen, daß Managerinnen weniger Statussymbole haben;
- 74 % meinen, daß Frauen in Führungspositionen die Unternehmenskultur positiv beeinflussen würden;
- 92 % begrüßen die Installierung des Arbeitskreises.
- Weitere Wünsche: Aufwertung von Sekretärinnenarbeit, Aufwertung von Teilzeitarbeit, Sensibilisierung, Installierung eines Frauennetworks, Veranstaltungen, Seminare und insgesamt keine Bevorzugung, sondern Gleichbehandlung.

Die Ergebnisse der Umfrage fanden jedoch kaum Beachtung für die Themen und die Vorgangsweise im Arbeitskreis.
Als Ursache dafür wurde von Interviewpartnerinnen angeführt, daß erstens die Vorgangsweise – die Durchführung einer Umfrage – von der Personalleitung nicht mitgetragen worden und zweitens das Seniormanagement „nur" an der Erhöhung des Frauenanteils im Verkauf interessiert gewesen sei.
Die Erfüllung der Auflage – Erhöhung des Frauenanteils – hat erste Priorität, andere Fraueninteressen sind dabei nicht von Belang. Wie destruktiv sich Formalismus und „Pflichterfüllung" positiven Zielvorhaben gegenüber – noch dazu in Kombination mit einem entsprechenden Führungsstil – auswirken können, dafür ist dieser Betrieb ein Paradebeispiel. Der Arbeitskreis besteht zwar nach wie vor; allerdings haben engagierte Mitglieder den Betrieb mittlerweile verlassen, und es gibt gegenwärtig Befürchtungen, daß der Arbeitskreis aufgelöst werden könnte.

Betrieb 3: Interessierte in den Arbeitskreis

In Betrieb 3 wurde im Anschluß an die Ergebnisse der MitarbeiterInnenbefragung zu jedem Themenschwerpunkt ein Arbeitskreis gegründet. Ziel der Arbeitskreise war die Ausarbeitung von Verbesserungsmaßnahmen im jeweiligen Themenschwerpunkt. TeilnehmerInnen an den Arbeitskreisen waren (und sind) interessierte MitarbeiterInnen, Führungskräfte und Angehörige des Betriebsrats. Zur Koordination der Arbeitsgruppen wurde in jeder Arbeitsgruppe eine Arbeitsgruppenleiterin bestimmt.

> *„Bei dieser Umfrage darüber, was die Mitarbeiter glauben, warum das so ist, sind halt die unterschiedlichsten Gründe genannt worden, die man aber in drei Gruppen zusammenfassen konnte. Das war erstens, was wir dann* work/life balance *genannt haben, daß eben Frauen nach wie vor für das ganze Familienleben verantwortlich sind, zusätzlich zum Job, und dadurch eben nicht so flexibel sind, immer im Streß quasi, mit Einkaufen und allem. Da haben wir gesagt,* work/life balance *ist ein großer Bereich. Der zweite Punkt war eben die Tatsache, daß Frauen Kinder kriegen und nach der Karenz immer wieder der Einstieg nicht so leicht ist – das war auch ein großer Punkt. Und das dritte war, daß man gesagt hat, daß schon im Einstellungsprozeß und auch dann im weiteren Development Frauen einfach im Vergleich zu Männern anders behandelt werden. Zum Beispiel werden Stellenangebote schon so ausgeschrieben, daß sich nur Männer melden oder daß eben in Männer mehr investiert wird, was eben Trainings anbelangt. Und bei diesen drei Punkten haben*

> *wir eigentlich mit unserer Arbeit angesetzt und uns dann für jeden Bereich Maßnahmen überlegt, wie wir das Ganze für die Frauen verbessern könnten."* (k3m1-7)

Maßnahmenvorschläge wurden ausgearbeitet, der gesamten Geschäftsführung vorgelegt und mit dieser diskutiert. Besondere Probleme ergaben sich dabei nicht, so eine Arbeitsgruppenleiterin. Man müsse eben „Überzeugungsarbeit" leisten. Die Arbeitskreise bestehen nach wie vor. Mittlerweile sind allerdings zwei Teilnehmerinnen, darunter auch die Initiatorin von „Diversity" in Österreich, in die Geschäftsführung aufgerückt. Gegen die Einführung einer Frauenbeauftragten äußern sich einige Arbeitskreisteilnehmerinnen skeptisch.

> *„Man hört von so vielen Firmen, daß es dort eine Frauenbeauftragte gibt, die aber dann nicht in der obersten Ebene angesiedelt ist – das kann nicht wirklich erfolgreich sein."* (k3gf1-7)

Aktionsfelder: Personalpolitik und Vereinbarkeit

Die in diesen Betrieben installierten Maßnahmen gehen über die anderer Betriebe hinaus. Innerhalb des Typus differieren sie natürlich je nach Zielformulierung in ihren Schwerpunktsetzungen.

Betrieb 1: Maßnahmen zur Förderung von Chancengleichheit
Schwerpunktthema: Personalpolitik

Personalauswahl:

Geschlechtsneutrale Stellenausschreibungen

- Die Einstellungs- bzw. Aufnahmegespräche werden grundsätzlich von speziell geschulten MitarbeiterInnen geführt. Diese sind entweder direkt in der Personalabteilung tätig oder in den Landesdirektionen beschäftigt.
- Einsteiger-Traineeprogramme für JungakademikerInnen bieten den Auszubildenden einen Einblick in die verschiedensten betrieblichen Einsatzbereiche (z. B. Zweigstelle, Abteilungsbereich).

Personalbeurteilung:

- Einführung des Mitarbeiterorientierungsgesprächs (MOG).
- Jene MitarbeiterInnen, die auf Vorschlag ihrer Vorgesetzten und des Personalressorts in den Entwicklungspool kommen, werden zu Entwicklungs-Assessment-Centers eingeladen.
- Für die einzelnen Karriereebenen wurden einheitliche Anforderungsprofile erstellt. Diese Anforderungsprofile sind in internen Broschüren schriftlich zusammengefaßt und im Sinne der Transparenz interessierten MitarbeiterInnen zugänglich.
- Im Zuge der Einführung der neuen Personalentwicklungsmaßnahmen fand eine spezielle Schulung der Führungskräfte statt, um eine fachgerechte Handhabung zu gewährleisten.

Das breiteste Maßnahmenprogramm weist Betrieb 1, der Großbetrieb, auf. Personalpolitische Instrumente – im Bereich Personaleinstellung und Personalbeurteilung – sollen die Benachteiligung der Frauen im Unternehmen abbauen. Vereinbarkeitsmaßnahmen – in Form von

„günstigen" Arbeitszeitregelungen und eines in Planung befindlichen Betriebskindergartens – und Wiedereinstiegsregelungen sollen die notwendigen Bedingungen schaffen, damit personalpolitische Maßnahmen greifen können. Die konkreten Einzelmaßnahmen in Betrieb 1 sind in den Kästen nachzulesen. Geregelt sind die Maßnahmen großteils in einer abgeschlossenen Betriebsvereinbarung.

Betrieb 1: Maßnahmen zur Förderung von Chancengleichheit

Schwerpunktthema: Vereinbarkeit von Familie und Beruf

- Einführung variabler Arbeitszeitregelungen: Bei der derzeit gültigen Regelung der variablen Arbeitszeit ist keine Kernzeit vorgesehen. Im Zeitrahmen von 7 Uhr bis 19 Uhr muß der/die Vollbeschäftigte pro Tag mindestens 4,5 Stunden, Halbzeitbeschäftigte mindestens 3 Stunden tätig sein.
- Ausbau von Teilzeitformen: Neben einer Halbtagsbeschäftigung 2–3 Tage pro Woche oder 7–10 Tage pro Monat.
- Planung eines Betriebskindergartens.

Schwerpunktthema: Betreuung der KarenzurlauberInnen und Wiedereinstieg

- Im Personalressort stehen nominierte AnsprechpartnerInnen für die Klärung auftretender Fragen zur Verfügung.
- Die KarenzurlauberInnen werden mit wichtigen Informationsmaterialien versorgt. Weiters werden die KarenzurlauberInnen zu den großen Mitarbeiterveranstaltungen eingeladen.
- Ein wesentlicher Bestandteil der Betreuung der KarenzurlauberInnen ist in den letzten Jahren die Einladung zu speziellen Informationsveranstaltungen für KarenzurlauberInnen. Diese eintägigen Veranstaltungen finden halbjährlich im Raum Wien und Umgebung statt. Für die Möglichkeit der Betreuung von Kindern ist gesorgt. Inhalt dieser Veranstaltungen sind die gezielte Information der KarenzurlauberInnen sowie die persönliche Beratung mit ihren BetreuerInnen aus dem Personalressort und dem Betriebsrat.
- Zur Erleichterung des Wiedereinstiegs werden den MitarbeiterInnen Informationsblätter mit Tips für den ersten Tag vor dem Wiedereintritt zugesandt und spezielle dreitägige Wiedereinstiegsseminare veranstaltet. Im Rahmen dieser Wiedereinstiegsseminare werden allgemeine Informationen gegeben, aber auch Entspannungsübungen zur besseren Bewältigung von Stress erlernt.

Betrieb 2: Maßnahmen im Rahmen der „Diversity"

Schwerpunktthema Personalpolitik

- **Personalauswahl:** Entwicklung eines Folders, um gezielt Frauen anzusprechen. Textausschnitt aus dem Folder: „Noch arbeiten bei uns nicht so viele Mitarbeiterinnen, wie wir es uns wünschen. Vielleicht liegt das daran, daß Frauen gar nicht wissen, daß es bei [Firmenname] viele Stellen in den Bereichen [Aufzählung der Unternehmensbereiche] gibt, die ebensogut durch Frauen besetzt werden können. Darunter gibt es auch attraktive Stellen für Wiedereinsteigerinnen."
- Zur **Förderung von Frauen in nicht-traditionellen Bereichen** (Verkauf und Technik) wurden Traineeprogramme eingeführt: Um Integrationsprobleme zu verhindern, erhalten junge Frauen einen Coach, einen erfahrenen Kollegen, der sie unter die Fittiche nehmen soll (und der dafür bezahlt wird). Die TeilnehmerInnen des Traineeprogramms gelten als Managementpotential, weil Voraussetzung für Management ist, im Verkauf gearbeitet zu haben.
- **Einrichtung eines Development Centers** für langjährige Mitarbeiterinnen.
- **Installierung von drei Ansprechpartnerinnen** bei sexueller Belästigung.

Betrieb 3: Maßnahmen im Rahmen eines erweiterten „Diversity"-Konzepts

Schwerpunkt: Personalpolitik

- Formulierung von neutralen Stellenausschreibungen, Aufgabenbereiche statt Funktionstitel;
- zumindest eine weibliche Interviewpartnerin im Bewerbungsgespräch;
- interne Bewerbungen forcieren;
- Schulungsangebot erweitern;
- bei Neubesetzung von offenen Stellen Priorität für WiedereinsteigerInnen nach der Karenz;
- Entwicklung von MitarbeiterInnen (jährliche Leistungsbeurteilung, Zielvereinbarung für das kommende Jahr, Entwicklungsplan, Schulungsplan, längerfristige Karriereplanung „für alle MitarbeiterInnen, teilzeit- oder ganztagsbeschäftigt").

Entwicklungsplan

- Diskussion zwischen Vorgesetztem und MitarbeiterIn;
- Identifizierung erforderlicher Fähigkeiten und notwendigen Wissens für gegenwärtige und zukünftige Anforderungen zur Erfüllung des Karriere-/Berufsziels;
- Festlegen von Meßkriterien und des Zeitraums für die Erfüllung der Entwicklungsziele (Resultat = Schulungsplan).

Fortbildungsmaßnahmen für MitarbeiterInnen (Schulungsplan)

(durchschnittlich vier bis sechs Trainingstage/Jahr exklusive technischer Schulungen und Produktschulungen pro MitarbeiterIn)

- Fachseminare;
- Seminare zur Persönlichkeitsentwicklung;
- Workshops und Coaching;
- „Diversity"-Training.

Schwerpunkt: Verbesserungsmaßnahmen – *work/life balance*

- Einrichtung von Arbeitsgruppen und Modellprojekten zu Telearbeit, Job-sharing, Teilzeit, flexibler Arbeitszeit;
- Fortbildungsurlaub.

Dieser Schwerpunkt wird in eigenen Projektgruppen weiterbearbeitet. Zum Zeitpunkt des Abschlusses der Studie fand gerade ein Pilotversuch mit 15 Personen zum Thema Telearbeit statt.

Schwerpunkt: Verbesserungsmaßnahmen – Wiedereinstieg nach der Karenz

- definierter Prozeß für den Wiedereinstieg;
- Informationsmappe mit Checkliste und Fragebogen;
- Abschlußgespräch vor Antritt des Mutterschutzes;
- Aufrechterhaltung des Kontakts zum Unternehmen;
- MentorIn für Wiedereinstieg;
- Neubesetzungen aus der Gruppe der karenzierten MitarbeiterInnen.

Betrieb 2, der „Auflagenerfüller", bietet entsprechend der Zielvorgabe ausschließlich Maßnahmen im Bereich der Personalpolitik, konkreter der Personalauswahl, an. Da gleichzeitig auch der Anteil von „graduates" zu erhöhen war, beschloß man, nicht nur Frauen, sondern sehr hochqualifizierte Frauen einzustellen. Damit wurde ein „doppelter Kulturbruch" ausgelöst. Weil die Unterstützung von Vereinbarkeit nicht als betriebliche Aufgabe angesehen wird, fehlen in diesem Betrieb Vereinbarkeitsmaßnahmen gänzlich.

Auf den ersten Blick höchst interessant und für Österreich höchst ungewöhnlich ist die Etablierung von einigen Kontaktpersonen für sexuelle

Belästigung – nur auf den ersten Blick interessant, blieb die Maßnahme doch ohne Folgen.
In Betrieb 3 mit seinem erweiterten „Diversity"-Konzept finden sich Maßnahmen in den drei Schwerpunktthemenbereichen Personalpolitik, *work/life balance* und Wiedereinstieg nach der Karenz. Damit ähnelt dieser Betrieb hinsichtlich seiner Maßnahmen stärker dem Großbetrieb als der zweiten Konzerntochter. Unterstützungsangebote bei der Kinderbetreuung wurden im Betriebsrat zwar diskutiert, doch:

> *„Da haben wir vom Betriebsrat einmal Umfragen gemacht – das rechnet sich in der Form nicht. Wir haben die Umfrage in einer Zukunftsprojektion gemacht, also gesagt: wer denkt daran in den nächsten zehn Jahren. Das muß man auch tun, um zu sehen, was sich in der Zukunft abspielt, und um zu sehen, wer Bedarf hat. Wir sind nicht auf viele Kinder gekommen. Darum haben wir es wieder gelassen."* (k3br-7)

Zu den Regelungsformen der Maßnahmen ist anzumerken, daß nur in Betrieb 1 Maßnahmen in Betriebsvereinbarungen festgehalten sind. In Betrieb 2 und Betrieb 3 handelt es sich um konzerninterne Zielvorgaben. Wie in Betrieb 3 konzernintern die Diskussion der Zielvorgaben abläuft, erzählt eine Arbeitskreisteilnehmerin:

> *„Auf Quartalsebenen werden die Zahlen berichtet, da gibt es einen Report, und dann gibt es für die Region jeweils ein Geschäftsführermeeting, und in dem wird das dann besprochen. Da werden die Länder dann verglichen, und es wird gefragt, wer welche Initiativen in welchem Land gesetzt hat, wo die Schwerpunkte sind."* (k3gf1-5)

Erfolgreich oder gescheitert? – Auswirkungen der Maßnahmen

Auswirkungen der Maßnahmen im Bereich der Personalpolitik zeigen sich zunächst in allen Betrieben bei der Höhe des Frauenanteils bei Neueinstellungen. Die Zunahmen betragen in den Betrieben rund 2 %. Die Erfolge hinsichtlich einer Erhöhung des Frauenanteils in Führungspositionen differieren zwischen den Betrieben. Während sich in Betrieb 1 und in Betrieb 2 wenig getan hat, sind in Betrieb 3 die Anteile von Frauen in Führungspositionen, vor allem auch in Top-Positionen, gestiegen. Dies wird auch von Teilnehmerinnen des Arbeitskreises so erlebt.

> *„Wenn ich vier, fünf Jahre zurückschaue, da hat das noch wesentlich anders ausgeschaut. Man merkt das, wenn Frauen sich zum Beispiel bewerben: Sie werden ernster genommen und kommen auch in die engere Auswahl."* (k3gf1-1)

Auch andere Beschäftigte betonen den „Klimawechsel", der Entwicklungschancen von Frauen eindeutig fördere.

„Das Kompliment muß man dem Management hier machen, daß die das Gefühl vermitteln, daß sie davon überzeugt sind. Und man hat es dann auch gesehen, weil es in relativ kurzer Zeit eine Reihe von Beförderungen von Frauen gab – das mag auch Zufall sein. Und inzwischen sind im Management fast die Hälfte Frauen. Und dadurch wird natürlich das Bewußtsein auch weitergetragen. Ich glaube, sobald man sieht, daß die Frauen da sind und daß sie das gut machen und können, wird das so selbstverständlich, daß das in Zukunft, glaube ich, gesichert scheint." (k3m3-4)

In Betrieb 1 wird ebenfalls das veränderte Bewußtsein hinsichtlich der Eignung von Frauen für Führungspositionen betont, wenngleich eingeschränkt wird, daß Auswirkungen erst in ein paar Jahren spürbar sein werden.

„Früher hatte man das Gefühl, daß, wenn es um die Besetzung von bestimmten Funktionen ging, nicht vorrangig an Kolleginnen gedacht wurde. Es hat sich das Bewußtsein durchgesetzt, daß 50 % der Belegschaft weiblich sind, daß Frauen hervorragende Qualifikationen besitzen, aber eine andere Mentalität als Männer haben und sich nicht in den Vordergrund drängen, sondern entdeckt werden wollen. Das ist ganz gut gelungen. Es wird immer ein paar Unverbesserliche, auch in der Führungsmannschaft, geben, aber überwiegend ist es gelungen." (k1br-3)

Das Traineeprogramm in Betrieb 2 wird von Teilnehmerinnen des Arbeitskreises und von ehemaligen Trainees als gescheitert angesehen. Ein Teil der Trainees überlegt sogar, den Betrieb zu wechseln. Warum? Erstens, so erzählen sie, wurde das Kursprogramm nicht an ihr hohes Qualifikationsniveau angepaßt, was Frustration verursacht hat. Zweitens hat man hohe Erwartungen geweckt, die nicht erfüllt worden sind. Die Trainees haben zwar davon gehört, daß das Unternehmen etwas für Frauen tun wolle, das habe sich aber nirgends niedergeschlagen. Aufstiegshoffnungen seien damit verschwunden, und die jungen Frauen sehen für sich keine Chance in dieser Firma. Auf eventuelle Familienwünsche habe man überhaupt keine Antworten. Manche Frauen erleben die Verantwortlichen als hilflos.

„Ich sehe eigentlich meine Chance immer mehr sinken. Am Anfang, als sich die Firma vorgestellt hat, wurde mehr darauf eingegangen, auf Frauen im Vertrieb oder auch in leitenden Positionen und auf Aufstiegsmöglichkeiten, aber irgendwie komme ich immer mehr drauf, daß diese Möglichkeiten eigentlich nicht vorhanden sind. Vielleicht sind sie vor-

handen, aber ich habe bis jetzt nicht gemerkt, daß es eine Chance gibt, da weiterzugehen. Nicht für mich jetzt momentan, weil ich ja erst kurz in der Firma bin, aber ich habe auch noch nicht gesehen, daß jemand, der drei Jahre lang gut verkauft, dann die Möglichkeit hat, weiterzukommen. Ich habe irgendwie noch keine Entwicklungsmöglichkeit gesehen.“ (k6m1-5)

Und eine zweite Trainee:

„Von Anfang an weniger gut gefallen hat mir das Arbeitsklima, der Aufgabenbereich – zu wenig Verantwortung für meine Begriffe. Es ist einfach so, es ist chaotisch, und es ist mühsam, von irgend jemandem Informationen zu bekommen. Das wurde uns auch von Anfang an gesagt, man muß lästig sein, aber so lästig sein, das habe ich mir nicht gedacht. Und es sagt auch jeder – erinnere mich noch einmal, weil sonst vergesse ich es, und das schon mit dem Gedanken, das vergesse ich sicher. Und das wird dann auch vergessen, und man muß immer wieder nachhaken. Es geht eigentlich nichts von selber, das ist auch ein bißchen mühsam. Mir gefällt die Arbeit mit den Kunden, wobei mir wiederum das Keilen des Kunden weniger gefällt, also ich bin eher jemand, der den Kunden lieber betreut und ihm auch helfen kann.“ (k6m4-2)

Ein dritter Grund des Scheiterns, so die ehemaligen Trainees, liege in der aus dem Ausbildungsunterschied resultierenden sozialen Distanz zu den älteren Kollegen, die von letzteren immer wieder betont werde.

„Sie haben andere Gesprächsthemen, andere Interessen, das sind einfach teilweise zwei Welten. Und die hatten jetzt Angst: Wenn da lauter Akademiker kommen, graben die uns den Boden ab, und wir haben keine Chance mehr, weiterzukommen. Und angeblich soll diese Angst da gewesen sein und auch wirklich ausgesprochen worden sein und gefragt worden sein, warum sie das mit den Akademikern machen, warum nicht normale Leute aufgenommen würden. Mein Chef sagt immer: Zeigen Sie ihnen, daß Sie aus Fleisch und Blut sind, daß Sie keine Akademikerin sind. Aber er unterstützt das. Zum Beispiel er ist der letzte, der vergißt, Frau Magister zu sagen, und keinen Namen. Ich kann zehnmal sagen, ich habe einen Namen und lege keinen Wert darauf, Magister genannt zu werden, aber es funktioniert nicht, und wenn er es immer wieder sagt, dann wird das den anderen immer wieder vor Augen geführt, dann werden sie nie diese Scheu abbauen können – wobei ich nicht weiß, wieweit die Scheu wirklich was mit dem Akademiker zu tun hat oder mit der Frau. Das kann man schlecht abschätzen.“ (k6m3-5)

Mit Akademikerinnen käme auch ein Kulturbruch von Keilermethoden zu seriöser Beratung, was zu Spannungen in den Gruppen führe. Die Frauen wollen das Keilerimage abbauen.

„Die betonen das immer ganz besonders – Frau Magister und so. Man

denkt schon ein bißchen anders, daran merkt man das schon. Also ich habe da einen Betreuer, mit dem bin ich überhaupt nicht klar gekommen. Der hat noch so Ansichten, die noch so alte Keilermethoden waren. Mit denen konnte man überhaupt nicht klar kommen, daran hat man es dann schon gemerkt. Wobei ich nicht weiß, ob sich das darauf bezieht, daß ich auf der Uni war oder nicht. Es ist auch schon zu Konfrontationen gekommen." (k6m2-3)

Je nach Abteilung wird das Arbeitsklima als gut, erträglich oder unerträglich beschrieben. In einer Abteilung wird von verbaler sexueller Belästigung der neuen Kollegin erzählt. So wurde sie bei einem ersten Kundenkontakt mit den Worten vorgestellt: „Hier bringe ich euch ein nettes Weihnachtsgeschenk."

Der Versuch der Erhöhung des Frauenanteils in nicht-traditionellen Berufen ist also, wenn die befragten Frauen ihre Ankündigung wahr machen und den Betrieb verlassen, gescheitert.

„Ich kann nicht nur Frauen aufnehmen und sagen: Okay, jetzt habe ich den Frauenanteil erhöht. Das ist es ja nicht." (k6m4-3)

Zielvorgaben, Pflichterfüllung, ein Traineeprogramm für eine Frauengruppe, die einen doppelten Bruch in der Verkaufskultur mit sich bringt, Frauen und gleichzeitig Akademikerinnen, Widerstand männlicher Kollegen in Form von Abwertung, die sich im Extremfall sogar in sexueller Belästigung ausdrückt, verunsicherte junge Frauen, die sich nur teilweise wehren können, die keine Unterstützung finden, obgleich es doch Kontaktpersonen im Fall sexueller Belästigung gibt, von denen sie allerdings nichts wissen, Perspektivlosigkeit und vermutlich Kündigung – das ist in Schlagworten die „Paradescheitergeschichte" in Betrieb 2.

Vereinbarkeitsmaßnahmen – Arbeitszeitregelungen

Die eingeführten Arbeitszeitregelungen und der Ausbau von Teilzeitmöglichkeiten werden von den Mitarbeiterinnen in Betrieb 1 und Betrieb 3 als sehr positiv erlebt. In Betrieb 3 beginnen einige Frauen in höheren Führungspositionen zur Zeit gerade über Job-sharing-Modelle auch für diese Positionen „laut nachzudenken" (k3gf1-6). Auch die Unterstützung beim Wiedereinstieg wird als sehr hilfreich erlebt. Als unabdingbar stellt sich heraus, so eine Mitarbeiterin in Betrieb 3, daß der/die für die Mitarbeiterin verantwortliche Manager/in oder Supervisor/in bis zum Wiedereinstieg für die Mitarbeiterin verantwortlich ist.

„Wir haben beispielsweise gesagt, daß von beiden Seiten einfach eine

gewisse Aktivität ausgehen muß. Sowohl die Frau, die zurückkommen will, muß von sich aus Aktivität zeigen und sagen, ich komme wieder, als auch derjenige Manager oder Supervisor, der für sie verantwortlich ist, muß sich darum kümmern, daß sie nachher wieder einen Job hat. Weil bei uns ist das so, da bleibt die Verantwortung für diese Person, kostenmäßig, in der alten Abteilung, bis die Person wieder einen Job hat. Und das ist auch gut, damit sich jemand kümmert, weil wenn die im luftleeren Raum hängt und nur die Personalabteilung dafür verantwortlich ist, dann sitzt die zwar in der Personalabteilung, aber die kann auch keine Jobs kreieren, da müssen sich schon die Manager und Supervisoren darum kümmern. Und was wir noch in dieser Mappe haben, ist so ein Fragebogen für Wiedereinsteigerinnen – da fragt man dann auch wirklich, funktioniert es, ist der Prozeß eingehalten worden, was von diesem ganzen Material war hilfreich, was nicht, was wäre noch gewünscht worden. Damit wir auch ein Feedback kriegen, ob das überhaupt praktikabel ist.“ (k3m2-3)

Die Karenzrückkehrquoten sind allerdings bislang kaum gestiegen. Dies mag allerdings auch damit zusammenhängen, daß sowohl Betrieb 1 als auch Betrieb 3 bereits vor den Maßnahmen überdurchschnittliche Rückkehrquoten aufwiesen. Auswirkungen in der Unternehmenskultur werden von den Gesprächspartnerinnen in Betrieb 1 und Betrieb 3 wahrgenommen. Über die Unternehmenskultur in Betrieb 2 wurde bereits genug gesagt.

Schlußfolgerungen: Unternehmensleitung und MitarbeiterInnen – Einseitig geht gar nichts!

Betriebliche Konzepte zur Förderung von Chancengleichheit, so der Schluß, sind zwar eine notwendige, aber keine ausreichende Voraussetzung dafür, daß Frauenbenachteiligung in den Betrieben auch wirklich abgebaut wird. In zwei Betrieben wurden Konzepte umgesetzt und in verschieden hohem Ausmaß positive Wirkungen erreicht. Im dritten Betrieb wurde hingegen das im Konzept vorgegebene Ziel durch den Einsatz untauglicher Umsetzungsinstrumente konterkariert.
Zentrale Vorgaben zum Abbau von Frauenbenachteiligung, das lehren die Betriebsfallstudien über die Konzerntöchter, können nur dann hilfreich sein, wenn die in den jeweiligen Betrieben mit diesen Vorgaben befaßten Personen auch inhaltliches Interesse und Engagement für das Thema aufbringen und nicht daran gehindert werden, ihre Ideen umzusetzen.
Drittens zeigt sich, daß für eine erfolgreiche Umsetzung von Chancengleichheitskonzepten sowohl die Unternehmensführung als auch die

Beschäftigten hinter diesem Konzept stehen müssen. Eine Politik, die an den Interessen der Frauen im Betrieb vorbeigeht, ist zwangsläufig zum Scheitern verurteilt. Eine Chancengleichheitspolitik, die den Interessen der Unternehmensführung widerspricht, wird im Unternehmen gar nicht erst politikfähig werden.
Deutlich zeigt sich aber auch ein Viertes: Wenn es nicht gelingt, dafür zu sorgen, daß die männlichen Beschäftigten dem Programm zumindest neutral gegenüberstehen, sind die Erfolgschancen bei der Umsetzung des Programmes minimal. Boykott und Abwertungen werden an der Tagesordnung sein, und das besonders dann, wenn es sich um keinen expandierenden Betrieb handelt, wenn es also nicht um die Verteilung von etwas Zusätzlichem geht, sondern die Frauen als Neueinsteigerinnen in nicht-traditionellen Frauenbereichen oder als Managerinnen in Top-Positionen zu realen „Konkurrentinnen" der Männer um interessante Arbeitsplätze werden.

Typ 2: „Wir sind ja alle Erwachsene!" – Menschlicher Umgang unter mündigen Menschen

Diesem Typ wurden insgesamt vier Betriebe zugezählt. Mit 8–200 Beschäftigten zählen die Unternehmen zur Gruppe der Kleinst-, Klein- und Mittelbetriebe. Sie gehören verschiedenen Branchen an und sind mehrheitlich den neuen Dienstleistungen zuzurechnen. Alle vier Betriebe sind in großen Städten, nämlich in Wien oder Graz angesiedelt. Im Hinblick auf die Frauenanteile entsprechen die Betriebe den Branchenverhältnissen: Das Gesundheitsinstitut hat fast nur Frauen beschäftigt, der Produktionsbetrieb fast nur Männer, und in den beiden Dienstleistungsbetrieben liegen die Anteile der weiblichen Beschäftigten bei 50 % bzw. 80 %. Alle vier Betriebe sind in privatem Besitz, und – das ist eines der wesentlichen Merkmale der Personalführung der Betriebe diesen Typs – die GeschäftsführerInnen sind gleichzeitig die EigentümerInnen, haben die Betriebe selbst (mit)gegründet und arbeiten voll mit. In drei der vier Fälle waren Frauen und Männer gemeinsam – als Ehepaare, GesellschafterInnen oder frühere KollegInnen – an der Gründung beteiligt. Im vierten Fall hat die Lebensgefährtin des Eigentümers als externe Beraterin Einfluß auf die Personalführung. Bei den Geschäftsführerinnen fanden wir – soweit wir mit ihnen Gespräche geführt haben – eine durchaus differenzierte Problemsicht, was die gesellschaftliche Position von Frauen anbelangt. Doch aus verschiedenen Gründen – sei es wegen der Kleinheit oder des Geschäftszweigs des Betriebs und/oder wegen der nicht gesehenen

Notwendigkeit (Frauen werden ohnehin gleichbehandelt) – wird kein Frauenförderprogramm für notwendig erachtet.
Eine differenzierte Problemsicht oder Frauen in der Geschäftsführung gibt es auch in den Unternehmen der anderen Typen. Was sind nun darüber hinaus die Charakteristika der hier zusammengefaßten Betriebe? In allen vieren fanden wir als Grundlage der Unternehmenspolitik ein Menschenbild vor, mit dem – ähnlich dem Menschenbild der Aufklärung – die Gleichwertigkeit, Mündigkeit und Individualität der Beschäftigten betont wird. „Wir sind ja alle Erwachsene" – „Jeder braucht Eigenverantwortung und Freiraum" – „Jeder Mensch hat ja so seine Bedürfnisse und Eigenheiten" – so die typischen Aussagen in den Gesprächen. Zum Teil werden unter Eigenheiten auch noch Elemente von Subkulturen oder gewisse Handicaps subsumiert, denen mit großer Selbstverständlichkeit und Toleranz begegnet wird.
Wenn aufgrund der Kleinheit überhaupt von Personal*politik* oder Führungs*stil* gesprochen werden kann, dann sind diese Betriebe als kooperativ und demokratisch geführt zu bezeichnen. Nicht ein geplantes Konzept oder Programm, sondern die Gleichheitsvorstellung von den Menschen im Betrieb ist es, die eine hierarchische Über- oder Unterordnung nebensächlich macht und zu einem offenen und vor allem sehr kommunikativen Betriebsklima führt. Daß viel miteinander geredet wird, ist wichtig und wird als wesentlicher Bestandteil des betrieblichen Erfolgs beschrieben. Kommunikation wird nicht als bloßes Mittel zum fachlichen Informationsaustausch zwischen einzelnen Beschäftigten interpretiert, sondern in seiner Bedeutung für die Abstimmung aller betrieblichen Arbeitsabläufe anerkannt. Die täglichen oder wöchentlichen Jour-fixe- oder Besprechungstermine – bei den größeren Betrieben auf verschiedenen hierarchischen Ebenen eingerichtet – werden nicht als Luxus gesehen, sondern als Notwendigkeit, um der Kommunikation den nötigen Raum zu geben.
In den Betrieben arbeitet man „im Team" und sucht bei Personalbedarf vor allem solche Beschäftigte, die nicht nur aufgrund ihrer fachlichen Qualifikation, sondern auch ihrer Persönlichkeit „gut ins Team passen". Auf das Zusammenspiel von Persönlichkeit der Beschäftigten und Organisationskultur wird großer Wert gelegt. Vor allem in den kleinsten Betrieben ist man sich bewußt, wie wichtig ein guter sozialer Umgang und eine harmonische Grundstimmung für den Betriebserfolg sind. Die Art des Umgangs wird meist nicht als selbstverständlich gesehen, sondern explizit zum Thema gemacht, sei es durch die Unterstützung interner Stellen oder die Hilfe externer BeraterInnen.

In den Betrieben arbeiten tendenziell junge Beschäftigte, geprägt von einer urbanen Kultur, zum Teil mit gutem und bestem Ausbildungsniveau, direkt von den Schulen und Universitäten kommend. Diese BerufsanwärterInnen haben hohe Ansprüche an ihre Tätigkeit, die sie hier auch in weiten Teilen verwirklichen können. Die Geschäftsführung kommt ihnen dabei in Form von weltoffenen, freundlichen und aufmerksamen Chefinnen und Chefs entgegen, die es verstehen, die hohe Identifikation der MitarbeiterInnen mit ihren Berufszielen nicht zu frustrieren. Indem sie ebenso voll im Betrieb mitarbeiten, geben sie gute Vorbilder ab. Ist es in einem Fall die hohe Qualifikation der Beschäftigten, welche die Basis für die Auffassung der Geschäftsführenden über die Gleichwertigkeit der Beschäftigten abgibt, geht diese Einstellung in anderen Betrieben auf die spezielle Unternehmensgeschichte zurück und verdankt sich dem damals angelegten breiten gesellschaftspolitischen Anspruch. Progressive politische Einstellungen und alternatives Äußeres werden hier nicht als zu sanktionierende Abweichung verstanden, sondern gehören schon fast zur Unternehmensnorm.
In gewisser Weise ist allen vier Betrieben eine gelebte Vielfalt und Buntheit zuzuschreiben, die sich der Akzeptanz der individuellen Eigenheiten der Beschäftigten verdankt. Die Geschäftsführenden sind durchwegs der Ansicht, daß nur zufriedene Mitarbeiter und Mitarbeiterinnen große Leistungen bringen und für diese Zufriedenheit zu sorgen sei, soweit es die betrieblichen Erfordernisse zulassen. Soweit es die betrieblichen Abläufe nicht beeinträchtigt, werden die Wünsche „unserer Mitarbeiter" erfüllt.
Es ist also eine Unternehmenskultur anzutreffen, die Frauen indirekt zugute kommt, indem die Personalpolitik sich in einem sehr umfassenden Sinn an den Bedürfnissen jedes einzelnen Beschäftigten orientiert und in der – wie man sehen wird – durch eine flexible, oft unkonventionelle Herangehensweise und eine gewisse Experimentierfreude vieles möglich gemacht wird.

Problemsicht und Motivlage in Betrieb 1

Frauenförderung oder frauenfreundliche Personalpolitik sind in diesen Unternehmen kaum präsente Begriffe. So etwa in Betrieb 1:

> *„Wir haben gar keinen Namen dafür gehabt, aber ich würde sagen, das Frauenfreundliche ist ja nur ein Nebenprodukt dessen, daß, wenn man dem anderen menschlich gegenübertritt und versucht, dessen Probleme mit ihm zu lösen, dann in der Folge auch eine frauenfreundliche Unter-*

nehmenspolitik herauskommt. Aber es geht eher darum, daß man sich gegenseitig respektiert, und indem man das macht, ist das andere dann sozusagen der Nebeneffekt.“ (k1gf-4)

Das Dienstleistungsunternehmen, von dessen Geschäftsführerin diese Aussage stammt, ist ein stark expandierendes Unternehmen. In den letzten sechs Jahren ist es um das Doppelte gewachsen und zählt mittlerweile mehr als 100 Beschäftigte. Dieses rasante Wachstum ist auch ein Grund dafür, daß bisher noch keine vorausschauende Personalpolitik im klassischen Sinn existiert. Man hinke immer wieder der Marktlage hinterher, und wenn zuviel an Arbeit entsteht, wird wieder jemand Neuer aufgenommen. Ständig wird umorganisiert, und in der kleinen Betriebszeitung macht man Witze über das Chaos der regelmäßigen Übersiedlungen, weil der Raum wieder einmal zu klein geworden ist. Die neuen Arbeitskräfte kommen sehr oft direkt von der Wirtschaftsuniversität oder von den Handelsakademien und sammeln hier ihre ersten Berufserfahrungen. Kein Wunder, wenn der erste Eindruck beim Betreten der Firmenräume eher an eine Universität als an einen Betrieb erinnert. Das Betriebsklima wird von allen Befragten als sehr gut beurteilt; die subjektive Zufriedenheit und die Identifikation der Beschäftigten mit dem Betrieb ist sehr hoch. Die Belegschaft setzt sich zur Hälfte aus Frauen und Männern zusammen, wobei 80 % der beschäftigten Frauen unter 30 Jahre alt sind.

Von einer der Personalverantwortlichen wird diese Altersstruktur zum Anlaß genommen, sich Gedanken über die zukünftige Personaleinsatzplanung zu machen. Die Befragte verwendet ungern Ausdrücke wie Personalpolitik, weil das schon zu sehr auf ein von oben herab entwickeltes und aufoktroyiertes, zwanghaftes Konzept schließen lassen würde, das nicht „aus den Menschen selber“ kommt. In ihrem Unternehmen sei vielmehr „ganz einfach ein sozialer und menschlicher Umgang“ üblich, der in der einstigen Kleinheit – durch die firmengründenden Personen geprägt – entstanden ist und heute noch Gültigkeit hat:

„Innovative Personalpolitik entsteht einfach aus Menschen, die mit Menschen umgehen und glauben, daß man gemeinsam ein gutes Arbeitsverhältnis haben soll, und da kommen dann die innovativen und die guten Geschichten von alleine.“ (k1p1-3)

Wenn nun sehr viele Frauen unter den Beschäftigten vertreten sind, wirken sich ihr spezielles Umfeld und ihre außerbetrieblichen Interessen auch innerhalb des Betriebs aus. Deshalb werden aber nicht eigene Maßnahmen für Frauen angeboten. Es wird auch überhaupt nicht als notwendig erachtet, eine eigene Personalpolitik für Frauen zu machen.

„So wie ich es sehe, ist es kein Thema, über das in der Weise gesprochen wird, sondern es sind so Einzelaktionen. [. . .] *Ich muß das so sagen, weil es einfach so ist, daß es viele Frauen bei uns gibt, und ich glaube, die beeinflussen durch ihre Art zu leben die laufende Tätigkeit. Aber es ist nicht wirklich geplant, sag' ich mal, oder läuft nicht unter einem bestimmten Begriff, sondern kommt einfach so aus dem Täglichen heraus."* (k1p1-3)

Auf diese Art entsteht ein Verhältnis zwischen MitarbeiterInnen und Unternehmen, das beiden zugute kommt, denn gut motivierte Mitarbeiter erfüllen ihre Aufgaben bestmöglich, was ja für das Unternehmen, das sich aufgrund seiner Servicetätigkeiten stark an der Kundenzufriedenheit orientieren muß, ganz zentral ist.

„Der Grundzug in der Personalpolitik ist, daß wir glauben, daß der Mitarbeiter, wenn er gut ausgebildet ist und sich wohl fühlt, einfach eine gute Leistung für das Unternehmen bringt, und die gute Leistung ist für das Unternehmen wichtig. Das wollen wir sozusagen nicht hintanstellen, daß das eine das andere ergibt und wir aus dem Grund einfach viele Maßnahmen ergreifen, die dem Mitarbeiter die Möglichkeit bieten, sich in seinem Arbeitsverhältnis einfach wohlzufühlen." (k1p1-2)

Es gibt aber keinen Grund, etwas Spezielles für Frauen zu machen, weil Gleichberechtigung ohnehin gegeben sei. Bei der Besetzung von Führungspositionen sei nur die Qualifikation ausschlaggebend.

„Was bei uns sehr stark auffällt, ist, daß in dem Unternehmen einfach kein Unterschied gemacht wird. Man kommt gar nicht auf die Idee, daß das ein Mann sein könnte, der da jetzt in der obersten Führungsebene ist. Das ist einfach so. Man fördert das bei uns nicht, daß man sagt, die armen Frauen ... Sondern das ist einfach so, und das ergibt sich automatisch so. Es gibt sicher in keiner Ebene irgendeine Bevorzugung. Wir haben ja in den obersten Führungsebenen einen sehr hohen Frauenanteil. Und wir fragen Wiedereintretende, die aus der Karenz kommen, was sie eigentlich wollen, und stellen uns dann darauf ein. So kann man das vielleicht sagen. Man hat eigentlich bis jetzt immer eine Möglichkeit gefunden, irgendwie zusammenzukommen – wenn natürlich auch mit Kompromissen. Es wäre wahrscheinlich falsch zu sagen, wir fragen die Mitarbeiterin, wie sie das haben will, und wir richten uns komplett danach, sondern man schaut einfach." (k1p2-1)

Tatsächlich sind in diesem Betrieb Frauen in den Führungspositionen entsprechend ihrem Anteil an allen Beschäftigten bzw. sogar etwas darüber vertreten. Aber nicht nur das, sie sind auch entscheidend an der Unternehmenspolitik beteiligt, was auch von einigen MitarbeiterInnen so wahrgenommen wird:

„Natürlich sieht man hier auch sehr viele Frauen in Führungspositionen. Und das, was man auch noch mitkriegt, sind Frauen, die auch sehr viel Einfluß haben auf die Unternehmenssphäre, die also nicht nur irgendwo sitzen und viel arbeiten, sondern die schon auch sehr großen Einfluß haben.“ (k1m2-4)

Das Unternehmen hat die Rechtsform einer GmbH und wird von einem Ehepaar und einer Reihe von GesellschafterInnen geführt. Frauen waren von Beginn an in der Geschäftsführung. Als dann einige der Geschäftsführerinnen Kinder bekamen, reduzierten sie ihre Arbeitszeit:

„Es hat einfach mit der Grundsatzentscheidung begonnen, daß wir mehrere Geschäftsführerinnen haben, die alle Kinder gekriegt haben, und daß sie einfach so wertvoll für das Unternehmen waren, daß man gesagt hat, sie können die Geschäftsführerposition in Teilzeit weiter ausüben. Und dann hat man immer wieder gesagt: Naja, aber warum sollten die, die nachkommen, dieses Recht nicht haben? Und es funktioniert ja auch. Und aus dem sind die Dinge entstanden, aber nicht in Form einer Politik.“ (k1p13)

Der Verwendung von Begriffen wie Frauenförderung oder frauenfreundlich steht man eher ablehnend gegenüber. Frauenförderung wird mit Behindertenförderung assoziiert, und auch frauenfreundlich sei ja eine Selbstverständlichkeit, die man nicht eigens bezeichnen müsse, zumindest nicht im eigenen Betrieb.

„Frauenfreundlich impliziert für mich immer frauenfeindlich, also daß es frauenfeindlich geben muß, um frauenfreundlich anbringen zu können oder verwenden zu können. Für mich ist es eben so, daß ich im Bekanntenkreis oft mitkriege, daß es wirklich frauenfeindliche Unternehmen gibt, und die haben wirklich damit zu kämpfen. Ich finde es schade, daß es so etwas überhaupt geben muß, daß man überhaupt darüber Studien machen muß, um etwas zu verbessern oder um irgendwelche Ergebnisse zu bekommen. Ich fände es gut, wenn man das gar nicht brauchen würde. Aber es ist halt leider so. Ich würde frauenfreundlich einfach so interpretieren, daß für Frauen in keiner Weise Nachteile gegeben sind. Also ich würde es nicht in die Richtung sehen oder weniger in die Richtung sehen, daß sie ihre Kinder unterbringen können, also ich würde eher einmal sagen, daß sie die gleichen Voraussetzungen haben wie ein Mann. Das ist für mich mittlerweile frauenfreundlich, obwohl es das nicht brauchen sollte.“ (k1p2-4)

Chancengleichheit ist dagegen ein positiv besetzter Begriff. Allerdings variieren die Assoziationen je nach GesprächspartnerIn, und es kann nicht von geteilten Auffassungen gesprochen werden. Daß es dafür keine gemeinsamen Begrifflichkeiten gibt, zeigt um so mehr, daß Frauenförderung oder Chancengleichheit unter dieser Bezeichnung kein betriebliches Thema ist.

Problemsicht und Motivlage in Betrieb 2

Betrieb 2 gehört der gleichen Branche an wie Betrieb 1, ist allerdings sehr viel kleiner; der Betrieb hat zehn Beschäftigte, wovon acht Frauen sind. Auch die formalen Qualifikationen sind nicht ganz so hoch: Es finden sich neben MaturantInnen auch Beschäftigte mit Handelsschul- und Lehrabschlüssen. Der Chef, der von seinen MitarbeiterInnen als netter Mensch beschrieben wird, hat vor einigen Jahren sämtliche Organisations- und Personalfragen an seine Büroleiterin und eine externe Unternehmensberaterin (seine Freundin) abgegeben. Bis dahin war der Betrieb klassisch hierarchisch geführt. *„Jeder hat nur das gemacht, was angeschafft wurde und keinen weiteren Gedanken verschwendet."* (k15p-2) Als die heutige Büroleiterin zu arbeiten begonnen hat, war für sie klar: *„So will ich nicht arbeiten ... Ich kann in keinem Betrieb arbeiten, in dem ich nicht sagen kann, was ich denke, und in dem die Leute nicht sagen, was sie denken."* (k15p-2) Gemeinsam mit einem Kollegen und der Unternehmensberaterin haben sie begonnen, die Organisation neu zu entwickeln. So wurde ein Organisationshandbuch geschrieben, das zum einen Arbeitsplatzbeschreibungen und zum anderen verschiedene personalpolitische Neuerungen enthält. So wurden etwa ein wöchentlicher Jour fixe, in dessen Rahmen Fachliches und Organisatorisches besprochen wird, und die externe Moderation bei potentiellen Konfliktfällen vereinbart. *„Wir sprechen Dinge aus. Wenn sich was anbahnt, machen wir ein Gespräch mit jemandem Dritten – also einem Moderator, und das funktioniert sehr gut und ist auch notwendig."* (k15p-3). Diese Dinge wurden nicht nur geplant, sondern auch umgesetzt, und auch Zusätzliches wird ausprobiert, wie etwa ein „Ideenkisterl" für Veränderungen, die bei den Jour-fixe-Terminen bearbeitet werden. Auch die gegenwärtige Phase wird nach wie vor als Lernphase definiert: *„Wir lernen noch, und wir werden sehen, wie es weitergeht."* (k15p-4).

Wichtig ist die neue Unternehmensphilosophie, die sich durch einen menschlichen Umgang und durch Ansichten wie etwa die Überzeugung auszeichnet, daß jede/r einzelne Freiräume braucht und diese auch erhalten soll, daß Arbeit zwar wichtig, aber nur ein Teil des Lebens ist oder daß man nur in einer konfliktfreien und offenen Umgebung gut arbeiten kann:

„Die Leute arbeiten gern, wenn sie zufrieden sind, wenn man ihnen Freiräume läßt. Die Mitarbeiterzufriedenheit ist besser, die Kundenzufriedenheit ist besser. Sätze wie ‚Das geht mich nichts an!' gibt es bei uns nicht. Es sollte jeder so für sich arbeiten, als würde er für den eigenen Betrieb arbeiten. Das ist die Unternehmensphilosophie. Gegenseitig aushelfen und auch für Klienten dasein, das funktioniert nur, wenn man miteinander arbeitet." (k15p-5).

Problemsicht und Motivlage in Betrieb 3

Einen ähnlichen Ansatz vertritt die Geschäftsführerin in Betrieb 3, ebenfalls mit knapp 10 Beschäftigten ein Kleinstbetrieb. In dem Gesundheitsinstitut, in dem sich alles ausschließlich um die Gesundheit von Frauen dreht, arbeiten bis auf den ärztlichen Leiter nur Frauen: *„Wir sind alle Frauen, und wir sind alle Mütter, die wir hier sind, haben alle Kinder."* (k13gf-1) Die Geschäftsführerin, die gemeinsam mit ihrem Mann und anderen Teilhabern das Institut erst vor einigen Jahren gegründet hat, legt viel Wert auf entspannte Atmosphäre bei den Patientinnen und bei den Angestellten.

Neben ihr und der Sprechstundenhilfe, die als späte Wiedereinsteigerin der gute Geist der Praxis ist, arbeiten hier nur noch Ärztinnen, und zwar in recht unterschiedlichen arbeitszeitlichen Konstellationen.

Die Geschäftsführerin weiß um die Probleme von Frauen mit Familie. Sie hat selber zwei Kinder großgezogen und ist 13 Jahre „daheim gewesen". Sie war eine der wenigen, die den Begriff Frauenförderung nicht mit „Behindertenförderung" abgetan hat:

„Die Frauen werden ja nicht gefördert, weil sie blöd sind, sondern weil sie einfach immer zu lange Berufspausen haben und immer wieder hinten angestellt werden. Man kann manchmal nicht alles unter einen Hut bekommen, aber die Frauen sind immer diejenigen, die durch die Finger schauen. Das ist rundherum zu sehen, ich hab' es selber erfahren. Und wenn es darum geht, daß 13 Jahre bei der Rente fehlen. Es ist völlig wurscht. Sie sind in jedem Fall, wenn sie Familie haben, die letzten. Die Männer gehen inzwischen weiter in die Fachausbildung, aber wenn die Frau wieder einsteigt, hat sie noch nicht mal den Facharzt fertig; dann stehen die Männer aber schon in der Oberarztriege. Dann ist sie die junge Assistentin und ist vielleicht genauso alt. Unter gleichen Chancen und Frauenförderung verstehe ich, daß Frauen die Möglichkeit haben, nicht den Faden zu verlieren, den Anschluß an ihren Beruf nicht zu verlieren, auf dem laufenden zu bleiben, wenn es irgendwie möglich ist. Und das zu fördern, und ihnen die Chance zu geben, das halte ich für Frauenförderung, nicht für Behindertenförderung. Die sind arm genug,

die gehören auch gefördert, aber Frauenförderung ist nicht Behindertenförderung, ich fühl' mich nicht als Behinderte. Ich seh' ja die Probleme, die wir alle haben, ich hab' das ja alles selber mitgemacht." (k13gf-5)

In ihrem Bemühen um eine „frauengerechte und freundliche Atmosphäre" setzt die Geschäftsführerin vor allem auf Wiedereinsteigerinnen und Frauen mit Familie. Auch ältere Frauen werden in ihrem Wert erkannt und erhalten auch noch im Alter von über 50 Jahren die Chance auf einen guten Arbeitsplatz.
Ihre Reaktion darauf, daß ihre Beschäftigten Kinder bekommen, ist großartig und einzigartig:

„Daß Frauen schwanger werden ist ja schön! Wir betrachten das als positiv! Das gehört dazu. Es müssen halt nun mal die Frauen die Kinder kriegen, und wenn eine junge Frau Kinder kriegt, das ist doch klass. Es gibt inzwischen so viele Frauen, die keine Kinder kriegen können. Zwanzig Prozent aller Partnerschaften sind inzwischen ungewollt kinderlos." (k13gf-6)

Das Entgegenkommen liegt auch durchaus im Interesse des Instituts, denn das harmonische Klima wird für das Wohlbefinden der Kundinnen als wichtig erachtet:

„Mir geht es darum, daß sie gut miteinander auskommen, daß ein gutes Klima ist, daß das auf unsere Patienten abfärbt und daß einfach jemand da ist, der das macht. Und daß sie nicht unter Druck stehen. Was hab' ich von einer nervösen Ärztin, die immer auf die Uhr schaut, weil sie weg muß. Da ist mir lieber, die eine macht mal den ganzen Tag und sie sprechen sich untereinander ab. Und sie sind ausgeglichen, und es funktioniert alles. Da haben sie die totale Freiheit in der Richtung." (k13gf-2)

Problemsicht und Motivlage in Betrieb 4

Betrieb 4 ist ein Produktionsbetrieb mit rund 30 Beschäftigten, davon acht Frauen. Von den acht Frauen arbeiten fünf im Büro, eine als Putzfrau und zwei in der Montageabteilung, einer Vorstufe zum eigentlichen Produktionsbereich. Letzterer ist nur mit Männern besetzt und ein traditionell männlicher Bereich mit einer zusätzlich – auch branchenspezifisch bedingt – stark entwickelten männlichen Kultur. Der Betrieb hat eine interessante Geschichte, wurde er doch ursprünglich als selbstverwalteter Betrieb gegründet, der in seinen Statuten u. a. die Lohngleichheit aller Beschäftigten festgeschrieben hatte. Das Prinzip der Selbstverwaltung ging verloren, weil viele der Neueintretenden das in dieser Weise nicht wollten und einige Gründungsmitglieder den Betrieb verließen. Von dem alternativen Hintergrund ist bis heute allerdings ein hoher sozialer Anspruch, ein legerer Umgang mit und zwischen den Beschäftigten und ein entwickeltes gesellschaftspolitisches Bewußtsein vor allem bei der Geschäftsführung geblieben. Einige EigentümerInnen arbeiten auch heute noch mit, und auch die Geschäftsführenden, eine Frau und ein Mann, waren von Anfang an mit dabei. Ein hohes Problembewußtsein im Hinblick auf Frauenfragen und die traditionell männliche Kultur sind zwei widersprüchliche Grundzüge in diesem Betrieb. Die Geschäftsführerin hat selbst das im Betrieb vorherrschende Handwerk gelernt und kommt mit der männlichen Kultur gut zurecht:

> *„Wir haben schon angefangen von einer politischen Seite. Und da hat das dazugehört, weil Frauenwerbung war eine grundsätzlich politische Geschichte, ist es noch immer. Und wir haben auch sehr viele Kundinnen, die sagen, bei uns fühlen sie sich wohler, weil eben da nicht so der blöde Schmäh rennt. In der Zwischenzeit haben wir auch die Nackerten-Kalender im Produktionssaal, das hat schon einige, die uns seit ewig kennen, befremdet. Aber ich denke mir, das ist mir wurscht, wenn die sich das hinhängen wollen, dann sollen sie es sich hinhängen. Okay, gut, wenn es sie glücklich macht, dann ist mir das egal. Aber so rein prinzipiell ist unser Gewerbe schon die wunderbare Männerschmäh-Ebene."* (k10gf-4)

Im Unternehmen reden einander alle mit du an, woran sich die Neuen erst einmal gewöhnen müssen, was ihnen aber dann sehr gefällt. Die Geschäftsführerin ist Alleinerzieherin; sie und eine zweite Kollegin haben aber schon ältere Kinder. Sie meint, daß sie und ihre Kolleginnen zwar wenig Spielraum, aber doch bestimmte Vorteile hatten und haben.

> *„Wir haben eher einen legeren Umgang, aber die berühmte Mann-Frau-Geschichte gibt es nicht. Ich glaub', daß wir es hier leichter haben als in einer sogenannten normalen Firma, weil wir uns alle besser kennen, weil es einen anderen Umgang gibt.* [...] *Ich glaube, daß Frauen, wenn sie etwas anfangen, das auch fertig machen. Oder daß sie mehr Vertrauen in eine Gemeinschaft haben, daß es schon gehen wird. Einen dümmlichen Optimismus. Eine Flexibilität haben wir nicht wirklich. Weil wir können uns aussuchen, ob wir lieber heute zehn Stunden und morgen zwölf Stunden wollen oder umgekehrt. Aber okay, unsere Kinder sind mehr oder weniger hier aufgewachsen, mit aufgewachsen. Das ist sicher das Angenehme, was man in einem ganz normalen Betrieb nicht machen kann, weil man kann sich nicht neben den Schreibtisch ein Kind hin-*

setzen, das Aufgaben macht oder ißt, und das ist bei uns von Anfang an natürlich drin gewesen. Die Kinder haben einen guten Einblick in das Arbeitsleben bekommen. Den Hausmann daheim haben wir nicht, wir sind alleinerziehende Mütter. Zwei von uns drei haben Kinder. Die Väter sind uns nicht böswillig davongelaufen, sondern wir haben sie nie haben wollen." (k10gf-4)

Die Geschäftsführerin ist in der Branche eine Rarität. Weibliche Vorgesetzte gibt es nicht oft, woran sich manche Arbeiter erst gewöhnen müßten:

„Der Umgangston ist ein bißl rauh, aber herzlich. Da geht es leichter. Neue Herren der Schöpfung, vor allem, wenn sie aus der ganz normalen Ebene kommen, die schlucken die ersten paar Monate ein bißchen, aber sie gewöhnen sich dann auch dran. Man merkt nur hie und da einmal, daß einer ein bißl zuckt – der männliche Instinkt –, wenn eine Frau sagt, daß er etwas falsch gemacht hat. Daß er automatisch einmal zuckt und auf Angriff gehen will, dann aber nur nach Luft schnappt und ‚na gut' sagt." (k10gf-4)

Es gibt ein gutes Arbeitsklima, auch für Leute, die aufgrund irgendwelcher Handicaps in der „Normalwelt" Schwierigkeiten hatten. Vor kurzem wurde eine junge Frau aufgenommen, die nicht nur Alleinerzieherin ist, sondern auch massive gesundheitliche Probleme hat. Hier wird sie akzeptiert, egal welche Haarfarbe und welche Kleidung sie hat. Anpassung ist hier nicht verlangt.
In Ansätzen werden Frauen unterstützt, in nicht-traditionellen Bereichen zu arbeiten. Vor kurzem sei bei einer Eigentümersitzung beschlossen worden, daß Frauen auch bei „geringfügig minderer Qualifikation" bevorzugt eingestellt werden, um Frauen zu fördern. Doch im Kernbereich der Produktion gab es bisher noch keine einzige Bewerbung dafür.
Frauen sind angenehme Kolleginnen, und auch die Kundinnen würden mitunter lieber von Frauen betreut. Von weiblichen Beschäftigten verspricht man sich außerdem eine Verbesserung des Arbeitsklimas:

„Der Grundsatz, daß wir bei gleicher Qualifikation Frauen nehmen, hat was damit zu tun, daß wir sagen, das Betriebsklima ist angenehmer, wenn doch ein gewisser Frauenanteil da ist. Zum Beispiel unser Geschäftsführer, der ein Mensch ist, der einen groben männlichen Ton nicht so wahnsinnig gern hat, sagt, daß in allen Abteilungen, in denen mehr Frauen sind, der Schmäh nicht so tief ist. Es ist automatisch nicht so schrecklich, dieses ganze blöde Gequatsche, das man sonst kennt. Und das stimmt sicher." (k10gf-8)

Aktionsfelder in Betrieb 1
In Betrieb 1 wird bei der Personalauswahl auf ein ausgewogenes Geschlechterverhältnis geachtet. Alle Bewerbungsgespräche werden vorerst ohne fachliche Vorgesetzte mit den zwei leitenden Frauen des Personalbereichs geführt. Die beiden kennen das Unternehmen ganz genau und achten sehr auf das Zusammenpassen von neuer/neuem Mitarbeiter/in und Gruppenklima. So will man auch in reinen Frauenabteilungen mitunter einen Mann einsetzen. Frauen werden bei der Auswahl garantiert nicht benachteiligt:

> *„Man hat sich aber sicher noch nie überlegt, für eine Position einen Mann aufzunehmen, weil man daran gedacht hat, daß eine Frau ein Kind bekommen könnte. Überhaupt nicht. Das ist noch in keinem Gespräch angesprochen worden. Es gibt persönliche Präferenzen, daß man sagt, in diese Gruppe paßt vielleicht eher ein Mann oder eine Frau, einfach so, um es abzurunden. Deshalb haben wir auch gesagt, für diese Gruppe, die immer Damen hatte, ist es vielleicht gar nicht schlecht, wenn einmal ein Mann dazukommt, um das auch mal ein bißchen zu verändern. Daß sich das dann vielleicht auch persönlich in eine andere Richtung weiterentwickelt. Das ist sicher auch ganz witzig. Daß sich da sogar vielleicht auch in der Gruppenharmonie etwas ändert."*
> (k1p2-7)

Auf Weiterbildung wird großer Wert gelegt. Pro Person gibt es ein jährliches Budget von knapp 10.000 öS, das von den Vorgesetzten unterschiedlich auf die einzelnen MitarbeiterInnen verteilt wird. Pro Person gibt es ein individuelles Zeitbudget von 50–80 Stunden Arbeitszeit, die für Weiterbildung aufgewendet wird. Sehr viele Weiterbildungsmaßnahmen werden intern angeboten. Im Schnitt würde mindestens einmal pro Monat jede/jeder eine Veranstaltung besuchen. Frauen wären dabei gleich vertreten. Aufgrund der sich ständig ändernden Rechtsmaterie müßten sich die Beschäftigten laufend informieren. Daher haben sich die MitarbeiterInnen mit der Zeit auch sehr viel betriebsspezifisches Wissen angeeignet, das durch Neueinsteigende nicht so schnell nachgeholt werden könne. Deshalb ist man an der Stabilität der Dienstverhältnisse interessiert und versucht, Kündigungen vorzubeugen. Denn gerade bei jungen AkademikerInnen und Fachkräften dieser Branche gehören Betriebswechsel zur üblichen Karrierevorstellung.
Nicht zuletzt deshalb ist eine systematische Personalentwicklung im Entstehen. So gibt es seit kurzem Mitarbeitergespräche:

> *„Da sind einige erfreuliche Sachen herausgekommen. So daß wir in diesem Jahr die Persönlichkeitstrainings verstärken. Das war zum Beispiel*

ein Ergebnis, und daß die Leute freiwillig von ihrer Lebensplanung erzählt haben, wann sie schwanger werden wollen, damit man das schön abstimmen kann, und solche Sachen.“ (k1p1-10)

Unterbrechungen wegen der Geburt von Kindern werden demnach konstruktiv berücksichtigt. Zum Teil führt das sogar so weit, daß zwei weibliche Führungskräfte ihre Kinderwünsche zeitlich aufeinander abgestimmt haben, damit die Position besetzt bleibt.

Nach Möglichkeit werden Managementpositionen intern rekrutiert. Auswahl hat man dabei genug. Es wird eher das Problem gesehen, daß einer Vielzahl höchstqualifizierter, aufstiegsorientierter MitarbeiterInnen nur eine begrenzte Zahl von Führungspositionen gegenübersteht. Seit kurzem wurde deshalb als Alternative zum Aufstiegsschema die Position eines „Fachreferenten mit Spezialgebiet“ installiert, die hierarchisch und vom Einkommen her den Führungspositionen gleichgestellt ist.

Die Laufbahnplanung wird aufgrund der Altersstruktur ein wichtiges Zukunftsthema, das in den Mitarbeitergesprächen gut bearbeitet werden kann. Familienplanung hat dabei durchaus Platz, wobei man sich klar ist, daß das Vertrauenssache ist:

„Ich denke mir, wenn man mit einer Frau darüber reden kann, wie sie plant und so, dann ist das einfach förderlich, weil es ist einfacher für den Unternehmer, wenn er weiß, womit er rechnen kann. Und wenn er fix damit rechnen kann, daß es dann oder dann sein wird, dann kann er sich gut darauf einstellen. Daß sie zum Beispiel eher Teilzeit arbeiten möchte oder ein Kind haben möchte. Ich glaube, daß das schon förderlich ist, aber da muß man halt mit jemandem reden, der die Offenheit dann auch leben kann, als Unternehmer.“ (k1p1-18)

Betrieb 1 hat eine Reihe interessanter Maßnahmen zur Vereinbarkeit von Familie und Beruf aufzuweisen. Aktuell sind acht Frauen in Karenz, wobei die Dauer der Karenzzeit von der jeweiligen Position abhängig ist. Frauen mit mittlerer Ausbildung nehmen in der Regel die gesetzliche Höchstdauer, also noch zwei Jahre, in Anspruch. Akademikerinnen oder Frauen in Führungspositionen kommen schon früher wieder an ihren Arbeitsplatz zurück.

Die karenzierten Frauen können an allen Weiterbildungsveranstaltungen teilnehmen. Dahinter steckt kein allgemeines Angebot seitens der Firma, sondern die jeweilige Eigeninitiative der jungen Mutter ist ausschlaggebend. Von den acht Frauen haben zwei ihr Interesse bekundet. Die Karenzierten werden zu allen Festivitäten und Veranstaltungen eingeladen. Außerdem seien die informellen Kontakte in der Abteilung

sehr gut; die Frauen würden hin und wieder mit ihren Babys vorbeischauen.
Bei besonders massivem Arbeitsanfall werden mitunter Frauen gefragt, ob sie nicht aushelfen wollten. Aber auch das ist eine individuelle Regelung und liegt im Interesse der Firma – *„da können wir nicht sagen, das ist ein besonderer Verdienst"* (k1gf-6). Wenn jemand überraschend krank wird, ist es schon vorgekommen, daß junge Mütter schon einige Monate nach der Geburt ihrer Kinder vorübergehend ausgeholfen haben. Die Rückkehrerinnen aus der Karenz werden nicht besonders eingeschult; sie kehren auch nicht unbedingt auf den alten Arbeitsplatz zurück. Da ohnehin dauernd umorganisiert werde, mache das aber nichts aus.
Die Personalverantwortliche hat die familienbedingten Absenzen unter Kontrolle. Zwei Monate nach der Geburt – etwas später als gesetzlich vorgeschrieben – nimmt sie Kontakt auf und fragt nach den Plänen der Beschäftigten:

> *„Ich melde mich dann meistens am Ende des Mutterschutzes, also zwei Monate nach der Geburt, da ist dann schon das Schlimmste gelaufen, und da kann man mit den Leuten auch schon so reden, daß sie sich auch Gedanken darüber machen. Und das klappt auch bis jetzt ganz gut. Weil die meisten, die bei uns sind, wollen eben mindestens ein Jahr daheim bleiben, und dieses eine Jahr haben wir dann zur Verfügung, um uns etwas zu überlegen. Ich probier's einfach telefonisch, und wenn das nicht klappt, dann schreibt man mal einen Brief, aber es hat bis jetzt eigentlich telefonisch immer ganz gut geklappt. Gesetzlich muß man das, glaube ich, vier Wochen vor Ende des Mutterschutzes bekanntgeben. Ich finde das teilweise relativ schwierig, weil man das mit dem Partner nicht so leicht absprechen kann. Und für uns ist es nicht so wichtig. Ob ich jetzt ein oder zwei Jahre vorplane, ist eigentlich nicht so wichtig. Ich will nur wissen, ob jemand gleich wiederkommt, aber das war bis jetzt noch nie der Fall."* (k1p2-2)

Viele der jungen Mütter kommen in Teilzeit zurück, was in diesem Unternehmen kein Problem ist.
In Betrieb 1 ist Gleitzeit eingeführt; nach Vereinbarung sind auch ganze Gleittage möglich. Darüber hinaus wird die Pflegeurlaubsregelung breiter ausgelegt, als es im Urlaubsgesetz der Fall ist. (Im § 8 des Angestelltengesetzes findet sich ein Passus, dem zufolge Abwesenheiten aus wichtigem persönlichem Grund auch für länger möglich sind.) Das sind zwei Punkte, die die Vereinbarkeit wesentlich erleichtern.
Teilzeit findet sich im Betrieb in allen Formen und in jeder Zeitdauer

über 20 Stunden. Aktuell haben 15 Personen eine reduzierte Arbeitszeit und arbeiten halbtags, geblockt, tageweise oder mit jemand anderem abwechselnd. Am interessantesten daran ist zweifelsohne, daß in diesem Unternehmen auch Führungskräfte in Teilzeit arbeiten.

> *„Da ist alles möglich. Es gibt welche, die sind nur vormittags da, es gibt welche, die sind Montag, Mittwoch nicht da, aber dafür die restlichen Tage. Dann gibt es eine, die ist Freitag nicht da. Das muß sich die Gruppe ausmachen. Die, die Freitag nicht da ist, das ist die, die kürzlich Teilzeit gegangen ist, die möchte mehr Golf spielen. Und die wechselt sich mit der Dame ab, die Dienstag, Mittwoch nicht da ist, usw. Das ist schon lustig, weil das konzentriert sich zum Beispiel sehr stark im Bereich von der Frau* [X], *weil die macht selber keine Vollzeit, und ihre Vertreterinnen sind auch so. Und sie hat auch noch eine zweite Gruppenleiterin, die arbeitet zwar wahrscheinlich unter der Woche meistens 40 Stunden, hat aber auch diese Nachkarenz-Teilzeit. Es geht sich immer irgendwie aus.“* (k1p1-13)

Mit den bisherigen Erfahrungen sind alle voll zufrieden. Wenn sich etwas weniger gut ausgeht, einigt man sich auf Kompromisse, etwa darauf, daß eine Sachbearbeiterin auch Teile von administrativer Arbeit übernimmt.

Die Teilzeitwünsche müssen von den direkten Vorgesetzten befürwortet und von der nächsten Ebene unterstützt werden. Der Beschluß im Gremium der obersten Führungskräfte ist dann nur noch ein formaler Akt. Unter den 15 Teilzeitkräften sind vier Männer zu finden. Während aber die meisten Frauen wegen der Familienversorgung reduziert arbeiten, haben Männer andere Gründe, wie etwa Ausbildungspläne.

Eine Beschäftigte hat den Eindruck, daß die Kombination Männer und Teilzeit weniger gern gesehen würde.

> *„Ich glaube nicht, daß das gewollt ist. Ich glaube eher, der Tenor ist, daß Frauen gefördert werden, die Kinder haben und arbeiten wollen. Ich weiß nicht, was wäre, wenn ein Mann kommen würde. Eher nicht. Weil es ist schon eine Branche, wo man sich ziemlich hineinknien muß und wo man auch, wenn man was weiter machen will, schon sehr engagiert sein muß. Es ist nicht so, daß man sich hinsetzt und arbeitet, und dann geht man nach Hause, und das war's dann, und dann denkt man nicht mehr dran. Das ist es nicht. Weil das hört ja nicht auf. Und wenn man was erreichen will, muß man sich schon hineinknien. Und ich weiß nicht, ob man sich mit sowas identifizieren kann, vom Unternehmen her, wenn ein Mann plötzlich sagt, na eigentlich will ich jetzt auf meine Kinder aufpassen.“* (k1m2-7)

Männer hätten noch nicht nach dieser Möglichkeit gefragt, meinen die

Personalverantwortlichen. Prinzipiell sieht man Teilzeit aus anderen als familiären Gründen nicht gern. Auch neue MitarbeiterInnen werden nicht in Teilzeit aufgenommen, weil der Organisationsaufwand zu groß sei. Schließlich hätte jeder zweite Lust, in Teilzeit zu arbeiten. So ist Teilzeit eher ein Privileg für die bereits Beschäftigten.
Teilzeit in Führungspositionen sei an und für sich nur aus bestehender Position heraus möglich. Es habe sogar einen Grundsatzbeschluß gegeben, daß für einen Aufstieg in eine Führungsposition ein Vollzeitdienstverhältnis Voraussetzung sei. Diese Regel sei jedoch schon gebrochen worden – auch das gehöre zur Unternehmenskultur. Die Macht der positiven Beispiele ist nicht zu unterschätzen:

> *„Das prägt schon das gesamte Unternehmen, daß es da Leute gibt, die so sind. Aber ich wundere mich immer, wie jemand, der Kinder hat, all das schafft. Ich könnte es einfach nicht."* (k1p1-13)

Teilzeit in Führungspositionen

Wir sprachen mit einer Führungskraft, die aus ihrer Teilzeitbeschäftigung heraus Gruppenleiterin geworden ist. Die Mutter eines Kindes hat einen Vertrag für 25 bzw. 30 Stunden, arbeitet de facto aber 35–40 Stunden, das allerdings sehr variabel. Manchmal ist sie die Freitage nicht da, manchmal geht sie früher. Sie ist aber so viel wie möglich im Büro. Der geringere zeitliche Rahmen ist ihr aber wichtig, und ihr Einkommen habe ohnehin eine starke Leistungskomponente. Flexibilität sei absolut notwendig, sie habe keine starren Arbeitszeiten:

> *„Und es ist ja wirklich kein Problem, das alles zu vereinbaren. Es geht an und für sich relativ gut, daß man das hier mit Kind und allem vereinbaren kann. Das heißt, man kann sich das schon sehr flexibel gestalten. Wenn man wirklich weg muß, dann kann man gehen. Man muß halt schauen, daß man das, was liegengeblieben ist, aufarbeiten kann. Aber diese starren Zeiten sind halt nicht da."* (k1m2-3)

Sie hat Glück: Ihre Tochter ist ein sehr selbständiges Kind, der die Nachmittagsbetreuung gut gefällt. An ihrer Aussage zeigt sich recht anschaulich, wie schwer es Frauen mit der Vereinbarkeit haben, allein schon aus persönlichen und kulturellen Gründen:

> *„Die Betreuung klappt sehr gut. Der Vorteil ist, daß meine Tochter sich mit den Lehrern sehr gut versteht, es ist wirklich unproblematisch. Es gibt ganz andere Kinder* [...]. *Man hat als Frau, wenn man mit Kind arbeiten geht, permanent ein schlechtes Gewissen. Es wird einem ja von allen Seiten eingeredet ... Selber war man nie solange in der Schule und hat das nie machen müssen, und das arme Kind ist jetzt solange in*

der Schule. Nur wenn das alles recht gut funktioniert, kann man sich selbst beruhigen. Momentan ist das Ganze ziemlich unkompliziert.“ (k1m2-8)

Die Befragte meint, es sei kaum vorstellbar, daß auch ihre Stellvertreterin in Teilzeit ginge, denn die Kontinuität sei doch sehr wichtig für diese Position. Für sie ist es von großem Vorteil, daß sie mit ihren Kunden fixe Termine vereinbaren kann. Auch ihre Vorgesetzte ist als oberste Führungskraft in Teilzeit beschäftigt; sie schätzt, daß sie auf durchschnittlich sieben Stunden tägliche Arbeitszeit kommt.
Obwohl die Geschäftsführerin der Ansicht ist, daß Teilzeit durchaus Kosten verursacht, da der Arbeitsplatz nicht voll ausgenützt wird und eventuell ein weiterer eingerichtet werden muß, unterstützt sie diese Maßnahme und sieht einen eindeutigen Vorteil für das Unternehmen. Sie meint, sie hätten sich das zwar noch nicht wirklich durchgerechnet, aber da gebe es im Betrieb noch ganz andere Einsparungspotentiale, da brauche man nicht bei den Kosten eines zusätzlichen Arbeitsplatzes nachzurechnen anfangen:

„Daß es sich rechnet, glaube ich sicher. Erstens einmal fallen die Pausen weg. Ich seh's ja bei mir, wenn ich weiß, daß ich acht Stunden da bin, dann weiß ich, aha, heute ist ein angenehmer Tag, heute habe ich Zeit bis Ende nie, da brauche ich mich nicht so beeilen. Und wenn ich weiß, ich muß um halb zwei weg, dann geht alles doppelt so geschwind, das ist eh klar. Und insofern ist es sicher so, daß eine Teilzeitkraft mehr bringt, effektiver ist. Außerdem, sie denkt ja dann in der Freizeit auch noch drüber nach, das ist ja nicht so, daß dann der Rolladen runtergeht.“ (k1gf-7)

Sie meint, die Wahrscheinlichkeit, daß ein Mann den Betrieb wieder verläßt, sei genauso groß wie die, daß eine Frau ausfällt. Man könne am Anfang ja nie sagen, wie die MitarbeiterInnen sich entwickeln, wie sie in den Job hineinwachsen und ob sie dann auch bleiben oder wechseln. Ihre Einschätzung ist eher die, daß bestimmte junge Männer schnell den Betrieb wechseln.

„Ich kann das jetzt zwar nicht belegen, aber da müßte man einmal nachschauen. Meine Wahrnehmung ist die, daß eher die Burschen, also diese Überehrgeizigen, das Gefühl haben: Wo sind meine Chancen? Wenn ich sie nicht sofort seh', da schau' ich lieber, daß ich dorthinkomm' oder dahinkomm' oder plazier' mich strategisch in dem Konzern, da wird ein Assistent gesucht, und das ist meine Chance, und dort geh' ich hin. Es sind eher die Männer, die sich umschauen, um irgendwo ihre Karrierechancen besser zu nutzen, wenn sie sie hier nicht sofort sehen. Die Mädchen sind eher abwartend, bleiben da und schauen, was sich ergibt. Und

die können auch besser ausloten, wo sie ihre Chancen haben und rennen eher nicht gleich davon. – Am Anfang ist die Familienplanung das, was uns am allerwenigsten stört. Weil die, die auf die Karriereschiene wollen, die Kinder sowieso hintanstellen. Die schauen ja eher, daß sie hinaufkommen, und wollen die Kinder erst nachher haben. Oder sie haben sie schon, so wie die Frau [X], *und da ergibt sich die Frage auch nicht. Also weggehen tun die Frauen eher weniger. Und wenn sie dann einmal in einer Position sind, in der sie Gruppenleiter oder Bereichsleiter sind, dann haben sie ihre Kinder und kommen sowieso wieder.*" (k1gf-3)

Die Frauen, denen man die Möglichkeit gibt, Beruf und Familie zu vereinbaren, bleiben auch im Betrieb. Denn ein anderer Arbeitgeber biete auch selten diese flexible Arbeitszeitgestaltung.
Ihre Kollegin bestätigt diese Einschätzung voll und ganz:

„*Ich habe, ehrlich gesagt, noch nie daran gedacht, den Betrieb zu wechseln. Sollte man sich eigentlich ab und zu überlegen, ob man nicht was anderes macht. Aber ich fühle mich sehr wohl hier, und ich hab' jetzt nicht das Bedürfnis, wirklich zu wechseln. Ich glaube, daß auch die Vereinbarkeit in einem anderen Betrieb schwierig ist. Ich glaube, wenn man sich wo bewirbt und sagt, ich möchte nur Teilzeit, daß dann allein von den Bewerbungsunterlagen schon einmal die auf die Seite gelegt werden. So stell' ich mir das vor. Und daß geschaut wird, eine Frau mit Kind ist weniger einsetzbar, weniger belastbar – ich zähl' jetzt so die Schlagworte auf, die es gibt –, das Kind wird krank, das Kind hat Ferien, das ist alles ein Problem. Und ich glaub', daß in vielen Betrieben da schon einmal aussortiert wird. Frau ohne Kind mit dreißig ist wahrscheinlich auch ein Problem, nehme ich an, weil das das Alter ist, in dem die Frauen Kinder kriegen.*" (k1m2-12)

Solche Vorurteile gebe es also in diesem Unternehmen nicht. Vielmehr sei es Teil der gelebten Unternehmenskultur, darum zu wissen, daß Frauen trotz Familienpflichten die gleichen Chancen wie ihre männlichen Kollegen haben. So meint auch in der kleinen Betriebszeitung eine andere weibliche Führungskraft zum Abschluß eines Interviews:

„*Was ich schon immer sagen wollte: In unserem Unternehmen – und darauf sollten wir stolz sein – ist die Gleichberechtigung voll verwirklicht, was durch die entsprechenden Zahlen der Frauen in Führungspositionen belegt ist. Wie Gespräche mit Berufskolleginnen zeigen, ist dies nicht für alle Betriebe so selbstverständlich.*"

Sie selbst hat zwei Kinder und einen Mann, der eben beim zweiten Kind in Karenz daheim ist. Allerdings rät auch sie den Frauen, zuerst Karriere zu machen und dann Kinder zu bekommen.
Die Mitglieder der Geschäftsführung nahmen längere Zeit hindurch an

einer externen Beratung zur Organisationsentwicklung teil, die indirekt den Frauen zugute kommt. Denn dort hätten die Führungskräfte gelernt, entbehrlich zu sein und zu delegieren:

> *„Das ist am Anfang nicht leicht, zu merken, ich muß ja nicht immer da sein, es geht auch ohne mich. Das funktioniert schon so, aber ich kann mir vorstellen, daß vieles daran scheitert, daß man nicht bereit ist, die Selbstbestätigung herzugeben. Oder man beweist sich ständig selber, daß die anderen das nicht so gut können. Und in dem Moment, in dem man merkt, es ist da jemand, dem kann ich das übertragen, der macht das dann auch ordentlich, und der Klient bringt eine positive Rückmeldung, dann geht es. Man muß selber soweit sein, daß man es nicht mehr als Selbstbestätigung braucht. Oder sich eine andere sucht. Ich glaub', daß das auf jeden Job zutrifft. Den Job gibt es einfach nicht, den nur einer allein ausfüllen kann und sonst niemand.“* (k1gf- 5)

So ist es jetzt denkbar, Arbeit auf verschiedenste Art und Weise aufzuteilen.

> *„Es ist nicht so schwierig, die Arbeit so einzuteilen. Man kann sie auch leichter verteilen. Wenn jemand zurücksteckt in der Arbeitszeit, kann man relativ leicht von ihm Arbeit zu jemand anderem weggeben. Das ist leichter als in einem Produktionsbetrieb oder in einer Bank. Na, in einer Bank wird's wahrscheinlich auch leicht sein. Vielleicht ist es eh überall leicht, und man tut's nur nicht. Man müßte mal wirklich diese Jobs untersuchen, wo man glaubt, daß man unbedingt 80 Stunden in der Woche braucht. Wenn man die analysieren würde, würde wahrscheinlich nicht mehr viel davon übrigbleiben, was man unbedingt selber machen muß. Die zeitliche Anwesenheit ist direkt mit der Möglichkeit verknüpft, gegen andere zu intrigieren. Das darf man auch nicht übersehen.“* (k1gf-5)

Aktionsfelder in Betrieb 2

Auch in Betrieb 2, dem Kleinstbetrieb der gleichen Branche, wird großer Wert auf Weiterbildung gelegt, wenn auch aufgrund der Kleinheit in einem anderen Rahmen. Pro Jahr gibt es Bildungsschecks, die die Untergrenze für die Weiterbildung darstellen. Auf diesen Schecks ist der Betrag festgehalten, der innerhalb des Jahres für Weiterbildung offensteht. Die Höhe des Bildungsschecks ist sowohl qualifikations- als auch umsatzabhängig – wobei die Höhe nach der Qualifikation nicht sehr differiert.

Aufstiegsmöglichkeiten im klassischen Sinne kann es natürlich in einem Betrieb mit zehn Beschäftigten nicht geben. Sie sind allerdings insofern vorhanden, als sich die einzelnen für „höherwertige“ Beschäftigungen innerhalb ihres Fachbereichs weiterqualifizieren – z. B. von einer Buchhalterin zur Bilanziererin. Doch ist das auch etwas problematisch:

> *„Wir sind alle auf der Schiene, daß wir uns weiterentwickeln wollen. Jetzt haben wir eine neue Buchhalterin gesucht und zu ihr gesagt, wir suchen jemanden, der auch eine Weile Buchhalterin bleibt. Wir werden sehen. Eine andere Möglichkeit ist vielleicht, daß wir ein ganz neues System entwickeln, daß jeder alles macht. Aber das ist ein großer Schritt."* (k15p-5)

Gesucht wurde vor allem eine Person, die „ins Team paßt", wobei es auf die Qualifikation ebenso ankam wie auf Sympathie.

Aktionsfelder in Betrieb 3

Bei Betrieb 3, dem kleinen Gesundheitsinstitut, ist die Arbeitseinteilung sehr phantasievoll und flexibel. Wichtig ist, daß in den Ordinationszeiten ständig eine Ärztin anwesend ist. An und für sich gibt es dazu eine grundsätzliche Einteilung, die aber nach Absprache auch noch abgeändert werden kann. Die Chefin selber ist rund 20 Stunden pro Woche anwesend; nur die Sprechstundenhilfe hat eine 40-Stunden-Woche.
Zwei Ärztinnen teilen sich einen Arbeitsplatz:

> *„Ich arbeite 20 Stunden, aber ich arbeite nur Montag, Mittwoch und Donnerstag. Das ist regelmäßig, das ist natürlich für mich wichtig, wegen der Zeiteinteilung mit den Kindern."* (k13m1-1)

> *„Ich habe 23 Wochenstunden. Ich habe einen Tag frei, arbeite einen Tag ganztags und drei Tage halbtags."* (k13m2-2)

Erleichtert wird diese Arbeitsteilung dadurch, daß sie verschiedene Patientinnen haben, mit denen sie jeweils die Termine gesondert vereinbaren. Sehen sie selbst Grenzen der flexiblen Arbeitszeit, was den Abstimmungsaufwand anbelangt?

> *„Hin und wieder gibt's das, daß man sich irgendwo nicht auskennt, und dann ruf' ich sie einfach an, wenn ich sie hier nicht treffe. Weil eigentlich fix zusammen sind wir hier nur das eine Mal in der Woche am Mittwoch. Meistens reicht es, wenn wir dann besprechen, wenn etwas unklar ist. Aber sonst hat ja jeder seine eigenen Patienten, und dann muß nicht unbedingt ein Austausch stattfinden. Ich glaube, wenn man frühzeitig alles ausmacht, so wie jetzt in dem Fall, wenn ich sage, ich würde dann höchstens zwei Nachmittage oder ein paar Stunden kommen, würde das schon gehen. Ich glaube, daß man das nur frühzeitig alles ausmachen muß."* (k13m2-4)

Eine der beiden Frauen würde demnächst ein Kind bekommen, wolle aber nach vier Monaten schon wieder stundenweise arbeiten. Dafür hat sie ein gutes Beispiel, denn eine ihrer Kolleginnen, die eben in Karenz ist, kommt schon jetzt stundenweise. Dadurch verliert sie nicht den Anschluß an die Arbeit und hat trotzdem viel Zeit für ihr kleines Kind. Eine weitere Ärztin, die mit drei Kindern die Berufstätigkeit für sechs Jahre ganz unterbrochen hat, wird eben eingeschult; sie soll die Kollegin in den Monaten ihrer Unterbrechung vertreten. Der gleitende Einstieg ist für sie optimal. Obwohl sie noch wenig da ist, ist sie schon sehr vom Klima im Institut angetan:

„Ich bin auch so vom Betrieb wirklich begeistert. Ja, ich weiß, daß er als familienfreundlich und frauenfreundlicher Betrieb gilt. Bei der Ärztekammer hat man mir das nicht gesagt, ich habe erst hier die Unterlagen gesehen, und in einer Anzeige wird das auch erwähnt. Und das stimmt auch, das ist wirklich so. Nicht nur für die Mitarbeiter, sondern auch den Patienten und Frauen gegenüber. Das ist wirklich ein sehr, sehr freundlicher und herzlicher Betrieb. Ich glaube, das kommt von allen Kolleginnen hier. Es finden sich alle Wellenlängen für ein gutes Team. Offensichtlich sind alle einander sympathisch und wollen auch dasselbe. Uns interessiert dasselbe Thema, und wir wollen eine bestimmte Atmosphäre schaffen – zumindest ist das mein Eindruck.“ (k13m3-8)

Die Ärztinnen zeigen sich von der Möglichkeit, Beruf und Familie derart flexibel vereinbaren zu können, begeistert. Sie hätten mit ihren Wünschen als unselbständig Beschäftigte kaum Alternativen. Denn in den Krankenhäusern werden extrem lange Arbeitszeiten und Nacht- und Schichtdienst verlangt. Bis auf eine sind alle mit Ärzten verheiratet, die auf diese Weise arbeiten und Karriere machen. Damit finden sie auch wenig Unterstützung in der Kinderbetreuung. Sie scheinen sich jedoch ganz bewußt für diese Art der Arbeit entschieden zu haben:

„Gerade wenn man aufsteigen möchte oder Oberarzt werden möchte, oder schon wenn man nur die Ausbildung macht als Assistenzarzt, dann muß man zusätzlich noch sehr viel Zeit im Beruf verbringen, Überstunden machen, zeitweise unbezahlt länger bleiben oder sich engagieren und eben sehr viele Fortbildungsveranstaltungen besuchen. So daß dann wirklich sehr wenig Zeit für eine Familie bleibt. Und das wollte ich nicht. Wenn ich schon ein Kind habe – wobei es nicht nur ums Kind geht, weil wenn das Kind eine gute Betreuung hat, geht es vielleicht. Aber mir kommt vor, daß mir selbst etwas entgehen würde, wenn ich die ersten Jahre nicht bewußt miterlebe. Und der zweite Punkt ist das schlechte Gewissen – das hatte ich auch im Turnus damals. Und zwar einerseits dem Kind gegenüber: daß ich jetzt so wenig Zeit hab', und andererseits

aber auch dem Beruf gegenüber: eigentlich müßte ich mich zu Hause noch weiterbilden, müßte ich noch lesen oder Fortbildungsveranstaltungen besuchen. Irgendwo dann das Gespaltene, daß ich dann mit nichts zufrieden war. Das ist jetzt mit den 23 Stunden ganz weg, so geht das ohne weiteres. Im Moment, so wie es jetzt läuft, könnte ich ohne weiteres noch ein paar Stunden mehr machen, das wäre kein Problem. Weniger möchte ich nicht." (k13m2-6)

Aktionsfelder in Betrieb 4

Im Produktionsbetrieb werden nicht oft neue Beschäftigte aufgenommen, die Belegschaft ist ziemlich stabil, und die Auftragslage gibt keinen Anlaß zur Expansion. Es würden auch Frauen für den ausschließlich männlich besetzten Kernbereich der Produktion aufgenommen, doch hat sich bisher noch nie eine beworben. Inserate werden zwar geschlechtsunspezifisch formuliert; einen eigenen Zusatz, der Frauen ermutigt, gibt es aber nicht. Der Grund ist denkbar einfach: In Zeitungseinschaltungen kostet schließlich jedes zusätzliche Wort mehr Geld.

Wie schon erwähnt, gibt es in der Produktionsvorbereitung zwei junge Frauen in einem traditionell eher männlichen Bereich. Nach ihrer Aussage wurden sie deshalb aufgenommen, weil sie Frauen sind. Beide waren bei ihrem Bewerbungsgespräch gefragt worden, wieweit sie an Kinder und Familie denken würden. Aber das war bisher bei jedem Vorstellungsgespräch der Fall gewesen. Sie sind sehr zufrieden, zu zweit zu sein. Eine durchaus beabsichtige Zusammensetzung, so meint die Geschäftsführerin:

„Wenn Frauen in einer Abteilung arbeiten, wie es zum Beispiel in der Montage der Fall ist, da ist eine Frau allein einfach arm. Das ist einfach ungut. Und das merkt man: Sobald es zwei sind, gibt es schon auch da Koalitionen. Auch unsere zwei Montiererinnen sind befreundet und halten zusammen, und das paßt." (k10gf-9)

Allerdings ist dieser Bereich ein Betätigungsfeld, in dem die technologischen Veränderungen massiv die Berufsbilder verändern. In der Abteilung wurde noch nicht – wie in anderen Betrieben – auf EDV-Bearbeitung umgestellt, und die Beschäftigten haben noch keine entsprechende Ausbildung dazu. In ihrer Lehrausbildung, die die beiden Frauen (in anderen Betrieben) erst vor wenigen Jahren abgeschlossen haben, haben sie auch in der Berufsschule keinen Computer gesehen. Bisher seien sie noch nicht gefragt worden, ob sie sich umschulen lassen wollten, und sie wissen auch nicht, ob die Firma die Kosten

übernehmen würde. Über eine eventuelle (drohende) Umstellung wird abteilungsintern nicht gesprochen.
Vor kurzem ist die frühere Rezeptionistin zur Sachbearbeiterin aufgestiegen. Durch die Beteiligung am Wettbewerb um den frauen- und familienfreundlichsten Betrieb sei die Sensibilität im Betrieb zum Thema Frauenförderung größer geworden, was den Umstieg der Kollegin in einen traditionell männlichen Bereich sicher mitbeeinflußt habe.

„Es ist schon ein bißl mehr Bewußtsein bei den Männern da. Weil früher hätten sie sich vielleicht schon ein bißl quergelegt und gesagt: Naja, muß das sein? Es gibt ein paar tolle Männer, die das auch können. Und so gab es dann gar keine große Diskussion. Das war dann ja klar. Also insofern hat sich sicher etwas getan.“ (k10gf-6)

Eigeninitiative der Beschäftigten in Sachen Weiterbildung wird gern gesehen. Die Sachbearbeiterin absolviert gleichzeitig einen einjährigen Abendkurs, dessen Kosten die Firma übernimmt. Daß auch die Arbeitszeit von der Firma übernommen wird, ist finanziell nicht möglich.

„Wenn Weiterbildung direkt mit dem Beruf zusammenhängt, das übernehmen schon wir. Aber den Mehreinsatz, den man braucht, um was zu lernen, um da hineinzuwachsen, der geht ganz auf den, der das macht. Kurszeiten gehen auf Privatzeit, weil wir uns das einfach nicht leisten können, aber der Kurs wird bezahlt.“ (k10gf-6)

Vor kurzem wurde eine neue Rezeptionistin aufgenommen. Die Wahl fiel auf eine Alleinerzieherin, die für 40 Stunden eingestellt wurde. Da es aber mit den Öffnungszeiten des Kindergartens Schwierigkeiten gab, wurde die Arbeitszeit bald auf 30 Stunden reduziert:

„Die Kleine war sicher das letzte Kind, das abgeholt worden ist. Die ist ja schon mit dem Mantel dagestanden und hat mit der Kindergartentante gewartet, bis ich komme.“ (k10m1-3)

Die Befragte schildert sehr anschaulich die Probleme einer Alleinerzieherin:

„Schaun Sie, wenn ich verheiratet bin, und mein Mann verdient weiß-ich-wie-gut, und ich kann es mir leisten, zu Hause zu bleiben oder nur zehn Stunden in der Woche arbeiten zu gehen, tu ich es. Nur es sind halt irrsinnig viele alleinerziehende Mütter, und es ist ein Wahnsinn, einen Kindergartenplatz zu finden. Es ist nicht so, daß die alleinerziehenden Mütter vorgezogen werden, wie es immer heißt. Das stimmt nicht. Meine Tochter kommt jetzt in eine Schule, da ist es eine Katastrophe, eine Nachmittagsbetreuung zu finden.“ (k10m1-2)

Sie hätte den Arbeitsplatz ohne Reduktion der Arbeitszeit nicht halten können. Die Vereinbarung ist deshalb zustande gekommen, weil zwei Kolleginnen sich bereit erklärten, bei ihrer Abwesenheit den Telefondienst zu übernehmen.
Schon seit fast zehn Jahren teilen sich zwei weitere Frauen einen Arbeitsplatz und damit Buchhaltung und Lohnverrechnung. Das tun sie nicht wegen der Familienversorgung, sondern wegen eines zweiten Jobs bzw. wegen eines Studiums. Sie sind jeweils drei Tage da, wovon sie einen Tag gemeinsam im Büro sind. Trotz unterschiedlicher Arbeitsschwerpunkte würden hin und wieder kleine Probleme auftreten.

> *„Ab und zu gibt es dann schon Kommunikationsschwierigkeiten. Daß der Kunde mit einer etwas geredet hat, und dann ruft er zwei Tage später an, und dann bin ich da, und ich kenne mich wieder nicht aus – eher solche Sachen. Und da muß man dann, was eigentlich eh ziemlich gut funktioniert, immer Zettel schreiben. Immer wenn ich komme, liegt ein langer Zettel da. Aber es funktioniert schon im großen und ganzen, das muß ich schon sagen.“* (k10pm-2)

Einschätzung der Maßnahmen

Aus den Einzeldarstellungen wird sehr deutlich, welch vielfältige Ansätze in den Betrieben möglich sind, die Arbeits- und Beschäftigungsbedingungen der Frauen positiv zu gestalten. Als fördernde Bedingungen für gute Beschäftigungschancen von Frauen sind in allen Unternehmen des Typs 2 die aufgeschlossene Geschäftsführung und die besonders flexible Unternehmenskultur und Personalpolitik zu nennen; die Kleinheit der Betriebe, die Art der Tätigkeit und das jeweilige Berufsbild haben einen nicht zu unterschätzenden Einfluß. So weist etwa der spezielle Tätigkeitsbereich, wie er in Betrieb 1 und 2 vorkommt, von vornherein kein segregiertes Berufsbild auf und ist außerdem, ähnlich wie die Tätigkeit der Ärztinnen in Betrieb 3, nahe einer selbständigen Berufsausübung angesiedelt. Positiver Faktor ist dabei, daß die Leistung und damit die Kosten im großen und ganzen direkt den einzelnen Personen zuzurechnen sind.
Zu einem Großteil prägen selbstbewußte Beschäftigte mit modernen Wertevorstellungen das Bild der Betriebe und werden von der Geschäftsführung als solche gesehen. Die Kehrseite der Medaille ist allerdings, daß nicht nur Freiraum gewährt, sondern auch Eigenverantwortung und Eigeninitiative verlangt wird. Das erfordert ein hohes Maß an Fähigkeit zur Interessendurchsetzung seitens der einzelnen Personen. Es fragt sich, ob alle Beschäftigten über gleich gute Aus-

gangspositionen verfügen. Die Vermutung liegt nahe, daß insbesondere Frauen tendenziell zurückhaltend agieren, wenn es etwa um Weiterbildungs- oder Aufstiegswünsche geht.
Trotz der fortschrittlichen Haltung sind es nahezu immer die Frauen, die ihre eigene Karriere im Fall von Kindern hintanstellen. Bei Betrieb 3 sind es die Ärztinnen, deren Ehemänner den Aufstieg machen, und sogar in Betrieb 1 läßt sich eine gewisse Segregation innerhalb der Beschäftigten ausmachen, die sich unterschiedlichen Zusatzausbildungen verdankt. Frauen mit Kindern haben es ungleich schwerer. Der Zeitaufwand für die zusätzliche Ausbildung ist einfach zu hoch:

> *„Dort gibt es schon mehr Männer. Na, warum wohl? Jetzt hat man endlich die lange Ausbildung abgeschlossen, dann hat man die Kinder, und dann soll man noch nebenbei lernen. Das ist nicht zu machen. Da haben wir sicher ein Handicap. Weil da muß man eineinhalb Jahre lernen. Und wer macht daneben dann die andere Arbeit zu Hause? Das können sich eigentlich nur Männer gut einteilen. Da neben Kind und Beruf zu lernen, das ist ein Wahnsinn. Und die Männer haben es relativ leicht, die gehen halt ins Zimmerlein und sagen, so, jetzt laßt's mich alle in Ruhe, weil ich lerne. Der Papa lernt und alle müssen ruhig sein. Und die Mama lernt, und keiner ist ruhig."* (k1gf-8)

Ein weiterer Punkt, der auch bei anderen Unternehmen eine Rolle spielen wird, ist die Frage der geschlechtsspezifischen Einkommensunterschiede. Dieser Punkt wird sehr oft von den Beschäftigten selbst angeschnitten, wenn es um Ungleichheiten zwischen Frauen und Männern geht. Auch im eigenen Betrieb sei nicht klar, ob die Einkommensgerechtigkeit verwirklicht ist, denn über das Gehalt werde im Betrieb nicht geredet.
In keinem der Betriebe des Typs 2 waren die „Maßnahmen" in irgendeiner Weise formal institutionalisiert. Nur in einem der vier Betriebe, dem Produktionsbetrieb, gab es überhaupt einen Betriebsrat, mit dem die Regelungen in einer Betriebsvereinbarung hätten festgeschrieben werden können. Wenn eine gewisse Verbindlichkeit besteht, ist diese informell, wobei man sich darauf berufen kann, daß bestimmte Regelungen schon für andere einzelne Beschäftigte Gültigkeit haben.
In den größeren Betrieben liegt die Zuständigkeit für die Durchführung von „Maßnahmen" bei den direkten Vorgesetzten. Nicht einheitliche Richtlinien, sondern deren individuelle Einstellungen bestimmen, was machbar ist und was nicht. Natürlich kann eine gelebte Firmenkultur hier meinungsbildend wirken, doch hat auch diese ihre Grenzen. In den größeren Betrieben gibt es keine verbindlichen Aussagen der

Geschäftsführung, etwa einen Beschluß der Eigentümer, und in keinem Betrieb gibt es schriftliche Absichtserklärungen oder ähnliches. Bei der Durchsicht der erhaltenen schriftlichen Unterlagen aus den Betrieben ergab sich, daß weibliche Beschäftigte bis auf ganz wenige Ausnahmen sprachlich gar nicht vorkommen. Auch in den Gesprächen zeigte sich, daß die Wahl der Bezeichnungen individuellen Vorlieben überlassen bleibt, wobei viele der Befragten in der sprachlichen Gleichbehandlung einen bloßen Formalismus sehen.
Auch wenn die Maßnahmen mit dem betrieblichen Interesse an zufriedenen MitarbeiterInnen und stabilen Dienstverhältnissen begründet werden, sieht man sie doch in erster Line als Kostenfaktoren. Darum ist die folgende Aussage eine durchaus reale Einschätzung:

> *„Solange wir so weiterwachsen, wird sich alles so positiv weiterentwikkeln. Man weiß natürlich dann nicht, wie es mit der Frauenfreundlichkeit bestellt ist, wenn es einmal eine Rezession gibt. Das kann man nicht voraussagen. Ob man dann noch großzügig ist mit der Teilzeit, oder ob man dann zu rechnen anfängt, wieviel der Arbeitsplatz kostet, und sagt, das können wir uns nicht leisten und darum nehmen wir statt drei Teilzeitkräften eine Arbeitskraft voll. Das kann man nicht so optimistisch einfach wegschieben und sagen, das wird es bei uns nie geben. Ich glaube, daß das schon ein gewisser Luxus ist. Man müßte einmal schauen, wie effektiv eine Teilzeitkraft im Vergleich zu einer Vollzeitkraft ist. Wenn man da zu dem Ergebnis kommt, ha, die sind ja eigentlich viel effektiver, dann würde sich schon einiges ändern. Und wenn die Entwicklung dahin geht, daß die Normalarbeitszeit immer kürzer wird, dann wird es wahrscheinlich automatisch so sein, daß man einen gewissen Level an Frauenfreundlichkeit erreichen wird. Wenn die Kinderbetreuungseinrichtungen langsam, aber doch mehr werden, und die Arbeitszeit dafür reduziert wird, dann kann das schon den Effekt haben, daß das, was man sozusagen privilegiert als Vorreiter schon hat, dann Standard wird.“* (k1gf-10)

Kennzeichnend für die Betriebe des Typs 2 ist die historisch gewachsene Entwicklung der betrieblichen Sozialordnung. Auch wenn die einzelnen Betriebe unterschiedliche Ausformungen aufweisen, ist ihnen gemeinsam, daß den Firmengründern und insbesondere den Firmengründer*innen* eine entscheidende Rolle in der Ausprägung der Organisationskultur zukommt. Nachdem letztere bzw. andere einzelne Frauen in den Unternehmen Präzedenzfälle für den Aufstieg in Führungspositionen, für die Vereinbarkeit von Beruf und Familie, für die Bewährung in nicht-traditionellen Bereichen, für die Teilbarkeit von Arbeit usw. geschaffen haben, sind positive Vorbilder entstanden. Diese positiven

Erfahrungen haben zur Herausbildung von bestimmten Gewohnheiten und Usancen geführt, auf die sich andere berufen können, und im Umgang damit sind gewisse Anspruchsniveaus gewachsen. Es handelt sich also durchaus nicht um einen zentral oder von außen gesteuerten sozialen Prozeß, sondern um eine kontinuierliche endogene Entwicklung.

Bei Typ 2 treffen viele günstige Voraussetzungen (relativ homogene Wertvorstellungen, überwiegend fehlende Segregation, hoher Frauenanteil, hohe Qualifikationen usw.) aufeinander, doch ist das offensichtlich Entscheidende für die Veränderungen die von der Initiative der Frauen begleitete Wahrnehmung von Spielräumen und der Machbarkeit ungewöhnlicher Regelungen.

Typ 3: „Wir setzen auf Frauen“ – Weibliches Arbeitsvermögen als gefragte Personalressource

Unter diesem Titel sind – als größter Gruppe – insgesamt sechs Unternehmen zu finden. Ihnen gemeinsam ist, daß sie alle klassischen Frauenbranchen angehören, aus ähnlichen Motiven speziell auf die Arbeitskraft der Frauen setzen und somit sehr hohe Frauenanteile (zwei davon nahezu 100 %) aufweisen. Betriebe aus Reinigung und Gastronomie repräsentieren wenig attraktive Frauenbranchen. Andere Betriebe gehören dem von unterschiedlichen Entwicklungen geprägten Groß- und Einzelhandel an, und ein Betrieb schließlich ist eine Kombination aus Lebensmittelproduktion und Lebensmittelhandel. Im Hinblick auf die Betriebsgröße finden sich einige der größten untersuchten Betriebe mit mehr als 1000 Beschäftigten in dieser Gruppe. Die übrigen sind eher kleinere Betriebe mit zwischen 30 und 50 ArbeitnehmerInnen. Geographisch gesehen sind die meisten der Betriebe in Wien angesiedelt.

Ebensowenig wie in den anderen Betrieben der Typen 2 bis 5 existiert in diesen Unternehmen ein deklariertes Frauenförderungsprogramm bzw. eine explizite, in irgendeiner Form verschriftlichte Personalpolitik zur Förderung von Chancengleichheit – auch wenn einige der unter Typ 3 vertretenen Betriebe ein großes Selbstverständnis in „gelebter Chancengleichheit“ aufweisen und damit auch schon an die Öffentlichkeit getreten sind.

Bei einigen Unternehmen dieses Typs stellt sich die interessante Frage, was denn eigentlich Frauenförderung in einem Frauenbetrieb heißt. Wenn nur Frauen in einem Unternehmen beschäftigt sind, so kommt ihnen schließlich jede personalpolitische Maßnahme, jede Art von

Weiterbildung und jede Sozialleistung zugute. Angesichts der fehlenden „männlichen Konkurrenz“ stellt sich in diesen Unternehmen außerdem das Problem der ungleichen Behandlung von Frauen und Männern gar nicht. Ist in diesen Fällen also Chancengleichheit gegeben? Sind die Betriebe als frauenfreundlich zu bewerten, wenn auf den Führungsebenen 100 % Frauen vertreten sind, oder ist nicht schon ein Anteil von 50 % im Vergleich zu anderen Branchen überdurchschnittlich hoch? Reicht es aus, möglichst viele Frauen einzustellen und ihnen damit Arbeitsplätze anzubieten, oder sind spezielle organisatorische Gestaltungsmaßnahmen notwendig, damit betriebliche Personalpolitik als frauengerecht eingeordnet werden kann? Was ist der Maßstab für die Beurteilung der Beschäftigungsbedingungen: die Männerarbeitsplätze in anderen Betrieben oder die Branchengegebenheiten? Oder ist es die subjektive Zufriedenheit der hier beschäftigten Frauen, die letztendlich den Ausschlag für eine Beurteilung gibt?
Auf den Punkt gebracht, ließe sich dazu die etwas provokante Frage stellen: Werden Frauen gegenüber Männern bevorzugt behandelt, wenn nur sie für Reinigungsarbeiten aufgenommen werden? Wollte man es so sehen, wäre es die Segregation am Arbeitsmarkt, die den Frauen zugute käme – eine etwas zynische Sichtweise.
Viele der Unternehmen setzen allein schon deshalb auf weibliche Arbeitskräfte, weil aus Branchentradition in dem jeweiligen Arbeitsmarktsegment mehr Frauen als Männer vertreten sind. Eine Erklärung dafür ist, daß Frauen wenige Alternativen dazu haben, Männer hingegen schon.
Für die Niedriglohnbranchen Gastronomie und Reinigung ist ein hoher Anteil von weiblichen und ausländischen Beschäftigten im ArbeiterInnenstatus mit tendenziell geringen Qualifikationen charakteristisch. Typische Berufsbilder sind neben einfachen Zu- und Hilfsarbeiten in der Gastronomie die Lehrberufe Koch/Köchin und Kellner/in. An deren Stelle werden aber auch häufig Angelernte eingesetzt. In der Reinigung ist erst seit ganz kurzer Zeit eine Lehrausbildung möglich, aber es ist anzunehmen, daß Fachkräfte hier auch in Zukunft die Ausnahme darstellen werden. Die Arbeitsbedingungen beider Branchen sind geprägt von körperlich anstrengenden und gesundheitlich belastenden Tätigkeiten und von langen und unattraktiven Arbeitszeiten. Niedrigste Einkommen, ungünstige Kollektivverträge, prekäre Dienstverhältnisse und Verstöße gegen das Arbeitsrecht sind keine Seltenheit. Die Fluktuation ist in diesen Branchen sehr hoch, was u. a. mit saisonalen Schwankungen und der hohen Mobilität der Beschäftigten verbunden

ist. Frauen mit Familienpflichten und Wiedereinsteigerinnen, die unregelmäßig und zeitweise Beschäftigung suchen, und welche wie ausländische Arbeitskräfte mangels anderer Möglichkeiten auch unattraktive Arbeitsbedingungen in Kauf nehmen müssen, sind in diesen Branchen überdurchschnittlich oft zu finden.

Aufgefallen ist in manchen dieser Betriebe auch, daß die Geschäftsführenden bzw. die Personalverantwortlichen über weniger Fachausbildung als in anderen Branchen verfügen. Ihre Ansichten zu Arbeitsmarkt- und Personalpolitik sind von der Praxiserfahrung geprägt:

> *„Ich muß Ihnen sagen, was hier kommt, was sich hier meldet und was die für Gehälter wollen, das ist unglaublich. Keine Ahnung, keine Praxis, nur 100 Zettel von Kursen. Und dann muß ich Ihnen sagen ... Es ist meine persönliche Meinung, daß nicht jeder Kurs, der irgendwo die Arbeitslose verlängert ... Für manchen ist es vielleicht richtig und positiv zu sehen, aber bei 90 % können Sie es vergessen. Ich habe da eine Vorstellung gehabt, der hat, glaube ich, 15 solche Kursbestätigungen gehabt: dort 10 Stunden, da 20 Stunden. Wie kann denn einer Buchhaltung in 20 Stunden lernen, oder EDV, Windows, Excel – das geht doch nicht. Und diese Kurse sind meiner Meinung nach unnötig, sie kosten dem Staat wahnsinnig viel Geld. Diese Leute sollen sich hersetzen in die Praxis. Was sie lernen müssen, lernen sie – wenn sie clever sind und wenn sie wollen."*

Vereinzelt zeigten in diesen Betrieben ältere Frauen in Führungspositionen wenig Verständnis für Vereinbarkeitsprobleme jüngerer Frauen. Schließlich hätten sie ihre Kinder auch allein aufgezogen, und damals habe es noch nicht einmal Karenzurlaub oder Karenzgeld gegeben. Teilzeit sei für sie niemals eine Option gewesen, denn von diesem Einkommen hätten sie nicht leben können.

> *„Nein, ich finde das nicht in Ordnung. Ich meine, nicht daß ich böse bin, aber wären Sie vielleicht 20 Jahre älter und hätten Kinder, wer hätte Ihnen geholfen? Hilft Ihnen irgend jemand? Ich glaube nicht. Mir hat auch keiner geholfen. Und irgendwie sind wir selbständiger geworden dadurch. Aber wenn ich Ihnen das anbiete und das anbiete, dann wird einer nie von alleine leben können und selbständig werden."*

Die untersuchten Betriebe dieser Branchen setzen gezielte personalpolitische Maßnahmen ein, um MitarbeiterInnen an das Unternehmen zu binden und – bei größeren Betrieben – geeignete Führungskräfte aus ihren Reihen zu rekrutieren. Ziel ist das Halten einer stabilen und motivierten Belegschaft in einer von hoher Fluktuation gekennzeichneten Branche:

> *„Fluktuation kostet ein Vermögen, bei Männern und bei Frauen. Und*

wenn es gelingt, diese einzuschränken, habe ich einen enormen betriebswirtschaftlichen Vorteil. Ich muß aber was dafür tun. Ich muß Bedingungen liefern, unter denen die Leute gern und dauernd bleiben, viel leisten und lange bleiben.“ (k18p-4)

Da aufgrund der Fluktuation laufend Personalneuaufnahmen notwendig sind, ist es auch relativ einfach, aus der Familienpause zurückkehrende Beschäftigte wieder unterzubringen. Die Besonderheit der Branche, in der es ohnehin kaum „Normalarbeitszeit“ gibt, und die ständige Fluktuation in den Betrieben erleichtern es, mit den Frauen flexible individuelle Vereinbarungen zu treffen.

„Ich denke, worin wir sicher eine Art Frauenförderung haben, ohne daß wir uns das bewußt an die Fahnen heften können, ist dort, wo wir in der Lage sind, aufgrund unserer Art von Geschäft sehr flexible Arbeitszeiten anzubieten.“ (k18p-4)

Den zweiten Branchenschwerpunkt der hier zusammengefaßten Betriebe bildet der Groß- und Einzelhandel. Auch der Handel ist ein von Frauen dominierter Bereich, wenn sich auch hier die Situation etwas anders darstellt und sehr viele Fachkräfte ausgebildet und beschäftigt werden. Innerhalb des Handels gibt es verschiedene Entwicklungen, die mit der Reorganisation der Unternehmen verbunden sind. So finden sich in Einzelhandelsketten Tendenzen, Vollarbeitszeitverhältnisse durch Teilzeitarbeit und geringfügige Beschäftigung zu ersetzen. Innerhalb der Branche ist abhängig vom Produkt eine starke Segregation festzustellen. Zwei anschauliche Beispiele dafür sind der männerdominierte Maschinenhandel und der frauendominierte Schuhverkauf. In den untersuchten Betrieben wird mit Kosmetika, Wäsche und Lebensmitteln gehandelt.

Tatsächlich bestehen in diesen Branchen spezifische betriebliche Interessen am Einsatz weiblicher Arbeitskräfte. Das bezieht sich in den untersuchten Betrieben auf mehrere Aspekte:

- die Dienstleistung oder das Produkt (Reinigungsarbeiten; Bedienung, Service und Kochen; Kosmetik und Mode);
- die Kunden, weil einerseits vorwiegend weibliche Kunden die Produkte kaufen (Mode, Kosmetik), andererseits KundInnen Frauen in diesen Positionen wünschen oder erwarten:

„Wir haben einmal eine Gästebefragung gemacht, bei der wir unsere Stammgäste befragt haben und bei der sie auch den freundlichsten Mitarbeiter bekanntgeben konnten, und das waren durch die Bank nur weibliche Mitarbeiter, sowohl im Service als auch an der Rezeption.“ (k11gf-1)

„Was würden Sie wollen, wenn Sie sich Ihre Wohnung putzen lassen: einen Mann? Das ist ein Frauenberuf.“ (k20p-3)

- die Qualität der Arbeitskraft: Frauen sind flexibel einsetzbare, billige Arbeitskräfte.

Bevor näher auf die einzelnen Betriebe eingegangen wird, soll die besondere Charakteristik der in den Betrieben angeführten Begründungen für den bevorzugten Einsatz weiblicher Beschäftigter beschrieben werden. Es sind letztendlich Begründungen für die Segregation des Arbeitsmarkts.

Frauen sind . . .

Geschlechtsspezifische Zuschreibungen waren zwar in fast allen Unternehmen anzutreffen, doch erhalten sie bei diesem Typ eine zentrale Funktion für den Personaleinsatz. In allen sechs Betrieben basiert die Argumentation sehr stark auf der Zuschreibung frauenspezifischer Eigenheiten, wie etwa besonderer persönlicher Eigenschaften, Verhaltensweisen und Fähigkeiten.

Manche dieser Zuschreibungen beziehen sich direkt auf die Tätigkeit, die am Arbeitsplatz zu leisten ist, wie etwa darauf, daß Frauen besser putzen können. Andere wiederum sind darüber hinaus auf die besondere weibliche Persönlichkeit bezogen und als extrafunktionale Qualifikation einzustufen, wie weibliche Freundlichkeit und Wärme. Mitunter werden diese Fähigkeiten speziellen Gruppen von Frauen, wie Wiedereinsteigerinnen, besonders zugesprochen. So heißt es etwa, diese seien aufgrund ihrer familären Erfahrung belastbarer und ab einem bestimmten Alter zuverlässiger.

Hier nur einige wiederholt angesprochene Beispiele für „weibliche Eigenschaften“: Frauen seien für bestimmte betriebliche Aufgaben besser geeignet, weil sie sauberer, verantwortungsbewußter, konsequenter, sozialer, einfühlsamer, putzfreudiger und loyaler sind als Männer.

„In der Gastronomie, das war ja immer verbunden mit Kochen und Putzen und solchen Sachen, da waren immer schon die Frauen irgendwo federführend, weil die ja das G'spür haben . . . Man merkt schon oft, daß Frauen das besser im Griff haben, bei einigen Situationen – eher auf die Mitarbeiter eingehen, mehr Verständnis zeigen, auch für die Lehrlinge mehr Verständnis haben.“

„Ich glaube, es liegt in der Natur der Frau, daß sie die Herzlichkeit rüberbringt.“

„Frauen sind einsetzbar im ganzen Bereich, wo es um Gefühl geht, weil sie das können.“

Mitunter wird auch mit Biologismen argumentiert. Neben den neuesten Erkenntnissen der Hirnforschung, die belegen sollen, daß Frauen gleichzeitige mehrere Dinge im Auge behalten können –

> *„Das ist ein Punkt, der Frauen erfolgreich macht: So ein Betrieb besteht aus vielen Details, aus Dingen, die man gleichzeitig machen muß, und da scheitern Männer meistens. Da gibt's auch Ergebnisse der Hirnforschung, ich weiß nicht, ob das so ist ...“ –,*

wird auch ein angeblich unterschiedlicher Muskelaufbau als Erklärungsmuster herangezogen:

> *„Vielleicht kann man so sagen: Ein kontinuierlicher Betrieb entspricht ja auch der physiologischen Leistung, nicht? Kennen Sie das vom Muskelaufbau? – Daß der Frauenmuskel eher für die kontinuierliche Leistung besser geeignet ist und der Mann eher für den* [macht Boxerhandbewegungen] *schnellen Zuschlag, dafür aber nicht diese ausdauernden Dings hat? Und so würde ich das auch sehen. Ein kontinuierlicher Betrieb hat jeden Tag den gleichen Umsatz, hat immer die gleiche Gästestruktur. Dort ist eine Frau irgendwie ..., weil sie doch konsequenter ist als ein Mann. – Ein Mann ist begeisterungsfähig und sagt heute: ‚Hurra, dorthin!‘ und morgen: ‚Dorthin und dahin!‘ Wissen Sie, was ich meine?“*

Obwohl betont und relativiert wird, daß man sich bei diesen Einschätzungen nicht ganz sicher sei, daß diese Dinge ja bloß in ihrer Tendenz eine Rolle spielen würden und nicht zu verallgemeinern seien, spielen diese Zuschreibungen eine nicht zu unterschätzende Rolle für die Legitimation von Personalauswahl und -einsatz. Insbesondere ging es bei den genannten Beispielen darum, Frauen als für Führungspositionen im allgemeinen bzw. für nur bestimmte Führungspositionen besonders geeignet zu beschreiben.

Betrieb 1 und 2: Von Frauen für Frauen – Mode und Kosmetik

Betrieb 1 und 2 handeln mit Produkten, die in der Hauptsache nur von weiblichen Kunden nachgefragt werden und nur von Frauen verkauft werden.
Betrieb 1 ist ein Großunternehmen, das im Verkauf fast ausschließlich Frauen beschäftigt. Die Filialleitungen sind gänzlich, die oberste Führungsetage ist zur Hälfte mit Frauen besetzt.
Betrieb 1 hat trotz seiner Größe eine Organisationskultur, die sich sehr stark am Modell der familiären Zusammengehörigkeit orientiert. Es wird nicht nur als wichtig erachtet, daß die Personen der Unternehmensspitze mit allen MitarbeiterInnen in persönlichen Kontakt kommen, sondern auch in der Personalpolitik sehr auf die Individualität

der Maßnahmen geachtet. So gibt es keine allgemein gültigen Angebote, sondern individuelle, auf die Person abgestimmte Entwicklungsprogramme. Der unternehmensintern als Weiterentwicklung bezeichnete Schulungsbereich umfaßt sowohl fachliche als auch persönlichkeitsbildende Elemente.

> *„Wir versuchen, unseren jungen und jüngsten Mitarbeitern zusätzlich sehr viel Selbstbewußtsein zu geben, gepaart mit sehr viel fachlicher Ausbildung, so daß in kürzester Zeit auch sehr beachtliche Leistungen von diesen jungen Mitarbeitern erbracht werden. Und wir fördern diesen Karriereweg weiterhin sehr konsequent."* (k19p-5)

Fördermaßnahmen erfolgen vor allem auf Initiative der Mitarbeiterinnen, wobei deren Vorgesetzte dabei eine besondere Rolle spielen. Alle Weiterbildungsmaßnahmen werden in der zentralen Personalabteilung koordiniert. Die Palette ist groß: Neben produktspezifischen Seminaren werden Verkaufstraining, Sprachschulung und Schulungen der Umgangsformen, Seminare zu den Themen Persönlichkeitsentwicklung, Führungsverhalten, Gesundheit, Fitness sowie Rhetorikkurse bis hin zu Ausbildungen in „Neurolinguistischem Programmieren" und Transaktionsanalyse angeboten.
Von einem programmatischen Angebot halte man wenig:

> *„Das ist eben nicht so, daß ich einen veröffentlichten Maßnahmenplan habe, der für jeden zugänglich ist, und wo jeder genau weiß, wenn ich A brauche, kriege ich B. So ist es ja nicht. Es ist vielmehr so: Durch die individuelle Betreuung haben wir eine individuelle Gestaltung der Förderung."* (k19gf-3)

Die Frauen werden ebenso individuell in ihrer Laufbahnplanung unterstützt, und in den Filialen werden nach Bedarf individuelle Arbeitszeitregelungen vereinbart. Generell gebe es jede erdenkliche Unterstützung:

> *„Es gibt nichts, was wir nicht tun würden, um einen Mitarbeiter soweit wie möglich zu unterstützen, ob das jetzt die Kinderbetreuung anbelangt, ob das Krankheitsfälle betrifft. Egal, in welchem sozialen Bereich der Mitarbeiter sich bewegt, er kriegt die Unterstützung."* (k19gf-2)

Die besondere Organisationskultur wird bewußt gefördert und über Symbole, Farben und Kleidung vermittelt. Usus ist, einander mit Vornamen anzureden.

> *„Ich meine einfach dieses Wir-Gefühl, diese Aufgehobenheit, die Sicherheit, die persönliche Art, mit den einzelnen Mitarbeitern umzugehen – egal, welche Position. Das ist sicher einer der stärksten Bereiche, der von meiner Erfahrung her auch für Frauen eine ganz besondere*

Wirkung hat, weil diese soziale Wärme ja auch im Unternehmen spürbar ist." (k19gf 2)

Die „weibliche Persönlichkeit" spielt im Verkauf schließlich eine entscheidende Rolle:

> *„Vorweg sollte die Persönlichkeitsentwicklung entscheidend weiter gefördert werden, weil eben das im Verkauf sehr wichtig ist. Die Seminare werden sicher auch für die Zukunft wichtig sein. Immer mehr wird wichtig, auch andere Bereiche dazuzunehmen, dieses Ganzheitliche. Wir trennen auch nicht in Beruf und Privatleben, sondern es ist einfach ganzheitlich. Beispielsweise sagte diese Woche eine Mitarbeiterin in einem Kurs: Das verwende ich jetzt alles für mein Kind. Es funktioniert einfach nicht, daß ich am Abend abschneide und sage, das war meine Rolle hier im Betrieb und jetzt ist meine Rolle zu Hause. Dieses Ganzheitliche wird sich in Zukunft noch stärker entwickeln, und was dazugehört: Körperarbeit, Streßabbau, besseres Körpergefühl, Gepflegtheit. Und das Größerwerden und trotzdem dieses Wir-Gefühl und die soziale Wärme behalten, denke ich, ist ganz wichtig. Vielleicht ist das das Spezifikum für Frauen, das kann ich nicht beurteilen. Ich denke, die Stärke der Frau liegt auch in dieser sozialen Wärme."* (k19p-1)

Betrieb 2 ist ein Unternehmen in Tirol und soll hier ebenfalls nur kurz skizziert werden. Betrieb 2 beschäftigt als Tochter eines europäischen Konzerns rund 25 Beschäftigte, davon 23 Frauen. Die Chefin geht sehr auf die Wünsche der MitarbeiterInnen ein und meint, man solle den Frauen, wenn es irgendwie geht, entgegenkommen. Darunter versteht sie, daß auf persönliche Probleme, Arbeitszeitwünsche und bei entsprechender Eigeninitiative auch auf Weiterbildungswünsche eingegangen wird.

Was die Personalauswahl anbelangt, werde zwar geschlechtsneutral ausgeschrieben, doch würden sich keine Männer bewerben, da sie sich nicht für das spezielle Produkt, das hier vertrieben wird, interessieren. Auf Kommunikation wird großer Wert gelegt; es gibt eine tägliche Kaffeerunde, bei der *„alle beisammensitzen und reden"*.

Die Mitarbeiterinnen schätzen das Betriebsklima, in dem man über alles sprechen kann, und den Umstand, daß die *„Chefin auf alles eingeht"*. Die Teamorientierung habe wahrscheinlich mit der ganzheitlichen Sichtweise der Frauen zu tun:

> *„Weil wir viele Frauen sind. Weil für uns nicht nur die Arbeitsleistung alleine soviel zählt, sondern auch das persönliche Schicksal. Wenn man privat Probleme hat, dann sieht man schon einmal darüber hinweg, wir sind ja sehr familiär. Dann heißt es: ‚Geh heim, ruh dich aus!' Das ist*

sicher so, weil wir mehr Frauen sind; Männer würden vielleicht anders reagieren.“ (k14m2-3)

Betrieb 3: Der paternalistische Frauenfreund I

Bei Betrieb 3 handelt es sich um einen Großbetrieb der Reinigung mit mehr als 1000 Beschäftigten. Der Betrieb wurde Anfang der 70er Jahre gegründet und ist aufgrund des Trends der Auslagerung der Reinigungsarbeiten durch Unternehmen und öffentliche Einrichtungen rasant gewachsen. Es ist ein Familienbetrieb, wobei die Familie trotz des Wachstums nach wie vor mit mehreren Mitgliedern in der Geschäftsführung vertreten ist. Der Firmengründer steht – in einem Alter von über 60 Jahren – an der Unternehmensspitze und wird von seinen Beschäftigten für das gute Betriebsklima verantwortlich gemacht. In der Beurteilung sind sich die Befragten in der Unternehmenszentrale einig: *„Unser Chef ist ein Mensch.“* Der Chef ist sehr großzügig, *„oft schon zu großzügig“,* wenn es darum geht, seinen Beschäftigten zu helfen. Auch die Betriebsratsvorsitzende – der Betriebsrat ist ausschließlich mit Frauen besetzt – schätzt die Persönlichkeit des Chefs.

> *„Er ist die eiserne Faust des Betriebes. Man kann mit jedem Problem zu ihm kommen, er hat immer ein offenes Ohr. Und da ist dann schon das Vertrauen zum Chef da, und es ist nicht so, daß man reingeht und die Knie schlottern einem. Aber er ist ein guter Chef, muß ich schon sagen. Es ist nicht einfach, und ich muß sagen, ich schätze unseren Chef sehr. Er hat aus dem Nichts begonnen und hat die Firma so groß aufgebaut, und das ist etwas Wunderbares. Was die Mitarbeiter, die lange in der Firma sind, sehr schätzen. Ich würde sagen, das liegt schon an unserem Chef, daß der Betrieb so eine gute Basis hat.“* (k20br-2)

Der Betrieb hat einen Frauenanteil von 85 %; Männer sind nur in der Baureinigung eingesetzt und bedienen in der Innenreinigung die Maschinen. Sonst dominieren die Frauen das Bild. Das wesentlichste Charakteristikum jedoch besteht darin, daß 75 % der Beschäftigten ausländische Arbeitskräfte sind. Damit ist man hier mit mehr Problemlagen als mit geschlechtsspezifischer Ungleichheit konfrontiert.

Zum einem sind es Sprachprobleme, zum anderen die Probleme ausländischer Menschen in einem Staat, in dem in den letzten Jahren einiges unternommen wurde, um das Leben von Menschen ohne österreichische Staatsbürgerschaft zu erschweren. Die hier beschäftigten Frauen haben Probleme mit diversen Bewilligungen, mit der Wohnung, mit den Ärzten, mit dem Arbeitsamt usw.

In dieser Branche sieht man sich mit Abgründen der Arbeitswelt konfrontiert, die nach den Betriebsbesuchen in der „heilen Angestelltenwelt" das Thema „Frauenförderung" als äußerst exotisch erscheinen lassen. Die Personalverantwortliche erzählt von schlagenden Ehemännern, Analphabetismus, von unwilligen Arbeitskräften, von rauhen Umgangsformen mit Schimpfen und Fluchen und davon, daß Beschäftigte von einem Tag zum anderen nicht mehr zur Arbeit erscheinen würden.

Das alles seien natürlich Einzelfälle, doch damit müsse man umzugehen wissen:

> *„Da sind so viele Sachen, die zum Tragen kommen. Es sind natürlich eine gewisse Praxis und Einfühlungsvermögen notwendig, daß man mit dem Personenkreis, mit dem wir es hier zu tun haben, fertig wird. Wirklich fertig wird, weil, wenn das einer nicht kann, dann geht er seelisch zugrunde. Daß man da wirklich erfahrene Leute hinstellt, die die Leute, ich will jetzt nicht sagen kontrollieren, aber doch in Aufsicht haben. Die Leute sind willig, der Großteil ist sehr brav, nur hat der auch Probleme in Jugoslawien oder in der Türkei mit Onkeln, Tanten ... dann muß man ihm die Zeit geben, daß er dorthin fahren kann, sonst geht es nicht. Und das wird auch bei uns gemacht – weil was habe ich davon, wenn er sagt, ich muß dorthin? Da sage ich jawohl, ist in Ordnung, wenn du wieder kommst, meldest du dich wieder, kein Problem. Und die kommen auch und sagen danke schön. Das ist überhaupt kein Problem ... Und diese Großzügigkeit braucht eine Firma. Die braucht Menschen, die auch die anderen verstehen. Nur dann kann sie wirklich funktionieren. Daß hin und wieder jemand ausrastet, sei es von der Seite oder von der Seite, ist ganz klar, aber im großen und ganzen sollte man sehr viel Einfühlungsvermögen haben und Verständnis, weil das dort ganz anders ist, als es da ist."* (k20p-41)

In ihrem Betrieb würde man mit Menschlichkeit auf die Probleme der Beschäftigten reagieren. Da die meisten der Beschäftigten Frauen sind, sind Frauen auch in Führungspositionen stark vertreten. Die Chancengleichheit sei im Unternehmen voll verwirklicht und würde sich auch auf die Staatszugehörigkeit beziehen.

Maßnahmen im eigentlichen Sinn gibt es nicht, vielmehr bestehe eine ganz individuelle Rücksichtnahme. *„Soweit es geht"*, berücksichtigt man die Wünsche der Frauen betreffend Arbeitsort, Arbeitszeit oder Pflegeurlaub. Da sehr viele verschiedene Arbeitsorte mit den unterschiedlichsten Arbeitszeiten bestehen, finde man für die Wünsche der Mitarbeiterinnen meist eine Lösung. Der besonderen Problematik der ausländischen Arbeitskräfte entsprechend würde man auch darauf

eingehen, daß Beschäftigte Urlaubszeit anhäufen wollen, damit sie länger in ihre Heimat fahren können.
Eine Führungskraft schildert, mit welch unterschiedlichen Problemen sie konfrontiert wird und wie sie zu helfen versucht. Sie, die mehrere Sprachen spricht, gibt Auskünfte, übersetzt Unterlagen und hilft, wo es geht, auch bei privaten Problemen:

„Es kommen viele mit solchen Problemen, mit Kindern, Aufenthaltsgenehmigungen, Visum ... Sie fragen, wohin sollen sie gehen, was sollen sie machen, ob ich nicht dolmetschen kann. Man ist den ganzen Tag wirklich nur beschäftigt.“ (k20m110)

In diesem Zusammenhang wird ein extremes – sicher nicht repräsentatives – Beispiel für die Probleme ausländischer Frauen angeführt:

„Die Damen kommen vormittags und nachmittags. Und der Mann einer Bedienerin wollte nicht glauben, daß sie nachmittags in die Arbeit kommen soll, obwohl am Dienstzettel die Zeiten beschrieben waren. Er hat ihr einfach nicht geglaubt, da habe ich ihn einmal eingeladen und ihm gezeigt, schauen Sie, sie macht vormittags das und das und dann geht sie nach Hause und dann kommt sie wieder. Wenn Sie wollen, können sie mich ruhig anrufen, ich werde sie immer informieren, wo sie in der Zeit ist usw. Also er hat sie zu Hause geschlagen, weil er es ihr nicht geglaubt hat. – Und mit dieser Information hat sich das erledigt. Er ist gekommen, ich habe mit ihm gesprochen. Weil sie eigentlich eine sehr gute Arbeitskraft ist – wir sind sehr zufrieden, und ich wollte sie nicht verlieren. Aber wenn wir nichts unternommen hätten, hätten wir sie wahrscheinlich kündigen müssen.“ (k20m110)

Auch die Betriebsrätin bestätigt die personalpolitische Praxis der individuellen Rücksichtnahme, die das ganze Unternehmen prägt.

„Naja, die Arbeitsleistung muß jede Frau bringen. Nur gibt es halt den Kontakt zur Vorarbeiterin oder zur Objektleiterin, zu der man auch mit Problemen kommen kann. Und wenn man kann, dann hilft man, egal in welcher Art. Und das beruhigt die Frauen.“ (k20br-2)

Auch die VorarbeiterInnen sehen sich ganz in der Kultur des Unternehmens verankert:

„Eigentlich versuche ich es ein bißchen familiär, nicht: Ich bin die Chefin und ihr seid's meine Untertanen. Also das gibt es bei uns nicht. Also wir haben wirklich ein sehr gutes Verhältnis zueinander. Und sie kommen auch mit jedem Problem, und wenn es geht, hilft man, und wenn nicht, dann kann man eh nichts tun. Wenn die Kinder krank sind und husten, na dann sag' ich, gehst halt zum Doktor [...]. *Es ist schon viel wert, weil sonst tun sie den ganzen Tag herum und haben mit dem*

Problem zu kämpfen, und so können sie sich ausreden und damit ist ihnen schon leichter." (k20m2-9)

90 % der VorarbeiterInnen sind weiblich, in der nächsthöheren Stufe der Objektleitung, die für mehrere Einsatzorte zuständig ist, liegt der Frauenanteil mit 50 % schon etwas niedriger. VorarbeiterInnen werden in größeren Objekten eingesetzt, und ihre Aufgabe besteht darin, die MitarbeiterInnen einzuteilen, die Arbeitszeiten aufzuzeichnen, über die Objektleitung den Kontakt mit der Zentrale, im Objekt den Kontakt mit den Auftraggebern zu halten. Mitunter packen sie auch selber mit an. Soweit es geht, wird intern rekrutiert, und unter den VorarbeiterInnen finden sich Frauen, die schon seit Beginn an beim Unternehmen sind.

Eine Vorarbeiterin, die schon seit sieben Jahren im Betrieb ist und 18 Arbeitskräfte koordiniert, meint zu ihrer Arbeitszufriedenheit:

„*Wenn ich nicht zufrieden wäre, wäre ich nicht hier. Wo ich sonst hingegangen wäre? – Ich wäre dageblieben. Naja, man muß zufrieden sein, wie soll ich das sagen. Ich habe Arbeit, es gefällt mir da, mein Lohn gefällt mir, was soll ich noch? Ich habe mir keine Gedanken gemacht, daß ich woanders hingehe. Wenn es dir gefällt da, warum sollst du über was anderes nachdenken? Da habe ich mir noch nie Gedanken gemacht.*" (k20 m3-4)

In ihrer Führungsposition verdient sie monatlich 11.500,– öS netto. Sie hat zwei Kinder, die in der Türkei leben und die sie nur in den Ferien sieht, was sie traurig macht. Auf die Frage nach Frauenförderung sagt sie: „Frauenförderung, was ist das?"

73,– öS brutto beträgt der Stundenlohn für eine einfache Arbeiterin; eine zweite befragte Vorarbeiterin ist seit 13 Jahren in dieser Position, seit 23 Jahren bei der Firma. Sie koordiniert 17 Arbeitskräfte und verdient 11.500,– öS netto. Auch sie ist mit ihrer Tätigkeit zufrieden:

„*Ich muß sagen, ich war eigentlich immer zufrieden. Ich kann nicht sagen, daß es mir einmal keinen Spaß gemacht oder daß es mir nicht gefallen hätte.*" (k20m2-2)

Auch sie reagiert auf die Frage nach Frauenförderung mit der Gegenfrage, was denn damit gemeint sei, und betont dann, man müsse beim Selbstbewußtsein der Frauen und beim Geld ansetzen.

Betrieb 4: Der paternalistische Frauenfreund II – „Meine Frauen machen das schon ..."

Die Personalpolitik in Betrieb 4 ist wie in Betrieb 3 sehr durch die Persönlichkeit des Chefs bestimmt. Sie kommt hier aber noch stärker zum

Ausdruck, da der Betrieb mit rund 30 Beschäftigten doch sehr überschaubar ist.
Das Tiroler Unternehmen produziert zum einen Lebensmittel und vertreibt diese zum anderen in eigenen Filialen.
Der Betrieb expandierte rasch und brauchte Arbeitskräfte. Wiedereinsteigerinnen hätten sich als optimale Arbeitskräfte angeboten:

> *„Ich habe den Betrieb vor zehn Jahren aufgebaut. Wir haben immer jedes Jahr aufgestockt. Und wir haben im Laufe dieser Entwicklung festgestellt, daß am Arbeitsmarkt ein sehr großes Potential vorhanden ist, gerade bei Frauen. Frauen haben ab dreißig das Bedürfnis, wieder arbeiten zu gehen, haben sehr große Ängste, daß sie nichts mehr können, daß sie keinen Stellenwert haben, usw. Und wir haben im Zuge dieser Gespräche und der weiteren Einstellungen festgestellt, daß die Frauen sehr wohl stark belastbar sind und auch sehr lernfähig. Daß sie auch in der Ausfallsquote am besten sind, alle Höhen und Tiefen des Lebens schon hinter sich haben und relativ einfach zu handhaben sind.“* (k7gf1-1)

Sie seien nicht nur lernfähig und belastbar, sondern auch verläßlicher („mogeln weniger“) und begeisterungsfähig.

> *„Sie haben ihr Lebensziel schon erreicht. Sie haben ihre Familie, Kinder, ein Haus und einen Garten. Aber jetzt gibt es noch was. Was ist das? Sie suchen etwas. Wenn sie dann einen Bereich finden, den sie noch beherrschen, bei dem sie Anerkennung finden und Lob und Dank, und dann noch von den Kunden akzeptiert werden, dann sind sie zu begeistern.“* (k7gf1-7)

Der Chef, der alle Personalagenden selbst übernimmt, „mag“ Frauen:

> *„Erstens bin ich ein Mann, der Frauen überhaupt mag, zweitens habe ich zwei Mädchen, drittens habe ich eine starke Bindung zu meiner Mutter. Das war so die Basis.“* (k7gf1-4)

Seine Ehefrau habe ihm die Augen geöffnet, daß Frauen gesellschaftlich benachteiligt werden. Das fand er ungerecht:

> *„Dann habe ich im Zuge des Größerwerdens meines Geschäftes gespürt, daß Frauen zu wenig Geltung bekommen im Alltag. Wenn man die Leistung anschaut, die schon bekannte Doppel- und Dreifachbelastung, dann sieht man, daß Frauen absolut nicht so akzeptiert werden, wie sie sollten. Meine Frau ist eine absolute Verfechterin der Gleichberechtigung und zeigt mir anhand von Beispielen das ganze Jahr über, daß es sehr weit weg ist von einer Gleichberechtigung in unserer Gesellschaft. Also nicht nur nahe dran, sondern elendig weit weg.“* (k7gf1-4)

Seine Frau bestätigt ihre Rolle:

> *„Ich will, daß man Frauen nicht zurückstellt. Es ist halt so, daß jedes*

Mädchen, jede Frau alles machen kann, und das kann sie, wenn man sie einfach machen läßt." (k7gf 2-5)

Mitbestimmung ist ein hoher Wert im Unternehmen, und es ist im Rahmen der Personalpolitik nicht von Frauenförderung, sondern von „Mitspracherecht" die Rede. Der Geschäftsführer und Eigentümer hat für die Personalaufnahme ein eigenes Auswahlverfahren mit dem Ziel entwickelt, die Auswahl zu versachlichen. In den Handelsfilialen werden aber ohnedies nur Frauen eingestellt, in der Produktion – wegen der Nachtarbeit – nur Männer.
Interessante personalpolitische Ansätze sind in der Weiterbildung zu finden. Einmal monatlich gibt es ein Nachmittagsseminar, bei dem es neben der Produktinformation auch um Inhalte wie „Freundlichkeit im Verkauf" und „positive Lebenseinstellung" geht. Einmal pro Monat werden die Filialleiterinnen vom Chef zu einem Arbeitsmittagessen eingeladen. Im Verkauf existieren verschiedene Teilzeitmodelle, die es den Mitarbeiterinnen erlauben, sich ihre Zeit relativ flexibel einzuteilen. Frauen mit Kindern haben Vorrang bei der Urlaubsplanung:

„Das ist ein ganz wichtiger Punkt [...]. *Wir stellen sogar im Sommer Ferialpraktikanten ein, damit alle Frauen im Sommer mit ihren Kindern in Urlaub gehen können. Das kostet relativ viel Geld, aber das nützt nichts, dafür haben wir das ganze Jahr kein Problem."* (k7gf1-8)

Die Mitarbeiterinnen haben das Gefühl, sich an ihren Chef wenden zu können:

„Wir werden echt gut behandelt. Wenn wir irgendwelche Probleme haben, auch privat, kann man jederzeit zu Chef oder Chefin gehen. Da gibt es überhaupt nichts. [...] *Mit dem Chef kann man normal reden wie mit einer Kollegin."* (k7m1m2-2)

Die „Frauenförderung" des Chefs geht weit über innovative Personalpolitik hinaus. So komme es mitunter vor, daß Ehemänner gegen eine Berufstätigkeit ihrer Frauen eingestellt sind.

„Ein Beispiel: Eine Frau hat sich beworben, und ich wollte sie nehmen. Aber sie hat gesagt, der Mann will das nicht. Dann habe ich mit ihm geredet, und dann hat er gemeint, sie könnte es ja ausprobieren." (k7gf1-3)

Die Frau arbeitet nach wie vor im Unternehmen.

„Sie sagt, sie hat jetzt ein ganz anderes Leben. Sie ist ein ganz anderer Mensch. Sie genießt den Tag ganz anders. Ich wollte ihr einen freien Tag einbauen, aber da hat sie gesagt, das will sie nicht, jetzt nicht. Sie will der Familie zeigen, daß sie was kann, daß sie nicht nur der Putzlappen ist. In der Zwischenzeit hat sich herauskristallisiert, daß sich ihre Kinder

selber verköstigen können, sie nicht der Wurstel ist oder der Kellner. Und sie hat ein neues Selbstbewußtsein entwickelt.“ (k7gf1-5)

Betrieb 5: „Frauen sind die besseren Gastgeber“

Betrieb 5 liegt mit seinem Frauenanteil von 63 % knapp über dem Branchendurchschnitt (61 %). Er ist Teil einer Kette von Hotel- und Gastgewerbebetrieben, die an diesem Standort rund 40 ArbeitnehmerInnen beschäftigt. Die Motive, etwas für Frauen zu tun, lassen sich verschieden gruppieren.

Zunächst orientiert man sich in dem innovativ geführten Betrieb an den Kundenwünschen:

> *„Wir sind ja ein Dienstleistungsbetrieb, wir leben von den Kunden, wir sind von den Kunden abhängig, und wir haben es uns zur Hauptaufgabe gemacht, uns nach den Kunden zu richten.“* (k11gf-2)

Für bestimmte Positionen werden bewußt „Damen“ gesucht, denn die Gäste hätten sich in Befragungen positiv über Mitarbeiterinnen geäußert. So will man Frauen auch gute Rahmenbedingungen schaffen.

> *„In puncto Sozialleistungen, Kinderbetreuung, einer weiteren Arbeitsmöglichkeit nach der Karenz, in der Ruhezeiteneinhaltung etc. scheinen wir, so meinen wir, schon ein sehr frauenfreundliches Unternehmen geworden zu sein. Und das werden uns auch die Damen, das werden Sie hoffentlich hören, bestätigen.“* (k11gf-2)

Frauen werden im Verkauf, in der Rezeption und im Service als „bessere Gastgeber“ geschätzt, und die weiblichen MitarbeiterInnen gelten als flexibler.

> *„Zum Beispiel an der Rezeption bringt ein weiblicher Mitarbeiter das Gastgeberische, das Sie-sind-jetzt-bei-mir-Zuhause sehr gut rüber. Männer sind – ich komme auch aus der Rezeption – sachlich. Ich glaube, es liegt in der Natur der Frau, daß sie einfallsreicher, kreativer ist. Eine Frau kann viel besser improvisieren als jeder Mann. Ich glaube, das liegt schon daran, wenn sie eine Familie hat, was die Natur der Sache doch irgendwie ist, muß man als Frau, glaube ich, irrsinnig viel improvisieren, noch dazu als berufstätige Frau, daß man eben Mann, Kind und Haushalt unter einen Hut bringt, und wenn das eine Frau ist, die keine Familie hat, dann kann sie das alles im Betrieb unterbringen, und das haben Männer nicht so. Das sehe ich als Riesenvorteil an der Frau im Job.“* (k11gf-3)

Die FunktionsträgerInnen haben aus persönlicher Erfahrung zu Frauen eine positive Einstellung.

> *„Immer schon, diese Einstellung habe ich schon, seit ich meinen Job gelernt habe vor 12 Jahren. Weil ich eine sehr gute Chefin hatte, viel-*

leicht deswegen. Und ich von ihr wahnsinnig viel gelernt habe und auch heute noch Kontakt habe zu meinem Lehrbetrieb. Und ich glaube, was ich so in weiteren Betrieben gesehen habe, daß mir das kein Mann hätte beibringen können, was mir diese Frau beigebracht hat. Ich bin also relativ vorbelastet in dieser Richtung, deswegen meine Einstellung.“ (k11gf-3)

Eine der befragten Mitarbeiterinnen bestätigt diese Einstellung. Sie ist Betriebsrätin, und die frauenfreundliche Personalpolitik ist nicht zuletzt auf ihr Engagement zurückzuführen.

„Ich bin eine ziemlich starke Persönlichkeit, und es ist ziemlich viel von mir ausgegangen. Es wurde sehr viel auf mich gehört, und der Herr [X] *hat überhaupt kein gestörtes Verhältnis zu Frauen und kommt sehr gut mit ihnen aus. Da ist auch der Respekt vorhanden. Das ist eben keine Frau, sondern ein Mitarbeiter. Ich war vorher in einem Betrieb mit ‚Pupperl‘ und ‚Schatzi‘. Da war es immer so, daß man das zu spüren bekommen hat, daß man eine Frau ist.“* (k11m1-3)

Frauen haben gute Chancen, im Betrieb aufzusteigen. In den Führungsebenen haben sie einen Anteil von 50 %. Der Betrieb bietet für die Gäste im Bedarfsfall Kinderbetreuung an, und die Mitarbeiterinnen können die Kinder, wenn ihre eigene Betreuung kurzfristig ausfällt, mitbringen. Kommunikation wird als wichtig angesehen. Neue Beschäftigte erhalten eine eigene „Mitarbeiter-Willkommensmappe“, die mit den Worten *„Wir hoffen, daß Sie sich in unserer Familie wohl fühlen“* beginnt und einen Aufruf zum „Ideenpool“ beinhaltet: *„Wir freuen uns über jede Idee, mag sie noch so ausgefallen sein.“*
Gegenseitige Unterstützung und Motivierung wird als Wert dargestellt. Chancengleichheit gehört so durchaus zur Unternehmensphilosophie:

„Ich glaube, es sind Vorurteile, daß viele sagen, wenn ich eine Frau anstelle, die kann schwanger werden, die geht in Karenz, die Kinder sind krank … dann fällt sie auch aus. Das sehe ich größtenteils als Vorurteil, weil wenn ich der Mitarbeiterin sage: Du hast denselben Verdienst wie der Mann in deiner Position, du hast dieselben Chancen, du kannst dasselbe erreichen, dann verhält sie sich dementsprechend. Das hängt davon ab, wie der Betrieb mit seinen Mitarbeiterinnen umgeht. Sagt er, okay, du dumme Frau, du machst nur dumme Arbeit, blondes Dummchen – in diese Richtung –, dann wird diese Mitarbeiterin eingehen wie eine Primel, die du nicht gießt. Aber auch ein Mitarbeiter, wenn du ihn so behandelst. Wie gesagt, wir stellen gleich.“ (k11gf-9)

Als letzter Betrieb soll Betrieb 6 etwas detaillierter vorgestellt werden. Was ihn für die Fragestellung der Untersuchung besonders interessant macht, ist seine besondere Frauentradition und der relativ hohe Anteil von Frauen in Führungspositionen. Außerdem hat man im Unternehmen vor einigen Jahren die Etablierung einer deklarierten Chancengleichheitspolitik überlegt und sich bewußt dagegen entschieden.

Betrieb 6: Ein Betrieb mit Frauentradition

Betrieb 6 gehört ebenfalls der Branche Hotel- und Gastgewerbe an und beschäftigt an mehreren Standorten mehrere hundert MitarbeiterInnen, davon 56 % Frauen.

Weibliche Arbeitskräfte spielen in dem Unternehmen eine gewichtige Rolle; sie arbeiten in den Küchen und im Service der einzelnen Betriebe, aber auch in der Zentrale, in den administrativen und kaufmännischen Bereichen.

Der Betrieb kann nicht zuletzt aufgrund der Einhaltung arbeitsrechtlicher Regelungen innerhalb der Branche als Pionierbetrieb im sozialen Bereich gelten. Die Geschäftsführung setzt bewußt auf Mitarbeiterorientierung, und die von den Führungskräften und Beschäftigten des Unternehmens ausgearbeiteten Unternehmensgrundsätze betonen dies auch explizit.

> *„Daß es in unseren Unternehmen* [...] *auch um die Motivation gut bestellt ist, beweist die für die Branche vergleichsweise niedrige Mitarbeiterfluktuation. Denn nur zufriedene Mitarbeiter können wiederum gute Gastgeber sein.“* (Geschäftsbericht)

Tatsächlich gilt die Fluktuation mit 25–30 % jährlich als relativ gering, und die befragten Personen äußerten sich ohne Ausnahme positiv zu Arbeitsklima und Unternehmenspolitik. Die Einkommen liegen über dem Kollektivvertrag, und im Lohnschema, eine Seltenheit in dieser Branche, sind – gering aber doch – Senioritätskomponenten enthalten. Eine länger als zehn Jahre dauernde Betriebszugehörigkeit wird mit Jubiläumsgeld, Betriebsfeiern sowie einer namentlichen Erwähnung in der Betriebszeitung honoriert.

Großer Wert wird auf die Schulung und Weiterbildung der MitarbeiterInnen gelegt, die von einer eigenen Abteilung der Zentrale forciert und koordiniert wird. Die gänzlich vom Unternehmen bezahlten Schulungen werden in der Arbeitszeit abgehalten, und nach Bedarf können auch externe Veranstaltungen besucht werden. In den vor einigen Jahren eingeführten strukturierten „Mitarbeitergesprächen“ sollen Entwicklungspotentiale erkannt und gefördert werden. Ein zentrales Element der Personalpolitik, das den Frauen (indirekt) zugute kommt, ist das Prinzip der internen Rekrutierung. Obwohl die einzelnen Betriebsstandorte ihre Personalauswahlentscheidungen autonom treffen,

wird bei Kapazitätsproblemen oder Besetzungsentscheidungen immer zuerst innerhalb des Unternehmens nach Lösungen gesucht, was einerseits zwischen den einzelnen BetriebsleiterInnen und andererseits über die zentrale Personalabteilung kommuniziert wird.
Frauen werden bewußt unterstützt, denn man könne es sich gar nicht leisten, auf gut qualifizierte Frauen zu verzichten:

> *„Das heißt, wenn die Firma so was will, tut sie das aus Egoismus. Und das ist auch bei uns so. Bei uns werden Frauen deswegen etwas, weil sie was können, und das ist eigentlich schon der einzige Grund. Es werden bei uns Frauen nicht gefördert, weil sie Frauen sind oder weil es halt unfair ist, daß Frauen zu nichts kommen auf der Welt. – Das würde im Grunde, würde ich mal sagen, das Unternehmen nicht stören, das würde es hingehen lassen. Es ist aber so, und ich finde, das ist natürlich der beste Grund, Frauen einzusetzen, daß sie die Sache gut machen, und in dem Moment sind alle Türen offen. Daran scheitern, denke ich, auch viele Förderungsprogramme, weil der Firma nicht einsichtig ist, warum sie das als Firma, sozusagen als egoistischer Organismus, machen soll."* (k18p-4)

Das Unternehmen wurde vor vielen Jahrzehnten gegründet und hatte lange Zeit fast ausschließlich angelernte Frauen beschäftigt; auch die zweite Führungsebene war gänzlich mit Frauen besetzt. Nach wirtschaftlichen Schwierigkeiten, die fast die Schließung bedeutet hätten, erfolgte eine Sanierung. Von den Eigentümern wurde ein neues Management installiert. Damit war eine grundlegende Reorganisation verbunden, mit der u. a. neue, männliche Beschäftigte aufgenommen wurden.

> *„Dann gab's die Periode, in der man sagte, es müssen mehr Männer herein, und dann ist speziell das Management männlicher geworden."* (k18gf-2)

Begründet wird diese Vorgangsweise mit neu konzipierten Betriebsstätten, für deren Leitung man aus der „Selbständigenkultur" der Branche gelernte Fachkräfte, Küchenchefs oder Oberkellner gewinnen wollte, und dafür hätten sich mehr Männer beworben.
Mittlerweile hat das expandierende und wirtschaftlich wieder erfolgreiche Unternehmen ein gut ausgebautes Netz an Betriebsstätten mit einem Frauenanteil an allen Beschäftigten von 56 %. Der Anteil der Betriebsleiterinnen liegt heute bei 40 %. Wenn man auch die Stellvertreter/innen der Standorte auf Leitungsebene hinzuzählt, sei eine „Frauenführungswirklichkeit von 50 %" (k18gf-2) gegeben. Mit der früheren Unternehmensstruktur ist die heutige allerdings nicht zu ver-

gleichen, so daß die de facto erfolgte Reduktion der Frauenanteile nicht beurteilt werden kann.
Tatsächlich scheint die Tradition des Kernbetriebs einen wesentlichen Teil der Identität der gesamten Unternehmensgruppe auszumachen. Der Tradition gemäß zeigt sich ein hoher gewerkschaftlicher Organisationsgrad. Das einheitliche Lohnschema, das System ausgebauter Sozialleistungen sowie das korrekte Einhalten der arbeitsrechtlichen Bestimmungen wurde auch auf die neu übernommenen Tochterbetriebe übertragen. Die Regelungen sind fest in Betriebsvereinbarungen verankert, die mit einem starken – von Frauen dominierten – Betriebsrat vereinbart wurden. Hingegen gibt es keine schriftlich festgesetzten Aufzeichnungen zur Absicht, Frauen in irgendeiner Weise personalpolitisch besonders zu berücksichtigen.

Der gescheiterte Versuch

Da der Betrieb ein starkes Selbstverständnis als frauenfreundlicher Betrieb aufweist, gab es einige Ansätze, spezielle Personalpolitik für Frauen zu machen. Einerseits wollte man am Arbeitsmarkt Wiedereinsteigerinnen ohne Fachausbildung ansprechen und diesen im Idealfall den Weg zur Betriebsleiterin ermöglichen. Andererseits wollte man den weiblichen Führungskräftenachwuchs mit internen Maßnahmen der Personalentwicklung fördern. Die Personalabteilung holte sich dazu externe Beraterinnen ins Haus, die in Abstimmung mit der betriebsinternen Initiatorin ein Konzept für ein Schulungsprogramm entwickelten, das als ersten Schritt eine Bedarfserhebung bei der Zielgruppe sowie ein Pilotseminar mit dem Arbeitstitel „Seminar für Mitarbeiterinnen mit Führungspotential“ vorsah.
Die Aussage der damals beteiligten Projektleiterin:

> *„Und dann hat sich schon bei den Einstiegsinterviews – es waren Frauen aus allen möglichen Positionen – gezeigt, daß die das absolut nicht wollen. Daß sie sich sagen, sie möchten nirgendwo den Eindruck erwecken, sie sind sozusagen in einem Programm, in dem Minderheiten gefördert werden – wie in den USA: im Zweifelsfall muß der Schwarze die Position kriegen. Das haben wir eingesehen und respektiert, und wir haben es dabei belassen.* [...] *Wir haben nicht alle gefragt, aber etliche Personen aus verschiedenen Unternehmenspositionen, Führungskräfte, werdende Führungskräfte und Betriebsräte, und die haben das unisono abgelehnt.“* (k18p-4)

Die externen Beraterinnen hatten einige Interviews geführt und kamen zu dem *„nicht repräsentativen“* Ergebnis, daß ein frauenspezifisches

„Seminar von den Interviewten, die potentielle Teilnehmerinnen wären, überwiegend skeptisch beurteilt“ werde und von den Befragten gemischte Seminare bevorzugt würden. Daraufhin brach man das angekündigte Pilotseminar ab und unternahm keine weiteren Versuche dieser Art.

Die Diskussion über die Durchführung eines frauenspezifischen Seminars wurde in einem sehr kleinen Kreis geführt und ist heute nur noch den Personen bekannt, die damals interviewt wurden.

Ein Vorstandsmitglied:

> *„Ja, das wäre dann ein Frauenseminar gewesen, ein Frauentag, eine Idee. Mir persönlich gefällt es nicht, weil ... wenn ich ... – so wie die Politiker sagen, jetzt nehme ich eine Stellvertreterin als Frau, damit eine Frau drin ist, eine Quotenerfüllung. Das ist eine Alibiaktion. Wenn es zu einer Alibiaktion wird, dann ist es ja erst recht Diskriminierung. Machen wir einen Frauentag, damit die Frauen auch was haben – wissen Sie, was ich meine? Ich glaube, das Faktische, was viel stärker ist, ist, daß die Frauen ein bißl ... Es wird hier Lobby gemacht, eine Frauenlobby, verstehen Sie? – Wir lassen uns nicht unterkriegen, wir unterstützen uns ... – das finde ich positiver, faktisch positiver.“* (k18gf-7)

Der Vorstand habe die Sache damals nicht forciert, aber auch keine Einwände dagegen gehabt. Warum daraus nichts geworden ist, erklärt sich der Gesprächspartner aus dem Management so:

> *„Das waren die Frauen selbst, da gab es die Befragung, ja. Ich weiß nicht, was letztendlich ausschlaggebend war. Ich habe dann gesagt, ich persönlich halt' nichts von dieser Minderheitenaktion, aber machen wir's. Die Geschäftsleitung hat auch gesagt, ja, machen wir's. Es hat sie dann, glaube ich, der Mut verlassen.* [...] *Sie wollten einen Arbeitskreis machen. – Nichts hat es gegeben, sie hat mit einzelnen Leuten gesprochen, sie hat mit einigen Damen gesprochen. Sie hat sich dafür ausgesprochen, und dann wollte man diesen Tag machen, und sie wollte einmal sehen, was bringen wir heraus. – Vielleicht war ich ausschlaggebend, ich weiß es nicht. Oft ist auch die Zeit im Spiel. Oft ist es günstig, wenn man etwas gleich macht.“* (k18gf-8)

Die mangelnde Unterstützung durch die Geschäftsleitung mag wohl einer der Hauptgründe für den Abbruch des Vorhabens gewesen sein. Der Betriebsrat und die Beschäftigten waren in die Diskussion kaum einbezogen worden, die damalige Betriebsratsvorsitzende kann sich nicht erinnern, informiert worden zu sein.

Aus diesen Gründen werden heute keine Seminare speziell für Frauen angeboten. Das sehr gut ausgebaute Schulungssystem wird zwar als hilfreich angesehen, doch ist man der Ansicht, daß Frauen mehr bräuchten als gute Weiterbildung. Die Beobachtung, daß Frauen weniger Selbstvertrauen und eine andere Selbstdarstellung und Selbstdeutung als ihre männlichen Kollegen haben, war bereits durch die externen Beraterinnen als „Lernfeld“ identifiziert worden und wird von den GesprächspartnerInnen immer wieder angesprochen.

> *„Das sehen sie auch in den Managementseminaren bei uns. Wenn Männer ihre Karriere erklären, heißt es: Ich bin das geworden, weil ich das immer schon wollte, weil ich mir das schon immer vorgenommen habe, weil ich ein Typ bin, der erreicht, was er will, usw. – dieses Erklärungsmuster. Während Frauen das Erklärungsmuster bevorzugen: Ja und dann war ich, und dann mußte ich schnell, und dann habe ich halt, ich hatte das Glück und habe dort geholfen, und dann bin ich halt dort picken geblieben. Frauen haben immer das Gefühl: Ich bin der Ersatzspieler, der zufällig bei der Meisterschaft aufs Spielfeld gelaufen ist und dann irrtümlich zwei Tore geschossen hat.“* (k18p-4)

Nicht zu vergessen ist bei diesen Beobachtungen, daß es sich sehr oft um formal wenig qualifizierte Frauen handelt, für deren Eigenbild eine berufliche Karriere noch etwas unmöglicher erscheint als beispielsweise für Absolventinnen höherer Schulen.

> *„Ich habe aber dann gemerkt,* [...] *wenn ich das will, wenn ich mich weiterbilden will, dann kann ich das. Ich muß nur wollen.* [...] *Frau* [X] *hat mich in vielen Gesprächen immer persönlich bestärkt,* [...] *hat immer gesagt: Das können Sie locker, gehen Sie auf dieses Seminar, Sie werden sehen, probieren Sie es aus. Es ist überhaupt kein Problem, wenn Ihnen was nicht gelingt. Was denken Sie, wie vielen Männern das nicht gelingt. Sie tut wahnsinnig viel für die Chancengleichheit. Ja, das glaub' ich schon. Ihr kann das Unternehmen viel verdanken.“* (k18m4-6)

Dieses „probieren Sie es aus“ war als idente Redewendung immer wieder in den Gesprächen zu finden und dürfte Teil der „faktischen Unternehmenskultur“ sein. Damit räumt man bei schwerwiegenden Entscheidungen die Möglichkeit ein, etwas zurücknehmen zu können, ohne das Gesicht zu verlieren, und reduziert so den Erfolgsdruck. Daß Frauen derart unterstützt werden, sei bewußt in die Personalpolitik integriert:

> *„Hier setzt die Personalpolitik bei uns an, indem zum Beispiel Männer gezügelt und Frauen in eine Position geschoben werden: Jetzt machen Sie's einmal! Und wenn Sie dann nicht wollen, dann gehen Sie wieder. Probieren Sie's, machen Sie's für uns, bitte.“* (k18p-4)

Doch ist diese Form der Personalpolitik in keiner Weise verschriftlicht und wird durch das Engagement einzelner Personen in der Zentrale getragen.

Eine dezentralisierte Personalpolitik konterkariert zentrale Ansätze von „Frauenförderung"

Prinzipiell existiert – bei zentral vorgegebenen Budget- und Organisationsrichtlinien – eine dezentralisierte Unternehmensführung, die den einzelnen BetriebsleiterInnen weitgehende Personalautonomie zugesteht. So schaltet etwa die Zentrale auf Wunsch Inserate, Personalauswahl und -aufnahme sowie die differenzierte Gestaltung der Arbeitsbedingungen (insbesondere der Arbeitszeit) erfolgen jedoch in den jeweiligen Betriebsstätten. Ob in den Betrieben nun mehr Männer oder Frauen eingestellt werden, könne daher von der Zentrale nur bedingt gesteuert werden. Allerdings wird die *„große übergeordnete Linie"* zentral entwickelt. Die Umsetzung erfolgt über die Schulung der LeiterInnen und über einen forcierten Meinungsbildungsprozeß. So wurden etwa die Führungsgrundsätze unter großer Beteiligung und damit Akzeptanz erarbeitet. In einem von der Zentrale initiierten und unterstützten Diskussionsprozeß von etwa zwei Jahren wurden von etwa 100 MitarbeiterInnen aller Ebenen Punkt für Punkt die Leitlinien für den Umgang mit den Beschäftigten diskutiert und festgeschrieben. Einzelne Punkte der Unternehmensleitlinien werden in allen Betriebsstätten in monatlichen Meetings mit allen MitarbeiterInnen diskutiert. In diesen schriftlichen Unterlagen finden sich keine frauenspezifischen Ansatzpunkte; zudem wird fast nur die männliche Form „der Mitarbeiter" verwendet.
Aufgrund der beschriebenen Personalautonomie gibt es in den Betriebsstätten eine große Bandbreite an Regelungen, die die nicht formalisierte und verschriftlichte Politik zur Förderung von Chancengleichheit abschwächt. Welches Personal eingestellt wird, bleibt den LeiterInnen überlassen. Obwohl auch innerhalb der Branche ein stark segmentierter Arbeitsmarkt existiert, da sich für bestimmte Positionen eher Frauen oder eher Männer bewerben, sind im Servicebereich sowohl Kellner als auch Kellnerinnen zu finden. Eine Leiterin beschreibt die Gründe dafür, warum in ihrem Betrieb im Service zehn Männer und zwei Frauen arbeiten:

> *„Ich hab's am Anfang sehr gemischt gehabt, Damen und Herren. Aber das ging dann gar nicht. Heute hat sich irgendwas geändert – die müssen alle gleich miteinander schlafen.* [...] *Das war eigentlich der Grund. Nicht die Frau war der Grund, sondern dieses Problem. Dann*

habe ich mich für die Männer entschieden, weil sie die Verläßlicheren sind." (k18m45)

Die Liebschaften würden zuviel Unruhe in die Belegschaft bringen. Persönliche Erfahrungen und klischeehafte Zuschreibungen tun ein übriges, um Personalentscheidungen derart ausfallen zu lassen:

> *„Ich hab' viele Herren – ich möcht' gleich vorwegschicken, ich bin überhaupt keine Feministin und schon überhaupt nicht frauenfeindlich, das ist nur ... Ich hab' wirklich die Erfahrung gemacht, ich hab' sehr viel auf Saison immer mit Herren gearbeitet, und es waren mir persönlich immer die angenehmeren Kollegen. Ich sag' immer, die haben nicht so oft die Regel wie die Frau. Frauen können derart launisch sein. Und in der Gastronomie tut's weh. Aber ich hab' dazugelernt, daß die Männer zwar weniger launisch sind – vielleicht auch viel zuverlässiger, natürlich auch keine Kinder daheim haben, ist alles ganz logisch –, aber auch überheblicher sind. Eine Frau ist lockerer, geht mehr auf den Gast zu, ist vielleicht sogar ... freundlicher. Also es gibt nicht nur Vorteile, wenn man Männer beschäftigt, aber sie sind die Verläßlicheren."* (k18m4-3)

Diese Aussage hat natürlich nur Beispielcharakter, verdeutlicht aber, wie stark persönliche Vorurteile der einzelnen Führungskräfte die Personalentscheidungen prägen können.

Daß hier eine andere Politik durchaus positive Auswirkungen haben könnte, zeigt sich im Umgang mit dem Problem der Arbeitszeit. Die Gestaltung der Arbeitszeit wird in der Zentrale als schwierige Managementaufgabe erkannt. Man ist sich bewußt, daß natürlich alle LeiterInnen die MitarbeiterInnen am liebsten rund um die Uhr im Einsatz sehen würden. Flexible Arbeitszeitmodelle seien nur eine Frage der Organisation. *„Bequeme Leiter, die sich diese Änderungen ersparen wollen"*, sind diesbezüglich zu unterstützen. Denn lange Arbeitszeiten seien in der arbeitsintensiven Branche mit geringer Wertschöpfung ein wesentlicher Kostenfaktor. Deswegen ist man in der Zentrale auch bemüht, die Flexibilität der Arbeitszeitgestaltung zu fördern. Im Rahmen eines Seminars widmet man sich ausschließlich dem Umgang mit der Arbeitszeit, und in jüngster Zeit wird in dieser Frage auch EDV-Unterstützung angeboten.

Auch die Unterbrechung wegen der Geburt von Kindern wird von oberster Managementebene mit folgender Begründung als bewältigbar angesehen:

> „[...] *auch wissend, daß die mit 22 Jahren in Karenzurlaub gehen könnte. Da sind auch schon welche zurückgekommen. Karenz ist für*

mich nicht wirklich ein Argument, weil wir im Büro und in den Betrieben eine überdurchschnittlich hohe Rückkehrquote haben – ich müßte das einmal ausrechnen. Und bitte ein Jahr oder zwei sind ja schnell vorbei, und dann braucht man wieder wen, und dann greift man gern zurück auf jemanden, der schon einmal hier war. Und dann braucht man die Arbeitszeitmodelle, das muß in Verbindung gebracht werden. 1:1 geht's kaum weiter." (k18gf-2)

Im Unternehmen findet sich eine Vielfalt von Vereinbarungen, die geringfügige Beschäftigung während der Karenz, Wiedereinstieg mit Teilzeit und generell verschiedene Teilzeitmodelle umfassen. Einerseits vereinbaren die werdenden Mütter die Rückkehr in Teilzeit mit ihren BetriebsleiterInnen, andererseits wird auch die Zentrale aktiv.

„*Wir schreiben die Mitarbeiterinnen einige Monate vor Beendigung des Karenzurlaubes an und bitten sie, Kontakt mit dem Vorgesetzten aufzunehmen, also mit dem Betriebsleiter, und sich mit ihm auszumachen, wie das ausschauen wird – ob sie zurückkommen oder nicht zurückkommen, wann sie wiederkommen.*" (k18pm1-4)

Aufgrund der ständigen Fluktuation sind große Spielräume beim Personaleinsatz gegeben.

Was bringt die „faktische Chancengleichheit" den Frauen?

Der relativ hohe Anteil an weiblichen Führungskräften wird in Betrieb 6 wiederholt als Indikator für die erreichte Chancengleichheit angeführt. Allerdings wären – würde man es genau überprüfen – wahrscheinlich Einkommensunterschiede zwischen Frauen und Männern festzustellen. Denn für Führungskräfte werden die Gehälter frei vereinbart:

„*Sie würden die Tendenz finden, daß Frauen unter den Restaurantleitern etwas weniger verdienen. Sie würden die Tendenz finden, daß Männer wahrscheinlich geschickter dabei sind, sich einen Dienstwagen oder eines dieser Privilegien zu verschaffen. Die Frauen tendieren nicht zu diesen Symbolen.*" (k18p-4)

Die meisten, aber nicht alle InterviewpartnerInnen waren von der Chancengleichheit gleichermaßen überzeugt. Eine Befragte wunderte sich grundsätzlich darüber, daß das Unternehmen als frauenfreundlich gilt. Sie meinte kritisch, daß es in erster Linie von dem jeweiligen Vorgesetzten abhänge, ob Frauen, die Karriere machen wollen, gefördert werden oder nicht. Darüber hinaus verwies sie auf den je nach Standort unterschiedlichen Einsatz von Frauen in den Betriebsleitungen.

„*Leiterinnen gibt es nach wie vor, aber nur in den Betrieben, wo es nicht so schickimicki zugeht. Weil dort werden Herren eingesetzt.“* (k18pm3-2)

Ein Vertreter des Managements hatte das anders erklärt. Er meinte, daß Frauen sich tendenziell für Betriebstypen besser eignen, in denen ein geregelter Ablauf, eine in etwa gleichbleibende Auslastung und ein kontinuierlicher Betrieb gegeben sind. Die kritische Gesprächspartnerin sah das anders:

> *„Das ist klar, daß sie für Dinge, bei denen man wirklich die Ärmel aufkrempeln und arbeiten muß, Frauen nehmen. Und auch früher waren alle Damen draußen, und dort, wo ich repräsentieren muß, nehmen sie Männer. Da geht's darum, dem Gast etwas zu zeigen, ihm den Diener zu machen.“* (k18pm3-2)

Die Leiterinnen würden ganz der Unternehmenstradition entsprechend ihre Betriebe wie einen größeren Haushalt führen. Da käme es sogar vor, daß eine Leiterin mit ihren Beschäftigten in der Nacht die Küche putzt.

Daß es in diesem Fall keine wie auch immer formal institutionalisierten Regelungen im Hinblick auf eine Personalpolitik zur Förderung von Chancengleichheit gab, überraschte bei den ersten Kontakten mit diesem Fallstudienbetrieb. Auch in den schriftlichen Leitbildern war kein Anzeichen dafür festzustellen. Im Gegenteil: Die Erkenntnis, daß in der Geschichte des Unternehmens auf allen Ebenen fast ausschließlich Frauen beschäftigt waren (was nicht als unbedingt frauenfreundlich idealisiert werden sollte), ließ die Frage auftauchen, ob es sich bei der heutigen Situation der Frauen nicht tatsächlich um eine *Verschlechterung* handelt. Denn wenn damals 100 % der FilialleiterInnen weiblich waren, ist der aktuelle Frauenanteil an den Führungspositionen von 40 % ein objektiver Rückschritt. Dies abschließend zu beurteilen ist allerdings aufgrund des Untersuchungsansatzes, der umfangreichen Umstrukturierungen, welche das Unternehmen im Lauf seiner Geschichte erfahren hat, und der mangelnden historischen Quellen nicht möglich.

Der Versuch, vor einigen Jahren eine explizite Maßnahme einzurichten und damit Frauenförderung zum Teil der offiziellen Unternehmenspolitik zu machen, dürfte weitgehend von einer einzigen Proponentin getragen worden sein, die angesichts der Ablehnung bzw. Nichtunterstützung seitens des Managements ihre Meinung in dieser Beziehung geändert hat. Tatsächlich sind aber in den meisten Gesprächen immer wieder die guten Chancen für Frauen betont worden, und das Unternehmen verfolgt zweifelsohne eine ausgesprochen innovative Personalpolitik, die – wenn auch in bestimmten Bereichen und innerhalb bestimmter Grenzen – Frauen zugute kommt.

Bedeutet jede Bevorzugung von Frauen Frauenförderung?

Insgesamt bleibt die Frage zu stellen, ob in Unternehmen dieses Typs von Frauenförderung gesprochen werden kann. Diese Frage ist in diesem Fall wegen der hohen Frauenanteile in den Betrieben besonders interessant. Versteht man Frauenförderung im Sinne einer Aufhebung der Ungleichheit der Geschlechter, ist diese Frage grundsätzlich zu verneinen.

Denn letztendlich basiert die sogenannte Förderung der Frauen in den Unternehmen dieses Typs wiederum nur auf einer geschlechtsspezifischen Differenzierung, auch wenn diese hier nach anderen Gesetzen verläuft als in anderen Branchen. Letztendlich ist auch hier der *Unterschied* zwischen den Geschlechtern und nicht ihre Gleichheit handlungsanleitend. So gesehen ist es weniger eine Förderung von Frauen, mit der die Geschlechterungleichheit aufgehoben werden soll, sondern eine Präferenz für Frauen, die nichts anderes ist als Kennzeichen und Ursache der Segregation. Hier werden Frauen nicht bevorzugt behandelt, um Ungleichheit auszugleichen, sondern weil ihnen die Erfüllung ganz bestimmter betrieblicher Funktionen zugeschrieben wird.

Das hier unterstellte spezifisch weibliche Arbeitsvermögen bezieht sich aber nicht nur auf die besondere Eignung für den Umgang mit bestimmten Produkten oder Tätigkeiten, sondern weit allgemeiner auf die von den Frauen erbrachte Flexibilität. Diese besteht einerseits in einer *aufgabenbezogenen Flexibilität,* insofern Frauen zwar Führungspositionen erhalten können, aber dort durchaus in dieser Position „untergeordnete Tätigkeiten" verrichten, was Männer in dieser Art – und schon gar nicht mit diesen Einkommen – niemals tun würden. Andererseits sind Frauen „Bündnispartnerinnen", was die *zeitliche Flexibilisierung* anbelangt. Denn nur Frauen sind unter den derzeitigen Rahmenbedingungen in nicht existenzsichernder geringfügiger Beschäftigung oder reduzierter Arbeitszeit einsetzbar. Und nur Frauen sind wegen ihrer Familienpflichten und einer mangelnden Infrastruktur für die Kinderbetreuung gezwungen, atypische Arbeitszeitformen zu akzeptieren.

Auf betrieblicher Ebene können bei Unternehmen dieses Typs interne Personalpolitiken dennoch als relativ „frauenfreundlich" beurteilt werden. Voraussetzung dafür ist einerseits, daß etwa die Flexibilisierung der Arbeitszeit nicht einseitig an den betrieblichen Erfordernissen ansetzt, sondern auch den Frauen mehr Zeitsouveränität gewährt. Außerdem darf man bei der Einschätzung den Bezugsrahmen der Branche nicht übersehen. Somit ist jede branchenunüblich hohe Gegenleistung für die Nutzung des weiblichen Arbeitsvermögens als Fortschritt zu verbuchen.

Typ 4: „Frauen müssen unterstützt werden" – Im Zentrum steht Vereinbarkeit von Familie und Beruf

Die Problemwahrnehmung von betrieblicher Frauendiskriminierung ist in den unter Typ 4 zusammengefaßten Betrieben gering ausgeprägt. Für den eigenen Betrieb wird Chancengleichheit vorausgesetzt. Ob nun die Chefin eines Kleinbetriebes meint, daß es in Betrieben dieser Größe selbstverständlich sei, daß Frauen gleichbehandelt werden, oder ob in einem Großbetrieb davon ausgegangen wird, *„daß Frauenbenachteiligung bereits vor 25 Jahren diskutiert wurde und Chancengleichheit mittlerweile gelebte Betriebskultur ist"* – einig ist man sich darin, daß spezifische Frauenfördermaßnahmen in Form nicht-diskriminierender Personalpolitik überholt seien. Darin unterscheiden sich die Fallstudienbetriebe vermutlich wenig von der Mehrzahl der österreichischen Unternehmen. Wodurch sie sich jedoch wahrscheinlich von vielen anderen abheben, ist, daß sie Vereinbarkeit von Familie und Beruf als Thema ansehen, in dem berufstätige Frauen unterstützt werden müssen. Die Motive für das Thema Vereinbarkeit sind vielfältig und widersprüchlich: Entweder wird der Institution Familie und der Mutterschaft ein hoher gesellschaftlicher Wert zugemessen, oder/und es sind ökonomische Kalküle – die Nutzung der Ausbildungsinvestitionen und des Mitarbeiterpotentials – , oder die Unterstützung berufstätiger Mütter wird als sozialpolitisches Anliegen definiert.

Unter den Betrieben finden sich drei Kleinbetriebe (11 bis 28 Beschäftigte) und ein Großbetrieb mit über 4000 Beschäftigten. Kurz zu den Einzelbetrieben: Ein Kleinbetrieb, im folgenden Betrieb 1 genannt, ist ein Saisonbetrieb im Hotel- und Gastgewerbe in einer Fremdenverkehrsregion. Betrieb 2 ist ein Kleinbetrieb in der Wirtschaftsklasse „Neue Dienstleistungen" im städtischen Bereich; er ist ebenso wie Betrieb 1 im Besitz eines Ehepaares. Auch der dritte Betrieb ist ein Kleinbetrieb in einer ländlichen Region und dem Bereich Geld-, Kredit- und Versicherungswesen zugehörig. Betrieb 4 gehört der gleichen Branche an, ist aber mit einigen Tausenden Beschäftigten ein Großbetrieb.

Zwei der Betriebe – Betrieb 1 und Betrieb 2 – sind „ganz normale Betriebe", die auf Vereinbarkeitsprobleme von Frauen „nicht mehr als Rücksicht" nehmen. Sie haben weder betriebs- noch individuellvertraglich festgelegte, noch informell verbindliche Regelungen. Sie nehmen Rücksicht. In Betrieb 3 finden sich hingegen einzelvertraglich eine Fülle von Teilzeitvarianten für die beschäftigten Frauen festgelegt, und in Großbetrieb 4 sind die „Unterstützungsangebote" großteils in einer Betriebsvereinbarung geregelt. Da die Betriebe sowohl hinsichtlich ihrer Ausgangspunkte als auch hinsichtlich ihrer inhaltlichen Schwerpunkte in bezug auf Vereinbarkeit sowie in ihren Regelungsformen stark divergieren, werden die Betriebe – bis auf Betrieb 1 und Betrieb 2, die zu einem Untertypus zusammengefaßt werden – getrennt dargestellt.

Betrieb 1 und Betrieb 2: „Die Rücksichtnehmer"

„Ganz normale" Kleinbetriebe, die weder geregelte noch informelle für alle Mitarbeiterinnen verbindliche Vereinbarkeitsangebote haben, sind Betrieb 1 und Betrieb 2. Es sind den Eigendefinitionen der BesitzerInnen zufolge Familienbetriebe, in denen eben auch auf private Bedürfnisse der Beschäftigten Rücksicht genommen werden müsse. Die MitarbeiterInnen sollen zufrieden sein, das hebe ihre Motivation, und da müsse man ein „offenes Ohr" für sie haben und ihnen entgegenkommen, soweit es die betrieblichen Erfordernisse erlauben.

> *„Der Arbeitsplatz soll ja ein zufriedenstellender sein – also die Einstellung hätte ich schon, daß ich mir wünsche, daß das Personal gerne bei mir arbeitet. Nur wenn überhaupt kein Lebensbereich mehr da ist,* [...] *kann die Mitarbeiterin eher einen Frust bekommen. Wir versuchen alles mögliche – was eben möglich ist im Saisonbetrieb. Nur muß man das eben so sehen, daß ein Saisonbetrieb da andere Probleme hat als ein Jahresbetrieb."* (k12gf1-7)

Daß Frauen für Familienarbeit zuständig sind, ist in beiden Betrieben eine selbstverständliche, nicht hinterfragte Voraussetzung und wird auch nicht mit Benachteiligung in Zusammenhang gebracht. In beiden Betrieben wird die Institution Familie hochgehalten. Gerade das Hotel- und Gastgewerbe mit seiner Saisonarbeit, so Chef und Chefin von Betrieb 1, sei extrem familienfeindlich, und da müsse man einen Kompromiß finden, damit das Familienleben nicht zerstört werde.

> *„Man muß einfach im Gastgewerbe ein bisserl darauf Rücksicht nehmen, daß die Frauen tätig sein können, und natürlich muß man das mit dem Familienleben in Einklang bringen. Wir haben Ehen da, die rein im Gastgewerbe sind, wo er in einem Betrieb arbeitet und sie in einem anderen."* (k12gf1-9)

Rücksichtnahme äußert sich beispielsweise darin, daß versucht wird, Beschäftigten mit Schulkindern im Sommer zwei Wochen Urlaub zu ermöglichen. Frauen werden dabei bevorzugt, *„weil die mit dem Problem Doppelbelastung ja mehr zu tun haben"* (k12gfl 7).
Rücksichtnahme ermöglicht es auch, während der Arbeitszeit dringende Termine wahrzunehmen.

> *„Das ist dem Chef und der Chefin sehr viel wert, und das finde ich auch ganz toll. Wenn eine Kollegin ein Kind hat, und die kann nicht, weil sie zum Doktor muß, dann ist das überhaupt kein Problem. Dann springt halt wer anderer ein."* (k12m1-1)

Vor dem Hintergrund von Vereinbarkeitsproblemen der Mitarbeiterinnen werden in Einzelfällen auch – zeitlich befristete – Arbeitszeitsonderregelungen getroffen.

> *„Wenn heute eine Frau aus familiären Gründen eine Sonderregelung in der Dienstzeit haben muß, dann versuchen wir dem nachzukommen. Wir haben eine Mitarbeiterin gehabt, die hat auch ein Kind gehabt, und eine Zeitlang ist sich da nichts ausgegangen: Sie hätte zu arbeiten aufhören müssen und war eine sehr gute Mitarbeiterin – dann haben wir der Frau angeboten, daß sie um fünf Uhr abends, was im Gastgewerbe nicht üblich ist, nach Hause gehen kann."* (k12gf1-6)

Ähnliche Formen von Rücksichtnahmen auf weibliche Beschäftigte mit Kindern finden sich auch in Betrieb 2, ob es nun um die kurzfristige Wahrnehmung von Schul- oder Arztterminen oder darum geht, daß die Kinder in der Firma auf die Mütter warten können, wenn es zu „Betreuungsengpässen" kommt.
In beiden Betrieben zielt man also auf nicht mehr als einen „menschlichen Umgang" mit den weiblichen Beschäftigten, auf Rücksichtnahme auf die Zuständigkeit der Frauen für die Familie ab. Das ist auf den ersten Blick nicht viel – kennt man allerdings die Arbeitsbedingungen in Saisonbetrieben im Hotel- und Gastgewerbe, ist es gerade in Betrieb 1 *„auch nicht wenig"*. Von irgendeiner Form von „Frauenförderung" sind beide Betriebe meilenweit entfernt.

Betrieb 3: Teilzeit als Lösung?

Betrieb 3 zeichnet sich durch einen hohen Anteil an teilzeitbeschäftigten Frauen (drei Viertel der Mitarbeiterinnen) und durch eine Vielfalt von Teilzeitmodellen aus. Die Mitarbeiterinnen sehen in einer Teilzeitbeschäftigung die optimale Variante der Vereinbarkeit von Familie und Beruf. Der Erfindung immer neuer Teilzeitmodelle scheinen in diesem Unternehmen keine Grenzen gesetzt.

Der Anstoß zu dieser Entwicklung kam von einer Mitarbeiterin. Als Alleinerzieherin war für sie die Wiederaufnahme der Berufstätigkeit nach einem Karenzjahr aus materiellen Gründen unumgänglich. Sie überlegte bereits, ganztags arbeiten zu gehen, was aber aufgrund der fehlenden Kinderbetreuungseinrichtungen ein großes Problem für sie gewesen wäre. Der Betrieb machte ihr ein Teilzeitangebot, *„weil gerade Bedarf war"*. Sie begann zunächst im „Ultimo-Modell" (eine in der Branche übliche Arbeitszeitregelung in Form tageweiser Beschäftigung zu den Geschäftsspitzen, um den Ersten des Monats und um die Mitte des Monats, 5–6 Tage im Monat) zu arbeiten. Nach einem halben Jahr wollte eine zweite Mitarbeiterin ebenfalls nach einem Jahr Karenz in Teilzeit wiedereinsteigen, und die beiden kamen auf die Idee des wochenweisen Wechselns (Job-sharing). Die Modelle wurden in gemeinsamen Gesprächen mit der Geschäftsführung vereinbart. In den letzten Jahren vervielfachten sich die Teilzeitmodelle, da die Mehrzahl der beschäftigten Frauen Kinder bekam und nach der Karenz – in Form von Teilzeit – wieder in den Beruf einsteigen wollte. Aus der Perspektive der Geschäftsführung geht es erstens darum, gut qualifizierte Frauen an den Betrieb zu binden. Der Betrieb hat ja in ihre Ausbildung investiert. Es sind Frauen, die schon seit vielen Jahren, oft schon als Schulabgängerinnen, in den Betrieb gekommen sind. Sie wollen Kinder *und* Beruf – so die Geschäftsführung. Dabei müssen sie unterstützt werden. Das Unternehmen will zufriedene Mitarbeiterinnen, und so komme man den jungen Müttern mit Flexibilität entgegen. Teilzeitregelungen gibt es nur für Mitarbeiterinnen oder ehemalige Mitarbeiterinnen des Betriebes. Neuaufnahmen in Teilzeit erfolgen keine.

> *„Es ist wichtig, das vorhandene Mitarbeiterpotential und Ausbildungspotential weiterhin zu nützen. Da ist investiert worden, und eine Investition soll ja auf viele Jahre genutzt werden und nicht nur zwei, drei Jahre, dann wäre das Ganze ja überhaupt ein Verlustgeschäft. Und die Steigerung der Flexibilität und der soziale Standpunkt sind auch sehr wesentlich. Wenn ein Mitarbeiter hier gerne arbeitet und er geht auf Karenz und kommt zurück, wird er weiter gerne arbeiten. Mit einem zufriedenen Mitarbeiter arbeite ich ja viel lieber als mit einem, den ich neu aufnehmen muß. Der erfahrene Mitarbeiter bringt ja dem Unternehmen viel mehr als ein anderer Neuer."* (k5gf-6)

Zum zweiten kann über die Teilzeitbeschäftigung qualifizierter Frauen kostengünstig ein Teil des betrieblichen Flexibilitätsbedarfs abgedeckt werden. Wegen unterschiedlichem Geschäftsanfall ist der flexible Ein-

satz von Ultimo-Kräften durchaus üblich und liegt zweifellos im Betriebsinteresse des Unternehmens.
Ersatzkräfte werden während der Karenzzeit keine aufgenommen. Für diesen Zeitraum wird eine Arbeitskraft eingespart, indem die übrigen Beschäftigten „mehr arbeiten". Die Begründung für die Bereitschaft zur Mehrarbeit wird von einer Mitarbeiterin erläutert.

„Wenn eine Kollegin in Karenz war und man weiß, die kommt in einem halben Jahr wieder, und es war Not am Mann, dann haben alle zusammengeholfen und wir haben niemanden aufgenommen und auf die Kollegin gewartet. Da hat man sich ein halbes Jahr durchgekämpft und so den Arbeitsplatz der Kollegin gesichert. [...] *Es waren immer wieder Zeiten, in denen wir gesagt haben, wir könnten jemanden brauchen, und es waren genug Bewerbungen da, aber dann wäre es für die Kollegin nicht mehr so leicht in Frage gekommen. Da man sich und die Qualitäten der Kolleginnen kennt, sagt man eher, man wartet."* (k5pm-7)

Für die Geschäftsleitung ist dies natürlich eine kostengünstige Variante und wird auch sehr gelobt.

„Und wir, da muß ich die ganze Mitarbeiterschaft sehr loben in diesem Haus, haben versucht, das immer so zu regeln, daß wir keinen Neuen aufnehmen müssen, weil dann wäre ja der Platz besetzt gewesen. Oder ich muß den Neuen in ein befristetes Arbeitsverhältnis aufnehmen, und davon bin ich kein Freund." (k5gf-4)

Welche Teilzeitarbeitsmodelle werden aber nun in Betrieb 3 praktiziert?
Zwei Frauen sind im bereits beschriebenen traditionellen „Ultimo-Modell" beschäftigt. Eine der beiden Frauen hat vier Kinder und war jahrelang zu Hause, bis ihr der Betrieb, in dem sie bis zur Geburt ihres dritten Kindes gearbeitet hat, Wiederbeschäftigung in Form des Ultimo-Modells anbot. Ihren Wiedereinstieg sah sie als große Chance.

„Zuerst habe ich überlegt, ob das geht. Aber dann habe ich mir gedacht, da sag' ich jetzt nicht nein, weil sechs Tage im Monat sind irgendwie zu verkraften. Die Kinder werden ja immer größer und irgendwann brauchen sie mich nicht mehr so viel." (k5m2-3)

Mittlerweile arbeitet sie wieder seit sechs Jahren und ist mit der Arbeitszeitform sehr zufrieden. Mehr Arbeitsstunden würden nicht gehen, und nur Hausarbeit sei zuwenig.

„Ich bin am Abend schon müde, aber es gefällt mir trotzdem. Es ist einfach der Beruf, der mir wirklich Freude macht. Ich habe immer gesagt, das probiere ich, weil wenn die Kinder aus dem Haus sind und du möchtest was tun, kannst du in einem Haus immer Arbeit finden – nur das ist

nicht das, was mich befriedigt, ich brauchte den Kontakt zu den Leuten. Wenn du sonst jahrelang daheim bist und du möchtest was tun, dann kannst du nur noch putzen gehen – und das mache ich nicht. Ich habe immer gesagt, das mache ich erst, wenn ich wirklich das Geld so dringend brauche.“ (k5m2-3)

Eine Mitarbeiterin arbeitete zunächst halbtags; dann wollte sie eine Änderung auf elf ganze Tage im Monat. Die elf Arbeitstage werden am Beginn des Monats relativ flexibel für Urlaubsvertretungen oder die Vertretung von Ausbildungszeiten vereinbart.

Eine weitere Mitarbeiterin arbeitete ursprünglich Montag bis Mittwoch ganztags; nach der Geburt ihres zweiten Kindes ist sie auf täglich halbtags umgestiegen. Ihr Fall ist ein Beispiel dafür, daß auch bei den Arbeitsbeginnzeiten, die in der Regel fix sind, Ausnahmen gemacht werden.

„Die Kollegin hat nur von Montag bis Mittwoch gearbeitet und hat da ihre 19¼ Stunden vollbracht. In der Früh ist sie später gekommen, weil sie niemanden für das Kind hatte, bis die Schwiegermutter nach Hause gekommen ist [...]. *Das hat sie zwei Jahre gemacht, dann ist sie wieder schwanger geworden und zwei Jahre voll zu Hause geblieben. Und jetzt arbeitet sie wieder Teilzeit, aber von Montag bis Freitag nur am Vormittag, und beginnt auch in der Früh nicht um 7.40 Uhr, sondern erst um 8.40 Uhr, weil die Schwiegermutter betreut so eine Milchsammelstelle von der Molkerei und da kann sie die Kinder nicht alleine lassen.“* (k5m1-6)

Zwei Frauen praktizieren – wie bereits erwähnt – ein Job-sharing-Modell. Seit drei Jahren wechseln sie sich auf einem Arbeitsplatz wöchentlich Mittwoch mittags ab:

„Weil ja die Kollegin nicht mehr als 19¼ Stunden pro Woche arbeiten durfte, als sie das Karenzgeld bekommen hat. Da darf man ja nur drei Fünftel der Normalarbeitszeit arbeiten, und alles was darüber ist, gefährdet oder schädigt das Karenzgeld – sie hätte etwas zurückzahlen müssen oder den Anspruch verloren. Dadurch sind wir zu dieser Mittwoch-Mittwoch-Regelung gekommen. Die haben wir dann solange gelassen, bis das nach dem dritten Lebensjahr des Kindes ausgelaufen ist. Und dann haben wir gesagt, von der Urlaubsplanung ist es fast einfacher, wenn man eine Wochenarbeitszeit macht.“ (k5pm-3)

Arbeitsorganisatorische Probleme ergeben sich daraus keine, erzählen die beiden Frauen.

„Wenn es etwas zu besprechen gegeben hat, haben wir uns kurz angerufen oder uns was aufgeschrieben. Es gibt nicht so viel, weil eigentlich jeder seine Arbeit fertigmacht, soweit er kann. Es ist kaum mal was,

das man liegen läßt, was dann der andere weiter zu bearbeiten hat. Man schaut, daß man alles fertigmacht, und der andere fängt dann praktisch wieder von vorne an." (k5m3-2)

Alle Frauen sind mit der Teilzeitregelung höchst zufrieden. Es ist die Arbeitszeitform, die die Vereinbarkeit von Beruf und Familie ermöglicht und so eine Alternative zu einer längeren Berufsunterbrechung darstellt. Eine Ganztagsbeschäftigung überlegen sich die Frauen nicht. Diese würde, so ihre Befürchtungen, zuwenig Zeit für die Kinder lassen.

Grenzen und „Tücken" von Teilzeit

Eine Grenze der Teilzeitbeschäftigung liegt auch in diesem Unternehmen darin, daß diese Lösung in leitenden Positionen nicht möglich ist. Die Folge ist, daß Frauen, die vor ihrer Karenz in leitender Funktion tätig waren, nicht in ihre alte Funktion zurückkehren können.

„Der Aufstieg ist mit einer Teilzeitbeschäftigung kaum möglich. Ich habe eine sehr verantwortliche Tätigkeit ausgeübt, bevor ich in Karenz gegangen bin. Und die Stelle ist jetzt mit einem Mann besetzt. Also wird sich dahingehend in nächster Zeit nichts ergeben. Und vor allem mit Teilzeit ist das kaum möglich, da mußt du wirklich den ganzen Tag und immer da sein. Ich habe es jetzt vertretungsweise wieder gemacht, so wochenweise ist es gegangen, nur ich könnte es nicht die ganze Zeit machen, weil da wäre Voraussetzung, daß ich eben ganztags arbeite." (k5m1-6)

Die Folge davon ist, daß die gleichaltrigen männlichen Kollegen in Führungspositionen kommen, die Frauen ausgeschlossen werden. Damit wird ein altbekannter Zusammenhang reproduziert. Frauen sind für die Kinder zuständig, und weil sie für die Kinder zuständig sind und sich Normalberufsbiographien nach wie vor am männlichen Modell orientieren, sind sie von beruflichen Entwicklungschancen ausgeschlossen. Teilzeit kehrt sich damit in bezug auf berufliche Entwicklung gegen die Frauen.
Aber auch in einer zweiten Hinsicht erweist sich die hohe Zahl der Teilzeitbeschäftigten als tückisch. Bei Neueinstellungen, so die Geschäftsleitung, werden nur mehr Männer aufgenommen. Die Begründung:

„Das ist eine automatische Grenze. Sie ist für unseren Betrieb eigentlich im Verhältnis von männlichen und weiblichen Mitarbeitern zu suchen. Jetzt wird es schon zu viel mit den Teilzeitbeschäftigten, von unseren ganzen weiblichen Mitarbeitern sind ja schon 80 % nur mehr teilzeitbeschäftigt. Wir wollen Frauen, wir brauchen Frauen, und ich halte es mit der Natur, es geht nicht ohne Männer, es geht nicht ohne Frauen,

warum soll es im Geschäft anders sein. Daß sich die Relationen da und dort verschieben müssen, ist klar, aber wir wollen Frauen. Ich hätte ja auch durchaus Tendenzen zu sagen, wenn nicht manches dagegen sprechen würde: halb Männer, halb Frauen. Und mehr Frauen auch in Führungspositionen, weil es gibt ja von der Eignung keine Unterschiede. Ich sag' aber nicht, daß Frauen noch besser geeignet sind, für manches ja, das teilt sich auf, auch wie in der Natur. Nur muß ich mir eine Grenze setzen, um den Betrieb nicht mangels Personal einmal schließen zu müssen, wenn zu viele Ausfälle sind. Und daher sage ich, wenn wir unser Personal, so wie es jetzt ist, behalten wollen, und auch die Damen [...]: *Ich kann insgesamt auf Ganztagsbeschäftigung umgelegt nur mehr ein Viertel beschäftigen, damit gewährleistet ist, daß der Betrieb nicht zu stark leidet. Das ist einfach eine Notwendigkeit, es läßt sich nicht jede Arbeit in Teilzeit erfüllen. Es ginge vielleicht noch in der Buchhaltung, obwohl wir dort schon bei vier Beschäftigten eine Teilzeitbeschäftigte haben. Es kommt vielleicht noch eine dazu, und dann muß Schluß sein."* (k5gf-5)

An diesem „Teilzeitunternehmen" läßt sich die Widersprüchlichkeit von Teilzeit als Instrument zur Förderung von Chancengleichheit im Betrieb gut ablesen. Zum einen stellt Teilzeit eine Alternative zu einer Berufsunterbrechung dar und erhöht die Arbeitsmarktchancen von Frauen, indem sie einen alternativen Weg zur Vereinbarkeit von Beruf und Familie eröffnet. Gleichzeitig begrenzt Teilzeit, indem sie nur in nicht führenden Funktionen als zulässig definiert wird, berufliches Fortkommen. Dadurch verfestigt sie eingefahrene Arbeitsteilungsmuster in Beruf und Familie.

Betrieb 4: Vereinbarkeit als Sozialpolitik

Eine völlig andere Ausrichtung von „Maßnahmen zur Vereinbarkeit von Beruf und Familie" findet sich in dem untersuchten Großbetrieb, in Betrieb 4. Es handelt sich um Karenzregelungen in Form von Sonderzahlungen und arbeitsrechtlichen Sonderansprüchen, die über die gesetzlichen Ansprüche hinausgehen, um Regelungen für Teilzeitbeschäftigte, die zum Normallohn einen Zuschlag von 10 % erhalten, und um die einzige betriebliche Kinderbetreuungsstätte innerhalb der Fallstudienbetriebe. Der Betrieb bietet auch eine variable Arbeitszeitregelung an. Diese „Maßnahmen" sind betriebliche Sozialleistungen, die großteils in den 70er Jahren entstanden sind und in einer Betriebsvereinbarung geregelt wurden. Diese Leistungen werden betriebsintern nicht als „Angebote für Frauen" wahrgenommen, weder von den FunktionsträgerInnen noch von den weiblichen Beschäftigten.

> *„Ob Frauen oder nicht, ist bei uns wurscht, das kann jeder in Anspruch nehmen. Klarerweise hat man im Laufe der Jahre hauptsächlich was für Frauen gemacht – die waren wirtschaftlich benachteiligt. Aber das haben wir schon vor 20 Jahren gemacht. Das sind lauter so Sachen, die sind für uns gar nicht so wichtig und auch nichts Besonderes."* (k17g1)

Wie kam es zu dieser Ausrichtung? Ein besonderes Charakteristikum des Unternehmens ist seine sozialdemokratische Tradition, die nach wie vor die Betriebskultur prägt. Mit dieser Tradition eng verbunden sind die betrieblichen Sozialleistungen des Unternehmens. Der Betrieb gilt hinsichtlich seiner Sozialleistungen seit Jahrzehnten als „Vorreiter" in der Branche.

> *„Wir sind in der Branche auf sozialem Sektor immer Vorreiter gewesen. Sachen, die es bei uns schon gegeben hat, haben ihren Niederschlag in der Gewerkschaftsarbeit gefunden und sind dann zum Teil auch in den Kollektivvertrag gekommen. Wir waren immer führend durch den starken Betriebsrat. Es haben dann andere in der Branche mitprofitiert, was wiederum unserem Betriebsrat den Rücken gestärkt hat. Und so hat es sich auch ein bißchen aufgeschaukelt, und dann verpflichtet auch der Ruf."* (k17br-2)

Gleichzeitig gibt es in diesem Unternehmen ein Bewußtsein im Hinblick auf soziale Benachteiligung, und es gibt den Wert der Chancengleichheit. Es ist der allgemeine Richtsatz, daß keine Person aufgrund ihrer sozialen Herkunft, ihrer Rasse oder ihres Geschlechts benachteiligt werden soll. Chancengleichheit wird dabei auf den Ausgangspunkt bezogen, nicht auf das Ergebnis. Frauen werden dabei als keine besondere Gruppe gesehen. Sie unterscheiden sich auch in bestimmten Fähigkeiten oder Arbeitsvermögen nicht von den Männern: Frauen sind – so das vermittelte Bild – von ihren Ausgangsbedingungen weder schlechter noch besser als ihre männlichen Kollegen. Frauen und Männer sind gleich, sie sind daher auch gleich zu behandeln. Diese Gleichbehandlung sei auch im Betrieb verwirklicht, so die offizielle betriebliche Ideologie. Daß Frauen in geringerem Ausmaß in Führungspositionen – vor allem auf den höchsten Ebenen – zu finden sind, wird von allen Befragten als Problem angesehen. Handlungsbedarf sei jedoch keiner gegeben, denn:

> *„Daß es weniger Frauen sind, ist auch historisch bedingt. Aber seit etlichen Jahren können diejenigen, die wollen. Da wir intern stark rekrutieren, dauert das. Aber die Frauen, die heute in den mittleren Positionen sitzen, werden in ein paar Jahren auch auf den höchsten Ebenen sein."* (k17gf2-1)

Karenzregelungen, Wiedereinstieg und Teilzeit

Ausgangspunkt der Karenzregelungen war die *„damalige wirtschaftliche Benachteiligung von Frauen im Karenzurlaub“.* Diese Benachteiligung galt es zu beheben. Die Durchsetzung der Regelung und deren Festschreibung in einer Betriebsvereinbarung wird als problemlos dargestellt.

> *„Das war eine Zeit, in der überhaupt viel durchgesetzt werden konnte. Der Betrieb machte große Gewinne, die Betriebsleitung war sozial eingestellt. Da war das kein Problem. Da haben halt die Frauen was bekommen.“* (k17br-2)

Den karenzierten Mitarbeiterinnen – Karenz ist auch in diesem Unternehmen Frauensache – werden Sonderzahlungen, auf die während des Karenzurlaubes kein Rechtsanspruch besteht, bei der Rückkehr in Form einer Remuneration ersetzt. Mit der gesetzlichen Erhöhung des Karenzurlaubes von ein auf zwei Jahre wurde diese Remuneration von eineinhalb auf zwei Monatsgehälter erhöht. In derselben Betriebsvereinbarung wurde auch eine über die gesetzlichen Regelungen hinausgehende Urlaubsregelung für „Karenzrückkehrerinnen“ festgelegt. Der Urlaub wird nicht aliquotiert, sondern es gibt die Möglichkeit, den Karenzurlaub mit Hilfe des „normalen Urlaubes“ zu verlängern. Zusätzlich werden noch eine Reihe von Sozialleistungen, wie Kinder- und Haushaltszulagen, angeboten. Viertens besteht ein voller Abfertigungsanspruch bei Austritt nach dem Karenzurlaub, und zwar auch dann, wenn der Austritt bis drei Monate nach Beendigung des Karenzurlaubes erklärt wird. Zusätzlich wird noch eine Geburtenbeihilfe ausbezahlt.

Den seit den 70er Jahren stattgefundenen gesetzlichen Veränderungen wurden die Regelungen laufend angepaßt. Von den befragten Frauen werden diese Regelungen als selbstverständlich angenommen und erscheinen nicht erwähnenswert. Spricht man die Mitarbeiterinnen darauf an, definieren sie die Vereinbarungen als Sozialregelungen – die sie formal ja auch sind – und bringen sie nicht mit dem Geschlecht in Zusammenhang.

Die Rückkehrquote nach dem Karenzurlaub ist in diesem Betrieb relativ hoch: über 90 %. Zurückgeführt wird dies ebenfalls auf die hohen Sozialleistungen innerhalb des Betriebs.

> *„Wenn man einmal da ist, geht man nicht mehr.“* (k17m3-7)

Gleichzeitig erleichtert das Angebot der Teilzeitbeschäftigung nach dem Karenzurlaub den Wiedereinstieg, obwohl in diesem Betrieb im

Unterschied zum vorher beschriebenen nicht auf Teilzeit gesetzt wird. Teilzeit wird seitens der Geschäftsführung als für einige Frauen notwendiges Übergangsstadium definiert.

> *„Wir bieten den Frauen die Möglichkeit, daß sie nach der Karenz Teilzeit arbeiten können. Das rennt solange, bis die Frauen sagen, sie wollen wieder ganztags arbeiten, und dann schauen wir, ob die Aufstockung vertretbar ist. Wenn es dort keinen Ganztagsjob gibt, wird man nicht künstlich aufstocken. Aber wir schauen dann und sagen: vielleicht, dort ist nichts mehr, aber in den anderen Bereichen, da kannst du ganztags arbeiten. Und wenn sie einverstanden sind, arbeiten sie dort dann ganztags. Da wird dann schon individuell geschaut."* (k17gf-5)

Teilzeitbeschäftigte erhalten in diesem Unternehmen einen Zuschlag zum Normallohn von 10 %. Man bemüht sich, daß die Frauen an den alten Arbeitsplatz zurückkehren könnten. Garantie gebe es allerdings keine. Erfahrungen mit weiblichen Führungskräften im Karenzurlaub wurden zum Befragungszeitpunkt das erste Mal gemacht.

Das „Herzeigestück": der Betriebskindergarten

Da dies unter den Fallstudienbetrieben der einzige mit einem Betriebskindergarten war, wird die Entstehung der Idee und die Durchsetzung der Installierung im folgenden genauer dargestellt. Die Idee zur Gründung des Betriebskindergartens entstand schon in den 60er Jahren und wird von der Initiatorin folgendermaßen beschrieben:

> *„Im Unternehmen hat es sehr viele Jugendliche gegeben. Gerade damals war ja auch dieses Jugendeinstellungsgesetz. Wir hatten eine eigene Jugendgruppe, und natürlich sind diese Jugendlichen älter geworden und haben geheiratet. Und da ist immer wieder über diese Dinge diskutiert worden. In unserer Jugendgruppe zuerst, und später hat unsere Jugendgruppe das auch an den Betriebsrat herangetragen, und da waren halt ein paar junge engagierte Frauen, die gesagt haben, wir sollten was tun. Dann ist längere Zeit wieder geredet worden. Aber bis der Betriebsrat bereit war, dieses Konzept weiterzuentwickeln, hat es schon ein bißchen gedauert."* (k17m1-5)

Die Durchsetzung innerhalb des Betriebsrates dauerte zwar einige Zeit, gelang aber dann vermutlich vor dem Hintergrund parteipolitischer Interessen.

> *„Das war zwar damals nicht einfach, aber wir hatten einen neuen Betriebsratsvorsitzenden, der hatte eine berufstätige Frau und ein Kind, das bei den Großeltern war. Er hat also die Situation gekannt, und wir waren da. Es war damals so, daß wir das sehr vehement betrieben haben. Ich war die Sprecherin. Ich bin da vorgeprescht, da waren noch*

ein, zwei, andere, die da so richtig, die da so richtig dahintergestanden sind. Die sozialistischen Frauen in der Fraktion haben recht auf den Tisch gehaut, und ich war auch seit 1969 Betriebsrätin, und so hat es sich halt ergeben.“ (k17m1-5)

Die Verhandlungen mit der Unternehmensleitung dauerten allerdings weitere Jahre.

„Wie wir es dann innerhalb des Betriebsrates durchgesetzt hatten, war es Mitte der 60er Jahre. Da haben dann die Verhandlungen mit der Unternehmerseite begonnen. Da hat es viele Probleme gegeben. Das erste war, daß wir keine neue Arbeitnehmergruppe wollten, weil wir sowieso schon drei Kollektivverträge hatten. [...] *und sie konnten sich nicht vorstellen, daß die Kindergärtnerinnen nach unserem Kollektivvertrag angestellt werden könnten. Dann gab es andere Sachen wie: Was machen wir, wenn der Kindergarten größer wird? Was tun wir, wenn eine Kindergärtnerin krank wird, auf Urlaub geht ...? Dann die Räumlichkeiten. Bei uns wollten sie es nicht. Da haben sie gesagt, wir brauchen keine Mütter, die besorgt vor dem Kindergarten stehen und schauen, wie es ihren Kindern geht. Wir wollen arbeiten und nicht, daß ununterbrochen jemand hin und her rennt und schaut, was die Kinder machen.“* (k17m1-5)

Anfang der 70er Jahre wurde der Kindergarten schließlich eröffnet. Daß der Betriebskindergarten gegenüber der Unternehmensleitung durchgesetzt werden konnte, wird auch in Verbindung mit der sozialen Herkunft der damaligen Vorstandsmitglieder gesehen. Betont wird dabei deren Verbundenheit mit der Arbeiterbewegung.

„Die waren Arbeiterstudenten und hatten auch Töchter und berufstätige Frauen, die erfolgreich waren. Die waren sozial und haben die Probleme gekannt.“ (k17m1-5)

Das damalige Engagement für Frauen wird von Betriebsrat und Personalverantwortlichen rückblickend damit begründet, daß Frauen in den 70er Jahren „noch wirklich“ benachteiligt wurden. Mit diesen Regelungen sei die Lage der Frauen im Unternehmen verbessert worden.

Die Kinderbetreuungsstätte befindet sich in der Nähe der Zentrale des Betriebes, ist nur rund 10 Gehminuten entfernt, und bietet Platz für 140 Kinder von eins bis zehn Jahren. Neben dem Kindergarten gibt es innerhalb der Kindertagesstätte eine Krabbelstube und einen Hort für VolkschülerInnen. Die Kindertagesheimstätte ist von Montag bis Donnerstag von 7.00 bis 16.45 Uhr und am Freitag von 7.00 bis 15.45 Uhr geöffnet – und das auch während der Ferien. Die Kinder können kontinuierlich oder – in den Ferien oder in Notfällen – auch kurzfristig untergebracht werden.

> „*Wenn zum Beispiel ein Kind bei Mutter oder Großmutter ist und Mutter oder Großmutter wird krank oder es ist sonst irgend etwas, können die Eltern das Kind kurzfristig in den Kindergarten bringen, und das Kind kann auch zwei bis drei Wochen dableiben.*" (k17m1-5)

Wenn der Betriebskindergarten nicht gewünscht wird, bietet der Betrieb Hilfestellung bei der Suche nach anderen Lösungen. Finanziert wird der Betriebskindergarten hauptanteilig vom Unternehmen. Die Eltern zahlen monatliche Beiträge. Die Kindertagesheimstätte wird von allen befragten Frauen als sehr unterstützend erlebt.

> „*Ich bin nach einem Jahr Karenz zurückgekommen und habe die Kinderkrippe sehr wohl in Anspruch genommen.* [...] *Es gibt auch die Möglichkeit, daß man, wenn man das Kind in einem anderen Kindergarten hat, es in den Sommerferien hierher schicken kann. Ich habe dann wirklich eine völlige Ausnahmesituation produziert, weil ich das Kind aus der Schule nehmen mußte – da hat es extreme Probleme mit der Lehrerin gegeben. Es wollte sich von hier nicht trennen, von seinen Freunden im Hort, und wir haben dann die Vereinbarung getroffen, daß er allein runterfahren darf und sie ihm das Essen aufwärmen. Für mich war das fraglos eine Erleichterung.*" (k17m6-8)

Zusammenfassend kann für dieses Unternehmen festgehalten werden, daß die hohen Sozialleistungen des Betriebes, die natürlich auch Frauen zugute kommen und von denen einige speziell auf Frauen zugeschnitten sind, auch wenn sie nicht als solche definiert werden, wie beispielsweise die Kindertagesheimstätte, für die beschäftigten Frauen wesentliche Erleichterungen im Hinblick auf die Vereinbarkeit von Familie und Beruf darstellen. Gleichzeitig verhindert der in diesem Betrieb verwendete Chancengleichheitsbegriff, der sich auf gleiche Zugangschancen bezieht und Auswirkungen oder Resultate dieser „gleichen Chancen" außer acht läßt, daß Geschlecht als soziale Kategorie wahrgenommen wird. Das führt letztendlich dazu, daß betriebliche Frauendiskriminierung nicht als Problem wahrgenommen wird.

Schlußfolgerungen: Vereinbarkeit als Unterstützung, Vereinbarkeit als Tücke?

Vereinbarkeitsmaßnahmen sind aufgrund der Zuständigkeit der Frauen für Familienarbeit – vor dem Hintergrund des mangelnden Ausbaus von Kinderbetreuungseinrichtungen – zweifellos eine wesentliche Voraussetzung für die Teilnahme der Frauen an Erwerbsarbeit. In Großbetrieb 4 wird deutlich, wie unterstützend und hilfreich die betriebliche

Unterstützung bei der Kinderbetreuung für die Mitarbeiterinnen sein kann.

Widersprüchlich erweist sich der Ausbau von Teilzeitarbeit. Als Alternative zur Berufsunterbrechung scheint Teilzeitarbeit – vordergründig betrachtet – die Arbeitsmarktchancen von Frauen zu erhöhen, indem sie einen alternativen Weg zur Vereinbarkeit von Familie und Beruf eröffnet. Bei näherer Betrachtung erweist sich dieser Weg jedoch auch als tückisch. Denn nach wie vor wird Teilzeitarbeit, auch wenn sie ausgebaut worden ist – wie im Betrieb 3 –, nicht für leitende Positionen angeboten. Die Folge davon wurde in Betrieb 3 ersichtlich: Männliche Kollegen steigen auf, weibliche Beschäftigte sind von Aufstiegsmöglichkeiten und weiteren Entwicklungschancen ausgeschlossen. Eine Entscheidung für Teilzeit ist also nach wie vor eine Entscheidung gegen berufliches Fortkommen. Frauen entstehen aus der familiären geschlechtsspezifischen Arbeitsteilung nach wie vor betriebliche Nachteile. Ihre Zuständigkeit für die Familie bleibt aufrecht, die traditionellen Rollenmuster werden verfestigt. Die Orientierung an der männlichen Normalarbeitsbiografie kann so problemlos weiterbestehen, und die Arbeitswelt bleibt „familienfrei".

Darüber hinaus werden – auch dies ist in Ansätzen in Betrieb 3 deutlich geworden – unter dem Ettikett „frauen- oder familienfreundliche Arbeitszeitgestaltung" neue variable Formen der Tages-, Wochen- oder Monatsarbeitszeit eingeführt, die den Unternehmen erweiterte Spielräume bei der Anpassung des Personaleinsatzes eröffnen. Die flexible Arbeitszeit der Frauen ermöglicht es den Betrieben, die Anwesenheitszeiten besser an den Arbeitsanfall anzupassen. Berufsunterbrechung und Wiedereinstieg ohne die Garantie, am gleichen Arbeitsplatz oder in der gleichen Abteilung eingesetzt zu werden, eröffnet ständig Umstrukturierungs- und Einsparungsmöglichkeiten. Frauen sind dabei nicht mehr als Bündnispartnerinnen für flexible Arbeitszeitkonzepte. Diese Entwicklung als Veränderung geschlechtsspezifischer Arbeitsteilung in Beruf und Familie zu interpretieren, scheint dabei weit hergeholt. Nun soll aber nicht der Eindruck entstehen, daß Vereinbarkeitsmaßnahmen abzulehnen sind. Sie sind vielmehr eine wichtige und notwendige Vorbedingung, damit betriebliche Frauenfördermaßnahmen greifen können.[21] Sind Vereinbarkeitsmaßnahmen aber nicht in Förder-

21 Daß für die betroffenen Frauen das Vorhandensein von Vereinbarkeitsmaßnahmen, ob Kindergarten oder Teilzeitangebot, oft erst Berufstätigkeit ermöglicht und daher subjektiv höchste Bedeutung hat, soll dabei nicht in Frage gestellt werden.

konzepte eingebettet, sondern werden als einziger Maßnahmenbereich angeboten, tendieren sie zum gegenteiligen Effekt. Ausschließlich für Frauen konzipierte Vereinbarkeitsmaßnahmen konstruieren die Zuständigkeit der Frauen für die Familie von neuem und zementieren so geschlechtsspezifische Arbeitsteilung. Betriebliche Frauendiskriminierung bleibt unangetastet.

Typ 5: „Frauen haben bei uns alle Chancen – außerdem haben wir andere Sorgen"

In dieser Gruppe sind drei Betriebe zusammengefaßt. Im Grunde genommen sind sie relativ unterschiedlich und gehören verschiedenen Branchen und Größenordnungen (35 bis 250 Beschäftigte) an; jedes der Unternehmen hat eine ganz besondere Geschichte. Gemeinsam ist den Betrieben das Vorhandensein einer gewissen Unbeständigkeit und Unruhe, erzeugt durch eine uneinheitliche Konzernpolitik, durch aktuelle Umorganisationen oder vergangenen und drohenden Personalabbau. Die Personalpolitik ist dadurch etwas unberechenbar geworden. Die Informationen, die wir erhielten, weisen in weiten Teilen krasse Widersprüchlichkeiten auf. Offene oder verdeckte Unstimmigkeiten sind keine Seltenheit.
Bei zwei der drei Unternehmen war es nicht leicht, Zugang zu erhalten. Die Entscheidung ließ lange auf sich warten, und man war unserem Vorhaben gegenüber eher skeptisch eingestellt. Erst nach Nachfragen bei der Geschäftsführung sagten die Personalverantwortlichen zu, da sie selbst diese Kompetenz nicht hatten. Alle drei Unternehmen waren in den vergangenen Jahren in irgendeiner Form der Öffentlichkeit als „frauenfreundlich" präsentiert worden. Doch den GesprächspartnerInnen waren keine Details mehr in Erinnerung. Die mit der Sache betrauten Personen hatten das Unternehmen verlassen. Schließlich gebe es keine Maßnahmen, die als frauen- oder familienfreundlich zu verstehen seien, es handle sich um einen ganz normalen Betrieb.
Tatsächlich finden sich nur vereinzelt Ansätze, die im weiteren Sinn für die Untersuchung interessant sein könnten. Vereinzelt arbeiten weibliche Beschäftigte in Teilzeit, doch ohne besondere Erleichterungen oder Unterstützung. Mitunter sind Frauen in Führungspositionen zu finden. Charakteristisch für die Betriebe dieses Typs ist mehr noch als in allen anderen bisher, daß Frauen durchaus interessante Positionen erreichen können, wenn sie sich voll und ganz dem männlichen Lebensmodell anpassen – was in erster Linie bedeutet, daß in den Führungspositionen, wenn überhaupt, nur Frauen ohne Kinder zu finden sind.

Wie die Verhältnisse in diesen Betrieben gelagert sind, stellt man sich die Masse der „normalen“ Unternehmen vor. Während in den Betrieben der bisher beschriebenen Typen – aus den unterschiedlichsten Motiven und mit den unterschiedlichsten Auswirkungen – zumindest auf den Umstand Rücksicht genommen wurde, daß Frauen in ihrem außerberuflichen Bereich familiäre Verpflichtungen haben, ist das für die Entscheidungsträger in diesen Unternehmen kein Thema.
Im folgenden wird auf die detaillierte Darstellung der Personalpolitik in den einzelnen Betrieben verzichtet und auf einige interessante Schlüsselgeschichten näher eingegangen.

Betrieb 1: Hier kommt jede Förderung zu spät

Betrieb 1 war im vorliegenden Datenmaterial als einer der wenigen Produktionsbetriebe aufgeschienen. Da die Recherche aufgrund der einseitigen Verbreitung der Maßnahmen stark in Dienstleistungsbereichen angesiedelt war, richtete sich in diesem Fall die Erwartung auf einen kontrastierenden Blick auf sonst eher unterbelichtete Bereiche der Frauenbeschäftigung. Betrieb 1 gehört der Textilindustrie, einem klassischen Beschäftigungsbereich von Frauen, an, der auch deshalb besucht werden sollte, als man im Rahmen einer telefonischen Auskunft betonte, daß es sich um einen ganz normalen Betrieb ohne irgendwelche Maßnahmen für Frauen handle. So war es auch: Von vier Führungspositionen ist nur eine mit einer Frau besetzt, und im gesamten Bereich arbeitet nur eine der rund 20 beschäftigten Frauen in reduzierter Arbeitszeit. Und selbst in diesem Fall funktioniert die Teilzeitvereinbarung nicht ganz. Aufgrund aktuellen massiven Arbeitsanfalls arbeitet die Mitarbeiterin seit einigen Monaten 40 statt 30 Stunden in der Woche. Sie hofft aber, daß sich das demnächst ändern wird, damit sie sich mehr ihren drei Kindern widmen kann.
Betrieb 1 zählt aktuell rund 40 Beschäftigte – in Österreich. Einige hundert Kilometer entfernt befindet sich im benachbarten Ausland die Produktionsstätte mit mehr als 500 ArbeitnehmerInnen; 70 % davon sind Frauen. Betrieb 1 ist als „Denkfabrik“ in Österreich geblieben, die (Frauen-)Arbeitsplätze wurden in den letzten Jahrzehnten nach und nach in den Osten verlagert, die letzten erst vor knapp zwei Jahren. Die ehemalige Lohnverrechnerin erinnert sich, daß es einen ganz guten Sozialplan gegeben habe:

> *„Der Großteil der Leute hat gesagt: Wir gehen stempeln. Es war immer die Frage, was sie hinterher machen. Und es war vielleicht zu Beginn auch der Sozialplan ein gewisses Trostpflaster für die Leute, es ist ja*

relativ viel ausbezahlt worden. Aber ich hab' hinterher schon von gewissen Personen gehört, die schon darunter gelitten haben, besonders wenn sie schon älter und dann eben schwer vermittelbar waren." (k81-2)

Die Region ist nicht mit allzu vielen Arbeitsplätzen gesegnet und gilt als Krisenregion. Der Standort von Betrieb 1 wies eine langjährige Tradition auf, war aber schon ursprünglich wegen der niedrigen Lohnkosten an diesem Ort angesiedelt worden. Mit der Ostöffnung wurden die Akkordarbeitsplätze, die vielen Frauen (neben ihrer Familienarbeit) über Jahrzehnte dauerhafte Vollzeitarbeitsplätze boten, eben zum nächstgünstigeren Standort verlagert:

„Die Gründe für die Verlagerung sind überall die gleichen. Es ist eine sehr, sehr lohnintensive, arbeitsintensive Branche. Wir hätten uns das wirklich nicht mehr leisten können. Wir sind von der Kalkulation her am Limit. Vom Markt werden keine Preiserhöhungen mehr akzeptiert, das Produkt soll nicht mehr kosten, sondern eher weniger. Da bleiben in erster Linie zwei Faktoren über, bei denen man sparen kann: Löhne, Gehälter, und Materialien. Und da setzen wir an." (k8gm-3)

In Österreich werden nach wie vor Design und Entwicklung gemacht, aber auch alle technischen Grundlagen und nahezu die gesamte Produktionsplanung erarbeitet. Die interviewte weibliche Führungskraft meint auf die Frage, ob sie für Frauen Nachteile im Berufsleben sehen würde:

„Jein. Sie haben keine Nachteile, wenn sie flexibel genug sind, wenn sie auf die Bedürfnisse des Arbeitsplatzes eingehen. Wenn ich natürlich sage, ich möchte in der Früh um acht Uhr kommen, am Abend um halb fünf nach Hause gehen, nicht ins Ausland fahren und ich möchte das nicht und das nicht, dann muß ich halt damit rechnen, daß ich bestimmte Tätigkeiten nicht ausüben kann. Sonst glaube ich eigentlich nicht, daß es wirklich ein Nachteil ist. Aber wenn ich gewollt hätte, könnte ich jetzt sicherlich zweiter Geschäftsführer sein. Wenn ich es gewollt hätte. Nur habe ich das nie von mir aus angestrebt." (k8gm-3)

Sie identifiziert sich stark mit ihrer Tätigkeit und arbeitet sehr viel und sehr flexibel. Sie und ihr Partner haben eine Wochenendbeziehung; sie hat jedoch fixe Zukunftsvorstellungen. Sie will mehrere Kinder bekommen und weiß schon jetzt, daß sie neben den Kindern nicht mehr auf diese Art arbeiten will, was sie auch aus finanziellen Gründen nicht notwendig habe. Vielleicht wird sie sich freiberuflich als Beraterin versuchen. Da die Familiengründung mit einem Wechsel des Wohnorts verbunden sein wird, wird sie sicher nicht mehr in diesem Unternehmen bleiben. Sie hat ihrem Chef, der sie überredet hat, diese Tätigkeit zu übernehmen, von Beginn ihrer Einstellung an klar gesagt, daß sie eines Tages gehen wird, aber nicht, wann. Sie ist ein gutes Beispiel dafür, daß Frauen nicht unbedingt die rücksichtsvolleren Vorgesetzten für andere Frauen sein müssen – ein ohnehin überzogener Anspruch. Sie findet wenig Gründe dafür, besondere Maßnahmen für Frauen zu etablieren. Eine Frau sollte sich einen entsprechenden Arbeitsplatz suchen bzw. sich für ihre Familie entscheiden:

> *„Ich habe selbst damit insofern ein Problem, als ich grundsätzlich auch finde, daß eine Frau eben bereit sein muß, das gleiche zu leisten wie ein Mann, wenn sie die gleiche Stelle beansprucht. – Und wenn sie Kinder hat, dann muß sie eben Stellen annehmen, wo es möglich ist, auf ihre Bedürfnisse einzugehen. Dann kann sie meinen Beruf zum Beispiel nicht machen. Das würde ich nicht als richtig empfinden, weil dann die Familie darunter leidet ... Prinzipiell bin ich der Meinung, daß man als Frau eine Führungsposition haben kann. Dann soll man sich aber vielleicht auch nicht die Textilbranche aussuchen, das muß einem bei der Berufswahl klar sein. Das sind Branchen, die modeabhängig sind, die stark unter Druck stehen, und da muß man, ob Mann oder Frau, mit.“* (k8gm-10)

Die Textilbranche sei demnach nichts für aufstiegswillige Frauen, die ihre berufliche Entwicklung mit einer Familie verbinden wollen. Die Befragte betonte, daß in der Privatwirtschaft frauen- oder familienfreundliche Personalpolitik eben schwierig umsetzbar seien. Hier werde einem nichts geschenkt. Es zähle einzig die Leistung, und Frauen verhielten sich nicht dementsprechend:

> *„Einer Sache muß man sich bewußt sein: Abteilungsleiter wird man nicht* [...] *durch Zufall oder sonst etwas, sondern indem man sich durch seine Leistung auszeichnet. Um das zu werden, muß ich das werden wollen und muß mich auch dementsprechend verhalten. Und ich glaube, daß das bei den meisten Frauen nicht gegeben ist.“* (k8gm-10)

Betrieb 2: Das Dilemma der Frauen

In Betrieb 2 zog sich durch alle Interviews eine Geschichte, die als das „Dilemma der Frauen“ bezeichnet werden soll. In dem Unternehmen mit einem Frauenanteil von knapp 40 % herrscht eine strikte Geschlechtertrennung. Frauen sind in der Verwaltung überrepräsentiert, haben aber auch fast die Hälfte aller Führungspositionen der zweiten Ebene inne. Zum Zeitpunkt der Untersuchung wurde die Organisation umgestaltet, und ein neues Personalentwicklungsprogramm war soeben angelaufen. Das Unternehmen – es befindet sich in indirekt

öffentlichem Eigentum – wird vom „Herrn Direktor" regiert, dessen persönliche Vorlieben bestimmte Rahmenbedingungen vorgeben und den Frauen im Betrieb das Leben schwer machen. Der „Herr Direktor" ist ein älterer Herr mit nur noch wenigen Jahren bis zur Pension. Aus seiner Generation sind nicht mehr viele im Unternehmen, der Altersdurchschnitt ist mit rund 30 Jahren sogar relativ niedrig. So auch bei den Frauen, die im besten Alter sind, um eine Familie zu gründen. Doch ihr Problem besteht darin, daß sie wissen: Wenn sie sich für Kinder entscheiden, verlieren sie damit ihre – oft in langen Jahren erreichte – qualifizierte Position. Indem sie einerseits in den Interviews als Führungskräfte die Position der Firma vertraten und hervorhoben, daß ihre Position ja nicht mit Kindern zu vereinbaren sei, ließen sie doch an anderer Stelle wiederholt durchblicken, daß sie sich Lösungsmöglichkeiten durchaus vorstellen könnten. Die Frauen sind loyal, aber sehen dadurch ihre persönlichen Ziele beeinträchtigt. Darin besteht ihr Dilemma, das durch negative Beispiele mit Signalwirkung verschärft wird.
Der „Herr Direktor" ist ein Frühaufsteher und möchte deshalb keine Gleitzeit in seinem Unternehmen sehen – auch nicht in der Administration, in der es von den Aufgaben her leicht möglich wäre. Auf die Frage, ob nie daran gedacht worden sei, Gleitzeit einzuführen, heißt es:

> *„Nein, da ist die Geschäftsführung eher negativ eingestellt. Unser Herr Direktor ist überhaupt eher ein Morgenmensch. Er ist der erste, der da ist, um 6.00, 6.30 Uhr. Und der ist das gewohnt, daß um Punkt 7.30 Uhr die ganze Belegschaft vertreten ist, wenn er etwas braucht. Gleitzeit kann ich mir da weniger vorstellen."* (k2p-9)

Eine Geschichte mit Signalwirkung

Der „Herr Direktor" hat selbst keine Kinder und hat auch wenig Verständnis für Betreuungspflichten. Er ist nicht bereit, Ausnahmeregelungen zuzugestehen. Eine junge Frau ist vor kurzem aus der Karenzierung zurückgekehrt und arbeitet in reduzierter Arbeitszeit:

> *„Ursprünglich habe ich darum gebeten, von acht bis eins zu arbeiten, wegen des Kindergartens. Der sperrt um sieben auf, und ich fahre mehr als 20 Minuten. Der Herr Direktor hat mit mir selbst gar nicht gesprochen, sondern hat es mir durch die Frau* [X] *mitteilen lassen, daß er keine Extrawürste haben möchte. Aber ich denke, er weiß gar nicht genau, warum. Es ist ja keine Notwendigkeit. Es gibt nichts, warum das so sein müßte. Ich habe ja nicht dieselben Arbeitszeiten wie die anderen, weil ich früher aufhöre. Und ursprünglich wollte ich ihn bitten, daß er mir das*

doch genehmigt, weil das mit dem Kindergarten schlecht ist in der Früh und ich das nicht kann. Ich bin sicher, wenn ich ihn darum bitten würde, würde er das ändern. Das war, glaube ich, eher nur so eine Ad-hoc-Entscheidung von ihm. Ich habe es dann nicht gemacht, weil mein Mann und ich gesagt haben, wir können uns das einteilen." (k2m1-5)

Doch ihr Chef hatte die Entscheidung durchaus bewußt getroffen und um die Probleme der Mitarbeiterin gewußt. Die unmittelbare Vorgesetzte hatte sie nämlich in ihrem Vorhaben unterstützt. Nun wurde eine interne Regelung getroffen, die es der Frau erlaubt, ab und zu ein wenig später zu kommen und die Zeit einzuarbeiten.
Der Fall hat aber noch weit mehr an Hintergrund zu bieten. Die Mitarbeiterin war nämlich, bevor sie wegen der Geburt ihrer zwei Kinder in Karenz ging, Büroleiterin. Nach der gesetzlichen Unterbrechungsdauer kam sie zurück; sie hätte zwar lieber noch länger unterbrochen, wollte jedoch ihren Arbeitsplatz nicht verlieren. Auch in ihrer privaten Umgebung hätte man es lieber gesehen, wenn sie noch länger daheim geblieben wäre:

„Bei uns in der Familie, die Schwiegereltern oder so, diese Generation möchte nicht, daß eine Frau arbeiten geht. Sie haben sich zwar nicht geäußert, aber ich weiß, daß ihnen das nicht so richtig recht ist. Weil eigentlich die Frau eben die Arbeit im Haus machen soll." (k2m1-5)

Ihr Mann wisse aber, wie wichtig ihr die Berufstätigkeit sei, und habe sie in ihrer Entscheidung sehr unterstützt. Mittlerweile sei sie ganz froh, doch wieder im Beruf zu sein, denn auch das kleinere ihrer Kinder habe sich bei der Tagesmutter gut eingewöhnt. Wegen der beiden Kinder wollte sie jedoch nicht in Vollzeit wiedereinsteigen, was ihr auch ermöglicht wurde. Sie arbeitet an vier Tagen der Woche 20 Stunden – eine Einteilung, die ihr gut gefällt. Allerdings konnte sie nicht mit einer ähnlich qualifizierten Tätigkeit rechnen, in die sie vor ihrer Unterbrechung im Lauf ihrer Berufstätigkeit aufgestiegen war. Die Position der Kanzleileitung ist „anderweitig besetzt" worden:

„Ja, das hat man mir damals auch gesagt, als ich das erste Kind bekommen habe: Wenn ich die zwei Jahre in Anspruch nehme, kriege ich diese Position nicht zurück, weil die anderweitig besetzt werden muß, und es wird sich für mich etwas anderes finden. Und dann war ich eh gleich noch länger, und es war mir jetzt auch wichtiger, halbtags zu kommen. Und so eine Position ist halbtags sowieso nichts." (k2m1-1)

Nach ihrer Rückkehr wurde der Frau also eine Hilfstätigkeit zugeteilt, mit der sie wenig glücklich ist. Sie sieht aber ein, daß man ihr ihren früheren Arbeitsplatz nicht offenhalten konnte.

> *„Als Betroffene ist man natürlich nicht sehr begeistert davon, wenn man zurückkommt und sich erst wieder raufarbeiten muß bzw. nicht gleich was frei wird. Es ist nicht so toll, wenn man dann irgend etwas macht, was einem nicht so Spaß macht und was zum Beispiel nicht den Fähigkeiten entspricht oder so. Etwas, bei dem ich das Gefühl habe, ich bin in einer Position, die jemand anderer auch leicht füllen kann. Auf der anderen Seite, von der Unternehmensseite, sehe ich das natürlich ein, daß, wenn jemand zwei oder vier Jahre weg ist, natürlich klar ist, daß man eine Position entsprechend besetzen muß, mit einer entsprechenden Person, und daß man der das nicht so einfach wieder wegnehmen kann, ist auch klar. Man kriegt ja auch nicht so einfach jemanden, der für zwei Jahre einen guten Job macht. Der muß ja entsprechend eingeschult werden und das dauert auch. Das ist mir schon klar, daß das schwierig ist.“* (k2m1-2)

Mittlerweile, einige Monate nach ihrer Rückkehr, hat sie sich mit ihrer neuen Aufgabe angefreundet und sieht es als Vorteil, daß sie damit ganz gut abschalten kann und keine Probleme mehr mit nach Hause nimmt, wie das früher der Fall war. Außerdem meint sie, daß sie eine qualifizierte Arbeit erhalten würde, sollte sie wieder in Vollzeit einsteigen wollen. Das Problem bestehe eben darin, daß für Teilzeit nur bestimmte Aufgaben vorgesehen sind.

> *„Ich habe mit der Frau* [X] *gesprochen, und sie hat gesagt, daß ihr klar ist, daß das nicht das ist, was ich mir so vorstelle, aber solange ich nur halbtags kommen möchte, wird es von der Arbeit her nichts geben, was mir besonders liegt oder gefallen würde. Es wird immer wieder Posten geben, die halbtags vergeben werden, das sind Arbeiten in dieser Art. Es ist immer etwas, das ausgegliedert wird, und das ist wahrscheinlich nie eine besonders interessante Arbeit. Sie hat noch gesagt, wenn ich dann wieder ganztags zurückkommen möchte, dann kann ich mich melden, dann kann man darüber reden und schauen, was ich sonst gerne machen möchte und was frei ist.“* (k2m1-7)

Ein interessantes Detail am Rande: Was die Einstufung in das Gehaltsschema anbelangt, kam es zu keiner Rückstufung. Die Mitarbeiterin bekommt also aliquot das gleiche Gehalt, das sie früher in ihrer Führungsposition erhielt.

Der Schaden dieses Beispiels liegt jedoch eher im immateriellen Bereich. Denn durch dieses Beispiel wissen auch die anderen weiblichen Führungskräfte, daß für sie der Lösungsansatz vieler Frauen, erst Karriere zu machen und dann Kinder zu bekommen, nicht aufgeht. Für sie heißt es: entweder Kinder oder Karriere, und das obwohl sie teilweise mehr als zehn Jahre im Unternehmen sind und beste Arbeit geleistet haben. Keine der weiblichen Führungskräfte hat bisher genaue Vorstellungen, wie das vereinbar sein wird, aber Kinder wollen sie auf jeden Fall:

> *„Ich weiß, wenn die Stelle neu besetzt wird, daß ich die dann nicht mehr bekomme, sollte ich zurückkommen – egal ob ich voll- oder teilzeitbeschäftigt bin. Da bin ich mir relativ sicher. Ich habe einmal kurz mit dem Direktor gesprochen, und er hat gesagt, er könnte sich nur die Mutterschutz-Zeit vorstellen, daß man da eine Vertretung aufnimmt, aber mehr nicht. Es ist auch im Gespräch gewesen, wie man das in Zukunft regeln wird, wenn jemand in Mutterschutz oder Karenz geht – ob man nicht jemanden befristet aufnehmen sollte. Aber es ist dann immer so, daß die Damen dann zurückkommen und Teilzeit arbeiten wollen, und das ist nicht möglich."* (k2p-7)

Die befragten Frauen können sich zwar nicht vorstellen, daß ihre Position in Teilzeit auszuführen ist, doch sei denkbar, die Arbeit auf mehrere Personen aufzuteilen. Es sind durchaus Vorstellungen vorhanden, wie man den gegenwärtigen Zustand ändern könnte. Für die Zukunft wünsche man sich schon, daß sich etwas ändert:

> *„Mein Wunsch wäre zumindest, daß der ganze Ablauf etwas frauenfreundlicher und vor allem familienfreundlicher wird, daß der Einstieg nach der Karenz erleichtert und ein bißchen Rücksicht auf Mütter mit Kindern genommen wird. Eventuell mit Arbeitszeiten, daß man die besser anpassen kann. Das wird jetzt noch nicht so gemacht."* (k2p-9)

> *„Was natürlich eine große Hilfe wäre, aber dafür ist unser Unternehmen viel zu klein – das ist wirklich ein Hirngespinst, absolute Phantasie: wenn es so etwas wie einen Betriebskindergarten oder irgendso eine Betreuungsstelle gäbe, beim Unternehmen oder in der Nähe ... oder einen Zusammenschluß der Betriebe, die einen Kindergarten anbieten würden. Das heißt, man nimmt das Kind in der Früh zum Arbeitsplatz mit, und am Abend holt man es dort wieder ab. Das wäre eine irrsinnige Erleichterung. Aber das ist gerade in Zeiten wie diesen absolut nicht finanzierbar. Dazu sind wir zu klein."* (k2gm-4)

Dazu ist anzumerken, daß das Unternehmen mehr als 100 Beschäftigte hat und in einer Art Gewerbepark angesiedelt ist – Bedingungen, die objektiv nicht die schlechtesten wären.

Gegen die Einführung der Gleitzeit wiederum spreche, daß damit Arbeitszeitaufzeichnungen und -kontrollen notwendig würden, was bisher aufgrund der fixen Zeiten entfällt. Diese Maßnahme würde wahrscheinlich Kosten verursachen.

Für junge aufstiegsorientierte Akademikerinnen ist diese Situation wenig motivierend:

> *„Aber irgendwo möchte ich doch weiterkommen und noch mehr erreichen. Und das ist die Frage, ob ich das in diesem Unternehmen könnte, ob ich hier die Chance hätte. Das weiß ich eigentlich nicht. Und dann ist natürlich auch die Schwierigkeit mit Familie. Ich bin verheiratet und möchte sicher auch einmal Kinder haben. Und da ist dann sicher die Problematik: Wie kann das vereinbar sein? Wie auch immer: Wenn ich die eineinhalb oder zwei Jahre Karenz ausnützen würde, könnte ich diese Position nicht mehr bekommen, wenn ich zurückkomme."* (k2gm-3)

Die im folgenden zitierte Beschäftigte weiß durchaus Gründe dafür zu nennen, warum sie sehr wohl in der Lage wäre, ihre Karriere weiterzuverfolgen. Doch offensichtlich zählen diese Argumente in diesem Unternehmen wenig:

> *„In einer gewissen Position, glaube ich, muß man so aufnahmefähig sein, daß man auch nach einer gewissen Zeit wieder relativ leicht einsteigen kann. Als ich zum Beispiel hier angefangen habe, hatte ich auch in einem Monat eine große Sache zu organisieren – wobei mir natürlich auch geholfen wurde, weil ich viele Rahmenbedingungen ganz einfach nicht kannte. Man muß ganz einfach die Flexibilität haben. Und daher glaube ich auch, daß man die hat, wenn man eine gewisse Zeit auf Karenzurlaub oder eine gewisse Zeit nicht da ist. Man hält sich ja selbst auf dem laufenden, man ist ja nicht absolut desinteressiert. Das wäre meines Erachtens möglich."* (k2gm-9)

Die befragten Führungskräfte meinen allerdings, daß in ihrem Betrieb durchaus Chancengleichheit von Frauen und Männern vorhanden sei. Gegen Frauenförderung wird argumentiert, daß diese ja nur eine Diskriminierung der Männer bringen würde.

Betrieb 3: Viel Freiraum unter der gläsernen Decke

Betrieb 3 ist einem äußerst hochqualifizierten Dienstleistungsbereich zuzurechnen und Tochter eines Konzerns. AkademikerInnen machen rund ein Drittel der Beschäftigten aus und prägen das Bild. Der Frauenanteil liegt bei 35 %, und vereinzelt arbeiten Frauen auch in traditionell männlichen Bereichen. Auch in diesem Unternehmen fanden sich keine expliziten Frauenfördermaßnahmen. Wie man betonte, bestehe allerdings Anspruch auf Chancengleichheit von Frauen und Männern. Und es gebe eine „informelle" Anforderung seitens einer Führungskraft in der Konzernzentrale, den Frauenanteil in bestimmten Bereichen zu erhöhen. Dieser informelle Anspruch ist allerdings nicht offizielle Konzernlinie. Auch in anderen Teilen des Konzerns findet sich weder ein explizites Frauenförderkonzept noch explizite Richtlinien zu einzelnen Maßnahmen.

In Betrieb 3 sind einige interessante Instrumente der Personalentwicklung im Einsatz. Allerdings hat vor einiger Zeit eine Verschiebung weg von einer relativ zentral gesteuerten Personalpolitik hin zu den Vorgesetzten der Linie stattgefunden. Mitarbeitergespräche abzuhalten wird so zwar von der Personalabteilung empfohlen, deren Durchführung aber den einzelnen Vorgesetzten überlassen. Der Weiterbildungsbereich ist wie zu erwarten sehr gut ausgebaut und geht auch über fachliche Inhalte hinaus. Streßmanagement, Kommunikation oder Gruppendynamik sind durchaus mögliche Fortbildungsinhalte. Auch hier erfolgt die erste Abstimmung mit dem/der direkten Vorgesetzten.

Den Tätigkeitsbereichen entsprechend ist die Arbeitszeit sehr flexibel gehalten, was von allen sehr geschätzt wird – von Frauen mit Kindern, aber auch von Frauen ohne Kinder:

> *„Das ist ein Wahnsinn. Ich traue mich gar nicht, es zu sagen: Die Freiheit, die wir haben, da würde sich jeder die Finger abschlecken. Wir haben ja flexible Arbeitszeiten.* [. . .] *Wenn viel zu tun ist, mache ich Literatur, aber es kann auch sein, daß ich eh genug Plus habe, und dann trage ich mich aus und gehe eine Stunde einkaufen oder Tennis spielen im Sommer, wenn es schön ist. Für mich ist das optimal. Ich bin jetzt seit 25 Jahren da, und wenn ich mich nicht wohlfühlen würde, wäre ich nicht mehr da."* (k4m1-2)

Die intrinsische Arbeitsmotivation und das Engagement der Beschäftigten sind sehr hoch – mitunter so hoch, daß Frauen trotz Mutterschutz in die Firma kämen und man sie nach Hause schicken müsse. Insbesondere die höchstqualifizierten Frauen würden im Fall der Geburt von Kindern nur für kurze Zeit unterbrechen, Frauen mit administrativen Tätigkeiten dagegen die gesetzlich mögliche Zeit zur Gänze in Anspruch nehmen. Teilzeit gibt es in Einzelfällen, wird aber nicht besonders gefördert; auch der Betriebsrat ist dagegen.

Die Führungspositionen sind teilweise von Frauen besetzt, eine davon ist sogar Leiterin der EDV-Abteilung. *„Wenn sich qualifizierte Frauen bewerben"*, so erzählt uns die Personalverantwortliche, *„werden Frauen eher bevorzugt, da es in der Regel nur eine geringe Anzahl von Bewerberinnen gibt."* (k4p-3) Zum Teil werden extrem spezialisierte Fachkräfte gesucht: Da habe die Personalverantwortliche gar nicht die Kompetenz, deren Eignung zu beurteilen. Die Personalaufnahme liege deshalb ohnehin primär in den „Händen" der Linienvorgesetzten.

Die Leiterin der EDV-Abteilung war bei ihrer Bewerbung die einzige Frau unter 70 Männern, *„und ich bin es geworden"*. Sie führt dies sowohl auf ihre Vorerfahrung – sie hatte in der Branche schon vier Jahre gearbeitet – als auch darauf zurück, *„daß sie damals für diese Funktion eine Frau wollten – wegen des Klimas"* (k4m4-3). Sie meint weiters, daß in ihrem Unternehmen Chancengleichheit für Frauen gegeben sei:

> *„Ich werde von allen Seiten unterstützt. Wenn ich mich wo nicht auskenne, gehe ich fragen. Es behandeln mich alle gleichwertig."* (k4m3-4)

Darüber, inwiefern im Betrieb Chancengleichheit realisiert ist, gehen allerdings die Meinungen der Interviewten auseinander. Während ein Teil, wie die eben zitierte Abteilungsleiterin, von „gelebter" Chancengleichheit ausgeht, sind andere skeptischer.

> *„Frauenbenachteiligung ist kein Thema, weil es das bei uns nicht gibt. Gleichzeitig muß ich sagen, daß das im Vergleich zu anderen relativ ist. Die auffälligen Dinge sind nicht da: Es gibt keine einkommensmäßige Diskriminierung, Frauen können bis zur Gruppenleiterebene aufsteigen, Frauen werden mehr oder weniger gleichwertig behandelt. Aber es ist diffiziler, es ist unter der Decke – weil die Bereichsleiter alle Männer sind. Diese gläserne Decke existiert bei uns nach wie vor.* [...] *Es gibt keine wirkliche Gleichbehandlung, aber die Frauen leiden auch nicht."* (k4br-1)

Insgesamt gab es im Betrieb einige Widersprüchlichkeiten. So wurde von den Beschäftigten des öfteren das gute Arbeitsklima angesprochen, gleichzeitig aber wurde diese Einschätzung als auf den eigenen Bereich zutreffend relativiert.
Die Kultur im Haus sei sehr offen, erzählt die Personalverantwortliche. Alle zwei Monate findet eine allgemeine „Mitarbeiterinformation" statt. Es gäbe keine Berührungsängste zwischen den Beschäftigten, und auch die Vorgesetzten hätten eine offene Politik: *„Bei uns haben auch die Chefs die Türen offen. Wenn man mit jemandem reden will, geht man einfach hinein."* (k4p-5)
Doch scheint manches „unter einer Decke" verborgen. So hätte es eine Mobbing-Umfrage gegeben, in deren Rahmen 35 Fälle von Mobbing zwischen Kolleginnen sowie zwischen Vorgesetzten und Untergebenen festgehalten worden seien. Die Vorkommnisse seien jedoch nicht weiter verfolgt worden. Die Geschäftsleitung habe nicht gewollt, daß dies bekannt gemacht werde. Eine andere Regelung, die sich aber auch in ähnlichen Bereichen findet: Der Dienstvertrag verbietet, über das Einkommen zu sprechen.

In diesem Betrieb gab es vor etlichen Jahren eine Initiative der Geschäftsführung zum Thema Frauenförderung. Ein Arbeitskreis wurde einberufen. Er tagte allerdings nur einmal.

> *„Das war es dann auch schon mit dem Thema, seither ist es keines mehr. Das hängt vermutlich mit der Konzernmutter zusammen, dort gab es damals etwas."* (k4br1-2)

Welches Konzept das aber damals bei der Konzernmutter gewesen war, was umgesetzt wurde und was weiter geschah, weiß keine/r der Interviewten. Der damalige Geschäftsleiter des österreichischen Standorts hat den Konzern mittlerweile verlassen.
Die Konzernpolitik wurde mehrmals als Problem definiert. Turbulenzen auf Konzernebene beeinträchtigen die Kontinuität und die konsequente Fortentwicklung der an sich sehr innovativen Personalpolitik. Zum Zeitpunkt der Befragung schienen diese Schwierigkeiten einen Höhepunkt erreicht zu haben.

Die ganz normale Arbeitswelt?

Wie man an diesen Beispielen aus der betrieblichen Praxis sieht, ist in den Betrieben des Typs 5 wenig bis keine Sensibilisierung für die Probleme weiblicher Beschäftigter vorhanden. Das traf zwar schon auf andere Fälle der vorhergegangenen Typen zu, doch hier kumulierten einige hemmende Faktoren. Krisenhafte Branchenverhältnisse, Unstimmigkeiten in der Konzernpolitik oder autoritärer Führungsstil können rigide Strukturen produzieren. Angesichts der konjunkturell bedingten Einbrüche werden in vielen Bereichen die Spielräume enger; innovative personalpolitische Maßnahmen gelten als Luxus.
Wie die Beispiele zeigten, können Frauen trotz dieser Entwicklung qualifizierte (Führungs-)Positionen erreichen – wenn sie sich absolut an das männliche Modell anpassen. Damit finden sich manche Frauen gut zurecht, andere bringt es in ein Dilemma. Die Alternative, sich einen anderen Arbeitsplatz zu suchen, haben sie angesichts angespannter regionaler Arbeitsmärkte de facto nicht (mehr). Und selbst wenn sie eine solche hätten, würden sie in den meisten Unternehmen ähnliche Bedingungen vorfinden. Solange sie selbst (als Angestellte in höheren Positionen) einer Leistungsideologie anhängen, die ihnen keinen anderen Weg als den der individuellen Interessendurchsetzung offen läßt, werden sie weiterhin die „private" Entscheidung zu treffen haben: Kind oder Karriere.
Einfache Maßnahmen, die in anderen Betrieben realisiert werden, verbleiben im Reich der Phantasie, bleiben ein „Hirngespinst", weil sie

dem Chef nicht in den Kopf wollen. Es sind nicht Kostenüberlegungen, an denen beispielsweise familienfreundlichere Arbeitszeiten scheitern, es ist die Aufrechterhaltung einer nicht hinterfragten und auch nicht begründbaren Ordnung, welche durch „Extrawürste" geschwächt würde.
Dieser Typ ist das Gegenteil zu Typ 2, in dem Experimentierfreude, Offenheit und positive Beispiele den Rand des Möglichen weit hinausgeschoben haben. Änderungen sind hier nur über eine Politisierung des Themas vorstellbar, die mit der bisherigen Selbstverständlichkeit des Verzichts der Mütter auf interessante Berufstätigkeit aufräumt.

Schlußfolgerungen aus den Fallstudien

Wie schon in den bisherigen Ausführungen mehrmals deutlich geworden ist, fanden wir in Österreichs Betrieben nicht das, wonach wir gesucht hatten: personalpolitische Programme zur Förderung der Chancengleichheit von Frauen, mit denen einerseits betriebliche Prozesse auf ihre diskriminierenden Auswirkungen hin analysiert und umgestaltet werden und andererseits die – gesellschaftlich bestimmte und nicht betrieblich verursachte – ungleiche Verteilung der unbezahlten Familienarbeit konstruktiv berücksichtigt wird.

Lediglich in drei der 20 untersuchten Betriebe hatte das Thema Chancengleichheit von Frauen expliziten Charakter, was bedeutet, daß es dazu schriftliches Material und Informationen gibt. Doch selbst in den Unternehmen des Typs 1 kann nicht in jedem Fall von einer verbindlich institutionalisierten und programmatisch angelegten Personalpolitik zur Förderung der Chancengleichheit gesprochen werden. Einer der Betriebe ist vielmehr ein anschauliches Beispiel dafür, daß von oben oktroyierte halbherzige Aktionen – mögen sie auf dem Papier noch so beeindruckend sein – zum Scheitern verurteilt sind.

„Wir sind ja alle Erwachsene!" – Menschlicher Umgang unter mündigen Menschen

Die unter Typ 2 zusammengefaßten Betriebe verdeutlichen, welch vielfältige Ansätze möglich sind, die Arbeits- und Beschäftigungsbedingungen von Frauen positiv zu gestalten. Bei diesem Typ treffen viele günstige Voraussetzungen (relativ homogene Wertvorstellungen, überwiegend fehlende Segregation, hoher Frauenanteil, hohe Qualifikationen u. a.) zusammen, doch ist das offensichtlich Entscheidende für die Art der Personalpolitik die Wahrnehmung von Spielräumen sowie der Machbarkeit ungewöhnlicher Regelungen – begleitet von der Initiative von Betriebsgründerinnen und/oder weiblichen Beschäftigten.

„Wir setzen auf Frauen" – Weibliches Arbeitsvermögen als gefragte Personalressource

Bei Typ 3 handelt es sich vornehmlich um Betriebe in traditionellen Frauenarbeitsbereichen. In diesen Unternehmen erfolgt zwar eine Bevorzugung von Frauen, die allerdings nach wie vor auf dem *Unterschied* zwischen den Geschlechtern und nicht auf ihrer Gleichheit aufbaut. Hier werden Frauen nicht bevorzugt behandelt, um Ungleichheit auszugleichen, sondern weil ihnen die Erfüllung ganz bestimmter betrieblicher Funktionen zugeschrieben wird. Das zugeschriebene spezifisch weibliche Arbeitsvermögen bezieht sich aber nicht nur auf die besondere Eignung für den Umgang mit bestimmten Produkten oder Tätigkeiten, sondern weit allgemeiner auf die von den Frauen – großteils notgedrungen – erbrachte Flexibilität.

„Frauen müssen unterstützt werden“ – Im Zentrum steht Vereinbarkeit von Familie und Beruf

Die Betriebe des Typs 4 sehen Vereinbarkeit von Familie und Beruf als einen Bereich, in dem berufstätige Frauen unterstützt werden müssen. Demzufolge bieten sie Vereinbarkeitsmaßnahmen in der Form von Karenzregelungen, Teilzeitmodellen oder Kinderbetreuung an. Die Problemwahrnehmung von (betrieblicher) Frauendiskriminierung ist hingegen gering ausgeprägt. Daraus resultiert, daß die Chancengleichheit der Geschlechter im eigenen Unternehmen bereits als verwirklicht gilt. Bei diesem Typus wird die Widersprüchlichkeit der Vereinbarkeitsmaßnahmen für die Frauen deutlich sichtbar. Denn die Entscheidung für eine reduzierte Arbeitszeitform ist selbst in diesen Betrieben eine Entscheidung gegen berufliches Fortkommen.

„Frauen haben bei uns alle Chancen – außerdem haben wir andere Sorgen“

In den unter Typ 5 zusammengefaßten Unternehmen findet sich ebenfalls wenig bis keine Sensibilisierung für die Probleme weiblicher Beschäftigter. Gleichzeitig kumulieren einige hemmende Faktoren. Krisenhafte Branchenverhältnisse, Unstimmigkeiten in der Konzernpolitik oder autoritärer Führungsstil können rigide Strukturen hervorbringen. Angesichts der konjunkturell bedingten Einbrüche werden in vielen Bereichen die Spielräume enger; innovative personalpolitische Maßnahmen gelten als Luxus. Frauen haben in diesen Betrieben nur dann Chancen auf beruflichen Erfolg, wenn sie sich absolut an das männliche Modell anpassen und auf Kinder verzichten.

Die Vielfalt von innovativen personalpolitischen Maßnahmen war mitunter beeindruckend. Sie war aber nur in Ausnahmefällen in der Absicht angelegt, „Frauen als Frauen“ zu unterstützen und meistens für „den Mitarbeiter“ konzipiert. Mehrheitlich war man sogar dagegen, Frauen als besondere Beschäftigtengruppe zu sehen. Eine derartige Sonderbehandlung wurde mit der Begründung, Frauen bräuchten kein

„karitatives Behindertenprogramm", abgelehnt. Die indirekten Folgewirkungen der innovativen personalpolitischen Maßnahmen auf die Situation der weiblichen Beschäftigten waren teilweise (wie im Fall der internen Rekrutierung oder des Mitarbeitergesprächs) sehr positiv, wurden aber selten in diesem Zusammenhang gesehen. Die Einzelmaßnahmen, die wir fanden, und die Frauen zugute kamen, konzentrierten sich zum größten Teil auf die Vereinbarkeit von Familie und Beruf.

Eingedenk der eingangs formulierten Ziele von Frauenförderung muß konstatiert werden, daß sich in den Unternehmen keine Ansatzpunkte dafür finden, Maßnahmen zum Abbau aktiver Diskriminierung zu setzen. Wenn Vereinbarkeitsangebote zur Bewältigung familiärer Verpflichtungen gemacht werden, dann ausschließlich an weibliche Beschäftigte. Männer bleiben davon in jedem Fall ausgeschlossen. Würde man die diversen Modelle zur Teilzeit – denn um diese handelt es sich bei den meisten der gefundenen „frauenfreundlichen Maßnahmen" – kritisch beurteilen, würde das auch in diesem Fall den wenig erfreulichen Befund ergeben, daß nur in Ausnahmefällen Teilzeitbeschäftigte die Chance hatten, mit ihren männlichen Kollegen um bestimmte Positionen zu konkurrieren. Von *Gleichstellung* kann also keine Rede sein.

Sprachliche Gleichbehandlung ist nur vereinzelt gegeben. In Wort und Schrift ist fast ausschließlich die männliche Form, „der Mitarbeiter", zu lesen und zu hören. Wenn weibliche Bezeichnungen verwendet werden, dann von wenigen Einzelpersonen. Sogar in reinen Frauenbetrieben wird nur von „den Mitarbeitern" gesprochen. Auch wenn mitunter die Sprache als eigentlich „zu männlich" wahrgenommen wird, wird dies als Nebensächlichkeit und reiner Formalismus abgetan, welchen allerdings in diskriminierenden Arbeitssituationen Bedeutung zukommen kann:

> *„Sprachliche Gleichbehandlung? Ich denke, ich hab's leicht. Man nimmt das sicher oft als eine persönliche Sache. Wenn man in einem Unternehmen oder Umfeld als Frau immer zu kämpfen hat, dann würde man wahrscheinlich auf diese Formulierungen pochen und sagen, das ist wichtig. Jemandem, dem es gut geht und der eigentlich für sich persönlich und im direkten Umfeld kein Problem sieht, ist es eigentlich nicht wichtig. Aber ich denke, es kommt darauf an, welche Probleme man persönlich im Arbeitsumfeld hat. Ich könnte wahrscheinlich auch nicht damit leben, wenn ich wüßte, da arbeitet parallel neben mir jemand, der schlechtere Leistungen bringt und bevorzugt wird. Dann würde ich mich an den Dingen, die man sonst als Nebensache sieht, wahrscheinlich eher aufhängen und sagen, das ist aber auch wichtig."* (p2-5)

Wie mit der Sprache verhält es sich mit der Erstellung von betrieblichen Daten. Die geschlechtsspezifische Auswertung von Beschäftigtendaten und personalpolitischen Kennziffern wird als nicht notwendig, weil unwichtig angesehen. Man wisse ohnehin Bescheid. Die Betriebsgröße ist hier interessanterweise kein Parameter.

> *„Das ginge auf Knopfdruck. Man könnte es leicht erheben, man braucht sich das nur anders herum sortieren, aber es wird eigentlich nie geschlechtsspezifisch erhoben.“* (p2-7)

> *„Es ist so, wenn wir Interesse haben, dann erheben wir. Eine Zeitlang haben wir die Altersstruktur der Beschäftigten erhoben, okay – wir wissen, was wir wissen wollten, und im nächsten Jahr erheben wir es nicht mehr. Wo wir unser Interesse hinlegen, das wechselt bei uns sehr. Da erheben wir es eine Zeitlang, dann nicht mehr ... Andere Daten lassen sich bei uns durchaus erschließen. Man kann zum Beispiel sagen, die Teilnahme an den Weiterbildungsveranstaltungen verhält sich auf Mitarbeiterebene streng nach dem Geschlechterverhältnis, 50 % Männer, 50 % Frauen, und bei den Führungskräften 40 % zu 60 %, weil wir eine systematische Weiterbildung haben.“* (p-7)

Es wird zwar mitunter – etwa beim Thema Teilzeit – mit Kostengrößen argumentiert, aber mit Berechnungen oder Datenerhebungen werden die Aussagen nicht belegt.

Wenn es darum geht, Frauenanteile in Führungsebenen anzugeben, herrscht eine gewisse Beliebigkeit. Mangels einer genauen Definition zählen Stabstellen und Referate, die nur mit einer einzigen Frau besetzt sind, ebenso dazu wie AbteilungsleiterInnen mit 20 Beschäftigten. So waren in ein und demselben Betrieb in den Gesprächen des öfteren markante Unterschiede zu bemerken. Die Zurechnung zu den Führungsebenen ist sehr uneinheitlich, und es gibt auch keine besonderen Aufzeichnungen dazu. Manchmal werden die StellvertreterInnen dazugezählt, manchmal nicht.

Prinzipiell sind die den weiblichen Beschäftigten zugute kommenden Arbeitszeitvergünstigungen – wenn überhaupt – nur individuell geregelt. Die Unternehmen verpflichten sich in der Regel nicht in Betriebsvereinbarungen, mitunter weil sie zu klein sind und gar keinen Betriebsrat haben oder weil sich die Interessenvertretung nicht dieses Themas annimmt.

Es gibt daher keinen Anspruch darauf. Oftmals bestimmen die individuellen Vorlieben der direkten Vorgesetzten über die Möglichkeiten der Inanspruchnahme. In einigen Betrieben hat sich zwar eine starke informelle Verbindlichkeit etabliert, doch auch sie ist von Einzelper-

sonen abhängig, die den betreffenden Punkten offen gegenüberstehen – oder auch nicht. Wenn sich die Situation des Unternehmens ändert, können die Vergünstigungen für Frauen jederzeit wieder zurückgenommen werden, weil diese Maßnahmen nicht als effizient und nutzbringend gesehen werden, sondern vielmehr den Nimbus freiwilliger betrieblicher Sozialleistungen haben und als Luxus gelten. In vielen Fällen haftet ihnen eine gewisse Gönnerhaftigkeit an.
Die Problemwahrnehmung für die gesellschaftliche Diskriminierung von Frauen ist in den Unternehmen – auch bei den Frauen selbst – eher schwach. Immer wieder wird die individualisierende Leistungsideologie für die angeblich ohnehin bestehende Gleichheit der Chancen von Frauen und Männern herangezogen. Es kranke bloß daran, daß die Frauen selbst nicht wollten.

> *„Ich könnte ihnen keine einzige Frau im Unternehmen nennen, die das machen möchte. Ich wollte sowas auch nicht machen. Nur denke ich mir, wenn es wirklich eine anstrebt, hat sie die Chance dazu.* [...] *Ich habe mir nie Gedanken gemacht, warum das niemand will. Ich glaube, ich könnte mir schon eine junge dynamische Frau mit 30, die viel Power hat, vorstellen und der das nicht zu blöd ist.* [...] *Eine Powerfrau, die sich von Männern nicht erdrücken läßt. Wenn sie das will, dann kann sie es auch bei uns im Unternehmen.* [...] *Grundsätzlich finde ich das gut. Grundsätzlich sollten genauso oben an der Spitze Frauen sitzen, aber starke Frauen. Es müssen auch Persönlichkeiten sein, es dürfen nicht Mimosen sein, die müssen auch was aushalten. Ich mag Frauen, die Durchsetzungsvermögen haben, die ihren Weg gehen."* (m3-8)

Als Gründe dafür, daß Frauen weniger aufstiegsorientiert sind, werden stärkere Familienorientierung, mangelnde zeitliche und räumliche Flexibilität und mangelndes Selbstvertrauen angeführt. Bei dieser einfachen Betrachtungsweise wird den Frauen selbst die Schuld zugeschoben. Werden die klischeehaften Rollenzuschreibungen, die Arbeitsteilung zwischen den Geschlechtern sowie die betrieblichen Rahmenbedingungen nicht als Momente struktureller Benachteiligung gesehen, werden diese Legitimationen weiterhin bestehen. Handlungsbedarf wird sich so keiner ergeben. Die betrieblichen Rahmenbedingungen gelten als quasi naturgesetzlich und unveränderbar. Folgende Sichtweise fanden wir nur ganz vereinzelt und nur in Form einer persönlichen Meinungsäußerung:

> *„Man könnte einmal ein bißchen die Führungsebenen anschauen und einmal dort anfangen. Man könnte bei der Arbeitszeiteinteilung anfangen. Man müßte ihnen zuerst die Entbehrlichkeit bewußt machen. Wenn*

> *man die Entbehrlichkeit bewußt macht, könnte man auch auf eine Stundenreduktion kommen, und dann könnte man die Führungsposition der Frau zugänglich machen. Es ist ja nicht sinnvoll, Frauen in Führungspositionen zu haben, die auch 80 Stunden arbeiten und diejenigen ablehnen, die Kinder haben, weil die nicht soviel arbeiten können. Man müßte einmal organisatorisch anfangen, oder es müßte ein Coaching von Führungskräften stattfinden. Man müßte sich klarmachen, daß dieser Arbeitsplatz auch teilbar oder in 30 Stunden bewältigbar ist. Und dann ist er automatisch für Frauen schon wieder offen."* (gf-12)

Wenn Personen davon überzeugt sind, daß Frauen und Männer im Betrieb ohnehin die gleichen Chancen vorfinden, sich in ihren Qualifikationen und Entwicklungsmöglichkeiten in keinem Punkt unterscheiden und keine besonderen Interessenunterschiede bestehen, braucht es dazu auch keine wie immer gearteten Maßnahmen seitens des Unternehmens.

Wenn es in Gesellschaft und Unternehmen keine Sensibilisierung für die Diskriminierung von Frauen gibt, und statt dessen mit Hilfe der individualisierenden Leistungsideologie nach dem Motto „Jeder kann es schon schaffen, wenn er sich genug anstrengt, kann es sich richten" den Frauen selbst das Verschulden für ihre Situation zugespielt wird, läßt sich die mangelnde Akzeptanz von expliziten Frauenförderungsprogrammen nachvollziehen.

> *„Diese Art von Deklaration – ich habe das Gefühl, das Wort Frauenförderung wäre den Frauen peinlich gewesen, die sich selber als leistungsfähige Menschen sehen, die diesen Job haben, weil sie sich ihn verdient haben, weil sie so gut waren. Die wollen nicht, daß es jetzt so aussehen könnte, daß sie den Job bekommen haben, weil man gesagt hat, die Frauen gehören auch gefördert, also nehmen wir halt die.* [...] *Sie hätten sich entwertet gefunden in dem Zusammenhang."* (p-2)

Wiederholt schwingt in den Aussagen über eine eventuelle Institutionalisierung von für Frauen förderlichen Maßnahmen der Verdacht mit, daß hier wenig qualifizierte und unfähige Frauen versuchen, mit wenig Aufwand an Führungspositionen heranzukommen. Immer wieder wird betont, daß Frauen bei gleicher Qualifikation die gleichen Chancen bekommen sollten. Eine Quotenregelung wird in diesem Zusammenhang „natürlich" abgelehnt.

Die Argumentation, warum es kein deklariertes Förderungsprogramm gibt, beinhaltet des öfteren den Hinweis, daß man ohnehin Selbstverständliches nicht festzuschreiben brauche. Dieser Zugang weist einige Widersprüchlichkeiten auf. Wenn man etwas nicht schriftlich

und explizit formulieren muß, da es ohnehin gelebte Unternehmenskultur ist, dann dürfte es nach der gleichen Logik auch keine Unternehmensleitsätze in schriftlicher Form geben. Diese sind jedoch durchaus in mehreren Unternehmen vorhanden.
Trotz aller in den Unternehmen gegen die Etablierung frauenspezifischer Maßnahmen aufzufindenden Barrieren waren die Spielräume in der Ausgestaltung der Arbeitsbedingungen mitunter enorm groß. Objektive Faktoren waren dabei wenig entscheidend. Wir fanden unterschiedliche Beweglichkeit und Kreativität in Groß- und Kleinbetrieben, in verschiedenen Eigentumsformen, in verschiedenen Regionen und in verschiedenen Branchen.
Unsere markanteste Erfahrung in der empirischen Erhebung war die, daß Maßnahmen und Spielräume, die in einem Betrieb als selbstverständlich galten, schon im nächsten als unmöglich, undurchführbar und unfinanzierbar abgetan wurden.

4. Einflußfaktoren auf betriebliche Frauenförderung

4.1 Voraussetzungen für die Implementierung betrieblicher Frauenförderung

Wie zu erwarten, ist die Einsicht in die gesellschaftliche Benachteiligung von Frauen kein Motiv für die Etablierung betrieblicher Frauenförderung. Aber auch die Aussicht auf mögliche ökonomische Vorteile ist für Unternehmen kein ausreichendes Motiv, um Chancengleichheitsmaßnahmen zu installieren. Welche Faktoren sind aber dann dafür ausschlaggebend, daß Unternehmen personalpolitische Maßnahmen zur Förderung der Chancengleichheit initiieren? Im folgenden sollen einige entscheidende Parameter für die Implementierung von betrieblicher Frauenförderung beschrieben werden.

Faktor Unternehmensleitung

Das Topmanagement muß Frauenförderung wollen und aktiv fördern. Ohne diese Grundbedingung scheitert zwangsläufig jeder Ansatz, der von der betrieblichen Basis ausgeht. Wesentlich für die Zustimmung und Unterstützung der Geschäftsführung ist die Einschätzung eventueller Maßnahmen. Wenn maßgebliche Entscheidungsträger darin einen ökonomischen Nutzen für das Unternehmen sehen, wie etwa die Betriebsbindung der Stammbelegschaft bzw. einzelner qualifizierter Arbeitskräfte, ist das eine wichtige Voraussetzung für die Realisierung von Maßnahmen. Ein zweiter Einflußfaktor auf die Offenheit von männlichen Topmanagern liegt in deren persönlicher Nähe oder Distanz zu dieser Thematik begründet. So zeigt sich, daß männliche Topmanager, deren Partnerin auf gleichem Niveau qualifiziert und berufstätig ist oder deren Töchter beispielsweise vergeblich versuchen, nach ihrem Studium oder ihrer Ausbildung eine adäquate Beschäftigung zu finden, eine höhere Bereitschaft aufweisen, sich mit der Frage der Benachteiligung von Frauen näher auseinanderzusetzen (Metz-Göckel/Müller 1986; Goldmann u. a. 1992).

Faktor Betriebssituation

Die ökonomische Situation des Unternehmens ist als wichtiger Einflußfaktor einzuschätzen. Eine wirtschaftlich zufriedenstellende Unternehmensentwicklung erleichtert ein Engagement bezüglich Chancen-

gleichheit sehr. Erfahrungen aus der BRD zeigen allerdings, daß trotz wirtschaftlicher Krise personalpolitische Maßnahmen zur Förderung der Chancengleichheit in jenen Unternehmen weitergeführt werden, in denen es gelungen ist, diese Maßnahmen eng in die generelle Personalpolitik bzw. in Aktivitäten zur Gestaltung der Unternehmenskultur zu integrieren (Garbsch/Scheinecker 1995).
Die Expansion von Betrieben erleichtert die Etablierung von Frauenförderung, denn in einer Situation, in der durch Neuverteilungen die gesamte Belegschaft profitieren kann, können auch für Frauen die Grenzen weiter gezogen werden. In Phasen betrieblicher wirtschaftlicher Stagnation werden Frauen zu direkten Konkurrentinnen um Bestehendes. In solchen Situationen hat Frauenförderung wenig Chancen.
Der Umstand, Tochterunternehmen eines Konzerns zu sein, der an ausländischen Standorten Personalpolitik zur Förderung der Chancengleichheit praktiziert, wird nur dann positiv wirksam, wenn sich am österreichischen Standort EntscheidungsträgerInnen mit entsprechendem Engagement finden.

Faktor Belegschaft

Als notwendige Voraussetzung für die erfolgreiche Implementierung eines Frauenförderprogramms erweist sich auch, daß die Beschäftigten hinter diesem Konzept stehen müssen. Eine betriebliche Frauenförderpolitik, die von oben verordnet wird und an den Interessen der Frauen im Betrieb vorbeigeht, ist zwangsläufig zum Scheitern verurteilt. Wenn es weiters nicht durchzusetzen gelingt, daß die männlichen Beschäftigten dem Programm zumindest neutral gegenüberstehen, sind die Erfolgschancen bei der Umsetzung des Programmes minimal. Boykott und Abwertungen werden an der Tagesordnung stehen.
Aus den Fallstudien der vorliegenden Untersuchung nicht eindeutig zu beantworten ist die Frage, welche Bedeutung dem Anteil der Frauen an der Gesamtbelegschaft zukommt. Diesbezüglich liegen auch keine klaren Forschungsergebnisse vor. Eine kritische Analyse von „Frauenförderungsprogrammen" (Manager-Magazin 5/1993) zitiert eine „in den USA gängige Regel von der ‚kritischen Masse'. [...] Danach beginnt die Chance auf Einfluß ab einem Frauenanteil von 5 bis 20 % auf allen Ebenen." Ein in der BRD durchgeführtes Forschungsprojekt über Frauenförderungsprogramme in 94 deutschen Großunternehmen zeigt allerdings, daß Programme dieser Art nicht nur in Branchen mit hohem oder gar überwiegendem Anteil von Frauen durchgeführt werden (Brumlop/Hornung 1993).

Faktor Proponentinnen

Ohne initiative Einzelpersonen wird in der Regel nicht einmal an Frauenförderung gedacht. Gerade in Großbetrieben ist es zusätzlich von nicht zu unterschätzender Wichtigkeit, daß einige mit Personalpolitik befaßte Fachkräfte und einige Führungskräfte auf höherer hierarchischer Ebene ein spezielles persönliches Engagement für das Thema (und hohe Frustrationstoleranz, Geduld und Prozeßkompetenz bei der Umsetzung) zeigen. Wenn an den genannten relevanten Stellen im Unternehmen Frauen und/oder Männer beschäftigt sind, die eine explizite Beschäftigung mit der Thematik für kontraproduktiv erachten, werden sich keine Aktivitäten entwickeln können. In diesen Fällen dominieren Meinungen wie: „Wenn Frauen wirklich gut sind, schaffen sie eine Karriere ohne Unterstützung"; „Maßnahmen zur Förderung der Chancengleichheit stigmatisieren Frauen als hilfsbedürftig"; „Schritte dieser Art reißen zwischen Frauen und Männern Gräben auf". Maßnahmen zur Förderung der Chancengleichheit werden in diesem Fall als Kompensation von Defiziten bei Frauen aufgefaßt. Die Sichtweise, daß dadurch organisationsintern eine Kultur und Strukturen entwickelt werden sollen, die geeignet sind, gesellschaftlich bedingte ungleiche Voraussetzungen von Frauen und Männern auszugleichen und damit eine bessere Nutzung menschlicher Ressourcen zu gewährleisten, kann sich unter solchen Bedingungen kaum durchsetzen (Garbsch/Scheinecker 1995).
Werden derartige Initiativen des Managements vom Betriebsrat unterstützt, stehen die Chancen für die Etablierung betrieblicher Frauenfördermaßnahmen gut.

Faktor Personalpolitik

Als günstig für eine erfolgreiche Implementierung erweist sich ein hohes Entwicklungsniveau der Personalpolitik des Unternehmens. Spezielle Maßnahmen zur Förderung der Chancengleichheit finden dadurch gute Entwicklungsbedingungen vor. Je höher entwickelt die Personalpolitik ist, desto wahrscheinlicher ist es auch, daß die eingesetzten personalpolitischen Instrumente und Verfahren geeignet sind, zur Realisierung von Chancengleichheit beizutragen. Denn diesbezügliche Gestaltungsbemühungen, die den Personaleinsatz und die Entwicklungsmöglichkeiten der Beschäftigten regeln, zielen vor allem auf die Ermöglichung maximaler Objektivität. Wenn Auswahl- und Entscheidungsprozesse im Bereich der Rekrutierung, Weiterbildung, Förderung und Personalbeurteilung weitestgehend transparenten und objektiven Kriterien folgen, ist auch ein Ansatzpunkt für weitgehende Chancengleichheit gegeben.

Faktor Organisationskultur und Sensibilität

Je offener und experimentierfreudiger man in Unternehmen Innovationen jeweder Art gegenübersteht, desto günstiger ist erwartungsgemäß auch das Klima für die Etablierung von Frauenförderung. Kooperative Führungsstile, die auf die Wünsche und Bedürfnisse der Beschäftigten eingehen, erleichtern die Durchsetzung von Fraueninteressen.
In den Unternehmen besteht in der Regel wenig Bewußtsein über geschlechtsspezifische Benachteiligung und über betriebliche Diskriminierungsprozesse. Daran anküpfend finden sich auch keine Vorstellungen über Möglichkeiten, diesen Defiziten zu begegnen. Zur Förderung der Problemwahrnehmung sind Sensibilisierungsprozesse in Gang zu setzen. Ziel dieser Prozesse ist vor allem die Aufweichung von Rollenstereotypen und der Abbau von Vorurteilen. Erreicht werden soll z. B., daß Frauen und Männer, die formal gleich qualifiziert sind, auch gleiche Chancen erhalten, sich zu bewähren, und daß die Norm der zeitlichen Rundumverfügbarkeit hinterfragt wird.

Faktor Kosten

Eines der Hauptargumente gegen die Implementierung von Frauenförderung ist das der Verursachung zu hoher Kosten. Wegen der besonderen Bedeutung für die betriebliche Argumentation ist diesem Themenbereich ein eigenes Kapitel eingeräumt.

4.2 Exkurs: Das Argument der hohen Kosten – Die betriebswirtschaftliche Argumentation

„Privatwirtschaftliche Unternehmen sind gewinnorientiert. Allein Wirtschaftlichkeit, Rentabilität und Produktivität bestimmen das rationale, betriebliche Handeln."
Dem Klischee des „Normalerwerbstätigen" entspricht das Klischee des „Normalbetriebs". Die Betriebswirtschaftslehre beschäftigt sich mit der Optimierung betrieblicher Prozesse und nimmt in der Regel auf diesen Idealtypus des Betriebs Bezug. Die Disziplin hat im Laufe ihres Bestehens eine spezielle Terminologie hervorgebracht. Menschen werden als Humanressource oder Humankapital gesehen. Entscheidungen werden mit Hilfe eines Vokabulars von ökonomischem Begriffen, mit Effizienz-, Kosten- und Ertragsgrößen begründet. Mitunter entsteht

dabei eine Argumentation des „Sachzwangs", die einer genauen Überprüfung nicht immer standhält.
In diesem Zusammenhang ist auf die überaus große Bedeutung von quantitativen Größen, insbesondere von Kennziffern und Zahlen hinzuweisen. Dabei sind die Spielräume, welche Phänomene überhaupt quantitativ erfaßt und welche Bezugsgrößen und Berechnungsmethoden angewendet werden, äußerst groß und implizit starken Bewertungen unterworfen. Den Zahlen wird grundsätzlich ein quasi wissenschaftlicher Charakter und damit eine unantastbare Objektivität zugeschrieben. Zahlen sind – soziologisch gesehen – ein strategisch einsetzbares „Machtmittel", mit dessen Hilfe betriebliche Entscheidungen begründet oder verworfen werden können.
Deshalb ist es in einer Untersuchung von betrieblichen Maßnahmen zur Chancengleichheit sinnvoll, sich mit betriebswirtschaftlichen Argumentationsweisen auseinanderzusetzen.

Personalarbeit hat Hintergrund

In den letzten Jahren ist ein bedeutender Wandel in der betriebswirtschaftlichen Sicht der menschlichen Arbeitskraft zu beobachten. Wurde noch in den 80er Jahren massiv an Rationalisierungsmaßnahmen gebastelt, die betriebliches Personal allein als zu reduzierenden Kostenfaktor sahen, hat sich – zumindest in der Theorie – ein Paradigmenwechsel eingestellt. Neue Managementkonzepte wie „Total Quality Management", „Lean Production" oder „Lean Management" stellen „den Mitarbeiter" als wichtigste, wertvollste und sensitivste Ressource des Unternehmens in den Mittelpunkt der Betrachtung. Beteiligung, Motivation und Engagement „des Mitarbeiters" sollen gezielt gewonnen und gefördert werden. Die neuen Konzepte sind bei aller „Menschlichkeit" nichtsdestotrotz nach wie vor an betriebswirtschaftlichen Kalkülen orientiert. Dies ist an und für sich kein Widerspruch[22] – man hat bloß bisher stark ignorierte bzw. vernachlässigte Bestimmungsgrößen des Leistungsprozesses in die verkürzende betriebswirtschaftliche Logik miteinbezogen. Damit werden nun wesentliche Faktoren wie etwa die Identifikation der Mitarbeiter mit der Aufgabe und dem Unternehmen als entscheidende Einflußfaktoren auf den betrieblichen Wertschöpfungsprozeß begriffen. In der Fülle der Literatur zu den aktuellsten Entwicklungen des betrieblichen Geschehens bleibt aber ein Manko bestehen: Nach wie vor ausgeklammert bleiben außer-

22 Treffend der Ausspruch des deutschen Personalwirtschaftsprofessors Oswald Neuberger: „Der Mensch ist Mittelpunkt. Der Mensch ist Mittel. Punkt."

betriebliche Bestimmungsfaktoren und gesellschaftliche Zusammenhänge. Das bedeutet, daß die spezielle Situation der Mitarbeiter*innen* nach wie vor keine Beachtung findet.
Die wichtigsten Phasen der Entwicklung seit den 60er Jahren können zusammengefaßt werden als *Institutionalisierung* (bis ca. 1970), *Humanisierung* (bis ca. 1980), *Ökonomisierung* (bis ca. 1990) und *Entre- und Intrapreneuring* (seit etwa 1990) (Wunderer/Schlagenhaufer 1994). In diesen einzelnen Perioden standen verschiedene Ansätze in bezug auf die MitarbeiterInnenführung im Vordergrund, um die allgemeinen Ziele des betrieblichen Personalwesens, Effizienzsteigerung und Kontrollsicherung, umzusetzen. In der Phase der Institutionalisierung wurde der Bereich des Personalwesens in den größeren und teilweise auch mittelgroßen Betrieben aus der Zuständigkeit der kaufmännischen Leitung ausgegliedert und eine dafür spezialisierte Abteilung aufgebaut. In den 70er Jahren ging man auf eine verstärkte MitarbeiterInnenorientierung über, die als Personalentwicklung vor allem die Aus- und Weiterbildung und als Organisationsentwicklung umfassende Fragen der betrieblichen Arbeitsorganisation sowie die Gestaltung der Arbeitsplätze betraf. Die Ansätze zur „Humanisierung der Arbeitswelt“ fielen in diese Zeit. Die 80er Jahre waren von einem verstärkten Streben nach Anpassung von Organisation und Personal an wirtschaftliche Aspekte gekennzeichnet. Dezentralisierung, teilweise Entbürokratisierung und Rationalisierung von Personalfunktionen standen im Mittelpunkt der innerbetrieblichen Personalpolitik, für die nun Geschäftsleitung, Personalabteilung und Linienvorgesetzte verantwortlich waren (Wunderer/Schlagenhaufer 1994).
Für die Phase des „Entre- und Intrapreneuring“, die „den Mitarbeiter als Mitunternehmer“ gewinnen will, sind unterschiedliche Hintergründe auszumachen.
Die technologische Rationalisierbarkeit ist in weiten Teilen, v. a. in den Produktionsbereichen der Industriebetriebe, an Grenzen gestoßen. Der Verkäufermarkt hat sich unter steigendem Wettbewerbsdruck zu einem Käufermarkt gewandelt, was eine erhöhte innerbetriebliche Flexibilisierung auslöst. Die betrieblichen Aufgaben werden komplexer und entziehen sich der externen Kontrolle. Was liegt näher, als – einem menschlichen Bedürfnis nach Selbstverwirklichung in der Arbeit entgegenkommend – externe durch interne Kontrolle zu ersetzen? Bisher eher vernachlässigte arbeitsorganisatorische Rationalisierungsansätze gewinnen neben technologischen Änderungen an herausragender Bedeutung.

Gleichzeitig hat die Transparenz betrieblicher Vorgänge ein Ausmaß angenommen, das in der bisherigen Geschichte noch nicht erreicht wurde. Mikroelektronisch gesteuerte Vorgänge liefern Datenmaterial in höchst komplexem Ausmaß. Integrierte Personalinformationssysteme könnten – falls sie nicht durch Mitbestimmungsrechte geschmälert werden – die Handlungen der im Betrieb Beschäftigten auf Schritt und Tritt nachvollziehen und miteinander in Verbindung setzen. Das betriebliche Datenmaterial liefert die Grundlagen für ein ausgebautes betriebliches Controlling. Darin erzeugte Kennzahlen erhalten einerseits verhaltenssteuernde Funktion für die Beschäftigten und bilden andererseits die Grundlage für Entscheidungen und Strategien des Managements.

Einer „neuen Personalpolitik" förderlich sind nicht zuletzt die Institutionalisierung der Personalwirtschaftslehre als eigene betriebswirtschaftliche Teildisziplin an den Universitäten sowie die entsprechenden Personalabteilungen auf Betriebsebene, welche sich mit Fragen des Personalmanagements auseinandersetzen.

Die Gültigkeit der eben beschriebenen Tendenzen von betrieblicher Reorganisation ist allerdings nur eingeschränkt für bestimmte Unternehmen und bestimmte Personengruppen gegeben. So findet sich eine ausgearbeitete Personalpolitik erst in größeren Unternehmen bzw. in Unternehmen mit günstiger Ertragslage, in denen es eine eigene Personalabteilung gibt, die derart kolportierte Strömungen in die betriebliche Praxis einzubauen versucht.

Die Maßnahmen kommen zudem in erster Linie Personen des primären Arbeitsmarkts zugute, also den Stammbelegschaften und besser qualifizierten Arbeitskräften. Frauen sind in diesen Betrieben meist unterrepräsentiert.

Weibliche Arbeitskräfte werden in weiten Teilen der Literatur unter „Mitarbeiter" subsumiert. Ihre speziellen Interessen bzw. die für sie personalpolitisch bedeutsamen Wirkungsfelder blieben bisher in Theorie und Praxis nahezu unsichtbar. Obwohl scheinbar geschlechtsneutral, entsprechen die Betrachtungen einzig und allein männlichen Lebenszusammenhängen. Wenn von Frauen überhaupt die Rede ist, dann werden sie als Schutzbedürftige (Arbeitsrecht) oder Angehörige von Problemgruppen gesehen. In den Lehrbüchern der Personalwirtschaft wurden sie lange Zeit nur in „stereotypen bis negativ konnotierten" Zusammenhängen genannt, etwa im Kontext von Fluktuation und Fehlzeiten (Gerhard/Osterloh/Schmid 1993).

Erst seit kurzer Zeit und sehr vereinzelt finden sich in der Personalwirtschaftslehre frauenspezifische Sichtweisen (vgl. Krell/Osterloh 1993). In einer empirischen Erhebung über die Behandlung von Frauenthemen[23] an Personallehrstühlen im deutschsprachigen Raum wurde festgestellt: „Themen wie Personalorganisation, -informationssysteme, -controlling werden nicht genannt" (Krell/Osterloh 1993, S. 19). Wie man sehen wird, sind dies Bereiche, die in ihrer Bedeutung für die betriebliche Praxis nicht unterschätzt werden sollten.

Das nach wie vor dominante traditionelle betriebswirtschaftliche Effizienzkonzept blendet gesellschaftliche Zusammenhänge weitgehend aus und ist durch den „männlichen Blick" geprägt, da nur auf die Lebensrealität männlicher Arbeitskräfte abgestellt wird. Durch die oben beschriebenen Tendenzen entsteht ein Druck, das Instrumentarium der Effizienzmessung auszubauen und um bisher unberücksichtigte Kriterien wie Ertrags- und qualitative Größen zu erweitern. In modernen Personal-Controlling-Konzepten finden sich Ansätze einer Erweiterung, die allerdings bis heute keine frauenspezifischen Aspekte berücksichtigen.

Eine derartige Erweiterung kann für das gegenständliche Thema nur nutzbringend sein, denn in den bisherigen – ausschließlich an Kosten orientierten – Datensammlungen kommen Frauen entweder gar nicht oder nur in solchen Bereichen vor, in denen ihnen klischeehaft Mehrkosten zugeschrieben werden.

Die „teuren" Frauen

Gegen die Beschäftigung von Frauen v. a. in verantwortungsvollen und gut bezahlten Positionen werden eine Reihe von Kostenargumenten angeführt. Fakten und Vorurteile sind dabei schwer zu trennen.

Prinzipiell bedeutet Frau-Sein nicht gleich Mutter-Sein. Es stimmt, daß im Falle der Geburt von Kindern tatsächlich die Frauen die Erwerbsarbeit unterbrechen. Auch wenn Männer seit einigen Jahren Karenzgeld in Anspruch nehmen können (1994 waren 493 Männer und 84.880 Frauen in Karenz), tun sie es nicht, da sie in der Regel mehr verdienen als ihre Frauen. Das geringe Karenzgeld (1994: 181 öS pro Tag) und die Familienbeihilfe bedeuten in jedem Fall einen beträchtlichen Einkommensverlust, den es zu minimieren gilt. Darum bleibt die Frau zu Hause. Hätte sie den besser bezahlten Arbeitsplatz zu verlieren, wäre die Sache weniger eindeutig.

23 Nach der Häufigkeit der Themen waren „Frauen in Führungspositionen" gefolgt von „Chancengleichheit" und „Personalentwicklung" die wichtigsten Felder von Lehrveranstaltungen und Forschungsarbeiten (Krell /Osterloh 1993).

Thema Nr. 1: Fluktuation

> Klischeehafte betriebliche Argumentation
>
> „Frauen sind potentielle Mütter und sind deshalb instabiler und unzuverlässiger als Männer. Jede Frau kann ein Kind bekommen. Sollte dieser Fall eintreten, wird nicht ihr Mann, sondern sie die Erwerbstätigkeit unterbrechen und möglicherweise nicht zurückkommen. Womöglich bekommt sie nicht nur ein Kind, sondern nach kurzer Zeit gleich das nächste. Auch wenn sie heute noch keine Familie hat, ist es zu unsicher, sie für eine Führungsposition aufzubauen, denn vielleicht bekommt sie morgen ein Kind[24] ...“

Frauen werden – weil sie *Frauen* sind – tendenziell nicht nur in schlechter bezahlten, sondern auch in anstrengenden und uninteressanten Arbeitsbereichen mit geringen Aufstiegsmöglichkeiten eingestellt. Insofern kann es für eine Frau objektiv und nach rein rationalen Überlegungen viel attraktiver sein, einen unterfordernden Arbeitsplatz zugunsten der Familienarbeit zu verlassen und ihre Berufsarbeit zu unterbrechen bzw. zu beenden. Kinder großzuziehen hat unter bestimmten Rahmenbedingungen schließlich sehr viele bereichernde und erfüllende Aspekte, auch wenn die Familienarbeit gesellschaftlich unterbewertet ist. Grundvoraussetzung dafür ist allerdings ein gutes soziales Netz, ein relativ hohes Einkommen des Mannes und eine (in der Abhängigkeit) funktionierende Partnerschaft – Voraussetzungen, die allzuoft nicht zutreffen.

Der Kreislauf läßt sich verkürzt also folgendermaßen darstellen: Frauen haben die schlechteren Arbeitsplätze, weil sie wegen der Kinder unterbrechen. Frauen unterbrechen wegen der Kinder, weil sie die schlechteren Arbeitsplätze haben.

Die Arbeitsmarktdaten zeigen, daß gut qualifizierte Frauen später oder gar keine Kinder bekommen. Viele verzichten zugunsten des Berufs auf ein Familienleben. Das ist nicht immer eine freigewählte oder leichte Entscheidung und demnach ebenso als Diskriminierung zu werten. Hier ist zudem die Frage zu stellen, ob die Gesellschaft dadurch nicht in ihrer Reproduktionsfähigkeit eingeschränkt wird. In anderen

24 In der ehemaligen DDR ist die Situation mittlerweile so extrem geworden, daß Frauen bei ihren Stellenbewerbungen von sich aus ein Attest über ihre Sterilisation vorweisen. Der Gegensatz zwischen Praxis und gesetzlicher Bestimmung ist groß: Gesetzlich wäre es den Betrieben nicht einmal erlaubt, nach einer Schwangerschaft zu fragen (Fisahn 1995).

Ländern hat man hier bereits einen Zusammenhang erkannt und diskutiert fallende Fertilitätsraten im Zusammenhang mit der realen Lebenssituation der Frauen.

Volkswirtschaftlich kann argumentiert werden, daß – wenn sich gut qualifizierte Frauen doch für Kinder entscheiden und dadurch im Beschäftigungssystem benachteiligt werden – wertvolle Ressourcen verschwendet werden, was enorme Produktivitätseinbußen zur Folge hat. Volkswirtschaftliche Argumente haben allerdings auf einzelwirtschaftlicher Ebene wenig Gewicht und werden hier deshalb nicht näher ausgeführt.[25]

Doch auch auf Betriebsebene ist nicht generell empirisch bestätigt, daß Frauen tatsächlich höhere Fluktuationsraten aufweisen als ihre männlichen Kollegen, die ja schließlich auch hin und wieder ihre Beschäftigungsverhältnisse beenden. Einerseits müssen in einem überbetrieblichen geschlechtsspezifischen Fluktuationsvergleich Branchengegebenheiten und betriebliche Besonderheiten berücksichtigt werden, andererseits kann man seriöserweise nur Männer und Frauen auf gleicher hierarchischer Ebene mit gleicher Qualifikation vergleichen. Dementsprechend widersprüchlich sind die Ergebnisse der (relativ spärlichen) Studien zu diesem Thema. „Studien, die zeigen, daß die Fluktuation von Frauen höher ist, stehen Studien gegenüber, die das Gegenteil zeigen." (vgl. dazu und im folgenden Scheinecker/Garbsch 1993)

Beispiele von Unternehmen dokumentieren, daß bei den Führungskräften die Fluktuationsraten von Frauen nicht oder nur sehr wenig höher sind als bei Männern. Die Gründe des Austritts unterscheiden sich allerdings: Denn während Frauen häufiger wegen der Geburt von Kindern unterbrechen, gehört es für Männer zum normalen Karriereweg, möglichst viele Erfahrungen in unterschiedlichen Unternehmen zu machen. Schließlich werden Männer auch innerhalb des Unternehmens weit öfter versetzt als Frauen, und im Fall einer Karriere gilt es eine Vielzahl betrieblicher Stationen aufzubauen. Austritte und Kündigungen gehören bis zu einem gewissen Grad zum Alltag eines Unternehmens. Jeder Betrieb muß sich demnach damit auseinandersetzen.

Männer kündigen ihr Dienstverhältnis aus Gründen des Arbeitgeberwechsels. Dabei entstehen die gleichen Fluktuationskosten wie bei

25 Die Professorin für Nationalökonomie Renate Schubert untersucht die ökonomische Diskriminierung von Frauen und sieht in deren systematischer Benachteiligung eine volkswirtschaftliche Verschwendung, die durch die Verzerrung der Preis- und Beschäftigungsstruktur zu Wohlstandsverlusten führt (Schubert 1993).

Frauen, die aus Gründen einer Geburt ihre Berufstätigkeit unterbrechen. Ja vielleicht sogar noch höhere: Denn Männer kehren auf ihrem Karriereweg nicht wieder in den Betrieb zurück, während gleich qualifizierte und karriereorientierte Frauen bei einer entsprechenden Personalpolitik nach einiger Zeit wieder voll ins Unternehmen einsteigen würden. Dieser Nutzen wird aufgrund der gängigen stereotypen Sichtweisen nicht gesehen. Die Zeit einer Karenz ist mit organisatorischer Vorsorge durchaus zu überbrücken, der Arbeitsplatz auf Zeit kann für eine Ersatzkraft eine Zeit der Bewährung sein, StellvertreterInnen können Praxis sammeln und sich auch für andere Aufgaben qualifizieren.

Schließlich sollten Unterbrechungen auch aus nicht familiären Gründen möglich sein. Dem Unternehmen könnte es durchaus Vorteile bringen, wenn den Beschäftigten für individuelle Bedürfnisse der Weg einer Karenzzeit offenstünde. Viele gut qualifizierte MitarbeiterInnen, die mangels dieses Angebots die Kündigung einreichen, würden so nach einer längeren Unterbrechung wieder voll einsteigen und ihr vermehrtes Wissen und „frischen Wind“ mitbringen.

Thema Nr. 2: Verantwortliche Positionen sind unteilbar und verlangen volle zeitliche Verfügbarkeit

Klischeehafte betriebliche Argumentation

„Mütter sind zeitlich nicht uneingeschränkt verfügbar. Darum kommen Frauen (als potentielle und tatsächliche Mütter) prinzipiell für verantwortungsvolle Positionen nicht in Frage. Die 60-Stunden-Woche ist für Führungskräfte und Mitarbeiter in verantwortlichen Positionen ein Muß. Die Kontinuität der betrieblichen Abläufe muß gewahrt werden. Die Führungspersönlichkeit muß jederzeit ansprechbar sein, alle Abläufe unter Kontrolle haben und voll informiert sein. Dazu gehört auch, daß man unvorhergesehene Überstunden machen muß und keine abgegrenzten Beginn- und Endzeiten hat. Frauen kommen dafür wegen ihrer außerbetrieblichen Pflichten nicht in Frage. In Teilzeit könnte man diese Tätigkeiten niemals erledigen . . .“

Bei der Flexibilisierung von Arbeitszeit handelt es sich um eines der aktuellsten Themen. Die Interessen der Arbeitgeber und ArbeitnehmerInnen sind zum Teil widersprüchlich, haben aber auch Überschneidungsbereiche. Die Normalarbeitszeit von 36 bis 40 Stunden pro Woche trifft schon jetzt nur mehr auf erstaunlich wenige ArbeitnehmerInnen zu. Mehr als die Hälfte der unselbständig Beschäftigten arbeitet regelmäßig entweder in Wochenend- oder Nachtarbeit, Schicht- oder Turnusdienst (Wolf 1994).

In der Argumentation wird generell betriebliche Anwesenheit mit ununterbrochener Leistungsverausgabung und -bereitschaft gleichgesetzt. Sehr oft verbirgt sich dahinter allerdings ein gewisser Mythos. So ist es doch durchaus denkbar, daß von 60 Stunden Anwesenheit nur in einem Teil davon effiziente Arbeitsleistung erbracht wird.[26]

Selbst wenn Führungskräfte 60 Stunden und mehr in voller Intensität arbeiten sollten, stellt sich prinzipiell die Frage, wie lange überdurchschnittliche Arbeitszeiten durchgehalten werden können und wie sich diese auf die Qualität der Arbeit auswirken.

Arbeitsleistung ist grundsätzlich teilbar: Irgendwann muß jede Führungskraft nach Hause gehen und sich regenerieren. Arbeit bleibt also liegen, wird unterbrochen oder an andere weitergegeben. Irgendwann ist also auch der fleißigste Chef nicht erreichbar. Außerdem gibt es Repräsentationsaufgaben, Auslandsreisen oder Konferenzen, die Abwesenheiten verursachen. Auch Weiterbildungsveranstaltungen, die Männer ungleich mehr in Anspruch nehmen als Frauen, unterbrechen die Arbeitsleistung. Aktuell im Gespräch sind „Teilzeitjobs" von Politikern (bei vollen Bezügen), die hier ebenfalls als Beispiele anzuführen wären.

Leistungsverausgabung ist die Funktion mehrerer Faktoren, von denen zeitliche Anwesenheit nur *eine* ist. Nicht die Quantität von Stunden, sondern die Qualität, mit der die Stunden gefüllt werden, ist ausschlaggebend. In diesem Zusammenhang kommt der Arbeitsorganisation, mit der die betrieblichen Abläufe koordiniert werden, größte Bedeutung zu. In Qualitätssicherungssystemen gibt es den neuen umfassenden Qualitätsbegriff bereits. Im Konzept der Teamarbeit, innerhalb dessen das Führungsmuster alten Stils dysfunktional wirkt, wird Arbeit und Information auf eine neue Weise geteilt, um der Komplexität der Aufgaben Rechnung zu tragen.

Aus einer volkswirtschaftlichen Analyse stammt folgendes Zitat, das auch auf die betriebliche Ebene zutrifft: „Man kann davon ausgehen, daß die Produktivität pro Arbeitsstunde um so kleiner wird, je mehr

26 Vgl. dazu Claudia Pinl (1995), die in ihrem Buch „Der faule Mann" auf amüsante Weise die „Anstrengungen" der Managerarbeit mit jener von Familienarbeit vergleicht.

ununterbrochene Arbeit an einem Tag bereits hinter einem Arbeitnehmer liegt". (Schubert 1993, S. 60) In betriebswirtschaftlicher Argumentation könnte man von einer „Steigerung der Produktivität durch Verdichtung der Arbeit und Abnahme von Pausen und Fehlzeiten bei gleichzeitig höherer Motivation" sprechen. Der höhere Koordinationsaufwand wird durch organisatorische Maßnahmen kompensiert. Mit Modellen wie z. B. Job-sharing und einer entsprechenden Terminplanung wäre der Informationsaustausch unter den Beschäftigten gewährleistet. Infrastruktur wird dabei kontinuierlich genutzt. Die Kosten zweier „halber" Teilzeitkräfte sind (bis zur sozialversicherungsrechtlichen Höchstgrenze) ohnedies mit denen einer Vollzeitkraft ident, da die diversen Nebenkosten in Anteilen des Bruttolohns berechnet werden.[27] Es fällt zwar die Urlaubszeit doppelt an, dafür hat man keine Sorgen mit der Urlaubsvertretung, denn der Arbeitsplatz ist bei richtiger Einteilung kontinuierlich besetzt.

Die Umstellung auf Gleitzeit hatte anfangs ebenfalls viele Skeptiker. Mittlerweile gibt es vereinzelt Betriebe, die in bestimmten Bereichen auf Kernzeit völlig verzichten und die es ihren MitarbeiterInnen überlassen, sich die Anwesenheiten aufzuteilen (Pastner u. a. 1994). Im Zuge der stattfindenden Reorganisation betrieblicher Abläufe ist ein weitaus größeres Ausmaß an Phantasie und Kreativität gefragt, die Wünsche der Beschäftigten mit den betrieblichen Erfordernissen zu vereinbaren. Nicht zuletzt ist das Thema in Zusammenhang mit der gespannten Lage auf dem Arbeitsmarkt zu sehen, denn die Umverteilung von Arbeitszeit hat durchaus Beschäftigungseffekte.

Vor allem qualifizierte und Führungstätigkeiten sind auf Teilbarkeit hin zu analysieren. Auch in bezug auf die gesamte Erwerbslaufbahn ist mehr Flexibilität gefragt. Eltern sollten die Möglichkeit bekommen, die Arbeitszeiten den verschiedenen Abschnitten der Kindererziehung anpassen zu können. Übergänge von Teilzeit auf Vollzeit und von Vollzeit auf Teilzeit sollten möglich sein.

Das Fluktuationsrisiko wegen der Geburt von Kindern und die nicht volle zeitliche Verfügbarkeit sind die stärksten betrieblichen Stereotype, denen Frauen in der Arbeitswelt begegnen. Daran anknüpfend werden Frauen bestimmte Aufgaben zugewiesen, die sehr häufig berufliche „Sackgassen" sind. Eine strategische Laufbahnplanung wird nicht angeboten, und „Weiterbildung lohnt sich bei Frauen ohnehin nicht". Frauen wird aufgrund ihrer Rollenzuschreibung weiters man-

27 Wenn man ganz genau sein will, so ist die U-Bahn-Abgabe in Wien pro Person und nicht prozentuell zu leisten. Sie beträgt pro Woche 10,– öS.

gelnde Flexibilität und Mobilität in zeitlicher und geografischer Hinsicht unterstellt. Es heißt, daß die Absentismusraten durch Krankenstand und Pflegeurlaub bei Frauen höher seien als bei Männern.
Vergleicht man die Einkommen der Frauen und Männer, zeigt sich allerdings, daß hier nicht die Frauen, sondern die Männer die höheren Kosten verursachen. Frauen erhalten selbst in höheren betrieblichen Positionen und bei gleicher Ausbildung geringere Gehälter als Männer. So werden des öfteren auch innerhalb des Managements „Leichtlohngruppen" für Frauen ausgemacht (Krebsbach-Gnath/Schmid-Jörg 1988).
Nicht als Anregung zur Realisierung, sondern als Gedankenexperiment soll folgendes verstanden werden: Konsequent betriebswirtschaftlich gehandelt, müßten in den Unternehmen die „überbezahlten" Männer durch die gleich produktiven „billigeren" Frauen ersetzt werden. Historisch gesehen ist schließlich die Überbezahlung der Männer auf den Reproduktionsbedarf von mehreren Personen zurückzuführen und so als eine Art „Familienlohn" zu verstehen. Weil nun Frauen nicht für ihre Männer dazuverdienen müssen, können sie in ihren Gehaltsforderungen zurückhaltender sein. Das wiederum müßte in den Unternehmen, in denen Gewinne maximiert bzw. Kosten minimiert werden, zu einer Verhaltensänderung führen. „Indem mehr Einheiten des relativ billigen Faktors, also mehr Frauen, und weniger Einheiten des relativ teuren Faktors ‚Männer' eingesetzt würden, ließe sich eine Produktionssteigerung erzielen" (Schubert 1993, S. 59). Soweit die ökonomische Logik, die – bei qualifizierten Arbeitsplätzen – in diesem Punkt völlig versagt.
Fassen wir abschließend die den Frauen zugeschriebenen Kosten zusammen, mit denen ihre Schlechterstellung argumentiert wird:

Fluktuationskosten
- verlorene Weiterbildungskosten
- Akquisitionskosten einer Ersatzkraft
- Einarbeitungs-/Einschulungs-/Weiterbildungskosten einer Ersatzkraft
- Koordinationskosten bei Rückkehr aus der Karenzzeit
- neuerliche Einschulungskosten der Rückkehrerin

Kosten für die zeitliche Eingeschränktheit
- Koordinationskosten bei Arbeitsteilung
- Informationskosten
- Absentismuskosten (Krankheit, Pflegeurlaub, Arztbesuche etc.)

Wie und welche betrieblichen Kosten im Betriebsalltag tatsächlich erfaßt werden, ist in diesem Zusammenhang besonders interessant, denn damit lassen sich die vorgebrachten Argumente gegen Frauen schließlich beweisen oder widerlegen. Was das Instrumentarium der Kostenerfassung anbelangt, gibt es in der Betriebswirtschaftslehre eine lange Tradition.

Personal-Controlling als Lösungsansatz?

Controlling ist eine finanzwirtschaftliche Teildisziplin, die historisch aus dem betrieblichen Rechnungswesen entstanden ist und auf Basis einer Wirtschaftlichkeitsprüfung alle betrieblichen Prozesse kostenorientiert erfassen soll. In moderneren Controlling-Ansätzen wird heute weniger die (vergangenheitsorientierte) Kontroll- und Überwachungsfunktion, sondern eher die (zukunftsorientierte) Informations- und Steuerungsfunktion betont.

Erst seit Mitte der 80er Jahre kann vom Bestehen eines Personal-Controlling-Systems gesprochen werden. Vorrangigstes Ziel ist die Optimierung des Personaleinsatzes: „Humanressourcen werden zunehmend als Wettbewerbsfaktor betrachtet, den es durch Aufbau, Entwicklung und Pflege personenbezogener Erfolgspotentiale strategisch zu nutzen gilt. Diesem Ziel dient auch das Personal-Controlling mit der Aufgabe, zur optimalen Wertschöpfung der menschlichen Ressourcen beizutragen" (Wunderer/Schlagenhaufer 1994, S. 214). Als eine Funktion wird u. a. die Verbesserung der Argumentationsfähigkeit der Personalverantwortlichen genannt, denn diese haben innerhalb des Unternehmens ungleich weniger Einfluß als andere Geschäftsbereiche. Mittels Controlling können die Personalabteilungen beweisen, daß sich ihre Arbeit „rechnet".

Ausgangspunkt ist die Entwicklung eines integrierten Systems personalwirtschaftlicher Kennziffern und Erfolgsindikatoren. Das Datenmaterial wird dem Rechnungswesen, also der Buchhaltung und Kostenrechnung bzw. der betriebsinternen Datenverarbeitung (Betriebsstatistiken) entnommen. Der Auf- bzw. Ausbau eines EDV-gestützten Personal-Controlling-Systems basiert auf diesen Quellen. Die Kennzahlen erhalten erst innerhalb eines Betriebs- oder Zeitvergleichs Aussagefähigkeit. Für eine Vergleichbarkeit sind einheitliche Definitionen und Berechnungsmethoden Voraussetzung. Durch eine Gegenüberstellung von Kennziffern können Abweichungen festgestellt, Ursachen dafür gefunden und Verbesserungsmaßnahmen entwickelt werden.

In der Praxis verwendete Kennzahlen sind beispielsweise (Moritz 1994):

- Daten zur Personalstruktur (Ausbildung, Alter, Geschlecht, Zugehörigkeit zum Betrieb u. a.)

- Lohngruppenstruktur
- Teilzeitquote
- Überstunden pro MitarbeiterIn
- Durchschnittskosten pro Überstunden
- Fluktuationsrate nach Lebensalter bzw. Dienstalter
- Krankheitsquote/Krankentage pro Person
- Weiterbildungszeit pro Person
- Personalkosten pro Person
- Bilanzsumme pro Person

Das Personal-Controlling kann nach dem Konzept von Wunderer/Schlagenhaufer auf drei Ebenen ansetzen.

Das Kosten- bzw. kalkulatorische Controlling umfaßt die Planung und Kontrolle der Personalkosten aller Beschäftigten sowie der Kosten der Personalabteilung. Basis dafür sind Budgets und Kostenrechnung; Maßgrößen sind die Kosten pro Periode.

Durch das auf Effizienz bzw. Wirtschaftlichkeit gerichtete Controlling sollen spezielle personalwirtschaftliche Aktivitäten hinsichtlich ihrer Zweckmäßigkeit untersucht werden. Mit Hilfe von Kennzahlen (Weiterbildungskosten pro Person) wird der Ressourceneinsatz innerhalb des Personalbereichs analysiert und optimiert. Basis dafür sind Zeitaufzeichnungen bzw. spezielle Kalkulationen; Maßgröße sind die Kosten pro Prozeß.

Für das auf Effektivität, Rentabilität bzw. Erfolg gerichtete Controlling steht der Beitrag der Personalarbeit zum Unternehmenserfolg im Mittelpunkt. Durch die Beobachtung der Entwicklung von Indikatoren wie Absenzrate oder Fluktuationsrate soll der Nachweis der Effektivität erbracht werden. Basis dafür ist u. a. die erhobene Arbeitsproduktivität; Maßgrößen sind Erträge im Verhältnis zu Kosten.

Diverse Umfragen bei Unternehmen der BRD haben ergeben, daß sich das Personal-Controlling auf die Personal*kosten* konzentriert. 1991 gaben in einer empirischen Erhebung 22 % der deutschen Unternehmen an, über ein systematisches Personal-Controlling zu verfügen; die Tendenz ist steigend. Als Ergebnis der Untersuchung lassen sich die wesentlichen Aktionsfelder der bisherigen Praxis nach Bedeutung reihen: An erster Stelle stehen Kennziffern/Indikatoren, Personalbedarfsplanung und Personalkosten-Controlling. Es folgen Wirtschaftlichkeitsvergleiche, periodische Personalplanung und Wirkungsanalysen von Anreizsystemen. Am wenigsten Bedeutung zugemessen wird Führungs- und Kooperations- sowie Motivations- und Identifikationsanalysen (Wunderer/Schlagenhaufer 1994, S. 22).

In den Konzepten herrscht eindeutig Kostenorientierung vor. Ertrags- bzw. Nutzengrößen werden dagegen eher selten eingesetzt. Nicht zuletzt liegt das daran, daß gerade im Personalbereich der jeweilige Nutzen einer Maßnahme sich meist einer direkten Meßbarkeit bzw. Zuordnung entzieht. Beispielsweise läßt sich der Nutzen einer Weiterbildungsmaßnahme nicht so einfach in einen direkten Kausalzusammenhang nach dem Muster „absolvierter Kurs – höherer Output/Zeiteinheit“ stellen. Es fehlt der unmittelbare sachliche und zeitliche Bezug von Ursache und Wirkung.

Auch Beispiele der österreichischen Praxis (Moritz 1994) zeigen, daß Personalkennzahlen selbst bei Unternehmen mit hochspezialisiertem Personalwesen nur sehr partiell gebildet werden. Wenn überhaupt nach Geschlecht differenziert wird, dann meist bloß in bestimmten Bereichen und auf so hohem Aggregationsniveau, daß die Daten nur wenig Aussagekraft haben. Bestehende Vorurteile gegenüber der Beschäftigung von Frauen können so weiter bestehen.

Als spezifische Funktionen von Personal-Controlling sehen Wunderer/Schlagenhaufer u. a. die Bereitstellung aktueller gesellschaftlicher Trendinformationen (Frühwarnfunktion) sowie die Sammlung von statistischem Zahlenmaterial zu sämtlichen Funktionen des Personalmanagements (Transparenzfunktion). Beim Erfassen personalbezogener Prozesse plädieren sie für eine Ertragsorientierung und eine umfassende Ausweitung der einbezogenen Größen.

Sie treten dafür ein, daß die „Güte und Wirksamkeit von Prozessen und Strukturen sowie von Denk- und Verhaltensmustern von Führung und Personalmanagement“ als bisher vernachlässigte Faktoren ebenfalls untersucht werden und prägen dafür den Begriff *operatives, qualitatives Controlling* (Wunderer/Schlagenhaufer 1994, S. 16). Die quantitative Dimension ist demnach um den qualitativen Bereich zu erweitern. Daraus ergibt sich als betriebliches Neuland der Umgang mit „weichen Daten“ – ein Umstand, der gleichzeitig eine modifizierte Methodik im Bereich der Datenerfassung (z. B. Mitarbeiterbefragungen) sowie in der Indikatorenfindung (Entwicklungspotentiale, soziale Folgen von Entscheidungen usw.) verlangt.

Man hat in der Theorie also bereits erkannt, daß die Arbeitsproduktivität der Beschäftigten durch eine Vielzahl von intervenierenden Variablen wie Motivation, Arbeitszufriedenheit und Betriebsklima bestimmt ist. Ist die Arbeitsmotivation gering, wird nicht die optimale Arbeitsleistung erbracht. Die Personalsituation stellt also neben der Marktposition, der öffentlichen Einschätzung und dem Produktionspotential ein bedeutendes Kriterium der Wettbewerbsstärke dar. Besonders im Dienstleistungsbereich ist der persönliche Einsatz der MitarbeiterInnen eine grundlegende Bestimmungsgröße für den Erfolg eines Unternehmens. Die Betriebe müßten daher die Voraussetzungen für ein förderliches Klima schaffen.

Maßnahmen zur Förderung von Chancengleichheit im Betrieb

potentielle Kosten	potentieller Nutzen
Installierung Projektgruppe – Zeitaufwand für diverse Aktivitäten Sitzungen, Aktionen ... **Installierung einer Beauftragten zur Implementierung des Programms zur Chancengleichheit** – Gehaltsaufwand – Aktionsbudget **Maßnahmen wie z. B.:** Entwicklung und Durchführung von förderlichen Projekten bzw. Seminarkonzepten zu den Themen – Chancengleichheit – Karriereentwicklung – Laufbahnplanung ... **Vereinbarkeitsregelungen im Hinblick auf Beruf und Familie für Frauen und Männer** – Kontakthalten zu Karenzierten – Einladung zu Seminaren während der Karenzzeit – organisatorischer Aufwand bzw. Koordinationskosten Karenz/Wiedereinstieg – organisatorischer Aufwand, ev. Infrastruktur- bzw. Koordinationskosten für flexible Arbeitszeit – Aufwendungen bzw. Unterstützungen für Kinderbetreuung	**Effizientere Nutzung von Personalressourcen** – nahezu verdoppeltes Potential an Führungskräftenachwuchs und qualifizierten Arbeitskräften – erhöhte Betriebstreue, geringe Fluktuation, stabile Stammbelegschaft **Imageverbesserung/Öffentlichkeitsarbeit** – neue KundInnen – neue qualifizierte BewerberInnen – neue KooperationspartnerInnen **Innovative Unternehmenskultur** – erhöhte Motivation der MitarbeiterInnen – starke Identifikation mit dem Unternehmen – erhöhte Loyalität bei karriereorientierten jungen Müttern und Vätern – Voraussetzung für ein konstruktives Betriebsklima – gutes Klima für Innovationen aller Art – Weiterbildungsinvestitionen bleiben im Unternehmen – weniger Risiko/Unsicherheit bei Neuaufnahmen – Potential für kurzfristige Schwankungen: Urlaubs- oder Krankheitsvertretungen durch in Karenz befindliche Eltern – größere Auswahl bei Stellenbesetzung, Rekrutierung – Unternehmenskenntnis, deshalb nur beschränkte Einarbeitungszeit und kurze Einschulung der RückkehrerInnen – geringerer Absentismus – höhere Leistungsintensität

Die Etablierung bzw. Forcierung einer Personalpolitik zur Förderung von Chancengleichheit kann in diesem Lichte gesehen werden. Da Frauen am Arbeitsmarkt aktuell mit großen Problemen konfrontiert sind, werden Unternehmen, welche hier eine andere Politik einschlagen, als Arbeitgeber interessant und gesucht sein. Betriebswirtschaftlich gesehen hieße das: Mit der höheren Motivation ist bei geeigneten

Rahmenbedingungen eine höhere Arbeitsproduktivität der beschäftigten Frauen und Männer verbunden. Darin liegt ein entscheidender Wettbewerbsvorteil.
In der Übersicht finden sich mit einer Personalpolitik zur Förderung der Chancengleichheit verbundene denkbare Kosten- und Nutzenindikatoren gegenübergestellt, welche auch als Kriterien für ein Personal-Controlling dienen könnten. Maßnahmen, die in einem entwickelten Personalwesen faktisch keinen Zusatzaufwand verursachen wie beispielsweise eine Modifikation der Auswertungsroutinen in der Datenerfassung (Erhebung geschlechtsspezifischer Daten) oder Anpassungen in der Öffentlichkeitsarbeit (Frauenbild in der Firmendarstellung) werden dabei nicht berücksichtigt. Es wird davon ausgegangen, daß derartige Aufwendungen als Bestandteil einer innovativen, dynamischen Personalpolitik verstanden werden und so nicht als Zusatzkosten angeführt werden müssen.

Schlußfolgerung

Eine Vielzahl von Frauenförderungsmaßnahmen in Deutschland ist aufgrund einer Prognose Mitte der 80er Jahre erfolgt, in welcher ausgehend von einer demografisch bedingten Verknappung des Arbeitskräfteangebots und einer Zunahme von Dispositions- und Führungsaufgaben ein Mangel an Fach- und Führungskräften vorausgesagt wurde (Stooß/Weidig 1986). Mit der Begründung, rechtzeitig Vorsorge zu treffen, wurden in einigen Unternehmen Maßnahmen gesetzt, die Frauen für Führungspositionen aufbauen sollten.
Diese Motivation führte zu stabileren Maßnahmen als andere, denn es zeigte sich, „daß in den letzten Jahren die Unternehmen am erfolgreichsten waren, die durch einen betriebswirtschaftlichen Hintergrund – nämlich den prognostizierten Mangel an qualifizierten Mitarbeitern – zur Durchsetzung von Chancengleichheit angeregt worden waren“ (Krebsbach-Gnath/Schmid-Jörg 1988, S. 215).
Mittlerweile wird das Argument des Fach- und Führungskräftemangels in neueren Publikationen zum Thema nur noch in Büchern der Ratgeberliteratur verwendet, denn die Arbeitsmarktsituation hat sich grundlegend verändert.
Für Deutschland haben die Ostöffnung, Wirtschaftseinbrüche, aber auch organisatorische Trends wie der Abbau von Führungspositionen die Experten dazu veranlaßt, ihre Prognosen mit mehr Vorsicht zu gestalten. Wieweit in Zukunft tatsächlich ein Mangel an qualifizierten Arbeitskräften bestehen wird, ist nicht mehr einfach hochzurechnen.

Formulierungen wie „Im Nebel kontroverser Argumente zeigen sich in groben Umrissen die Tendenzen“ (Dostal 1994, S. 19) lassen das Ausmaß der aktuellen Ungewißheit erkennen.[28]
Wichtig bleibt festzuhalten, daß es gar nicht so wesentlich ist, ob die Prognosen nun stimmen oder nicht. Von größerer Bedeutung ist eine in die betriebliche Logik passende Begründung, warum die Unternehmen etwas für Frauen tun oder nicht tun sollen. Mit einer derartigen Argumentation erhalten Entscheidungen – welcher Art auch immer – die notwendige Legitimation und damit ein höheres Ausmaß an Akzeptanz.
Eine Verschwendung ist es allemal, auf bestimmte Personalressourcen zu verzichten, etwa Personal mit guter schulischer Ausbildung unterqualifiziert einzusetzen. Werden heute für bestimmte Arbeitsplätze nur Männer ausgewählt und hochqualifizierte Frauen gar nicht in die Auswahlprozeduren einbezogen – ein Verhalten, das in der Praxis häufig zu beobachten ist –, ist dies eindeutig ein ineffizientes Verhalten. Frauen haben Männer in bestimmten schulischen Ausbildungen bereits überholt und stellen in bestimmten Ausbildungsgruppen überdurchschnittliche Anteile. Von äußerst geringer Effizienz ist es deshalb für ein Unternehmen, bei Einstellungen oder Beförderungen aus einem vorhandenen Ressourcenpool von vornherein aufgrund des Kriteriums Geschlecht einen Großteil der KandidatInnen auszuscheiden bzw. gar nicht anzusprechen.
Mit einem seriösen und entsprechend adaptierten Personal-Controlling, wie es in diesem Abschnitt beschrieben wurde, ließen sich derartige Fehlentscheidungen erkennen und bearbeiten. Die Praxis ist bisher jedoch in dieser Beziehung unterentwickelt: Wie sich auch in der empirischen Erhebung gezeigt hat, haben die Betriebe in der Regel kein geeignetes Datenmaterial zur Verfügung. Wenn überhaupt Daten vorhanden sind, dann handelt es sich um Personalstrukturdaten, wobei jedoch in der Regel keine adäquate und systematische geschlechtsspezifische Unterscheidung erfolgt. Wenn Auswertungen gemacht

28 Werner Dostal wagt für Deutschland trotzdem eine Prognose für das Jahr 2010, nach der die „primären Dienstleistungen“ wie Bürotätigkeiten und „allgemeine Dienste“ (Reinigen, Bewirten etc.) drastisch zurückgehen, die „sekundären Dienstleistungen“ wie Betreuen, Beraten, Lehren, Organisation, Management, Forschen und Entwickeln dagegen stark zunehmen werden. In seinem Artikel, in dem er sich u. a. mit der Entwicklung der Erwerbsbeteiligung, der Auflösung des Normalarbeitsverhältnisses, der Flexibilisierung der Arbeitszeit und „Telearbeitern“ beschäftigt, nimmt der Autor nicht ein einziges Mal Bezug auf den Faktor Geschlecht – als ob es Frauen mit ihrer speziellen Problematik nicht gäbe.

werden, dann meist kostenfixiert. Was die Nutzendimension und den Umgang mit „weichen" Daten anbelangt, liegen so gut wie keine Erfahrungen vor.

Datenkonzepte, wie sie die Theorie des Personal-Controlling anregt, wären in der Praxis zu entwickeln und auszubauen. Sie kämen den Frauen zugute, weil

- mit Hilfe entsprechender Daten die reale Benachteiligung von Frauen in allen Facetten aufgezeigt werden kann, was bei einer entsprechenden Informationspolitik konstruktive Diskussionen und in weiterer Folge die Etablierung von Maßnahmen zur Verbesserung der Situation auslösen könnte (bisher ist man in den Betrieben der Meinung, daß Frauen ohnehin keine Nachteile hätten, und ist oft sehr überrascht, wenn sich etwa markante Unterschiede in der Einkommensverteilung ergeben);
- Vorurteile von Fakten getrennt werden – erst wenn wirklich entsprechende Daten für Frauen und Männer nach Qualifikationsstufen und betrieblich vergleichbaren Positionen vorhanden sind, können stereotype Zuschreibungen wie höhere Fluktuationsraten oder Krankenstände von Frauen relativiert werden;
- die Erweiterung der Personal-Controlling-Konzepte um „weiche" Indikatoren nachweisen wird, welch bedeutenden Einfluß Motivation, Betriebsklima und Unternehmenskultur auf das Betriebsergebnis haben – damit kann letztendlich gezeigt werden, daß Maßnahmen, die gesellschaftliche Trends wie Chancengleichheit von Frauen und Männern sowie Vereinbarkeitsmaßnahmen für Familie und Beruf in die Unternehmens- und Personalpolitik integrieren, durchaus Effizienzmaßstäben genügen können.

4.3 Umsetzung und Aktionsfelder betrieblicher Frauenförderung

Wenn die eingangs beschriebenen Voraussetzungen für eine Implementierung von Frauenförderung erfüllt sind und somit eine explizite Personalpolitik zur Förderung von Chancengleichheit überhaupt zum betrieblichen Thema wird, ist noch nicht gesagt, wie und für wen und vor allem welche Maßnahmenschwerpunkte[29] gesetzt werden.

29 Die Maßnahmen der österreichischen Betriebe mit explizit frauenspezifischer Personalpolitik wurden bereits ausführlich in der Typenbeschreibung dargestellt und sollen hier nicht im Detail wiederholt werden. Im folgenden werden wegen ihrer größeren Vielfalt die Ansätze aus der deutschen Literatur herangezogen.

„Maximalprogramm an Aktionsfeldern"

Möchte man die möglichen Aktionsfelder – aus Falldarstellungen, aber auch aus der empirischen und der normativ handlungsanleitenden Literatur – zusammenfassend gleichsam als Maximalprogramm festhalten, ergibt sich folgender Überblick:

BETRIEBLICHE FÖRDERUNG VON CHANCENGLEICHHEIT MAXIMALPROGRAMM

• Personalpolitik:	Personalauswahl, Einstellung Ausbildung von Frauen in nicht-traditionellen Berufsfeldern Personalbeurteilung, Arbeitsbewertung, Entlohnung Förderung der Weiterbildung von Frauen Förderung von Laufbahnplanung Förderung von Aufstiegsmöglichkeiten für Frauen
• Vereinbarkeitsmaßnahmen:	verlängerte Karenzzeiten bessere Wiedereinstiegsmöglichkeiten nach der Karenz Maßnahmen während der Karenzzeit flexible Arbeitszeit für Frauen (bessere) Teilzeitangebote Errichtung von Kinderbetreuungsstätten
• Organisationskultur:	Sensibilisierung gegenüber Fraueninteressen stärkere Einbeziehung von Fraueninteressen in Leitbilder, Grundsätze etc.
• Arbeitsorganisation und Arbeitsplatzgestaltung	
• Maßnahmen gegen sexuelle Belästigung am Arbeitsplatz	

Im folgenden soll eine kurze Übersicht von betrieblich installierten Einzelmaßnahmen zur Förderung von Chancengleichheit gegeben werden. Die Einzelmaßnahmen sind – neben den Fallstudien für den vorliegenden Bericht – zum einen deutschen empirischen Untersuchungen (Näther 1991, Busch 1993, Brumlop/Hornung 1993) entnommen, zum anderen stammen sie aus Falldokumentationen von Einzelunternehmen. Die Einzelunternehmen sind in der Mehrzahl Großbetriebe im deutschsprachigen Raum (Audi, BASF, Bosch, Hertie, IBM, Siemens u. a.)

Aktionsfelder der Praxis 1: Personalpolitik

Die eben genannten Aktionsfelder zeichnen sich stärker durch allgemeine Absichts- oder Willensbekundungen der Unternehmensführung – wie etwa die Vorgabe, daß „bei Einstellungen und in der Personalentwicklung darauf zu achten ist, daß Frauen die gleichen Chancen erhalten wie Männer" – denn durch konkrete Einzelmaßnahmen aus. Dennoch sollen die wenigen feststellbaren Einzelmaßnahmen aufgelistet werden.

Personalauswahl

- expliziter Wunsch nach weiblichen Bewerbungen in Stellenanzeigen;
- Brüche in der beruflichen Biographie werden bei Einstellungen nicht nachteilig ausgelegt;
- frauenfreundliche Einstellpraxis: der Anteil der Neueinstellungen von Hochschulabgängerinnen entspricht mindestens dem Anteil der Bewerbungen;
- bei externen und internen Stellenausschreibungen sowie bei der Besetzung von Führungspositionen werden Frauen bei gleicher Qualifikation bevorzugt.

Personalbeurteilung

- Einbeziehung weiblicher Fach- und Führungskräfte in die Personalbeurteilung.

Weiterbildung/Förderung/Karriereplanung

- das Thema Chancengleichheit ist fester Bestandteil in allen Führungskräfteschulungen;
- in geschlechtsspezifischen Orientierungsschulungen für Mitarbeiterinnen werden Rollenverständnis, Rollenverhalten, Zieldefinitionen, Lebens- und Berufsplanung bearbeitet;
- Unterstützung und Motivation von Frauen für die Bewerbung um höherqualifizierte Positionen;
- Traineeprogramme: z. B. werden Nachwuchskräfte (verstärkte Rekrutierung von Hochschulabsolventinnen) innerhalb von drei Jahren für die Position Geschäftsleitung geschult – der Frauenanteil in den Trainingsprogrammen beträgt im Durchschnitt 50 %;
- Installation eines Berichtswesens, das die Entwicklung von Frauen in Führungspositionen, in höherwertigen Tätigkeiten sowie Einstellungserfolge kontrolliert;
- flexible quantitative Zielvorgaben – jährlich von der Geschäftsleitung verabschiedet – werden dokumentiert, evaluiert und kommentiert.

Ausbildung von Mädchen/Frauen in nicht-traditionellen Berufen

- betriebsspezifische Berufsinformation in Zusammenarbeit mit Schulen und Arbeitsämtern;
- Bereitstellung von Praktikantinnen-Plätzen;
- Information zu Mädchen/Frauen in „Männerberufen“;

- Ausweitung des Ausbildungsangebots für Mädchen im gewerblich-technischen Bereich;
- Stipendienvergaben: Stipendien für Technikstudentinnen.

Aktionsfelder der Praxis 2: Vereinbarkeitsmaßnahmen

Eine größere Bandbreite von Maßnahmen findet sich im Aktionsfeld Vereinbarkeit, ob es sich nun um Wiedereinstiegs- oder Arbeitszeitregelungen oder Kinderbetreuungsangebote handelt (vgl. Brumlop/ Hornung 1993).

Wiedereinstieg

- Es gibt eine betriebliche Erziehungsfreistellung mit der Zusage einer Wiedereinstellung nach vier bzw. in Einzelfällen bis nach zwölf Jahren; diese Zusagen sind an qualifikationserhaltende Maßnahmen gebunden.
- Mutter und Vater können sich bei der Inanspruchnahme der Erziehungsfreistellung bis zu dreimal abwechseln.
- Während der Familienpause werden Urlaubs- und Krankheitsvertretungen oder Projektarbeit zur Erhaltung der Qualifikation angeboten.
- Es gibt Informations- und Dialogtreffen für Mütter (und Väter) in der Familienpause (ein- bis zweimal jährlich); Kinderbetreuung wird angeboten.
- Information erfolgt durch ein vierteljährlich erscheinendes Journal.
- Während der Erziehungsfreistellung kann bis zu 19 Wochenstunden gearbeitet werden.
- Die Familienpause wird bei der betrieblichen Altersversorgung berücksichtigt.
- Nach der Familienpause wird ein vergleichbarer Arbeitsplatz in derselben tariflichen Lohn- und Gehaltsgruppe zugesagt.
- Es gibt ein Programm des stufenweisen Wiedereinstiegs durch Teilzeitarbeit, flexible Arbeitszeit, Projektaufträge und Kombination der Tätigkeiten am Arbeitsplatz und zu Hause.

Teilzeit und variable Arbeitszeitmodelle

- Partnerteilzeit: Zwei MitarbeiterInnen teilen sich nach Absprache einen Arbeitsplatz; gilt auch für Führungskräfte.
- Vielfältigste Teilzeitvarianten: neben dem traditionellen Modell von vier für fünf Stunden täglich Ultimo-Modelle, bei denen an den letzten fünf und ersten Arbeitstagen des Monats gearbeitet wird und die restlichen Tage frei sind. Ein anderes Modell sieht eine Arbeitszeit

jeweils ab bzw. bis Mittwochmittag ganztägig im wochenweisen Wechsel vor.

- In der Produktion: Frauen-Drei-Schicht-Modell in Teilzeitarbeit (Ausdehnung der Schichtzeiten von 5.00 bis 23.00 Uhr und samstags von 5.30 bis 14.00 Uhr; 31,8 Wochenstunden).
- Das „P-3-Modell“: Vereinbarte Zeitpakete werden entweder angespart oder vom Unternehmen gleichsam auf Kredit vergeben. Der Betrieb verrechnet eine vertragliche Arbeitsleistung von 37,5 Stunden mit den tatsächlich zu leistenden 40 Wochenstunden. Die Differenzzeit kann sich der Mitarbeiter oder die Mitarbeiterin entweder als jährliches Urlaubs- oder Lebensarbeitszeitkonto (Ruhestand) gutschreiben lassen oder als Kredit für Weiterbildung oder zur Familienversorgung nutzen.
- Den MitarbeiterInnen werden individuelle Arbeitszeitformen angeboten, so daß sie weitgehend selbst entscheiden können, wann sie ihr Arbeitspensum erledigen. Die Arbeitszeit der MitarbeiterInnen besteht aus Tages-, Wochen-, Monats- und Jahres- sowie Lebensarbeitszeiten. Innerhalb dieses Systems können die MitarbeiterInnen ihre Arbeitszeit selbst gestalten.
- Räumliche Flexibilisierung durch Betriebsvereinbarungen über „außerbetriebliche Arbeitsstätten“: „Außerbetriebliche Arbeitsstätten können von MitarbeiterInnen bei gegeigneter Arbeitsaufgabe oder aus sozialen Gründen beantragt werden und von der Führungskraft genehmigt werden. Die Arbeitszeit kann zwischen Büro und zu Hause aufgeteilt werden. MitarbeiterInnen haben dabei rechtlich keineswegs den Heimarbeiterstatus, sondern der Arbeitnehmerstatus bleibt erhalten. Als Voraussetzung für das Funktionieren wird eine ergebnisorientierte Führung, Leistungen, Termine und Gütekriterien, die zwischen MitarbeiterInnen und Führungskräften abgesprochen werden müssen, bestimmt.“

Kinderbetreuungsangebote

- Betriebskindergarten.
- Modell: Kooperationen mit einem gemeinnützigen Träger; die Firma stellt ein Haus zur Verfügung, finanziert Umbau und Ausstattung und trägt einen Teil der laufenden Kosten. Durch die Bereitstellung von 30 % der Plätze für Kinder aus dem umliegenden Wohngebiet hat die Einrichtung Anspruch auf Landesförderung.
- Kinderbüro: Die Einrichtung bietet Hilfestellung beim Finden eines geeigneten Betreuungsplatzes an. Die Beratungsstelle arbeitet mit

den örtlichen Betreuungseinrichtungen zusammen und ist über geeignete Betreuungsmöglichkeiten informiert.
- Das Unternehmen unterstützt Elterninitiativen zur Kinderbetreuung.
- Den MitarbeiterInnen in der Erziehungsphase, die bereit sind, weitere Kinder in Tagespflege zu nehmen, finanziert der Betrieb fachliche Grundausbildung und Beratung.
- Ein Verbund von 25 Klein- und Mittelbetrieben finanziert eine verkehrsgünstig gelegene Kinderbetreuungseinrichtung im Gewerbegebiet einer Großstadt.

Aktionsfelder der Praxis 3: Unternehmenspolitik und Organisationskultur

Ähnlich dem ersten Handlungsfeld „Personalpolitik" zeichnet sich auch dieser Bereich vornehmlich durch Willenserklärungen aus. Daneben finden sich Einzelmaßnahmen in der internen und externen Kommunikation der Unternehmen:
- internes Netzwerk für Frauen;
- Mitarbeiterzeitschrift zur Aufhebung von Vorurteilen gegen Frauen, Pressemitteilungen, Anschläge;
- aktive Teilnahme an Frauenkongressen, Workshops;
- eigene Frauenbroschüren und Bemühungen um Schaffung eines Klimas, das die Verwirklichung des Prinzips der Chancengleichheit erleichtert;
- jährliche Erstellung eines statistischen Frauenspiegels nach Berufsgruppen und Funktionsebenen;
- Berücksichtigung von Frauen in Firmenpublikationen.

Ein Vergleich der Praxisansätze mit dem „Maximalprogramm“

Vergleicht man die vorliegenden betrieblichen Aktionsfelder und Einzelmaßnahmen mit dem vorgestellten Maximalprogramm, wird deutlich:

- Vereinbarkeitsmaßnahmen bestimmen die Mehrzahl der Ansätze der Praxis. Unter gegebenen Rahmenbedingungen ist die Vereinbarkeit von Familie und Beruf eine wesentliche Voraussetzung für die berufliche Entwicklung von Frauen. Doch besteht bei isolierten Maßnahmen die Gefahr, daß die Geschlechterungleichheit damit nicht aufgelöst, sondern vielmehr verstärkt wird. Denn Maßnahmen dieser Art richten sich in der Hauptsache an Frauen und lassen Männer und betriebliche Strukturen unberührt. Nur auf einer individuellen Ebene, mit einem kurzfristigen Horizont und auf eine bestimmte Gruppe von Frauen beschränkt (Frauen, die über einen voll arbeitenden Ehemann versorgt werden, Kinder haben und keinen Aufstieg planen) können diese Maßnahmen als positiv gesehen werden.
- Einzelmaßnahmen in den Handlungsfeldern Personalauswahl, Personalbeurteilung und Aufstiegsförderung werden eher spärlich angeboten. Einzelmaßnahmen zur Arbeitsbewertung fehlen gänzlich, was bedeutet, daß das Kernproblem der Unterbewertung weiblicher Arbeitsleistung unbeachtet bleibt.
- Zwei Aktionsfelder von Frauenförderung werden vollständig ausgeklammert: Maßnahmen gegen sexuelle Belästigung am Arbeitsplatz und Maßnahmen im Bereich Arbeits- und Organisationsgestaltung zur Verbesserung vorhandener Arbeitsplätze. Letzteres erscheint besonders problematisch, weil viele Frauenarbeitsplätze als „Sackgassenpositionen“ anzusehen sind: Den dort Beschäftigten stehen keine oder nur geringe Aufstiegs- und Veränderungsmöglichkeiten offen. Bleiben diese Arbeitsplätze aus der Frauenförderung ausgeklammert, werden die Maßnahmen tendenziell zur Förderung einer hochqualifizierten „Frauenelite“.

4.4 Übersicht: Einflußfaktoren und Gestaltung betrieblicher Frauenförderung[30]

Interne Einflußfaktoren	Externe Einflußfaktoren
Zustimmung des Topmanagements Betriebssituation Belegschaft ProponentInnen Entwicklungsstand der Personalpolitik Organisationskultur Sensibilität – Problemwahrnehmung Betriebsratspolitik	Arbeitsmarkt betriebliche Konkurrenzsituation gesetzlicher und institutioneller Rahmen Problemwahrnehmung

↓

Ausgestaltung		
Aktionsfelder	**Zielgruppen**	**Institutionalisierung**
Personalpolitik Vereinbarkeit von Beruf und Familie Organisationskultur Gestaltung der Arbeits-organisation Maßnahmen gegen sexuelle Belästigung	alle Frauen Frauen im Management Frauen auf unteren hierarchischen Ebenen Sekretärinnen, Frauen der Administration Mütter	Frauenbeauftragte Arbeitskreis Betriebsvereinbarung schriftliche Absichtserklärungen Zielvorgaben und Berichtspflicht

↓

Wirkung der Maßnahmen
Nutzen für die Frauen Nutzen für das Unternehmen Nutzen für die Organisationskultur Offenheit für jede Innovation, Lernerfahrungen

30 In Anlehnung an Shapiro u. a. 1995, Brumlop/Hornung 1994.

5. Grenzen und Möglichkeiten von betrieblicher Frauenförderung

Die Ergebnisse der empirischen Erhebungen im Rahmen der gegenständlichen Studie machen vor allem eines klar: Was die Verbreitung und die Wirksamkeit betrieblicher Frauenförderung betrifft, darf man sich keine Illusionen machen. Die öffentliche Diskussion, die sich auf Einzelbeispiele stützt, hat überzogene Hoffnungen geweckt. Daher sollen im folgenden nicht nur die bestehenden Ansatzpunkte und Verbesserungsmöglichkeiten dargestellt, sondern auch die Grenzen thematisiert werden, die einer Politik der betrieblichen Frauenförderung gegenwärtig gesetzt sind.

Grenzen 1: Die Krise des Arbeitsmarkts

Während in Deutschland Mitte der 80er Jahre noch das Argument des drohenden Nachwuchsmangels bei Führungskräften als Motiv für betriebliche Frauenförderung angeführt werden konnte, war dies für Österreich nicht mehr möglich. Denn als mit einiger Zeitverzögerung Anfang der 90er Jahre die Diskussion in Österreich Einzug hielt, war der Arbeitskräfteüberschuß am Arbeitsmarkt bereits absehbar. Auch wenn diese Entwicklung in bestimmten Teilarbeitsmärkten gar nicht wirksam wurde, waren die Themen, die die Personalpolitik bestimmten, schon ganz andere. „Schlanke Strukturen" war eines der Schlagworte, das in Windeseile Einzug in den betrieblichen Jargon fand und mit dem der Abbau der Hierarchien und ein genereller Personalabbau verbunden waren.

Das gewachsene berufliche Selbstverständnis der – so gut wie nie zuvor qualifizierten – Frauen trifft auf eine Krise des Arbeitsmarkts. Damit verbunden ist eine Individualisierung der Problemlagen festzustellen.

Frauen sind von den aktuellen Trends im Erwerbsleben wie dem Wachsen der Einkommensunterschiede, der Flexibilisierung von Arbeit und der Deregulierung und Fragmentierung von Arbeitsmarkt und Schutzbestimmungen besonders betroffen. Die wirtschaftliche Entwicklung der letzten Jahrzehnte ist durch eine zunehmende Reorganisation der Unternehmen gekennzeichnet. Die Konzentration auf den Kernbereich führte zu Standortverlagerungen, zur Auslagerung von Dienstleistungen an Subunternehmen sowie zu arbeitsorganisatorischen Veränderungen, die auch von einer internen Dezentralisierung begleitet waren.

Es ist naheliegend, daß die damit verbundenen personalpolitischen Änderungen – Personalreduktionen, funktionale und zeitliche Flexibilisierung der Beschäftigungsverhältnisse, verstärkte Leistungsorientierung beim Entgelt, Dezentralisierung von Personalverantwortung etc. – die Etablierung und die Erfolgschancen betrieblicher Chancengleichheitsmaßnahmen vermindern (vgl. Hegewisch 1993) – und das zu einem historischen Zeitpunkt, zu dem die gesetzlichen und institutionellen Voraussetzungen günstiger sind als je zuvor.
Unter gegebenen Rahmenbedingungen hat nichts größeren Einfluß auf die Frauenbeschäftigung als die allgemeine wirtschaftliche Entwicklung. Keine Politik zur Förderung der Beschäftigungschancen von Frauen kann den Entwicklungen des Arbeitsmarkts gegensteuern, und keine Frauenförderpolitik kann unabhängig von den generellen sozialen und wirtschaftlichen Politikbereichen gesehen werden. Weit einflußreicher auf die Gleichbehandlung von Frauen wirken die allgemeinen Arbeitsmarktchancen und die allgemeine Beschäftigungspolitik. Fraueninteressen und frauenspezifische Sichtweisen müssen in diese Politikebenen integriert werden, und die bisher scheinbar geschlechtsneutralen Lösungsansätze sind auf ihre Geschlechterwirkung hin zu analysieren.

Grenzen 2: Was kann *betriebliche* Politik zur Förderung der Chancengleichheit gegen *gesellschaftliche* Ungleichheit leisten?

Ohne entsprechende institutionelle, politische und rechtliche Maßnahmen, die an den gesamtgesellschaftlichen Zusammenhängen, an der strikten Arbeitsteilung der Geschlechter, anknüpfen, wird sich an der gesellschaftlichen Benachteiligung von Frauen wenig ändern. Dafür bedarf es einer Aufweichung bzw. Aufhebung der traditionellen Rollenmuster, welche den Frauen derzeit keine eigenständige soziale Existenz erlauben.
Das setzt die Aufhebung der Segregation am Arbeitsmarkt und die Anerkennung und adäquate Bewertung der bisher unterschätzten weiblichen Arbeitsleistungen voraus.
Wenn die Frauendiskriminierung ihre Ursachen in erster Linie in einem Geschlechter*verhältnis* auf gesamtgesellschaftlicher Ebene hat, wird sie ohne Berücksichtigung dieser Zusammenhänge nicht aufzulösen sein. Dann wird es auch nicht reichen, in den Unternehmen einseitig Frauen zu fördern, sondern dann müssen folgerichtig auch strukturelle Barrieren und Männer in das Blickfeld kommen. Schließlich geht es um das Verhältnis zwischen Frauen *und* Männern.

Wenn Frauenförderung im Betrieb so eng verstanden wird, daß – an der bestehenden Arbeitsteilung anknüpfend – Vereinbarkeit von Beruf und Familie nur den Frauen ermöglicht wird, kommen Maßnahmen dem überholten Konzept der Versorgerehe zugute und weisen den Frauen in erster Linie wieder die gesamte Last der Familienarbeit zu. Außerdem werden große Gruppen von Frauen (ohne verdienenden Partner) ausgeschlossen. Maßnahmen dieser Art lassen die Arbeitsteilung und damit auch die Lebenskonzepte der Männer unbeeinflußt. Sie sind also bloß dort als positiv anzusehen, wo die Alternative eine langfristige Berufsunterbrechung der Frauen wäre.
Ein reduzierter betrieblicher Ansatz kann außerbetrieblich verursachte, strukturelle Nachteile auch in langfristiger Perspektive keinesfalls beseitigen. Denn ein langer Karenzurlaub hat schließlich unter bestehenden Bedingungen einen Karrierebruch, einen Einkommens- und Pensionsausfall zur Folge. Angesichts der immer weniger auf Lebenszeit geschlossenen Ehen bedeutet das für viele Frauen ein ernstes Armutsrisiko.

Grenzen 3: Widerstände auf Betriebsebene

Auf betrieblicher Ebene bestehen Grenzen zunächst als Grenzen der Wahrnehmung. Dies betrifft sowohl die Wahrnehmung der Frauendiskriminierung als auch die Wahrnehmung der Potentiale, die Frauen für den Betrieb darstellen. Betriebe produzieren in Form externer Effekte gesellschaftliche Probleme, ohne daß sie ihnen selbst zum Problem werden. Es ist daher nicht zu erwarten, daß das Problembewußtsein auf dem Gebiet der Frauendiskriminierung in den Betrieben entsteht – außer bei Arbeitskräfteknappheit. Die erforderliche Wahrnehmung muß also von außen in die Betriebe hineingetragen werden. Es hat sich auch noch keine hinreichende Einsicht in die Effizienz, die hohe Qualifikation und die starke Berufsorientierung von Frauen entwickelt.
Frauen kommen ins Blickfeld, wenn sie ins Konzept passen. Doch sind die Expansion von Betrieben und der durch die Rekrutierung von Frauen zu deckende Fachkräftebedarf zwar oft eine notwendige, aber keine hinreichende Bedingung für Frauenförderung. Es sind – wie die Erhebungen im Rahmen dieser Untersuchung, aber auch Erfahrungen aus anderen Studien zeigen (vgl. insbes. Rudolph/Grüning 1994) – darüber hinaus unternehmerische Innovation sowie die Akzeptanz durch die Stammbelegschaft erforderlich. Das Betriebsklima muß stimmen, die Frauen müssen „ins Team passen", und vor allem darf keiner verlieren. In einem Nullsummenspiel, wenn also die Frauen

zu direkten Konkurrentinnen für die Männer werden, haben sie wenig Chancen. Wo es etwas zu verteilen gibt, alle gewinnen können und die Karten neu gemischt werden, können die Grenzen hinausgeschoben werden – wenn auch nur die Grenzen der vertikalen Segregation.
Die gläserne Decke und die horizontale Segregation sind wohl auch deshalb so hartnäckig, weil Frauenförderung nur innerhalb enger Grenzen und unter spezifischen Rahmenbedingungen im uneingeschränkten betrieblichen Interesse liegt. In der Regel verlangt der Abbau geschlechtlicher Ungleichheit nicht nur Zugeständnisse der Männer, sondern auch der Betriebe. Sollen wirkungsvolle Maßnahmen gesetzt werden, kann nicht zur Voraussetzung gemacht werden, daß diese auch betriebswirtschaftlich von Vorteil oder kostenneutral sind.

Möglichkeiten 1: Was muß in den Betrieben geschehen?

Die Grundvoraussetzung für jede Veränderung ist die Problemwahrnehmung: Fraueninteressen müssen sichtbar, frauenspezifische Themen müssen hörbar gemacht werden. Als erster Schritt in diesem Zusammenhang ist die geschlechtsspezifische Erfassung und Auswertung betrieblicher Personaldaten unumgänglich, da die normale Wahrnehmung Frauen prinzipiell unsichtbar macht oder verzerrt darstellt. Dies ist ein Eckpfeiler der Diskriminierung. Eine veränderte Sichtweise ist eine Grundbedingung, eine entsprechende betriebliche Datenerhebung kann neben der Entwicklung eines frauenspezifischen Denkens dafür Anknüpfungspunkt sein.
In der Beschreibung der Fallstudien wurde die Bandbreite aufgezeigt, die die Frauenbeschäftigung in Österreich auszeichnet. Zwischen den einzelnen Betrieben verschiedener Branchen liegen Welten. Geht es in der einen Branche um beruflichen Aufstieg oder variable Arbeitszeitmodelle, geht es in anderen um die Einhaltung des Arbeitsrechts, die Abwehr der einseitig ansetzenden Flexibilisierung, ja mitunter um die Einhaltung der Grundprinzipien von Menschenwürde. Auf diese unterschiedlichen Situationen ist bei der Gestaltung von betrieblicher Frauenförderung Bezug zu nehmen. In Wahrheit braucht es viele verschiedene Modelle der Frauenförderung, denn Frauen sind trotz bestimmter Gemeinsamkeiten eine sehr heterogene Gruppe.
Einen Ansatzpunkt liefern die sichtbar gewordenen systematischen Variationen der Arbeitssituationen und Personalpolitiken in den Betrieben. In bestimmten Branchen und bei bestimmten Betriebstypen ginge es in erster Linie um die Durchsetzung grundsätzlicher ArbeitnehmerInnenrechte mit durchaus traditionellen gewerkschaftspolitischen

Mitteln. In anderen müßte die Verallgemeinerung, Verstetigung und Formalisierung von Beschäftigungsbedingungen und Ansprüchen im Vordergrund stehen, die einzelne Frauen für sich erreicht haben bzw. welche Frauen individuell und widerrufbar gewährt werden. Schließlich ist in jenen Betrieben, die bereits explizite Konzepte der Frauenförderung aufweisen oder entsprechende Leitlinien formuliert haben, die wirksame Umsetzung der deklarierten Intentionen zu erreichen. Hier geht es also um die Beseitigung von Barrieren, die eine volle Entfaltung des geäußerten guten Willens verhindern.

Oft bestehen bei gleichen objektiven Rahmenbedingungen in verschiedenen Betrieben höchst unterschiedliche, ja gegensätzliche Ansichten darüber, was – beispielsweise bei der Arbeitszeitgestaltung – selbstverständlich, was möglich und was unmöglich ist. Daß in einem Betrieb als undurchführbar gilt, was einem anderen selbstverständlich ist, könnte durch Know-how-Transfer und durch Erfahrungsaustausch überwunden werden.

Ganz grundsätzlich muß sich die Einsicht durchsetzen, daß Frauenförderung kein karitatives Programm, sondern der Abbau struktureller Benachteiligung ist. Für die Frauen ist dies wichtig, damit sie die Förderung überhaupt annehmen (und durchsetzen) können. Die Betriebsleitungen und die Männer können dadurch einen gönnerhaften Zugang zum Thema überwinden. Damit ist verbunden, daß Vereinbarkeit von Beruf und Familie auch zu einem Männerthema gemacht, also Männerförderung betrieben wird, um der Verkümmerung der Familienrolle der Männer entgegenzuwirken.

Möglichkeiten 2: Überbetriebliche und staatliche Maßnahmen

Nach den Ausführungen über die Grenzen der betrieblichen Frauenförderung ist deutlich geworden, daß über betriebliche Ansätze allein wohl kaum gesellschaftliche Ungleichheiten zu beseitigen sind. Dazu ist ein Bündel von Maßnahmen auf verschiedenen politischen Ebenen notwendig. Es gilt zweifellos, Anreize zu schaffen, etwa in Form von finanziellen Förderungen, Preisen und anderen Anerkennungen. Wettbewerbe sind ein durchaus probates Mittel, Aufmerksamkeit zu erzeugen. Auf diesen Gebieten könnten auch die Sozialpartner, insbesondere die Gewerkschaften, aktiver werden.

Eine verbindliche Regelung der Frauenförderung mit Ausschöpfung aller gesetzlichen und wirtschaftlichen Mittel scheint angesichts der bisherigen Erfahrungen der einzig erfolgversprechende Weg, Gleichbehandlung zu erreichen. Ohne verbindliche Regelungen mit spürbaren

Sanktionsmöglichkeiten wird sich in den Unternehmen nichts Wesentliches bewegen. Staatliche Strategien können von direkten gesetzlichen Reglementierungen über indirekte Steuerung durch verbindliche Auflagen bei der Vergabe öffentlicher Mittel bis zur unmittelbaren Subventionierung von Maßnahmen für Frauen reichen. Auch die Förderung privater Initiativen gehört zu diesen Möglichkeiten. Insbesondere Klein- und Mittelbetriebe könnten durch diverse Fonds für Ausgleichszahlungen, Weiterbildung, Kinderbetreuung etc. unterstützt werden.

Gesetze allein reichen jedoch nicht aus. Kontrollinstanzen und deren Besetzung mit Personen, die die Umsetzung vorantreiben und nicht blockieren, sind ebenso notwenig wie das Nutzen aller Handlungsspielräume in den Verwaltungen, in den Institutionen der Wirtschaft, in den Medien etc. (Brodde 1990).

Die Aufklärungsarbeit, das Schaffen von „awareness" und damit die Sensibilisierung der betrieblichen AkteurInnen sind von zentraler Bedeutung. Informations- und Koordinationsstellen, die betriebsübergreifend arbeiten und beispielweise nahe der öffentlichen Verwaltung angesiedelt sind, können einen Erfahrungsaustausch betrieblicher VertreterInnen fördern, positive Beispiele publizieren, usw. Darüber hinaus sind Beratungseinrichtungen erforderlich, die bei konkreten betrieblichen Maßnahmen beigezogen werden können. Insgesamt gilt es also, eine spezifische Infrastruktur aufzubauen, die Aktivitäten in den Betrieben ermöglicht und in ihrer Wirksamkeit unterstützt.

Schließlich – und das bedarf keiner langen Ausführung – geht es bei der Gleichstellungspolitik nicht nur um die Einflußnahme auf betriebliche Entscheidungen, sondern auch um die Aufgaben staatlicher Politik. An erster Stelle ist dabei die Schaffung quantitativ und qualitativ ausreichender Kinderbetreuungseinrichtungen zu nennen. Aber auch in anderen Politikbereichen sind die öffentlichen Aufgaben bei weitem nicht erfüllt.

Frauenförderung im weiteren Sinn kann sich nicht auf Einzelmaßnahmen (Zauner 1991) beschränken, sie besteht in der Praxis aus einer Vielzahl von Maßnahmen auf betrieblicher, kommunaler und staatlicher Ebene, die im Idealfall aufeinander abgestimmt sind. Frauenförderung muß Maßnahmen zur Überwindung der bestehenden personalen, organisationsinternen und organisationsexternen Barrieren umfassen. Sie kann sich nicht auf formale Beschlüsse, Vereinbarungen und Gesetze beschränken, sondern muß immer durch ein Netzwerk von Promotorinnen und Promotoren auf allen Ebenen unterstützt, getragen und durchgesetzt werden.

Bereits vor einem Jahrzehnt wurde folgende Zieldefinition für Frauenförderung (nach Beer/Weg 1987) aufgestellt, die sich heute nicht treffender formulieren ließe:

- Frauenförderung soll nicht von einem Defizitkonzept ausgehen.
- Frauenförderung soll Frauen den beruflichen Aufstieg unter Einbeziehung eines ganzheitlichen, Familie und Kinder einschließenden Lebenskonzepts ermöglichen.
- Frauenförderung setzt eine Umverteilung der Familienarbeit voraus.
- Frauenförderung braucht auch Einzelmaßnahmen mit Signalwirkung, die rechtlich faktisch in eine Gesamtstrategie eingebunden sind.
- Frauenförderung soll kein Elitekonzept sein, das die Frauen spaltet und nur einigen wenigen Frauen zugute kommt.

Bleibt abschließend noch eines zu bemerken. Frauen *nicht* zu fördern, bedeutet eine Verschwendung menschlicher Kreativität auf persönlicher, betrieblicher und gesellschaftlicher Ebene. Ob wir uns das wirklich noch lange leisten können?

6. Tips für die Praxis bei der Einführung von Maßnahmen zur Chancengleichheit

- Sie brauchen gute Nerven, Geduld und Ausdauer. Chancengleichheit ist ein schwieriges Thema. Jede betriebliche Innovation hat ihre Schwierigkeiten, und diese besonders.
- Sammeln Sie Basisinformation zur Situation der Frauen und Männer im Betrieb. Suchen Sie Verbündete auf allen Ebenen und in allen Bereichen. Für größere Betriebe gilt: Auf jeden Fall müssen Personalabteilung und Betriebsrat in die Vorgänge eingebunden sein.
- Gewinnen Sie die Geschäftsführung. Ohne deren grundsätzliches Einverständnis und deren Unterstützung werden Sie auf keinen Fall Erfolg haben.
- Planen Sie Ihre ersten Schritte gut. Fangen Sie klein an. Besser erste kleine Erfolge als ein großes Konzept, das hohe Erwartungen weckt und dann nur Papier bleibt.
- Installieren Sie einen Arbeitskreis. Er sollte die Vielfalt des Unternehmens repräsentieren, dementsprechend besetzt sein und die volle Unterstützung der Geschäftsführung genießen. Treffen Sie sich regelmäßig. Halten Sie keine „Jammerrunden" ab, sondern vereinbaren Sie konstruktive, realistische und vor allem überprüfbare Ziele. Machen Sie schriftliche Aufzeichnungen über den Erfolg der initiierten Maßnahmen.
- Erarbeiten Sie eine Skizze Ihres Vorgehens. Gehen Sie wie bei jeder fundierten betrieblichen Entscheidung vor. Planen Sie ein Procedere der systematischen Kontrolle der Zielerreichung, und halten Sie sich bei Planung und Umsetzung an folgendes Schema: Planung – Analyse – Maßnahmen – Realisierung – Evaluation – Verbesserung.
- Es gibt viele Ansätze, das Thema Chancengleichheit zu bearbeiten. Auf keinen Fall gibt es ein Patentrezept für alle Betriebe. Denken Sie nach, was die Interessenbrennpunkte der Frauen in Ihrem speziellen Betrieb sein könnten. Suchen Sie auch nach Themen, deren Behandlung aktuellen betrieblichen Interessen *und* den Interessen von Frauen dient. Erstellen Sie einen kleinen Fragebogen. Fragen Sie die beschäftigten Frauen (und Männer), was sie wollen. Bauen Sie auf diesen Wünschen auf.
- Linienvorgesetzte sind wie bei vielen anderen personalpolitischen Innovationen bei der Umsetzung des öfteren „Bremser". Achten Sie auf diesen Umstand. Binden Sie die Frauen und Männer des mitt-

leren Managements in Ihre Aktivitäten ein. Ist bei einigen der Widerstand dennoch zu groß, machen Sie klar, daß in diesem Fall persönliche Vorlieben oder private Meinungen zum Thema „Mann und Frau“ hintanzustellen sind. Hier geht es schließlich um die Umsetzung von Firmenpolitik.

- Der wichtigste Punkt: das Bewußtsein. Sie sind auf die Akzeptanz der Beschäftigten angewiesen. Die Sensibilisierung für Fraueninteressen muß die Basis Ihrer Politik sein. Klären Sie auf, daß es nicht darum geht, daß böse Männer arme Frauen unterdrücken. Hinter der Ungleichbehandlung von Frauen steckt nicht eine Verschwörung der Männer, sondern die „Normalität“ eines eingespielten Systems von Werten und Regeln, das die realen gesellschaftlichen Veränderungen nicht berücksichtigt. Achten Sie auf entsprechende Berührungsängste zu diesem Thema, kalkulieren Sie aber trotzdem (irrationale) Abwehrstrategien ein. Schaffen Sie ein konstruktives Diskussionsklima. Nähren Sie es mit sachlicher Information. Sie brauchen eine positive Grundeinstellung unter den MitarbeiterInnen. Ohne das entsprechende Problembewußtsein werden Sie – wenn überhaupt – nur Lippenbekenntnisse erreichen.
- Seien Sie genau in Ihrer Sprache, und sorgen Sie dafür, daß sich diese sprachliche Genauigkeit in Wort und Schrift im Betrieb verbreitet. Machen Sie klar, daß sprachliche Gleichbehandlung (die Verwendung der männlichen *und* weiblichen Form) kein bloßer Formalismus ist. Solange Frauen auf dieser Ebene nicht vorkommen, bleiben sie mitsamt ihren Interessen unsichtbar. Sprache spiegelt die realen Verhältnisse wider, und Sie wollen diese ändern. Wenn Sie selbst unsicher sind, besorgen Sie sich Literatur dazu. Dort finden Sie genug „ansprechende“ Beispiele. Schließlich hat auch keine/r ein Problem damit, eine Sekretärin als Sekretärin zu bezeichnen.[31]
- Seien Sie auch genau im Formulieren Ihrer Ziele. Bitten Sie die Mitglieder der Unternehmensführung sooft wie möglich, die Angelegenheit anzusprechen, um die Glaubwürdigkeit zu erhöhen. (Optimal wäre, wenn das Wort Chancengleichheit mindestens sooft wie „Qualität“ genannt würde.) Machen Sie das Thema öffentlich. Informieren Sie die MitarbeiterInnen laufend über Ihr Tun und über konkrete Maßnahmen. Allgemeine Aussagen wie „Chancengleichheit von Frauen und Männern sind uns ein Anliegen“ bleiben ohne entsprechende Aktionen Worthülsen, die nicht ernst genommen werden.

31 Aktuell werden im Frauenministerium praktische Leitlinien zum Umgang mit sprachlicher Gleichbehandlung erarbeitet.

Eine derartige Vorgangsweise würde die hohen Erwartungen der Mitarbeiterinnen frustrieren und die Motivation verschlechtern.

- Zeigen Sie auf, wie verschieden die Situation der Frauen und Männer in Ihrem Betrieb ist. Sammeln Sie Daten, und werten Sie diese geschlechtsspezfisch differenziert nach unternehmensinternen Abteilungen, Ausbildungsniveaus, Hierarchie- und Gehaltsstufen aus. Sollte in Ihrem Unternehmen ein Personalinformationssystem installiert sein, sind Ihrer Phantasie keine Grenzen gesetzt. Geben Sie sich nicht mit einfachen Kennziffern auf aggregiertem Niveau zufrieden, sondern unterscheiden sie etwa die Indikatoren zu Fluktuation oder Krankenstand zusätzlich nach Alter oder Anlaßfall. Organisieren Sie sich die Hilfe kompetenter Frauen und Männer im Betrieb, die den Umgang mit diesen Daten beherrschen, und lassen Sie sich die Details erklären. Die Daten zeigen Ihnen den ersten Handlungsbedarf.
- Anhand der Datenanalyse werden Sie sehen, wie sehr die Wahrnehmung trügt. So werden einige wenige Frauen in traditionellen Männerbereichen wegen ihrer Ungewöhnlichkeit als „sehr viele" wahrgenommen. Negative Einzelbeispiele, wo auch immer sie vorkommen, verzerren ebenfalls die Realitätssicht. Damit werden Vorurteile genährt und die eigene „gute Menschenkenntnis" bestätigt. Nicht zu unterschätzen ist der Einflußfaktor der traditionellen Lebensweise. Wenn Männer (und Frauen) in ihrer Ehe die klassische Arbeitsteilung haben, dann sind sie geneigt, in ihrer Wahrnehmung das Richtige dieser Lebensweise zu bestätigen – sonst müßten sie ihre eigene vielleicht in Frage stellen. Nicht zu vergessen ist dabei, daß viele Männer dieser Arbeitsteilung ihren beruflichen Erfolg zu verdanken haben.
- Argumente wie „Frauen und Männer sind auf allen Ebenen gleich vertreten, genießen die gleiche Weiterbildung, verdienen das gleiche, haben ohnehin alle Chancen, etc." können mit der Analyse der Daten anschaulich und differenziert widerlegt werden. Sollten in Ihrem Betrieb diese Aussagen tatsächlich einer datenmäßigen Überprüfung standhalten, dann gratulieren Sie der Geschäftsführung, und gehen Sie an die Öffentlichkeit. Aber solange die subjektiven Behauptungen nicht mit Daten belegt werden, bezweifeln Sie diese Aussagen.
- Schaffen Sie klare Definitionen von dem allzu leger verwendeten Begriff „Führungsposition". Was ist darunter zu verstehen? Welche Kennzeichen müssen erfüllt sein? Welche Ebenen gibt es? Zählen die Positionen der StellvertreterInnen dazu?

- Sie werden feststellen, daß die Einkommensverteilung der Frauen in Ihrem Unternehmen von jener der Männer abweicht. Frauen sind in den unteren Einkommensebenen überrepräsentiert. Dafür werden Sie Argumente hören. Hinterfragen Sie diese: Warum arbeiten nur Frauen in Teilzeit; warum sind sie nur in den Sekretariaten zu finden und nicht bei den Technikern; warum verdienen Maturantinnen einer Handelsakademie weniger als Maturanten einer Technischen Lehranstalt; warum haben Frauen eine bestimmte Zusatzausbildung nicht?
- Zeigen Sie die Spielräume in Ihrem Unternehmen und die Gestaltbarkeit von Arbeit auf. Zeigen Sie auf, wie Arbeit geteilt werden kann und Aufgaben unterschiedlich auf Arbeitsplätze verteilt werden können. Machen Sie (gemeinsam mit der Organisationsabteilung) Pilotprojekte zu Teilzeitmodellen, Job-sharing, Job-rotation, Job-enrichment etc., und untersuchen Sie deren Auswirkungen.
- Gehen Sie die Vorurteile systematisch an. Informieren Sie darüber, wie viele Männer das Unternehmen aus Karrieregründen wieder verlassen und wie viele Frauen wegen der Geburt von Kindern ihre Arbeit unterbrechen (und dann wiederkommen). Machen Sie deutlich, daß (qualifizierte) Teilzeit durchaus nicht nur ein Kostenfaktor ist, sondern auch Nutzen bringt; daß Frauen bei entsprechenden Rahmenbedingungen sehr wohl höhere Positionen anstreben, etc.
- Zeigen Sie die geschlechtsspezifische Dimension scheinbar geschlechtsneutraler (formaler und informeller) Regelungen auf: Bestimmte Arbeitsplatzanforderungen beinhalten nur Kriterien, die eindeutig Männern zugeschriebenen Eigenschaften entsprechen. Grundsatzentscheidungen, wie etwa, daß Führungspositionen nur für Vollzeitbeschäftigte zugänglich sind, müssen in ihrer nachteiligen Auswirkung auf Frauen „enttarnt“ werden. Andererseits kommt die Bevorzugung interner Rekrutierung oder die Einführung von Mitarbeitergesprächen den Frauen sehr entgegen. Da Frauen nicht in den „old boys networks“ verankert sind, profitieren sie von jeder Zunahme an Transparenz und von jeder Versachlichung der Entscheidungen.
- Wenn für beruflichen Aufstieg und Einkommen allein die Leistung zählt, müssen die Frauen gleich viel verdienen und gleich häufig in den oberen Etagen zu finden sein. Niemand behauptet heute mehr, daß Frauen weniger leistungsfähig und -willig sind. Woran scheitert es also? Fordern Sie ein, daß die Bedingungen für Leistungsgerechtigkeit hergestellt werden.

- Ein guter Einstieg ins Thema Chancengleichheit ist die Diskussion über Arbeitszeit und Einkommen. Arbeitszeit ist aufgrund der Notwendigkeit der Vereinbarkeit von Berufs- und Familienarbeit ein klassisches Kerninteresse von Frauen. Was die Einkommensungleichheit von Frauen und Männern anbelangt, kann an einem bereits vorhandenen großen Ungerechtigkeitsempfinden angeknüpft werden – und das besonders was die unterschiedliche Bezahlung bei gleicher Tätigkeit anbelangt. Das Argument, daß Frauen ja nur „dazuverdienen“ und deshalb weniger gut entlohnt zu werden brauchen, findet heute keine Akzeptanz mehr. Mit diesen Themen gewinnen Sie das Interesse der Frauen.
- Machen Sie der Geschäftsführung konkrete, konstruktive Vorschläge. Frauenförderung im Sinne des Abbaus von bestehenden Hemmnissen erfordert nicht unbedingt ein großes Budget, sondern Initiative und Umdenken. Sind die ersten Erfolge verbucht, sollten Sie Ihre Arbeit nicht weiterhin so billig verkaufen: Fordern Sie ein Aktionsbudget. Immerhin spart sich die Geschäftsführung mit Ihrem Engagement und Ihrer Kreativität die (mitunter immensen) Kosten einer externen Beratung.
- Männliche Mitglieder des Betriebsrats können mit folgendem Argument für die Unterstützung Ihrer Sache gewonnen werden: Frauen sind die besten Bündnispartnerinnen, wenn es darum geht, bestimmte klassische Arbeitnehmerinteressen durchzusetzen, wie etwa im Fall überlanger und atypischer Arbeitszeiten.
- Wenn Sie Frau im Betriebsrat sind, haben Sie die Möglichkeit, einen Frauenausschuß zu gründen. Laden Sie in diese Runde interessierte Beschäftigte aus dem ganzen Unternehmen ein. Deren vielfältige Kompetenzen sind sehr brauchbar und stehen dem Betriebsrat normalerweise nicht zur Verfügung. Außerdem wird die Betriebsratsarbeit damit ein Stück demokratischer und gewinnt an Akzeptanz.
- Betreiben Sie Lobbying, schaffen Sie ein Netzwerk von InformantInnen und AnsprechpartnerInnen im Betrieb. Sie werden sehen: Viele Frauen und Männer sind im privaten Bereich bisher schon stark mit dem Thema konfrontiert worden, interessieren sich sehr dafür, verfolgen damit auch persönliche Ziele und bringen gern ihre Energie ein.
- Die Mitarbeiterinnen in Ihrem Unternehmen sind keine homogene Gruppe. Die beschäftigten Frauen haben – wie ihre männlichen Kollegen – unterschiedliche Ziele und Präferenzen. Manche streben eine steile Karriere an, manche nicht. Wenn Sie mehr über die unter-

schiedlichen Interessen der Frauen in Ihrem Unternehmen wissen wollen, denken Sie nicht lange nach, sondern fragen Sie sie am besten direkt. Fragen Sie, welche Unterstützung sie sich von Ihnen wünschten. Fragen Sie aber auch genau nach, warum manche Frauen nicht in höhere Positionen aufsteigen wollen. Sollten die Gründe an bestimmten Arbeitsbedingungen liegen, so sind diese gestaltbar.

- Reden Sie nicht nur über Frauen, reden Sie auch über Männer (und mit Männern). Beispielsweise über die Situation junger Väter. In vielen Unternehmen werden die persönlichen Wünsche von Männern, sich mehr ihrer Familie zu widmen, von ihren Kollegen regelrecht sanktioniert. Schließlich ist auch das eine Abweichung vom Normalbild. Eines muß klar sein: Erst wenn Männer und Frauen phasenweise aus Gründen der Familienversorgung in ihrer zeitlichen Verfügbarkeit für Berufsarbeit eingeschränkt sind, wird sich die Situation der Frauen insgesamt bessern.
- Vereinbarkeit von Beruf und Familie ist ein wichtiges Thema und eine der Voraussetzungen für Chancengleichheit von Frauen. Dafür erhalten Sie auch noch am ehesten Verständnis und Unterstützung. Doch bleiben sie nicht dabei stehen. In manchen Betrieben Deutschlands ist schon vom „Mami-Gleis“ die Rede, weil Frauen nur dahingehend gefördert werden und in weiterer Folge wegen der Familienversorgung ihre berufliche Entwicklung vernachlässigt haben. Wenn alle Frauen lange Familienpausen einlegen oder in reduzierter Arbeitszeit arbeiten und dies nicht konstruktiv in die betrieblichen Laufbahnschemata eingebaut wird, werden auch in Zukunft wiederum nur die Männer die Firmenpolitik bestimmen. Dieser isolierte Ansatz kann sogar dazu führen, daß insgesamt weniger Frauen eingestellt werden.
- Achten Sie darauf, daß das Thema Chancengleichheit kein Randthema wird. Verankern Sie Kriterien zur Sicherstellung gleicher Chancen fest in allen Ablaufroutinen der Personalpolitik. Ansatzpunkte sind Personalauswahl, Aus- und Weiterbildung, Personalbeurteilung, Personalentwicklung und Gestaltung der Arbeitsbedingungen. Darüber hinaus finden sich in vielen anderen Unternehmensbereichen Ansatzpunkte, das Thema zu installieren, etwa in der Betriebszeitung, in allen internen und externen Schriftstücken, im Marketing, in der Werbung etc.
- Schaffen Sie verbindliche schriftliche Regelungen Ihrer Maßnahmen. Das gibt den Beschäftigten die Gewißheit, daß die Geschäftsführung es ernst meint. Sonst bleiben alle Maßnahmen an das Enga-

gement einzelner Personen gebunden, sind allzeit wieder rücknehmbar und jedweder Art von Willkür ausgesetzt. Wenn kein formalisierter Anspruch auf die Maßnahmen besteht, läßt sich der Eindruck des Bittstellertums und großzügiger Geschenke nicht vermeiden. Das paßt wenig in eine moderne Organisationskultur. Wenn Sie die Entscheidungsgewalt über die Maßnahmen allein der Linie überlassen, schaffen Sie damit ungewollte Machtinstrumente und in weiterer Folge Ungleichbehandlung und Ungerechtigkeit.

- Veranstalten Sie sowohl innerhalb des Betriebs als auch außerhalb phantasievolle Aktionen. Binden Sie die Familien der Beschäftigten ein, gehen Sie in Schulen. Nehmen Sie Kontakt mit anderen Betrieben, Interessenvertretungen und öffentlichen Stellen auf, und planen Sie gemeinsame Aktivitäten. – Haben Sie Spaß an der Arbeit. Es ist ein Thema mit Zukunft.
- Wenn Sie erfolgreich sind, machen Sie es publik. Erstens haben Sie sich den Erfolg und die Anerkennung hart verdient, und zweitens brauchen Österreichs Unternehmen mehr als dringend jede Menge positive Beispiele.

Das Spektrum der aufgelisteten Punkte stellt ein Maximalprogramm dar. In den seltensten Fällen wird das Thema in der Praxis derart grundsätzlich behandelt. Auch Einzelinitiativen und Einzelmaßnahmen sind von großer Wichtigkeit. Wie müßten die Maßnahmen in Ihrem Unternehmen aussehen, damit die Mitarbeiterinnen und Mitarbeiter wirklich gleiche berufliche Chancen vorfinden? Wenn Sie am Thema interessiert sind, informieren Sie sich über konkrete Beispiele und Vorgangsweisen. Folgende Unterlagen sind kostenlos erhältlich:[32]

- Die Frauenabteilung der Gewerkschaft der Privatangestellten hat einen großartigen „Leitfaden zur Förderung der Chancengleichheit im Betrieb" entwickelt, der u. a. die Kapitel „Praktische Schritte in Richtung Chancengleichheit", ein „Beispiel für einen internen Fragebogen", „Handlungsmöglichkeiten für BetriebsrätInnen" und eine Musterbetriebsvereinbarung enthält.

32 Kontakte: Gewerkschaft der Privatangestellten: 01/313 93; Initiativkomitee „Taten statt Worte", Referat „Frau – Familie – Gesellschaft", Amt der Steiermärkischen Landesregierung: 03 16/877 39 21; Regionalkomitee Wien, im Club „alpha": 01/513 48 00/Wettbewerb „Taten statt Worte" der Arbeiterkammer Tirol, Referat „Frau und Beruf": 05 12/53 40; „Positive Action Co-ordinating Group", Kontakt: Gerhard Engelbrech, Jochensteinstraße 32, 90480 Nürnberg; Bildungswerk der Hessischen Wirtschaft in Deutschland: 00 49 69/9 58 08-0; Frauenministerium 01/531 15-22 28 bzw. Anwältin für Gleichbehandlungsfragen 01/63 02 44.

- In der Steiermark, Wien und Tirol veranstaltet die Initiative „Taten statt Worte“ jährlich Wettbewerbe und verleiht Preise an den „Frauen- und familienfreundlichsten Betrieb“. Dazu gibt es interessante Broschüren, die u. a. Informationen (und Adressen) der Preisträger- und Teilnehmerfirmen enthalten.
- Die Frauenministerin hat unter dem Titel „Johanna Bond & das Geheimnis der gläsernen Decke“ eine praxisbezogene und amüsante Broschüre herausgebracht, mit der die wichtigen Frauenthemen im Betrieb schnell aufgespürt sind. Im Frauenministerium bzw. bei der Anwältin für Gleichbehandlungsfragen erhalten Sie gut aufgearbeitete Unterlagen zum Gleichbehandlungsgesetz, etwa die Publikation „Keine falsche Bescheidenheit! Wegweiser zur Gleichbehandlung im Beruf“.
- Auf europäischer Ebene wurde eine „Positive Action Co-ordinating Group“ eingerichtet, die viele internationale Informationen zum Thema und praktische Beispiele aus anderen Ländern zu bieten hat.
- Eine durchaus auch auf österreichische Verhältnisse übertragbare deutsche Informationsschrift können Sie kostenlos beim Bildungswerk der Hessischen Wirtschaft anfordern. In dem Büchlein mit dem Titel „Frauen haben viel zu bieten – Effizienter Personaleinsatz durch Frauenförderung im Mittelstand“ finden sich eine Vielfalt von beispielhaften Modellen für Klein- und Mittelbetriebe.

Literatur

Adenstedt, Erik/Juch, Josef/Lutz, Hedwig/Wagner, Michael (1990): Lebenseinkommensverläufe. Forschungsberichte aus Sozial- und Arbeitsmarktpolitik Nr. 33. Hg. vom BMAS. Wien.

Anwältin für Gleichbehandlungsfragen bei der Bundesministerin für Frauenangelegenheiten (1994): Keine falsche Bescheidenheit! Wegweiser zur Gleichbehandlung im Beruf. Wien.

Arioli, Katharina Simone (1991): Frauenförderungsmaßnahmen im Erwerbsleben unter besonderer Berücksichtigung der Verfassungsmäßigkeit von Quotenregelungen. Diss. der Rechts- und staatswissenschaftlichen Fakultät an der Universität Zürich.

Beck, Ulrich/Beck-Gernsheim, Elisabeth (1990): Das ganz normale Chaos der Liebe. Frankfurt/Main.

Beck-Gernsheim, Elisabeth (1980): Das halbierte Leben. Männerwelt Beruf, Frauenwelt Familie.

Beck-Gernsheim, Elisabeth (1993): Das halbierte Leben. Männerwelt Beruf, Frauenwelt Familie. Frankfurt/Main.

Beer, Ursula (1990): Geschlecht, Struktur, Geschichte. Soziale Konstituierung des Geschlechterverhältnisses. Frankfurt – New York.

Bendl, Regine (1993): Die (Ohn)macht der Frauen in Organisationen. Entstehung, Stabilisierung und Veränderung. In: Bendl/Grisold/Nemec (Hg.), a. a. O., S. 45–76.

Bendl, Regine (1996): Integration von Programmen zur Chancengleichheit von Frauen am Arbeitsplatz in die strategische Unternehmensführung. Eine theoretische und empirische Analyse. Diss.

Bendl, Regine/Grisold, Andrea/Nemec, Edith (Hg., 1993): Die „andere" Hälfte der Wirtschaft. Von den Chancen der Frauen im Wirtschaftsleben. Reihe Frauen, Forschung und Wirtschaft Bd. 3. Wien.

Bielenski, Harald/Strümpel, Burckhard (1988): Eingeschränkte Erwerbsarbeit bei Männern und Frauen. Fakten – Wünsche – Realisierungschancen. Beiträge zur Sozialökonomik der Arbeit Bd. 15. Bonn.

Biffl, Gudrun (1994): Zukunft der Frauenbeschäftigung. WIFO-Vorträge (65). Wien.

Bischoff, Sonja (1990): Frauen zwischen Macht und Mann. Männer in der Defensive. Führungskräfte in Zeiten des Umbruchs. Reinbek bei Hamburg.

Bock-Rosenthal, Erika (Hg., 1990): Frauenförderung in der Praxis. Frauenbeauftragte berichten. Frankfurt – New York.

Brumlop, Eva (1995): Mögliche Instrumente betrieblicher Frauenförderung. Bisherige Konzepte – Umsetzungserfahrungen – Notwendige Neukonzeptionen. Vortrag zur zweiten Fachtagung zu §§ 13, 14 Landesgleichstellungsgesetz am 18. 5. 1995 in Berlin.

Brumlop, Eva/Hornung, Ursula (1994): Betriebliche Frauenförderung – Aufbrechen von Arbeitsmarktbarrieren oder Verfestigung traditioneller Rollenmuster? In: Beckmann/Engelbrech (Hg.), Arbeitsmarkt für Frauen 2000 – Ein Schritt vor oder ein Schritt zurück? Beiträge zur Arbeitsmarkt- und Berufsforschung. Nürnberg.

Buchmayr, Renate (1992): Bildung und Ausbildung – Barrieren einer Chancengleichheit. In: Buchmayr/Ivancevic/Wagner (Hg.), a. a. O., S. 81–94.

Buchmayr, Renate/Ivancevic, Branka/Wagner, Ingrid (Hg., 1992): Vergleichsweise ungleich. Zur Situation der Frau in Wissenschaft und Forschung. Reihe Frauen, Forschung und Wirtschaft Bd. 2. Wien.

Bundeskammer der gewerblichen Wirtschaft (BWK) (1991): Die gewerbliche Wirtschaft. Ausgewählte Resultate der nichtlandwirtschaftlichen Bereichszählungen über das Wirtschaftsjahr 1988.

Bundeskammer für Arbeiter und Angestellte (BAK) (1994): Wirtschafts- und sozialstatistisches Taschenbuch 1994. Wien.

Bundesministerium für Arbeit und Soziales (1993): Sozial- und wirtschaftswissenschaftliche Aspekte: Frauen im Erwerbsleben. Beiträge einer Ringvorlesung an der Universität Graz 1992. Gleichbehandlung ist das Ziel Nr. 22.

Bundesministerium für Arbeit und Soziales (1994a): Die Arbeitsmarktlage 1993. Wien.

Bundesministerium für Arbeit und Soziales (1994b): Bericht über die soziale Lage 1993. Wien.

Bundesministerium für Frauenangelegenheiten (Hg., 1992): Initiative Frauen 2000. Chancen für Frauen – Chancen für Unternehmen. Wien.

Cyba, Eva/Balog, Andreas/Papouschek, Ulrike (1991): Fraueninteressen im Betrieb. Chancen und Barrieren ihrer Durchsetzung. Wien. IHS – Forschungsbericht im Auftrag des BMAS.

Cyba, Eva/Papouschek, Ulrike (1994): Fraueninteressen und Mitbestimmung. Zwischen Delegation und Selbstvertretung. In: Kurswechsel 4/1994, S. 67–82.

Däubler-Gmelin, Herta (1985): Vorwort. In: Däubler-Gmelin, Herta/Pfarr, Heide M./Weg, Marianne (Hg.): „Mehr als nur gleicher Lohn!" – Handbuch zur beruflichen Förderung von Frauen. Hamburg.

Deibl, Maria (1994): Frauen im Beruf. Zwischen Kind und Karriere. Wien.

Demmer, Christine (Hg., 1988): Frauen ins Management. Von der Reservearmee zur Begabungsreserve. Frankfurt/Main.

Demmer, Christine (1988): Was Frauen fordern – wie Frauen fördern. In: Demmer, a. a. O., S. 9–28.

Der Minister für Wirtschaft, Mittelstand und Technologie des Landes Nordrhein-Westfalen (Hg., 1990): Frauenförderpläne. Düsseldorf.

Domsch, Michael (1990): Arbeitsmärkte für weibliche Fach- und Führungskräfte. In: Domsch/Regnet (Hg.), a. a. O., S. 1–15.

Domsch, Michael/Regnet, Erika (1990): Personalentwicklung für weibliche Führungskräfte. In: Domsch/Regnet (Hg.), a. a. O., S. 101–123.

Domsch, Michael/Regnet, Erika (Hg., 1990): Weibliche Fach- und Führungskräfte. Wege zur Chancengleichheit. Stuttgart.

Europäische Kommission (1996): Tableau de Bord 1995. Ein Überblick über die Arbeitsmarktmaßnahmen der einzelnen Mitgliedsländer.

Fasching, Melitta (1993): Teilzeitbeschäftigung. Ergebnisse des Mikrozensus 1991/92. In: Statistische Nachrichten 9/1993.

Finder, Ruth /Lutz, Doris/Wörister, Karl (1994): Teilzeitbeschäftigung. In: Bundesministerium für Arbeit und Soziales (1994b).

Fisahn, Andreas (1995): Rechtliche Bedingungen von Frauenförderung im Betrieb. In: WSI-Mitteilungen 1/95 (BRD).

Fischer, Ute Luise (1993): Weibliche Führungskräfte zwischen Unternehmensstrategien und Karrierehemmnissen. Eine Fallstudie im Einzelhandel. Reihe Personalforschung Bd. 12. München und Mering.

Fraiji, Adelheid (1994): Volkszählung 1991: Bildungsstand der Bevölkerung. In: Statistische Nachrichten 10/94.

Gärtner Johannes (1994): Einkommensentwicklung von Angestellten – Reiseberichte. Quantitaive und qualitative Analyse eines Kollektivvertrags mittels Szenariotechnik. In: Journal für Sozialforschung, 34. Jg., Heft 4.

Garbsch, Marlies/Scheinecker, Martina (1995): Förderung der Chancengleichheit im Unternehmen. In: Grossmann/Krainz/Oswald (Hg.), a. a. O., S. 165–173.

Gerhard, Birgit/Osterloh, Margit/Schmid, Rachel (1993): Wie kommen Frauen in deutschsprachigen Personallehrbüchern vor? In: Krell/Osterloh (Hg.), a. a. O., S. 28–49.

Gneisz, Bettina (1993): Die Stellung der Frau im geschlechtsspezifischen Interessenkonflikt am Arbeitsmarkt. Ein Ländervergleich USA – Österreich – BRD. Diss. an der Universität Wien.

Goldberg, Christine (1993): Empirische Befunde zur weiblichen Berufstätigkeit und partnerschaftlichen Familienarbeit. In: BMAS (1993).

Goldmann, Monika/Meschkutat, Bärbel/Tenbesel, Bernd (1993): Präventive Frauenförderung bei technisch-organisatorischen Veränderungen. Weiterbildung – Personaleinsatz – Arbeitsgestaltung. Mensch und Technik – sozialverträgliche Technikgestaltung. Materialien und Berichte Bd. 36. Köln.

Gottschall, Karin (1995): Strategien zum Abbau von Frauenbenachteiligung: Frauenförderung oder Gleichstellungspolitik? Hg. vom Institut für Höhere Studien. Reihe Soziologie Nr. 7. Wien.

Gottschall, Karin (1995): Strategien zum Abbau von Frauenbenachteiligung: Gleichstellungspolitik oder Frauenförderung? Vortrag am Institut für Höhere Studien. Reihe Soziologie Nr. 7. Wien.

Grillitsch, Karl/Guger, Alois/Haydn, Reinhard /Wolf, Walter (1995): Verdienstdaten aus Sozialversicherung 1993 und Einkommenssteuerstatistik 1991. In: Statistische Nachrichten 1/95 bzw. in BMAS (1994b).

Grillitsch, Karl/Guger, Alois/Haydn, Reinhard/Wolf, Walter (1996): Verdienstdaten aus Sozialversicherung 1994 und Einkommenssteuerstatistik 1992. In: Statistische Nachrichten 1/96.

Gross Inge (1993): Frauenerwerbsarbeit in Österreich: Ein Überblick über die heutige Situation. In: BMAS (1993).

Gross, Inge/Wiedenhofer, Beatrix/Vötsch, Werner (1994): Die wirtschaftliche und soziale Rolle der Frau in Österreich. Analyse statistischer Daten. Herausgegeben vom BMAS. Wien.

Grossmann, Ralph/Krainz, Ewald E./Oswald, Margit (Hg., 1995): Veränderung in Organisationen. Management und Beratung. Wiesbaden.

Hausen, Karin/Krell, Gertraude (1993): Perspektiven einer Politik der Gleichstellung von Frauen und Männern. In: Hausen/Krell (Hg.), a. a. O., S. 9–24.

Hausen, Karin/Krell, Gertraude (Hg., 1993): Frauenerwerbsarbeit. Forschungen zu Geschichte und Gegenwart. München und Mering.

Hegewisch, Ariane (1993): Gleichberechtigungsmaßnahmen – Entwicklung im Personalmanagement in Europa. In: Hausen/Krell (Hg.), a. a. O.

Hieden-Sommer, Helga (1996): Wirtschaftsweise und Rechtsverhältnisse als Bedingung der Existenzsicherung von Frauen. In: Kontraste 4/96.

Hörburger, Hortense (1991): Die berufliche Stellung der Frau in der Bundesrepublik und im europäischen Vergleich. In: 10 Jahre Gleichbehandlungsgesetz. Bilanz und Perspektiven. Wiesbaden.

Hornung, Ursula (1993): Tarifliche und betriebliche Vereinbarungen zur Frauenförderung: Ein Weg zur beruflichen Gleichstellung der Geschlechter? In: Aulenbacher, Brigitte/Goldmann, Monika (Hg.), Tranformationen im Geschlechterverhältnis. Frankfurt – New York.

Ihlefeld-Bolesch, Heli (1994): Frauenförderung in der Wirtschaft. In: Ihlefeld-Bolesch u. a., a. a. O., S. 141–199.

Ihlefeld-Bolesch, Heli/Krickau-Richter, Lieselotte/Messering-Funk, Birgit (1994): Frauenförderprogramme. Bonn.

Jochmann-Döll, Andrea/Krell, Gertraude (1993): Die Methoden haben gewechselt, die „Geschlechtsabzüge" sind geblieben. Auf dem Weg zu einer Neubewertung von Frauenarbeit? In: Hausen/Krell (Hg.), a. a. O., S. 133–148.

Jüngling, Christiane (1993): Geschlechterpolitik in Organisationen. Machtspiele um Chancengleichheit bei ungleichen Bedingungen und männlichen Spielregeln. In: Krell/Osterloh (Hg.), a. a. O., S. 173–205.

Kailer, Norbert (1987): Handbuch für die Bildungsarbeit in Klein- und Mittelbetrieben. Schriftenreihe der Bundeswirtschaftskammer Bd. 56. Wien.

Kailer, Norbert (1994): Förderung beruflicher Weiterbildung in KMUs durch die Europäische Union. In: Kailer (Hg., 1994), S. 47–57.

Kailer, Norbert (1994): Strukturen und Trends des berufsbezogenen Weiterbildungsmarktes. In: Kailer (Hg., 1994), S. 125–140.

Kailer, Norbert (Hg., 1994): Europaqualifizierung von kleinen und mittleren Unternehmen. Konzepte, empirische Ergebnisse und Entwicklungstendenzen. Schriftenreihe des Instituts für Bildungsforschung der Wirtschaft Bd. 97. Wien.

Kailer, Norbert/Scheff, Josef (1994): Personalentwicklung in Mittelbetrieben. Empirische Ergebnisse und Entwicklungstendenzen. In: Kailer (Hg., 1994), S. 99–124.

Knapp, Gudrun-Axeli (1993): Segregation in Bewegung: Einige Überlegungen zum „Gendering" von Arbeit und Arbeitsvermögen. In: Hausen/Krell (Hg.), a. a. O., S. 25–46.

Knapp, Ulla/Weg, Marianne (1985): Durchsetzung und Flankierung von Frauenförderplänen durch Maßnahmen in „traditionellen" Politikbereichen. In: Däubler-Gmelin/Pfarr/Weg (Hg.), „Mehr als nur gleicher Lohn!" – Handbuch zur beruflichen Förderung von Frauen. Hamburg, S. 154–160.

Kotthoff, Hermann (1993): „Jeder gibt sein Bestes. Der Chef geht mit gutem Beispiel voran." In: Die Mitbestimmung 1/1993.

Kotthoff, Hermann/Reindl, Josef (1990): Die soziale Welt kleiner Betriebe. Wirtschaften, Arbeiten und Leben im mittelständischen Industriebetrieb. Göttingen.

Kraus, Herbert/Scheff, Josef/Gutschelhofer, Alfred (Hg., 1994): Personalmanagement in der Krise – Krise des Personalmanagements. Management-Perspektiven Bd. 2. Wien.

Krebsbach-Gnath, Camilla/Schmid-Jörg, Ina (1985): Wissenschaftliche Begleituntersuchung zu Frauenförderungsmaßnahmen. Schriftenreihe des Bundesministers für Jugend, Familie und Gesundheit Band 180. Stuttgart – Berlin – Köln – Mainz.

Krebsbach-Gnath, Camilla/Schmid-Jörg, Ina (1988): Wer Frauen will, muß Frauen fördern. In: Demmer (Hg.), a. a. O., S. 179–216.

Kreimer, Margarete (1995): Arbeitsmarktsegregation nach dem Geschlecht in Österreich. In: Wirtschaft und Gesellschaft, 21. Jg., H. 4.

Krell, Gertraude (1993): Wie wünschenswert ist eine nach dem Geschlecht differenzierende Personalpolitik? – Ein Diskussionsbeitrag. In: Krell/Osterloh (Hg.), a. a. O., S. 50–61.

Krell, Gertraude/Osterloh, Margit (1993): Welchen Stellenwert haben Frauenthemen an Personallehrstühlen im deutschsprachigen Raum? Eine Bestandsaufnahme. In: Krell/Osterloh (Hg.), a. a. O., S. 11–27.

Krell, Gertraude/Osterloh, Margit (Hg., 1993): Personalpolitik aus der Sicht von Frauen – Frauen aus der Sicht von Personalpolitik. Was kann die Personalpolitik von der Frauenforschung lernen? Sonderband 1992 der Zeitschrift für Personalforschung. München.

Küpper, Gunhild (1994): Personalentwicklung für weibliche Führungskräfte? Verdeckte Barrieren beim beruflichen Aufstieg von Frauen – eine sekundäranalytische Studie. In: Zeitschrift für Personalforschung 8/1994, H. 2, S. 107–123.

Ladstätter, Johann (1993): Volkszählung 1991, Erwerbstätigkeit. In: Statistische Nachrichten 10/93.

Ladstätter, Johann (1994): Volkszählung 1991: Berufstätigkeit/Lebensunterhalt/Bildungsstand. In: Statistische Nachrichten 10/94.

Lassnigg, Lorenz/Pastner, Ulrike/Wagner, Eva (1994): Frauenkarrieren und Arbeitsmarktpolitik. Alternative Berufsentwicklungsmöglichkeiten für Frauen in Wien. Hg. vom AMS Wien. Wiener Reihe Nr. 1.

Lüders, Elke/Resch, Marianne (1995): Betriebliche Frauenförderung durch Arbeitsgestaltung. In: Zeitschrift für Arbeitswissenschaft 4/1995.

Mazanek, Rudolf (1994): Gewerbestatistik – Jahreserhebung 1992. In: Statistische Nachrichten 12/1994.

Mazanek, Rudolf (1994): Industriestatistik – Jahreserhebung 1992. In: Statistische Nachrichten 11/1994.

Messering-Funk, Birgit (1994): Frauenförderung in Berufsausbildung und -weiterbildung, Existenzgründung und Modellprojekte. In: Ihlefeld-Bolesch u. a. (1994).

Metz-Göckel, Siegrid (1990): Frauenförderung und Quotierung an der Hochschule – Fortschritt oder Rückschritt auf dem Weg zur Gleichstellung der Geschlechter. In: Bock-Rosenthal (Hg.), Frauenförderung in der Praxis. Frauenbeauftragte berichten. Frankfurt – New York.

Michel-Alder, Elisabeth (1988): Eine schweizerische Initiative: „Taten statt Worte". In: Demmer (Hg.), a. a. O.

Moritz, Michaela (1994): Personalcontrolling mit Kennzahlen – Ein Vergleich ausgewählter österreichischer Banken. Unveröffentlichte Diplomarbeit an der Wirtschaftsuniversität Wien.

Mugler, Josef (1993): Betriebswirtschaftslehre der Klein- und Mittelbetriebe. Wien – New York.

Nähter, Brigitte (1991): Frauenförderung in privaten Wirtschaftsunternehmen – Eine Bestandsaufnahme. Hannover.

Neujahr-Schwachulla, Gaby/Bauer, Sibylle (1993): Führungsfrauen. Anforderungen und Chancen in der Wirtschaft. Stuttgart.

Newsletter of the European Commission – Positive Action Coordinating Group (1996): Positive Aktionen 3/1996.

ÖSTAT (Österreichisches Statistisches Zentralamt) (1995): Statistisches Jahrbuch für die Republik Österreich 1995.

Pastner, Ulrike (1995): Women and the Employment Rate: The Causes and Consequences of Variations and Employment Patterns in Austria. Report for the EU-Network on the Situation of the Women in the Labour Market. Wien.

Pastner, Ulrike/Flecker, Jörg (1994): ArbeiterInnen und Angestellte. In: BMAS (1994b).

Pastner, Ulrike/Flecker, Jörg/Dimitz, Erich/Schramm, Brigitte (1994): ArbeiterInnen und Angestellte. Diskussionsgrundlagen für einen einheitlichen Arbeitnehmerbegriff. Unveröffentlichter Forschungsbericht.

Pastner, Ulrike/Flecker, Jörg/Dimitz, Erich/Schramm, Brigitte/Achitz, Bernhard/Wolfgang, Maßl/Blum, Manuela/Lutz, Doris (1995): ArbeiterInnen und Angestellte. Diskussionsgrundlagen für einen einheitlichen Arbeitnehmerbegriff. Forschungsberichte aus Sozial- und Arbeitsmarktpolitik Nr. 56.

Rowhani-Ennemoser, Inge (1996): Gegen die allgemeine Ratlosigkeit. Ein Plädoyer für ein neues Normalarbeitsverhältnis, das auch alle Erwerbsarbeit von Frauen umfaßt. In: Kontraste 3 und 4/96.

Rubery, Jill u. a. (1996): Trends and Prospects for Women's Employment. Unpublished draft report of the European Commission Network of Experts of Women in the Labour Market. Manchester.

Rudolph, Hedwig/Grüning, Marlies (1994): Frauenförderung: Kampf- oder Konsensstrategie? In: Beckmann/Engelbrech (Hg.), Arbeitsmarkt für Frauen 2000 – Ein Schritt vor oder ein Schritt zurück? Beiträge zur Arbeitsmarkt- und Berufsforschung. Nürnberg.

Schafferhans, Michaela (1993): Betriebliche Frauenförderung in Österreich. Versuch einer Evaluierung. Diplomarbeit. Wien.

Schaumann, Roland (1994): Arbeitsstättenzählung 1991. Endgültige Ergebnisse. In: Statistische Nachrichten 1/1994.

Scheinecker, Martina (1994): Hat Personalpolitik zur Förderung der Chancengleichheit noch Chancen in der Krise? In: Kraus/Scheff/Gutschelhofer (Hg.), a. a. O., S. 415–433.

Scheinecker, Martina/Garbsch, Marlies (1993): Förderung der Entwicklungschancen von Frauen und der Vereinbarkeit von Familie und Beruf: Nutzen oder Schaden? Notwendigkeit oder Luxus? Referat beim Symposium „Frauen in Unternehmen", a. a. O.

Scheinecker, Martina/Zdiarsky, Christiane (1994): Karriere für Sekretärinnen? Eine Fallstudie eines betrieblichen Projektes zur Berufsbild-Differenzierung und Laufbahnplanung für Sekretärinnen. In: Zeitschrift für Personalforschung 8/1994, H. 2, S. 124–142.

Shapiro, Gillian/Olgiati, Etta/Valbjorn, Lotte (1994): Total E-Quality. Equality and Quality: New Moves for Women and Business. Report of the European Positive Action Forum in Como, Italy.

Shaw, Jenny/Perrons, Diane (1995): Making Gender Work – Managing Equal Opportunities. University Press Buckingham – Philadelphia.

Stiefel, Rolf Th.(1991): Innovationsfördernde Personalentwicklung in Klein- und Mittelbetrieben. Lernen vom Großbetrieb oder eigene Wege gehen? Neuwied – Berlin.

Stooß, Friedemann /Weidig, Inge (1986): Der Wandel der Arbeitslandschaft bis zum Jahre 2000 nach Tätigkeitsfeldern. In: MittAB 1/ 1986.

Symposium „Frauen in Unternehmen – neue Rollen, neue Potentiale – Herausforderungen für das moderne Personalmanagement". Veranstaltet von der Österreichischen Akademie für Führungskräfte und der Initiative „Frauen 2000" im März 1993 in Wien.

Taten statt Worte (1991–1995): Broschüren diverser Jahrgänge. Für die Steiermark hg. vom Referat „Frau – Familie – Gesellschaft" der Landesregierung, Kontakt im Wiener Regionalkomitee: Club „alpha".

Weg, Marianne/Gotzes, Monika/Knapp, Ulla (1985): Von alleine kommt nichts. Argumente gegen die Frauenförderung – ziehen sie? In: Däubler-Gmelin/Pfarr /Weg (Hg.), „Mehr als nur gleicher Lohn!" – Handbuch zur beruflichen Förderung von Frauen. Hamburg, S. 100–107.

Wolf, Irene (1992): Frauenerwerbstätigkeit und institutionelle Kinderbetreuung. Schriftenreihe zum internationalen Jahr der Familie 1994. Arbeiterkammer Wien.

Wolf, Irene/Wolf, Walter (1994): Arbeitszeitdaten aus der amtlichen Statistik in Österreich. Hg. von der Bundesarbeitskammer. Wien.

Wolf, Walter/Kronsteiner, Christa (1994): Personen und Haushaltseinkommen der unselbständig Beschäftigten 1993. Ausgewählte Hauptergebnisse des Mikrozensus Juni 1993. In: Statistische Nachrichten 12/1994.

Wunderer, Rolf/Schlagenhaufer, Peter (1994): Personalcontrolling. Funktionen – Instrumente – Praxisbeispiele. Stuttgart.

Zauner, Margrit (1990): Förderung von Managerinnen. Frauenförderpläne als Mittel zur Erschließung weiblicher Führungskräfteressourcen. München.

Zauner, Margrit (1991): Familienförderung als Möglichkeit der Vereinbarkeit von Erwerbstätigkeit und Kindererziehung. Kurzthesen zur Fachtagung „Einstieg ohne Abstieg?!" am 29. 11. 1991. In: KOBRA (Hg.): „Einstieg ohne Abstieg?!" Eine Fachtagung für frauenbeauftragte Personalverantwortliche, Betriebsräte und Interessierte zum Thema „Vereinbarkeit von Beruf und Familie". Dokumentation. Berlin, S. 1–3.

AMS report 1
Ergebnisse der innovativen Arbeitsmarktpolitik
• Sozialökonomische Beschäftigungsprojekte und Soziale Kursmaßnahmen
• Anforderungsgerecht – Ergebnisse der Evaluierung des Beschäftigungsprogrammes „Aktion 8000"
• Kooperative Unternehmensgründungen – Die Zehnjahresbilanz eines Instruments zur Arbeitsmarktförderung
64 Seiten, 80,– öS
ISBN 3-85170-004-X

AMS report 2
Günter Nowak
Die österreichischen Berufsinformationszentren
24 Seiten, 60,– öS
ISBN 3-85170-006-6

AMS report 3 international
Petra Draxl, Trude Hausegger
Beschäftigte qualifizieren – den strukturellen Wandel unterstützen
Ein erster Aufriß der Ziel-4-Umsetzung in Dänemark, Deutschland, Finnland und den Niederlanden
84 Seiten, 120,– öS
ISBN 3-85170-007-4

AMS report 4
Arno Heimgartner, Christine Knauder
Barrieren der beruflichen Weiterbildung älterer ArbeitnehmerInnen
32 Seiten, 60,– öS
ISBN 3-85170-008-2

AMS studie 1
Helga Fehr-Duda, Ferdinand Lechner, Peter Neudorfer, Walter Reiter, Andreas Riesenfelder
Die Effektivität arbeitsmarktpolitischer Beschäftigungsmaßnahmen in Österreich
Ergebnisse einer Wirkungsanalyse der „Aktion 8000"
88 Seiten, 200,– öS,
ISBN 3-85170-005-8

AMS studie 2
Ruth Finder unter Mitarbeit von Erich Dimitz, Volker Eickhoff, Matthias Euba, Simon Gächter, Sigrid Stagl
Die Diskriminierung Älterer am Arbeitsmarkt
128 Seiten, 260,– öS,
ISBN 3-85170-009-0

AMS studie 3
Ulli Pastner, Ulrike Papouschek
FORBA, Wien
Unter Mitarbeit von Martina Scheinecker, Gertrud Baumgartner, Renate Winterauer
Im Dornröschenschlaf: Betriebliche Frauenförderung in Österreich
264 Seiten, 380,– öS
ISBN 3-85170-010-4

Zu folgenden Themen sind Publikationen in Vorbereitung
- Behindertsein in Österreich
- Branchenstiftungen – Ein neues Instrument der Arbeitsmarktpolitik

Abonnement
Abonnenten erhalten vier Ausgaben des AMS report zum Sonderpreis von 200,– öS, vier Bände der AMS studien zum Sonderpreis von 580,– öS und bei Bestellung bereits erschienener Titel 30 % Rabatt. In den genannten Einzel- und Abopreisen sind die Versandkosten bereits inkludiert. Das AMS info ist kostenlos zu beziehen.

Bestellungen richten Sie bitte an den Wissenschaftsverlag, Neustiftgasse 17/6, 1070 Wien, Tel.: 522 87 84, Fax: 522 87 849.

Die Titel der AMS-Reihen **report** und **studien** sind auch im gut sortierten Fachhandel erhältlich, u. a. bei:
Das internationale Buch
Buchhandlung Kolisch
Buchhandlung Winter
Zentralbuchhandlung

Die drei Publikationsreihen des Arbeitsmarktservice Österreich im Wiener Wissenschaftsverlag

AMS info 1
Gudrun Biffl, Helmut Hofer, Karl Pichelmann
Evaluierung von Instrumenten der experimentellen Arbeitsmarktpolitik in Österreich

AMS info 2
Reinhard Paulesich
Kooperative Unternehmensgründungen

AMS info 3
Ludwig-Boltzmann-Institut für Wachstumsforschung
Alter als Arbeitsmarktproblem

AMS info 4
Arno Heimgartner, Christine Knauder
Barrieren der Weiterbildung älterer ArbeitnehmerInnen

AMS info 5
Ruth Finder, Erich Dimitz, Ludwig-Boltzmann-Institut für Wachstumsforschung
Abgewiesen: Invalide ohne eine Chance auf Arbeit – und ohne Pension

AMS info 6
Günter Nowak
Die österreichischen Berufsinformationszentren

AMS info 7
Ulli Pastner, Ulrike Papouschek FORBA, Wien
Im Dornröschenschlaf: Betriebliche Frauenförderung in Österreich

AMS info 8
Petra Draxl, Trude Hausegger
Die Weiterbildung von Beschäftigten als Inhalt der Ziel-4-Maßnahmen des Europäischen Sozialfonds

AMS info 9
Alfred Schabmann, Christian Klicpera
Zum Stand der beruflichen Integration lernbehinderter Menschen

AMS info 10
Gudrun Biffl, Alois Guger, Hedwig Lutz, Markus Marterbauer
Kosten und Nutzen der sozialen Sicherheit von AusländerInnen

AMS info 11
Christiane Heilbrunner
Behinderte AusländerInnen in Österreich

AMS info 12
Claudia Galehr
Zur Arbeitsmarktsituation von AkademikerInnen in Österreich
Ruth Finder
Beschäftigungschancen von HochschulabsolventInnen

AMS info 13
Manfred Saurug, Peter Stoppacher, Renate Zingerle
Branchenstiftungen: Die Chancen, Stärken und Schwächen eines neuen Instruments der Arbeitsmarktpolitik